국어 표기 규정의 전개

우형식

연세대학교 대학원 국어국문학과 석사 및 박사
부산외국어대학교 한국어문화학부 명예교수 (현재)

주요저서
『근대 시기 서양인의 한국어 문법 연구』
『외국어로서의 한국어 문법 교육론』
『한국어 분류사의 범주화 기능 연구』
『국어 타동구문 연구』 외 다수

국어 표기 규정의 전개

초판 인쇄 2022년 12월 20일
초판 발행 2022년 12월 30일

지 은 이 우형식
펴 낸 이 박찬익
편 집 장 권효진
책임편집 정봉선

펴 낸 곳 ㈜박이정출판사
주   소 경기도 하남시 조정대로45 미사센텀비즈 8층 F827호
전   화 031-792-1195
팩   스 02-928-4683
홈페이지 www.pjbook.com
이 메 일 pijbook@naver.com

등   록 2014년 8월 22일 제2020-000029호

ISBN 979-11-5848-876-5 93710

값 35,000원

국어 표기 규정의 전개

우형식 지음

박이정

언어는 기호의 체계로 존재하며, 의사소통의 도구가 된다. 문자는 청각 기호로서의 음성을 시각적인 부호로 표상하는데, 여기에는 일정한 원리와 규칙이 내재한다. 이러한 원리와 규칙(일반적으로 표기법)은 대상이 되는 언어와 수단이 되는 문자의 특성을 반영한다. 국어는 발음과 형태 결합에서 변이 현상이 매우 복잡하게 존재하며, 한글은 음소문자이면서도 음절 단위로 모아쓰는 특징을 지니고 있다.

표기법은 일정한 경향성을 띠면서 역사적인 과정을 통해서 형성된다. 그런데 이것은 언제나 일치되는 것은 아니어서 한 언어사회에서는 원활한 의사소통을 위해 표기법을 하나의 통일된 규범으로 마련할 필요가 있다. 국어에서 표기법은 음운의 변동이나 변화뿐만 아니라 형태음소적 현상을 적절히 반영하여 정해지며, 물론 여기에는 문식성을 포함하는 언어 사용자들의 의식이 작용한다.

국어 표기법은 훈민정음 창제 당시 기반이 마련된 이후 오늘날에 이르기까지 많은 변화가 있었다. 근대 시기에는 문자 사용이 확대되면서 표기법은 많은 혼란을 겪었는데, 20세기 들어서는 명문화된 규정으로 공표되었다. 그 과정에서 적용된 일반적인 원리와 실제 각각의 하위 영역에서 제시된 구체적인 표기 방법들은 많은 차이를 드러내 왔다.

이 책은 국어 표기법의 역사를 정리하는 작업의 일환으로 근대 시기 이후 오늘날까지의 국어 표기 규정을 검토하고, 그 안에서 제시되었던 표기법의 변천 과정을 기술하는 것을 목표로 하였다. 그리하여 각 표기 규정에서 원자료를 수집하여 분석하고, 그에 대한 표기사적 가치와 의의를 평가하면서 국어의 시각적 부호화를 통해 형성되었던 국어 표기 규정의 역사적 전개 과정을 체계적으로 정리하고자 하였다.

이 책은 크게 두 부분으로 나뉜다. 우선 Ⅰ부에서는 거시적으로 시대적 흐름에 바탕을 두고 국어 표기 규정의 전개 양상을 태동, 성립, 발전과 정착으로 구분하여 기술하였다. 그리고 Ⅱ부에서는 미시적으로 표기 규정의 하위 영역에 따라 그 전개 양상을 기술하였는데, 여기서는 'ㆍ' 표기를 비롯하여 된소리, 받침, 사이시옷, 띄어쓰기 등에서 구체적인 표기 방법이 어떻게 전개되었는지에 주목하였다. 그리고 마지막으로 구개음화와 두음법칙 등의 음운 변동 또는 변화 현상이 각 표기 규정에서 어떻게 반영되었는지를 정리하였다.

그러나 이 책에서는 형태 표기를 비롯하여 국어 표기 규정에서 제기될 수 있는 문제들을 두루 다루지 못했다는 아쉬움이 있다. 또한 일부에서는 이미 발표된 자료를 활용하기도 하였다. 한편, 이 책은 여러 곳에 산재되어 있는 수많은 선행 연구들에서 힘입은 바가 크다. 많은 자료와 다양한 해석을 접할 수 있었음에 감사하며, 혹시나 선행 연구에서 제시된 본래의 의도나 관점을 왜곡하지는 않았는지 조심스럽기도 하다. 끝으로 여러 어려운 사정에도 이 책의 출판을 수락해 주신 박이정 출판사의 박찬익 대표님, 그리고 내용도 복잡하고 표현도 거칠었던 원고를 어엿한 책으로 편집해 주신 관계자 여러분에게도 감사의 인사를 드리고 싶다.

2022년 11월 우 형 식

1. 국어를 문자인 한글로 적는 방법을 지칭할 때는 맥락에 따라 표기법(表記法)과 철자법(綴字法), 맞춤법 등의 용어를 혼용하였다.

2. 국어를 표기하는 수단으로서의 문자는 중립적인 의미로 '한글'이라 하되, 시대의 특징을 반영할 때는 훈민정음(訓民正音), 국문(國文), 언문(諺文), 한글 등으로 지칭하였다.

3. 표기 규정이나 그것이 반영된 자료를 인용할 경우, 필요에 따라 선행 연구에서 활용한 부분을 참조하였다.

4. 한글 전용을 원칙으로 하되, 원문은 철자법이나 띄어쓰기, 한자 등에서 가급적 그대로 인용하고자 하였다.

5. 각 표기 규정의 인용에서 예시는 甲/乙이나 新/舊, ㄱ/ㄴ, 적기/소리 등과 같이 묶어 제시하고, 필요에 따라 乙이나 舊, ㄴ에 해당하는 것 앞에 *표를 넣었다.

6. 부호에서 도서는 『 』, 표기 규정은 ≪ ≫, 신문이나 잡지 등의 간행물은 〈 〉, 법률 등은 「 」, 발음은 [ ]로 표현하였다. 특히 『歷代』는 '김민수·하동호·고영근 편(1977-1986), 『歷代韓國文法大系』, 탑출판사'를 뜻한다.

7. 옛 문헌의 표시에서 '月釋'은 『月印釋譜』(1459), '龍'은 『龍飛御天歌』(1447), '訓'은 언해본 『訓民正音』(1459), '月曲'은 『月印千江之曲』(1449)을 지칭한다.

6

| 차례 |

머리말 | 4

일러두기 | 6

I 부 표기 규정의 역사

제1장 표기 규정의 태동 | 13

1.1. 국문 의식과 표기 체계 __ 14

1.2. 국문연구소의 ≪國文硏究議定案≫(1909) __ 24

　1.2.1. 국문연구소의 설치 __ 24

　1.2.2. ≪國文硏究議定案≫(1909)의 성립 __ 28

1.3. ≪國語綴字捷徑≫(1908)의 표기 실태 __ 34

　1.3.1. 오류 표기의 실태 __ 34

　1.3.2. 표기상의 특징 __ 37

1.4. 성서 번역과 철자법의 성립 __ 42

　1.4.1. 초기의 성서 번역과 국문 표기법 __ 42

　1.4.2. 성경 철자법과 철자법 논쟁 __ 45

제2장 표기 규정의 성립 | 55

2.1. 일제(日帝)의 언문 철자법 __ 56

　2.1.1. ≪普通學校用諺文綴字法≫(1912) __ 56

2.1.2. ≪普通學校用諺文綴字法大要≫(1921) __ 65

2.1.3. ≪諺文綴字法≫(1930) __ 70

2.2. 철자법 개정을 위한 노력 __ 78

2.2.1. 철자법 통일 운동 __ 79

2.2.2. 동아일보의 ≪新綴字便覽≫(1933) __ 90

2.3. 조선어학회의 ≪한글 마춤법 통일안≫(1933) __ 97

2.3.1. 제정의 경위와 구성 __ 97

2.3.2. 보급과 수용 __ 103

제3장　표기 규정의 발전과 정착 ┃ 115

3.1. ≪통일안≫의 수정과 활용 __ 116

3.2. 한글 파동과 ≪한글 簡素化 方案≫(1954) __ 131

3.3. 국어국문학회의 ≪國語正書法案≫(1971) __ 138

3.4. 현행 ≪한글 맞춤법≫(1988) __ 144

3.5. 표기 원리와 적용 __ 155

Ⅱ부　영역별 표기 규정

제4장　모음자 체계와 'ㆍ' 표기 ┃ 167

4.1. 훈민정음 체제에서의 'ㆍ' __ 168

4.2. 국문 체제에서의 'ㆍ' __ 171

4.2.1. 'ㆍ' 표기의 문란 __ 172

4.2.2. 성경 철자법의 경우 __ 176

4.2.3. 국문연구소의 활동 __ 179

4.3. 언문 체제에서의 'ㆍ' __ 184

4.4. 한글 체제에서의 'ㆍ' __ 189

4.5. 정리 __ 194

제5장 된소리 표기 ┃ 197

5.1. 된소리와 표기의 문제 __ 198

5.2. 훈민정음 체제에서의 된소리 표기 __ 199

5.3. 국문/언문 체제에서의 된소리 표기 __ 207

5.4. 한글 체제에서의 된소리 표기 __ 214

5.5. 된소리되기 현상과 된소리 표기 __ 221

    5.5.1. 형태소 내부에서의 된소리 표기 __ 221

    5.5.2. 파생어 형성에서의 된소리 표기 __ 225

5.6. 정리 __ 231

제6장 받침 표기 ┃ 233

6.1. 훈민정음 체제에서의 받침 표기 __ 234

6.2. 국문/언문 체제에서의 받침 표기 __ 237

6.3. 한글 체제에서의 받침 표기 __ 249

6.4. 정리 __ 271

제7장 사이시옷 표기 ┃ 275

7.1. 훈민정음 체제에서의 사이시옷 표기 __ 276

    7.1.1. 사이시옷 표기의 조건 __ 276

    7.1.2. 사이시옷의 표기 위치와 기능 __ 283

7.2. 국문/언문 체제에서의 사이시옷 표기 __ 287

7.3. 한글 체제에서의 사이시옷 표기 __ 289

    7.3.1. ≪통일안≫ 규정의 검토 __ 290

    7.3.2. 현행 규정의 성립 __ 298

7.4. 사이시옷 현상과 표기의 문제 __ 303

7.5. 정리 __ 307

제8장 띄어쓰기 | 313

8.1. ≪통일안≫ 이전의 띄어쓰기 __ 314

8.2. ≪통일안≫의 띄어쓰기 __ 320

    8.2.1. 총론과 각론의 구성 __ 320

    8.2.2. 항목별 검토 __ 323

    8.2.3. ≪통일안≫ 띄어쓰기 규정의 특징 __ 330

8.3. 정부안의 띄어쓰기 __ 332

    8.3.1. 총론과 각론의 구성 __ 333

    8.3.2. 항목별 검토 __ 335

    8.3.3. 정부안 띄어쓰기 규정의 특징 __ 350

8.4. 정리 __ 353

제9장 음운 현상의 표기 | 357

9.1. 음운 현상과 표기의 문제 __ 358

9.2. 구개음화의 표기 __ 363

9.3. 설측음화의 표기 __ 372

9.4. 두음법칙의 표기 __ 378

9.5. 단모음화의 표기 __ 388

    9.5.1. 'ㅢ'의 단모음화 __ 389

    9.5.2. 'ㅖ'의 단모음화 __ 393

    9.5.3. 치찰음 뒤에서의 단모음화 __ 396

9.6. 원순모음화와 전설모음화의 표기 __ 401

    9.6.1. 원순모음화 __ 401

    9.6.2. 전설모음화 __ 403

9.7. 정리 __ 405

참고문헌 | 409

찾아보기 | 421

I
표기 규정의 역사

제1장 표기 규정의 태동

15세기 훈민정음(訓民正音)이 창제되었을 당시에는 문자는 존재하되 그것의 표기 방법이 정해져 있지 않았다. 그리고 근대에 이르기까지 음운과 형태 등의 언어 영역뿐만 아니라 문자 체계에서도 변화가 일어나면서 표기의 혼란이 가중되었다.

그런데 갑오경장(1894)과 함께 국어국문에 대한 의식이 점차 고조되고, 이에 따라 체계적인 국문(國文) 표기법을 마련하려는 시도가 시작되었다.1 그 과정에서 당시로서는 획기적이라 할 수 있는 형태주의

---

1 문자 운용과 관련하여, 표기법(表記法)과 철자법(綴字法), 맞춤법 등은 용어 해석에서 차이가 있다. '표기법'은 사전적 의미로 '부호나 문자로써 한 언어를 표기하는 규칙이나 방법을 통틀어 이르는 말'이라 하겠는데, 역사적 문헌에서 나타나는 것을 포함하여 인위적인 규범성과 관계 없이 적용되는 표기 방식을 포괄적으로 지칭한다. 그리고 '철자법'은 'spelling'의 번역어로 단어를 표음문자로 표기할 때 문자의 배열과 순서에 관련되는 관습적인 표기 방식을 뜻하는데, 따라서 엄밀한 의미에서는 문자를 이어 단어를 적는 방식을 말하지만 어떤 문자로써 한 언어를 표기하는 규칙을 통칭하는 뜻으로 쓰

표기 원리가 대두되기도 하였는데, 전반적으로는 전통적인 표기법에서 벗어나지 못하는 분위기였다.

이 장에서는 갑오경장 직후 국문의 문자와 표기 체계의 정리를 위한 일련의 활동과 아울러 ≪國文硏究議定案≫(1909)이 성립되는 과정을 다룬다. 그리고 당시 국문 표기의 실상을 『國語綴字捷徑』(1908)을 통해 살피고, 서양인 선교사들의 성서 번역 과정에서 나타난 표기의 실제와 문제 해결을 위한 활동을 서술한다.

1.1. 국문 의식과 표기 체계

 1.1. 우리 역사에서 19세기 후반은 외부 세계의 문물로부터 영향을 받으면서 정치와 사회, 문화 등 매우 다양한 방면에서 근대적인 사회를 위한 새로운 시도들이 대두하던 시기였다. 이러한 움직임은 당시의 도도한 시대적 흐름이었으며, 그러한 상황에서 우리는 전통의 바탕 위에서 외래 문물을 주체적으로 수용하면서 새로운 근대적인 틀을 모색하였다.

이러한 시대적 상황은 어문(語文) 생활에도 적용되었다. 외래적인 요소들과 부딪치면서 국가와 민족에 대한 의식이 고양되고 자주적인 주체 의식이 높아졌으며, 자신의 언어로서의 국어(國語)와 국문(國文)에 대한 인식도 새로워졌다. 그리하여 1894년 「公文式」이 발표되었으

인다. '맞춤법'은 철자법을 고유어로 새롭게 만든 용어로, 국어에서는 문자로 언어를 표기하는 방식뿐만 아니라 띄어쓰기와 문장 부호 등을 포함하는 뜻으로 쓰인다. 여기서는 이들을 문맥에 따라 혼용하기로 한다.

며, 당시 한자에 묻혀 있던 한글이 공식적으로 국문으로서 국어 표기의 기본 문자가 되었다. 또한 학교의 설립과 국어 교육의 강화, 국문에 의한 교과서 편찬뿐만 아니라, 신문과 잡지의 발간, 문학 서적과 종교 문서의 간행 등의 일상적 언어생활에서 국문이 널리 자리잡게 되었다. 그런데 당시에는 언문(言文)이 일치되지 않을 뿐만 아니라,2 문자로서의 국문 표기 규정이 마련되지 않아 통일되게 사용하지 못하는 현실적인 문제가 제기되었으며, 그에 따라 국문 표기의 정리와 통일이 당면한 과제가 되었다.

그리하여 많은 선각자들이 이러한 어문 생활의 불합리한 현상을 타파하기 위해 언문일치(言文一致) 운동에 참여하였다. 이것은 어문민족주의적 의식을 기반으로 하였는데, 국문(國文)으로서의 한글에 대한 인식을 새롭게 하고 국문 표기법의 설정을 위한 논의가 대두되기 시작하였다. 이를 기반으로 〈독립신문〉(1896)을 비롯하여 많은 곳에서 순국문의 표기가 이어졌으며, 주시경은 국문동식회(國文同式會)를 조직하고 표기 체계를 통일하고자 하였다. 그리고 학부에서는 1907년 국

---

2 영국인 여행가 비숍(Isabella Bishop)은 국내 여행 견문록에서 다음과 같이 서술하였다(신복룡 역주, 2000:31 참조).
"조선의 언어는 혼합되어 있다. 식자층은 대화에서 가능한 한 중국어를 많이 사용하며 보고서의 모든 문자는 한문으로 되어 있는데 그것은 천 년 전 중국의 고어 형태여서 중국에서 현재 사용되는 중국어와는 발음이 완전히 다르다. 조선의 글자인 언문은 한문 교육을 고집하는 지식층으로부터 무시되고 있다."
한편, Silva(2002)에서는 당시의 언어 사용 양상을 양층언어적(diglossia) 성격으로 해석하였다. 여기서 양층언어적 현상은 어떤 사회의 구조를 반영하고 강화하는 방법으로 특정한 기능 영역에서 두 개의 언어 변이형이 사용되는 것을 말한다. 즉, 당시 국어의 경우, 공식적인 힘의 구조를 드러내는 중국어의 변이형(상층어)과 일상적으로 쓰이는 자국어(하층어)가 양쪽 극단에 있고, 그 사이에는 여러 변이형들이 사회적으로 근원된 연속체로 함께 존재하였다는 것이다.

문연구소를 설립하고 국문의 연혁과 문자 등에 대해 연구하여 그 결과로 ≪國文硏究議定案≫(1909)을 마련하기도 하였다.

또한 이 시기에 서양인 선교사들의 성서 번역 과정에서 국문 표기의 정리와 통일에 대한 노력이 있었다. 1880년대에는 번역 성서가 간행되기 시작하면서 점차 한글 표기가 정교해졌으며, 이후에는 이른바 성경 철자법이라고 하는 독특한 한글 표기 체계를 이루기도 하였다.

[1.2.] 근대 국가의 형성에는 사회문화적으로 다양한 요소들이 복합적으로 작용한다. 여기에는 그 사회에서 통용되는 언어(국어)의 통일 문제가 포함되는데, 그것은 언어가 의사소통의 도구일 뿐만 아니라 한 언어사회의 통일을 도모하는 기능을 수행하기 때문이다. 그리고 언어의 통일에는 표기법의 정리, 표준어의 확정 등과 같은 규범화의 문제가 뒤따르기 마련이다.

당시 선각자들은 국문의 중요성에 대한 인식과 함께 국어 문법의 연구와 국문 표기법의 통일을 주장하였다. 이것은 다음 인용한 글에서 그 편린을 엿볼 수 있다(하동호 편, 1985:6-8, 55-58 참조).

"우리 나라 사름은 말을 ᄒ되 분명이 긔록홀슈 없고 국문이 잇스되 뎐일 ᄒ게 힝 ᄒ지 못 ᄒ야 귀즁 ᄒ줄을 모르니 가히 탄식 ᄒ리로다 귀즁ᄒ게 넉이지 아니홈은 뎐일 ᄒ게 힝치 못 홈이오 뎐일 ᄒ게 힝치 못 홈은 어음을 분명히 긔록 홀슈 업는 연고ㅣ러라 " ─지석영(1896), '국문론'─

"ᄌ금이후로 우리 국어와 국문을 업수히 넉이지 말고 힘써 그 법과 리치를 궁구ᄒ며 ᄌ뎐과 문법과 독본들을 잘 만달어 더 죠코 더 편리훈 말과 글이 되게 홀쑨아니라 우리 왼 나라 사름이 다 국어와 국문을 우리 나라 근본의 쥬쟝글노 슝샹ᄒ고 사랑ᄒ여 쓰기를 ᄇ라노라" ―쥬시경(1907), '국어와 국문의 필요'―

즉, 문자는 있으나 일정한 표기법이 마련되지 않아 통일되게 사용하지 못함을 안타까워하였으며, 이를 타개하기 위해서는 표기 규범의 확립이 전제되어야 하고, 또 그것을 위해서는 국어 문법에 대한 합리적인 이해가 요구된다는 것이었다.

당시 1896년 간행된 〈독립신문〉을 비롯하여 〈협셩회회보〉(1898)와 〈ᄆᆡ일신문〉(1898) 등에서 순국문 표기를 사용하였다.[3] 이들에서 국문 표기법은 전통적인 방식에서 크게 벗어나지 않았는데, 예를 들어 〈독립신문〉(1896)은 표기법의 측면에서 다음과 같은 특징을 지니는 것으로 평가된다(이응호, 1975:235-237 참조).

① 'ᄉ, ᄌ, ᄎ'이 'ㅣ' 또는 'ㅣ' 선행 이중모음과 만날 때 이중모음으로 표기 ('논셜, 빅셩, 쟝ᄉ, 죠션, 졍셰, 첫지')
② 'ᆞ'의 표기 ('오늘, 출판ᄒᄂᆞ딕, 말슴, 딕졉, 사름, ᄆᆞ음')
③ 된소리의 ᄉ계 합용병서 표기 ('까ᄃᆰ, 업ᄭᅩ, ᄯᅩ, ᄽᅧ여')
④ 모음 'ㅢ'의 사용 ('긔록, 더듸')
⑤ 'ㄹ-ㄹ'의 'ㄹ-ㄴ' 표기 ('달니←달리, 몰나서←몰라서')
⑥ 체언과 조사에서의 분철
  ('사름이, 사름은, 말을, 처음으로, 속에')
⑦ 용언 어간과 어미에서의 연철 ('만히, 됴흔, 일거, 잇슬, 놉흔')

---

3 한편, 1897년 창간한 〈죠션크리스도인회보〉와 〈그리스도신문〉 등에서도 순국문 표기를 사용하였다.

위에서 보면, 'ㅅ, ㅈ, ㅊ' 등의 치찰음 계열의 자음에 'ㅣ'나 'ㅣ'선행 이중모음이 뒤따를 때 단모음화되던 당시의 현실 발음과는 달리 그대로 표기하고, 현실음에서 사라진 'ㆍ'도 표기에 사용하였다. 또한 된소리를 ㅅ계 합용병서로 표기한다든지, '긔, 듸'와 같이 'ㄱ, ㄷ' 뒤에서 모음 'ㅢ'를 쓴다든지, 'ㄹ'받침 다음에 'ㄴ'을 표기한다든지 등 전통적인 방식을 수용하였다.

그리고 체언과 조사 표기에서는 분철이 널리 나타났는데, 용언의 어간과 어미 표기에서는 연철이 주를 이루었다. 특히 후자에서는 '잇슬'에서 'ㅅ-ㅅ'을 반복한다든지 '놉흔'의 경우와 같이 받침의 'ㅍ'을 'ㅂ-ㅎ'으로 분석(재음소화)하여 표기하는 중철도 나타났다.

이것은 전통적인 표기법에 바탕을 둔 것으로, 당시 교과서 편집이나 성서 번역 등에서 쓰이던 국문 표기의 일반적인 방식이었다.4 특히 〈독립신문〉(1896)은 순국문의 띄어쓰기를 활용하였는데,5 그것은 구절을 띄어 씀으로써 누구든지 보기 쉽고 이해하기 쉽도록 하려는 의도에서였다(다음의 8.1절 1.2항 참조). 이때의 띄어쓰기는 전통적인 권점 표지법(圈點標識法)과는 달리 서양의 언어와 같이 형태 사이에 공백을 두는 방식(spacing)이었다.6

---

4 나찬연(2020:227-228)에서는 〈독립신문〉(1896)의 표기법에서 'ㄷ' 종성의 'ㅅ' 표기('듯고, 밋노라'), 두음법칙의 적용('논셜, 노인'), 어간과 어미의 분철('적어, 먹은'), 원순모음화의 적용('더부러, 부터'), 구개음화의 적용('졍부, 인쳔, 엇지') 등의 경향이 나타나기도 한다고 하였다.

5 국문 표기에서 근대적인 의미의 띄어쓰기는 서양인 선교사들이 집필했던 문법서나 번역 성서에서 시도되었으며, 내국인에 의한 띄어쓰기는 〈독립신문〉(1896)에서 비롯되어 이후 국문 전용을 채택한 〈협셩회회보〉(1898)와 〈미일신문〉(1898), 〈뎨국신문〉(1898)에서도 수용되었다(이응호, 1975;249 참조).

6 여기서 권점은 글을 맺는 끝에 찍는 고리 형상의 둥근 점을 말한다(다음의 8.1절 1.1

<u>1.3.</u> 이 시기에 이봉운의 『국문정리』(1897)가 나왔다. 이것은 국문의 표기법을 마련하기 위해 자모(字母)를 정리하고자 한 것이었는데, 이것을 내게 된 동기에 대해 '서문'의 일부를 보면 다음과 같다.

"또태서각국사룸과일쳥사룸등이죠션에오면위션션싱을구ᄒ여국문을비호기로반졀리치를무ᄅ면대답지못ᄒ즉각국사룸들이말ᄒ되너희나라말이장단이잇시니언문에도그구별이잇어야올흘거신듸글과말이ᄀ지못ᄒ니가히우습도다ᄒ고멸시ᄒ니그러ᄒ슈치가어듸잇시리오외국사룸의션싱노릇ᄒᄂ사룸ᄆ슈치가아니오젼국이다슈치가되니그러ᄒ슈치맛ᄂ거시통분ᄒ고"

위에서 보면, 자신의 문자 체계와 운용에 대해 이해하지 못하여 외국인이 국문에 대해 물을 때 그 이치에 대해 대답하지 못하는 것은 수치이며, 필자는 그에 대해 통분하였다는 것이다. 즉, 이봉운은 문자에 대한 긍지보다는 열등의식에서 통분을 느꼈고 여기서 민족적 자각과 국어국문 존숭의 열정을 가지게 되었다고 할 수 있다(김민수, 1980:109-110; 유예근, 1970 참조).

『국문정리』(1897)는 문자와 관련하여 '주모규식, 반졀규식, 붓침규식, 쟝단규식' 등으로 구분하여 정리하였는데, 표기법의 측면에서는 다음과 같이 평가된다(김윤경, 1963: 118-120 참조).

① 대체로 순한문만으로 표기하던 시절에 한글로만 썼다.
② 된소리를 각자병서로 하였다.

항 참조).

('끄지, 꿈이는, 꼴, 뜻ㅎ는, 삣는, 찍어셔, 쯤')

③ 받침('종성')을 'ㄱ, ㄴ, ㄷ, ㄹ, ㅁ, ㅂ, ㅣ, ㅇ'의 8개로 잡았다.

④ 'ㄷ, ㅌ, ㅅ, ㅈ, ㅊ'계의 한자음이 'ㅑ, ㅕ, ㅛ, ㅠ'와 어울릴 적에 그대로 'ㅑ, ㅕ, ㅛ, ㅠ'로 썼다. ('뎨일, 텬하, 샹셩, 션싱, 슈치, 젼국, 죵셩, 쳥탁')

위에서 ①의 순국문 표기는 〈독립신문〉(1896) 등의 당시 새로운 표기 경향에 따르는 것이었으며(띄어쓰기는 없고 권점을 사용하였다), ②의 된소리의 각자병서 표기 방식은 된시옷으로 적던 〈독립신문〉(1896)과는 구별되었다(이른바 된시옷을 '엽븟침'이라 하였다). 그러나 ③에서처럼 받침이 제한된다거나,7 ④에서와 같이 단모음화가 실제 발음과 달리 표기에 반영되지 않는 것 등은 전통적인 방식을 따르는 것이었다.

1.4. 당시 정부는 1894년 갑오경장과 함께 학무아문(學務衙門, 學部)을 설치하고 그 밑에 편집국을 두었으며, 여기서 '編輯局 掌國文綴字 各國文飜譯 及 敎科書編輯等事'와 같이 국문 철자법, 국문으로의 번역, 교과서 편집 등의 일을 맡게 하였다. 그리고 같은 해 11월 칙령 1호 「公文式」제14조 '法律勅令總以國文爲本 漢文附譯或混用國漢文'을 공포하였으며, 이에 따라 국문이 국어 표기의 기본 문자가 되었다.8

---

7 '종성'은 '붗침'을 의미하는 것이라 하고, 특히 '종성'의 'ㅣ'는 'ㅇ'와 같은 '후성'으로 '목에서 나오는 소리음'이라 하였다. 지춘수(1987:157)에서는 'ㅣ'를 종성에 둔 것은 최세진의 『訓蒙字會』(1527)에서 'ㅇ'의 명칭을 '異凝'으로 하였는데 이것을 분리하여 '異'와 '凝'을 각기 종성으로 처리한 것에서 비롯되었다고 하였다(다음의 1장 각주 14) 참조).

8 「公文式」은 공문서 작성의 원칙을 정한 것이다. 오늘날의 경우 「행정 효율과 협업 촉진에 관한 규정」(대통령령 제31380호) 제7조(문서 작성의 일반원칙)에 따르는데, '문서

한편, 1895년에 교육의 필요성을 강조하는 「敎育立國詔書」를 공포하고 이어 같은 해에 「小學校令」과 「小學校別大綱」에서 국어국문에 관한 교육의 제도적 기반을 마련하였다.[9] 그러나 당시에는 국문에 대한 인식이 부족하고 표기법도 일정하지 않았으며, 실제 일반 대중은 한문을 선호하였다.[10] 이러한 이유로 현실에서는 국문보다 국한문이 주종을 이루었는데, 이에 따라 당시 편찬된 교과서도 국한문으로 편집하였다.[11]

이후에도 전 시대로부터 계속되어 온 한문식 표기 방식을 순국문으로 바꾸고자 하는 활동이 이어졌으나, 현실적으로는 국한문 혼용이 수용되었다. 이에 대해 당시의 논의의 일부를 보면 다음과 같다(하동호 편, 1985:136-137, 189-192 참조).

"國文의 過渡關係는 如左三者니 一.國文을 專廢ᄒ고漢文을 專用홀가 二.國文과漢文을 竝用홀가 三.漢文을 專廢ᄒ고國文을 專用홀가 … 假定한三者中二者는이믜否定되얏스니不可不第三을採用하리로다 … 外國語學을研究홈이學術上實業上政治上을無論ᄒ고急務될것은異議가無ᄒ바이니漢文

는 「국어기본법」 제3조 제3호에 따른 어문규범에 맞게 한글로 작성하되, 뜻을 정확하게 전달하기 위하여 필요한 경우에는 괄호 안에 한자나 그 밖의 외국어를 함께 적을 수 있으며, 특별한 사유가 없으면 가로로 쓴다.' 등으로 되어 있다.

9 學部令 제3호 「小學校別大綱」 제4조에는 '尋常科에는 國文과 近易혼 漢字를 交ᄒ는 短句와 通常의 人名·物名·地名 等의 日用文字와 及 日用書類를 첩케 홈이 可홈'이라는 내용이 들어 있다.

10 1894년 12월 자주독립을 선언하고 개혁을 제시한 것에서 '대군쥬게서종묘에젼알ᄒ시고밍셔ᄒ야고ᄒ신글월', '大君主게서宗廟에展謁ᄒ시고誓告ᄒ신文', '大君主展謁宗廟盟誓文' 등과 같이 순국문, 국한문혼용, 순한문의 세 가지가 쓰였다(이응호, 1975:107-114 참조).

11 이것은 실질적인 의미를 나타내는 부분은 한자로 쓰고 조사나 어미 등의 문법적 기능을 표시하는 부분은 국문으로 쓰는 이른바 한주국종체(漢主國從體)에 해당한다(윤여탁 외, 2006:197 참조).

도外國語의—課로學홀지라" —이보경(1908), '國文과漢文의過渡時代'—

"然則 엇던 文體를 使用홀까 純國文인가, 國漢文인가 余의 마음뒤로 홀
진된, 純國文으로만 쓰고 십흐며, 쏘 흐면 될쥴을 알되, 다만 其甚히
困難홀쥴을 아름으로 主張키 不能흐며, 쏘, 비록 困難흐드리도 此는
萬年大計로 斷行흐여야 한다는 思想도 업슴은 아니로되, 今日의 我韓
은 新知識을 輸入홈이 汲汲흔 쎠라, 이 쎠에, 解키 어렵께 純國文으로
만 쓰고 보면, 新知識의 輸入에 沮害가 되깃슴으로 此意見은, 아직 잠
가 두엇다가, 他日을 기다려 베풀기로 흐고, 只今 余가 主張흐는 바
文體는, 亦是 國漢文幷用이라," —이광수(1910), '今日我韓用文에 對흐
야'—

위에서 이보경(1908)은 한문 전용과 국한문 병용, 국문 전용의 세
가지 중에서 국문 전용이 적절하며, (주변 국가와의 소통을 위해) 한
문을 외국어의 하나로 배우도록 하는 것이 적절하다고 하였다. 그리고
이광수(1910)에서는 문체를 순국문으로 하고 싶으나, 당시에는 '新知
識의 輸入'이 급하므로 국한문 병용이 요구되며, 순국문은 다음을 기
다려 시행하는 것이 적절하다고 하였다.

결과적으로 국문 사용이 제도화된 것은 갑오경장 때부터였으나, 실
제로는 국한문 혼용이 일반화되었는데, 그것은 국문을 본으로 한다는
것이 현실적으로는 국한문으로 되었음을 의미한다(이기문, 1970:16-
24 참조).12 그리하여 국문 표기의 통일된 규범을 세우려던 목표는 이

---

12 이에 대해 김민수(1980:212)에서는 다음과 같이 서술하였다.
"당시의 문자론은 거의 시대조류에 편승한 명분론이거나 비현실적인 주장이었으며,
… 시급한 철자법 통일에 관한 것도 현실적인 연구가 뒷받침되지 못하여 좀처럼 해결
되지 못하였다."

루어지지 못했으며, 이러한 노력은 국가적인 차원보다는 민간 주도의 표기법 개혁 운동으로 이어졌다.[13] 이러한 문제들은 외세에 의지한 개혁의 영향으로 정부의 주체적인 국어국문 정책 수행이 사실상 불가능했던 당시의 시대적 배경과도 관련된다.

1.5. 갑오경장 직후 학부에서는 국어 교과서로 『國民小學讀本』(1895)과 『小學讀本』(1895), 『新訂尋常小學』(1896) 등을 간행하였으며, 20세기 들어 대한제국의 학부에서는 『普通學校學徒用 國語讀本』(1907) 등을 편찬한 바 있다. 이 중에서 최초의 교과서라고 하는 『國民小學讀本』(1895)과 『小學讀本』(1895)의 일부 단원을 보면 다음과 같다.

(1) 쏘萬世에欽仰홀者ᄂᆞᆫ 世宗大王이굴아ᄉᆞ되外國에ᄂᆞᆫ다其國文字ㅣ有ᄒᆞ되我國에ᄂᆞᆫ無ᄒᆞ다ᄒᆞ샤訓民正音을지으시고冊板삭이ᄂᆞᆫ法이不便ᄒᆞ다ᄒᆞ샤活字ᄅᆞᆯ鑄ᄒᆞ시니此ᄂᆞᆫ다大聖人의開物成務ᄒᆞ시ᄂᆞᆫ文明ᄒᆞ德이라   -『國民小學讀本』(1895), '第五課 世宗大王紀事'-

(2) 比컨딕材木幼時에곳게길너야大ᄒᆞ後棟樑이될써시오水泉이根源을 말께쑬어야達ᄒᆞ後江漢이되나니샤람도蒙養이正ᄒᆞ야長ᄒᆞ後大人이되ᄂᆞ니라是以로孔子ㅣ曰蒙이正으로써養홈이聖功이라ᄒᆞ시니라 -『小學讀本』(1895), '立志第一'

---

13 당시 갑오경장 이후 국문에 관한 연구는 이봉운의 『국문정리』(1897)와 지석영의 「新訂國文」(1905)으로 이어졌으며, 1907년에는 국문연구소를 설치하였다. 또한 독창적인 국어 문법을 기술하고 그를 바탕으로 국어 규범을 확립하고자 하였던 주시경의 활동이 두드러졌는데, 그는 1896년 국문동식회(國文同式會)를 조직하여 국문 표기법의 확립을 위해 노력하였으며, 이것은 이후 ≪한글 마춤법 통일안≫(1933)으로 이어졌다(다음의 2.3절 참조).

위 (1, 2)는 모두 국한문으로 서술되었는데, 당시 국문 표기의 몇 가지 특징을 발견할 수 있다. 우선 띄어쓰기는 적용되지 않았으며, 다만 '世宗大王' 앞에 띄어 쓰는 것과 같은 이른바 대두법(擡頭法)이 나타나기도 하였다(다음의 1.4.1절 1.1항 참조).

좀 더 구체적으로 보면, 'ㆍ'가 쓰였으며('는, 굴아ㅅ듸, ㅎ샤, 컨듸, 되ᄂᆞ니라'), ㅅ계 합용병서('써시오, 말쎄, ᄡᅩ, ᄯᅮ러야')와 ㅂ계 합용병서('으로ᄡᅥ')를 비롯하여 'ㄷ' 소리 받침의 'ㅅ' 표기('곳게'), 'ㄹ-ㄹ'의 'ㄹ-ㄴ' 표기('길너야'), 어간과 어미 사이에서의 'ㄹ-ㅇ' 표기('ᄯᅮ러야'), 치찰음 뒤의 이중모음('샤람, ㅎ샤') 등이 발견된다. 이들은 전통적인 표음적 표기 방식을 그대로 반영한 것이라 할 수 있다. 그리고 형태적으로는 한자어 뒤에서 주격조사가 'ㅣ'로 쓰였는데('文字ㅣ, 孔子ㅣ'), 이도 역시 전통적 방식에 해당한다.

1.2. 국문연구소의 ≪國文硏究議定案≫(1909)

1.2.1. 국문연구소의 설치

[1.1.] 갑오경장을 전후하여 국문(國文)과 관련한 주요 관심은 문자 체계의 확립과 표기법의 통일에 있었다. 특히 전자와 관련하여 가장 큰 쟁점은 'ㆍ'의 표기 문제였다.

이봉운의 『국문졍리』(1897)에서는 국문 자모를 좌모ᄌᆞ(초성자)와 우모ᄌᆞ(중성자), 죵성(종성자)으로 구분하였는데, 이들은 다음과 같이 정리된다.

좌모ᄌ: ㄱ(그) ㅇ(으) ㅎ(흐) ㅅ(스) ㅈ(즈) ㅊ(츠) ㅋ(크) ㄴ(느)
　　　　ㄷ(드) ㄹ(르) ㅌ(트) ㅁ(므) ㅂ(브) ㅍ(프)
우모ᄌ: ㅏ(아) ㅑ(야) ㅓ(어) ㅕ(여) ㅗ(오) ㅛ(요) ㅜ(우) ㅠ(유)
　　　　ㅡ(으) ㅣ(이) ·(ᄋ)
종성: ㄱ(ᅟᅠᆨ) ㄴ(ᆫ) ㄷ(ᆮ) ㄹ(ᆯ) ㅁ(ᆷ) ㅂ(ᆸ) ㅅ(ᆺ) ㅣ(이) ㅇ(ᆼ)

위에서 보면, 좌모ᄌ 14, 우모ᄌ 11, 종성 9로,[14] '·'가 우모ᄌ(모음
자)의 체계에 포함되어 있다.

그런데 당시에는 '·'가 음가(音價)가 이미 소실되었는데도 전통에
따라 계속 표기되었기 때문에, 이것을 처리해야 하는 문제가 대두되었
다. 이 문제와 관련하여 지석영은 「新訂國文」(1905)에서 '·'자를 버리
고 대신에 '＝'라는 새로운 글자를 만들어 쓸 것을 주장하였다. 「新訂
國文」(1905)의 '初中終三聲辨'에서 제시된 문자 체계를 정리하면 다음
과 같다.[15]

---

14 좀 더 자세히 보면, 좌모ᄌ는 '궁상각치우분음규식'이라 하여 '궁상각치우'와 '아설순
치후'로 구분하였는데, 이것은 궁(후성)의 'ㄱ, ㅇ, ㅎ', 상(치성)의 'ㅅ, ㅈ, ㅊ', 각(아
성)의 'ㅋ', 치(설성)의 'ㄴ, ㄷ, ㄹ, ㅌ', 후(순성)의 'ㅁ, ㅂ, ㅍ'로 정리된다. '종성'은
'아설순후'로 구분하였으며, 'ㅣ'는 '목에서 나오는 소리음'이라 하여 '후성'의 하나로
처리하였다. 한편, 'ㆆ, ㅇ, ㅿ'는 '시속에서 쓰지 아니ᄒ'는 것이라 하였다. 그리고
'종성'에 쓰이는 문자의 명칭을 '그윽, 느은, 드읏, 르을, 므음, 브읍, 스읏, 이, 으응'
으로 표기하였다.

15 「新訂國文」(1905)은 지석영이 상소한 일종의 국문 개혁안으로, 五音象形辨, 初中終三聲
辨, 合字辨, 高低辨, 疊音刪正辨, 重聲釐正辨의 6개 조로 되어 있다. 이것은 일종의 국문
정서법으로, 당시 문란했던 문자생활을 청산하려는 움직임의 일환으로 평가된다(김
민수, 1963 참조). 그런데 전반적으로는 매우 보수적이었으며, '·'를 없애고 '＝'를
새로 만든 것이 특이하였다.

初終聲通用八字: ㄱ(기윽) ㄴ(니은) ㄷ(디읃) ㄹ(리을) ㅁ(미음)
ㅂ(비읍) ㅅ(시옷) ㅇ(이응)
初聲獨用六字: ㅈ(지) ㅊ(치) ㅋ(키) ㅌ(티) ㅍ(피) ㅎ(히)
中聲獨用十一字: ㅏ(아) ㅑ(야) ㅓ(어) ㅕ(여) ㅗ(오) ㅛ(요) ㅜ(우)
ㅠ(유) ㅡ(으) =(으) ㅣ(이)

위에서 보면, 자음자의 경우 'ㄱ, ㄴ, ㄷ, ㄹ, ㅁ, ㅂ, ㅅ, ㅇ'을 初終
聲通用八字, 'ㅈ, ㅊ, ㅋ, ㅌ, ㅍ, ㅎ'를 初聲獨用六字라 하여 8종성을 인
정하였으며,16 모음자의 경우 中聲獨用十一字에서는 'ㆍ'자 대신에 '='
자를 세우고 이것을 '이으슴픕'이라 하였다. 즉, 모음자에서 'ㆍ'에 대
한 'ㅣㅡ합음설'을 인정하고, 그에 해당하는 문자로 '='를 새롭게 창
작한 것이었다.17

[1.2.] 당시 대한제국의 학부(學部)에서는 지석영의 「新訂國文」(1905)
안을 수용하여 법적인 효력을 지닌 것으로 공표하였다. 이에 대해 당
시 관심 있는 사람들 사이에 이견이 많았으며, 특히 'ㆍ'를 폐지하고
'='라는 새로운 글자를 제정하는 것은 비판의 주요 표적이 되었다.18

---

16 자음자에서 「新訂國文」(1905)은 8종성, 『국문정리』(1897)는 'ㅣ'를 포함하는 9종성을
제시하였으나, 당시에 'ㄷ'과 'ㅅ'이 중화되어 실제로는 7종성 체계로 쓰이고 있었다.
17 중성자 중에 'ㅏ, ㅓ, ㅗ, ㅜ, ㅡ, ㅣ'는 단음(單音)이고, 'ㅏ, ㅓ, ㅗ, ㅜ'에 'ㅣ'가 합음
(合音)하여 'ㅑ, ㅕ, ㅛ, ㅠ'가 되는 것처럼 'ㅡ'도 'ㅣ'가 합하여 하나의 음을 이루는데,
이러한 합음을 새로운 글자 '='를 만들어 표기한다는 것이었다. 그런데 'ㆍ'를 'ㅣ'와
'ㅡ'의 합음으로 해석한 것은 주시경이었으며, 지석영은 이러한 해석을 수용하여 'ㆍ'
대신 '='를 신설할 것을 주장하였다(다음의 4.2.3절 3.1항 참조).
18 이능화는 1906년 '國文一定法意見書'(〈皇城新聞〉 2195호)라 하여 표기 규범의 편술과
관련하여 상소를 올리기도 하였는데, 그 내용은 국문의 통일을 위하여 國文字典을 편
찬할 것, 小學教科書에서 한자 옆에 諺文을 달아 쓸 것, 그리고 國語規範一册을 編述할
것 등이었다(하동호편, 1985:44-46 참조). 또한 이능화는 자신의 이 상소가 국문연

이에 학부에서는 1907년 7월 국문연구소 설립하고 이 문제와 아울러 국문 일반에 관한 연구를 하도록 하였다. ≪國文研究案≫(1908)에 실려 있는 국문연구소 규칙 제1조를 보면, 그 설립 목적은 다음과 같다.[19]

"本所에셔는國文의原理와沿革과現在行用과將來發展等의方法을硏究홈"

즉, 당시 설립된 국문연구소는 국문의 원리와 연혁, 현재 사용되는 것과 장래의 발전 방법 등을 연구한다는 것이었다(이기문, 1970:45 참조).

이 연구소의 참여 인물로 보면, 당초에는 위원장으로 윤치오(학무 국장), 위원으로 장헌식(학부 편집국장), 이능화(한성法語학교장), 현은(정3품), 권보상(내부 서기관), 주시경, 그리고 일본인 우에무라 마사미(上村正己, 학부 사무관)로 구성되었으며, 이후 장헌식이 어윤적으로 바뀌고, 이종일(정3품), 이억(정3품), 윤돈구(6품), 송기용(前 교관), 유필근(9품), 지석영(경성의학교장), 이민응 등이 추가되기도 하고 중도에 그만두거나 또는 교체되기도 하였다.[20]

당시 국문연구소의 위원들은 1907년 9월부터 1909년 12월까지 2년

구소 창설의 동기가 되었다고 하였는데, 관련 기록을 보면 다음과 같다(하동호 편, 1986ㄴ:326 참조).

"光武十年五月傾에余는正音綴字法一定과辭典編纂에對ㅎ愚見을書面으로學務當局에陳述ㅎ얏엇다 이가動機로되어本年冬季에學部內에國文硏究會를設置ㅎ고各方面의正音學者를網羅ㅎ야委員으로選定하얏다" ─〈新生〉 2(1928. 2.)─

19 ≪國文研究案≫(1908)은 국문연구소 위원들이 1907년부터 각자 연구하여 제출한 안을 모아 엮은 문헌이다(『歷代』③-9 참조).

20 이들은 대부분 정부 관리였으며, 주시경만 민간인이었다. 「新訂國文」(1905)으로 국문 연구소 설립의 직접적인 계기를 마련하였던 지석영은 1908년 1월에 참가하였다.

여 동안 주어진 과제에 대해 각자 연구하여 그 결과를 제출하였으며, 이를 바탕으로 23회에 걸쳐 회의를 하여 최종안을 마련하였다. 최종안을 보고할 때의 인물로는 위원장 윤치오, 위원 어윤적, 이능화, 주시경, 권보상, 송기용, 지석영, 윤돈구, 그리고 간사 이민응 등이었다. 이 중에서 위원장을 제외한 8인이 개인안을 바탕으로 의결 과정을 거쳐 1909년 12월 28일 학부대신에게 최종안을 보고하였으며, 이것이 ≪國文研究議定案≫(1909)이다.

1.2.2. ≪國文研究議定案≫(1909)의 성립

[2.1.] ≪國文研究議定案≫(1909)은 각 위원들에게 주어진 이른바 십제(十題)에 대한 개별적인 연구를 종합하고 조정하여 최종 통일안으로 결정한 것이다. 여기서 십제(十題)와 결정된 내용을 함께 정리해 보면 다음과 같다(이기문, 1970:56-58; 김민수, 1980:209 참조).

一. 國文의 淵源과 字體 及 發音의 沿革 (可)
二. 初聲中 ㆁㆆㅿ◇ㅱㅸㆄㅹ 八字의 復用 當否 (否)
三. 初聲의 ㄲㄸㅃㅆㅉㆅ 六字 竝書의 書法一定 (可, ㆅ은 폐기)
四. 中聲中 ·字廢止, =字創製의 當否 (否)
五. 終聲의 ㄷㅅ二字用法 及 ㅈㅊㅋㅌㅍㅎ六字도 終聲에 通用 當否 (可)
六. 字母의 七音과 淸濁의 區別 如何 (五音과 淸, 激, 濁音으로 구분)
七. 四聲票의 用否 及 國語音의 高低法 (四聲票는 不用, 長音은 左肩一點)
八. 字母의 音讀 一定
九. 字順行順의 一定 (初聲은 牙舌脣齒喉와 淸濁으로 배열, 中聲은 ≪訓蒙字會≫의 順)

十. 綴字法

이 안(案)은 당시 통일된 표기법을 마련하고자 하는 시대적인 요청에 따라 신속히 처리된 것이었으나, 표기법과 관련하여 보면 된소리를 각자병서로 쓴다든지(三題), 당시 논란이 되었던 '='자를 폐지한다든지(四題), 종성(終聲)에 쓰이는 글자를 확대한다든지(五題) 등에서 획기적인 것이었다. 특히 받침의 확대는 전통적인 7종성법에서 벗어나 형태주의 표기로 전환됨을 의미하는 것으로, 표기 규정의 역사에서 특별한 평가를 받는다.

그러나 국문 표기법에서 크게 필요하지 않은 내용까지 담고 있다(一, 二, 六, 七題).[21] 이것은 다만 이 안이 국문의 원리와 연혁을 밝힌다고 하는 국문연구소의 설립 목적에 부합하는 과제였다.

2.2. ≪國文研究議定案≫(1909)에서 정리된 내용에 대해 좀 더 구체적으로 살펴본다. 우선 된소리의 병서자 표기(三題)의 경우, 이능화와 주시경, 송기용, 윤돈구 네 위원은 각자병서를, 권보상과 지석영은 된시옷을 붙이는 안을 주장하였고, 어윤적은 양쪽 다 무방하다('同字異字의 幷書例가 具ㅎ고 發音이 亦同ㅎ니 任便使用이 無妨ㅎ다')고 하였다. 결국은 글자 제정의 본뜻으로나 소리의 이치로 보아 'ㄲ, ㄸ, ㅃ, ㅆ, ㅉ' 등 각자병서의 사용을 원칙으로 하고, 된시옷으로 쓰인 'ㅺ, ㅼ, ㅽ, ㅾ' 등도 인정한다고 결의하였다. 그러나 'ㆅ'은 인정하지 않았다(다음의 5.3절 3.2항 참조). 당시 일상에서는 된소리를 ㅅ계나 ㅂ계

---

21 ≪國文研究議定案≫(1909)에서 '國文'은 문자 체계를 의미한다. 따라서 음성언어로서의 '國語'는 연구 대상에서 제외되었다.

합용병서로 쓰기도 하였는데 이것은 음리(音理)에 맞지 않으므로 각자병서로 된소리를 표기한다는 것이었다.[22]

다음으로 四題의 '·'와 관련하여 '='자의 창작은 본래 지석영의 「新訂國文」(1905)에서부터 제기된 문제였다. 이에 대한 논의의 결과, 이민응은 지석영의 주장과 같이 '·'의 폐지와 '='의 창작에 찬동하고, 이능화와 송기용은 이에 반대하였다. 그리고 어윤적과 주시경, 권보상은 '='의 창작에는 반대하고 '·'의 사용은 마땅하다('便當', 또는 '·'의 폐지를 반대한다)고 하였다. 이렇게 논의가 분분하였으나, 결국 '='자는 창작하지 않고 '·'자는 현실적인 문제를 고려하여 폐지를 보류하기로 하였다(다음의 4.2.3절 3.2항 참조).

또한 받침의 확대(五題)와 관련해서는 여러 주장이 있었다. 우선 어윤적과 권보상, 주시경, 윤돈구는 7종성 외에 'ㄷ'자와 'ㅈ, ㅊ, ㅋ, ㅌ, ㅍ, ㅎ' 모두 종성에 통용하는 것이 당연하다('爲當')고 하였다. 이에 비해 이능화는 상용(常用)과 활용(活用), 비고(備考)로 구분하면서 'ㄷ, ㅈ, ㅊ, ㅋ, ㅌ, ㅍ, ㅎ'의 7자를 활용에 속하는 것으로 보았다. 그리고 이민응은 이 7자를 비고로 존류(存留)하자고 하고, 송기용은 적절한 시기에 사용하자고 하였으며, 지석영은 사용할 필요가 없다고 하였다. 이러한 논의를 통하여 최종적으로는 이들 7자를 종성에 사용하기로 하였다(다음의 6.2절 2.2항 참조).

마지막으로, '十題 綴字法'과 관련하여 보면, 여기서 '綴字法'은 오늘날의 개념과는 달리 초성과 중성, 종성의 합자(合字)에 대한 것을 의미

---

22 이봉운의 『국문정리』(1897)에서도 각자병서를 인정하였으며, 지석영의 「新訂國文」(1905)에서는 'ㅺ, ㅼ, ㅽ, ㅆ, ㅾ' 등으로 쓰는 것이 '還屬便易'하다 하였다(다음의 5.3절 3.1항 참조).

하였다. 이에 대해서는 위원들이 이견 없이 '訓民正音例義되로仍舊綴用홈이可ㅎ도다'라 하여 초중성의 모아쓰기로 의결하였다.

그런데 第十回 議決 기록을 보면 다음과 같은 서술이 포함되어 있다.

綴字又一法은初中終聲字를左에셔右로橫書홈(例)텨ㄴ하태펴ㅇ

이것은 한 음절을 왼쪽에서 오른쪽으로 가로풀어쓰는 것과 관련되는데, 회의에서 의결된 것이기는 하지만 ≪國文硏究議定案≫(1909)에는 기록되지는 않았다.

이에 대해 주시경은 자신이 제출한 연구 보고서에서 '보다發音의先後가順ㅎ고敎曉ㅎ기가亦便ㅎ며鑄刊ㅎ기에至要홀지라' 하면서, '우리나라가밝고곱다'를 가로풀어쓰는 예를 다음과 같이 보이기도 하였다.

(3) ㅜㄹㅣ ㄴㅏㄹㅏ ㄱㅏ ㅂㅏㄹㄱ ㄱㅗ ㄱㅗㅂ ㄷㅏ

이러한 가로풀어쓰기의 문제에 대한 주시경의 생각은 이전부터 있었던 것으로 보인다. 이와 관련된 주시경의 글을 보면 다음과 같다(하동호 편, 1985:30 참조).

"외인 편에서 시쟉 ᄒ야 올은 편으로 가며 쓰는 것이 얼마 편리 흔지라 올은 편에서 시쟉 ᄒ야 외인 편으로 써 나갈 것 ᄀ흐면 글시를 쓰는 손에 먹도 뭇을 샌더러 몬져 쓴 글시 줄은 손에 가리여서 보이지 아니 ᄒ니 몬져 쓴 글 줄들을 보지 못 ᄒ면 그 다음에 써 나려 가는 글 줄이 혹 빗드러 질가 염녀도 되고 몬져 쓴 글시 줄들의 뜻을 싱각ᄒ야 가며 ᄎᄎ 압 줄을 써나려 가기가 어려오니 글시를 외인

편으로브터 올은 편으로 써가는 것이 미우 편리 ᄒᆞ겟더라" -쥬샹
호, '국문론'〈독립신문〉(1897), 134/135호-

주시경의 이러한 생각은 국문연구소에서의 연구 활동 과정에서 가
로풀어쓰기로 발전하였던 것으로 이해된다(박천홍, 2011; 권두연,
2015 참조).23

2.3. ≪國文硏究議定案≫(1909)의 열 가지 주제 중에서 八題와 九題
는 자모의 명칭과 배열 순서(字順과 行順)에 관련되는 것이었다. 이에
대해서도 여러 의견이 있었으나 다음과 같이 정리되었다.

ㅇ이응 ㄱ기윽 ㄴ니은 ㄷ디읃 ㄹ리을 ㅁ미음 ㅂ비읍 ㅅ시읏 ㅈ지읒
ㅎ히응 ㅋ키윽 ㅌ티읕 ㅍ피읖 ㅊ치읓
ㅏ아 ㅑ야 ㅓ어 ㅕ여 ㅗ오 ㅛ요 ㅜ우 ㅠ유 ㅡ으 ㅣ이 ·ᄋ

자모의 명칭(音讀)은 최세진의 『訓蒙字會』(1527)에 준하여 위와
같이 정하였으며, 배열 순서(字順)는 초성자는 '牙舌脣齒喉五音과淸
激二音'의 구별로 정하고 중성자는 『訓蒙字會』(1527)를 따랐다고 하
였다.24

---

23 Argos(1904)에서는 번역 성서의 표기와 관련하여 오른쪽 가로쓰기(dextro-horizon
tal writing)에 대한 언급이 있었다. 이와 함께 음절별 모아쓰기가 아닌 자모별 풀어
쓰기와 띄어쓰기를 적용한 방식을 제시하기도 하였다. 즉, 당시 국문에서는 '아아어
여오요우유으이(ᄋ)ㅇㅎㄱㅋㅁㅂㅍㄴㄹㄷㅌㅈㅊ'의 자모('ㅅ'이 빠져 있음)만을 사용
하여 표기하면 더욱 단순해질 것이라고 하면서, '대하ㄴ ㄱ우ㄱㅁ우ㄴ 쓰으기가 어려
오나 자ㄹ ㄱ오ㅅ치며ㄴ 자미가 마ㄴ게ㅅㅅ오'(대한 국문 쓰기가 어려우나 잘 고치면
재미가 많겠소)의 예를 제시하였다(옥성득, 1993:70; King, 2004 참조).
24 그런데 이러한 자모의 명칭과 배열 순서는 이봉운의 『국문정리』(1897)나 지석영의

그리고 행순(行順)은 '中聲으로爲綱ᄒ고初聲의字順딕로排行'하여 다음과 같이 정하였다.

아 야 어 여 오 요 우 유 으 이 ᄋ
가 갸 거 겨 고 교 구 규 그 기 ᄀ
以下倣此

이것은 자모 결합의 음절 배열에서 가로로는 중성의 순서에 따르고, 세로로는 초성의 자순(字順)에 따라 (반절식으로) 배열한 것이다.

결국 ≪國文硏究議定案≫(1909)은 전 시기로부터 표류되어 오던 국문의 체계와 표기에 대해 전통적인 훈민정음 체제 안에서 검토하여 정리함으로써 근대적인 표기 방법에 대한 논의를 시도한 것이라고 할 수 있다. 그러나 이 안은 국어를 표기하는 문제를 다루었다기보다는 '='의 창작과 같이 당시 논의가 분분하던 국문의 자모 체계에 대한 해석을 전제로 하는 것이었다.[25] 이 안은 표기법에 대한 인식의 한계와 함께 당시의 정치적 상황으로 시행되지 못하였고, 이후 일제 강점기가 되면서 총독부에서 주관한 ≪普通學校用諺文綴字法≫(1912)이 발표되었다(다음의 2.1.1절 참조).

「新訂國文」(1905)과는 다른 것이었다(앞의 1.2.1절 1.1항 참조).

25 이것은 ≪國文硏究議定案≫(1909)이 통일된 규범을 지향한 것이 아니라 당시 논란이 되는 문제들에 대한 검토가 목적이었던 점과도 관련된다(윤석민, 2005 참조). 또한 이 안은 당시 서양인 선교사들의 성서 번역 과정에서 대두되었던 국문 표기법에 대한 고민이 반영되지 않은 것도 하나의 특징이라 할 수 있다(다음의 1.4절 참조). 그것은 당시 연구위원 중 주시경을 제외하고는 서양인들의 활동에 크게 관심을 두지 않았으며, 대부분 훈민정음 중심의 전통적인 문자론에 집중하였기 때문인 것으로 보인다.

1.3. 『國語綴字捷徑』(1908)의 표기 실태 [26]

앞에서 서술하였듯이, 대한제국의 학부에서는 교과서를 편찬하고 ≪國文硏究議定案≫(1909)을 마련하기도 하였으나, 국문 표기 방식에 대해 공식적으로 규정된 것이 없었으므로 어문 생활은 혼란스러울 수밖에 없었다. 한승곤이 편찬한 『國語綴字捷徑』(1908)은 당시 국문 표기의 실제적인 양상을 보여 주는 자료이다. [27]

1.3.1. 오류 표기의 실태

『國語綴字捷徑』은 한승곤(韓承坤)이 1908년 9월에 편찬한 철자법 교본으로, 평양의 광명서관(光明書觀)에서 출간되었다. [28] 그리고 이 책은 당시 기독교 선교사 게일(Gale, 긔일, 奇一)이 집필한 『한영ᄌ뎐』(1897)의 표기 방법을 빌려 옳은 표기와 그릇된 표기를 구별하였다. [29] 이에 대해 서문에 다음과 같이 서술되어 있다.

---

26 이 절은 우형식(2020)을 이 책의 취지에 맞게 간략히 재구성한 것이다(하동호, 1973; 김민수, 1986 참조).

27 물론 『國語綴字捷徑』(1908)을 대상으로 당시의 국문 표기 양상을 살펴보는 것은 분석 대상의 자료가 제한적이라는 한계가 있다. 다만 이 책에서는 당시 가능한 표기를 다양한 형태로 제시하였다는 점에서 이에 대한 검토는 국문 표기법의 흐름을 분석하는 데 의미를 지닌다고 할 수 있다.

28 『國語綴字捷徑』(1908) '서문'에는 '몃히젼브터남녀로쇼업시다공부를힘쓰고ᄌ데교육을 열심쥬의흠으로지금은젼국에학교도흥왕ᄒ여가고학문도발달ᄒᄂ모양'이어서, 당시 교육이 널리 전개되면서 학교가 열리고 학문이 발달하는 상황에 있음을 전제로 하고, 자신이 이에 도움이 되고자 국문 철자법과 관련한 책을 내게 되었다고 하였다.

29 『한영ᄌ뎐』(1897)은 게일(Gale)이 엮어 일본에서 출간한 것으로, 한국어 어휘를 영어로 대역한 I부와 한자에 대해 자석을 적고 영어로 대역한 II부로 되어 있다. 이것은 이후 2판(1911)과 3판(1931)으로 수정되거나 보완되었다.

"이국어쳘ᄌ쳡경은미국박학ᄉ긔일씨가믄든한영ᄌ뎐쳘ᄌ법을의빙
ᄒᆞ여믄ᄃᆞ럿ᄉ오니국문고하ᄌ와국어를비호려ᄒᆞᄂᆞ이ᄂᆞ이칙을훈번구
ᄒᆞ여보시고속히ᄭᅴᄃᆞᆺ기를ᄀᆞᆫ졀히ᄇᆞ라옵ᄂᆞ이다"

이 책에서는 어떤 국문 표기 방안을 제시하는 것이 아니라 당시 혼
란스러운 국문 표기 현상을 문제로 삼아 적절한 표기와 그릇된 표기의
예를 제시하고자 하였다. 그리고 그러한 적절성의 판단 기준을 Gale
(1897)의 표제 형태의 표기 방식에 두었다.

본문에서는 표기상의 기준이 되는 형태를 표제로 내세우고 그 뜻을
한자로 보인 다음, '그릇쓰는것'이라 하여 해당 형태에 대해 잘못 표기
되는 (또는 잘못 표기될 수 있는) 예를 일일이 들었다. 그 일부를 발췌
하여 제시하면 다음과 같다.

(4) 아바님(父主): 압아림, 웁ᄋ림, 압ᄋ림, 웁아님, ᄋᄇ님, 아ᄇ님,
　　　　ᄋ바님
　　어마님(母主): 엄아림, 엄ᄋ림, 어ᄆ님
　　샤름(人): 살암, 슬음, 살음, ᄉ람, ᄉ름, 샤람, 샤름
　　깃부다(喜): 깁부다, 깃부다, 깁흐다, 기쓴다, 기쌋다, 굿브다
　　아름답다(美): 알암답다, 을음듭다, ᄋ름듭다, 아람답다
(5) 죡하(姪): 조카(√), 족카, 죡ᄒ, 족ᄒ, 족하
　　ᄃ리(脚): 달이, 달리, 돌의, 다리(√)
　　거러간다(步去): 걸어간다(√), 걸어ᄀ다, 거려ᄀ다
　　맛나다(遇): 만나다(√), 믄ᄂ다, ᄂ맛ᄂ다, 만라다

위 (4, 5)에서는 표제 형태로 제시하고 한자로 의미를 표시하였으
며, '그릇쓰는것'이라 하여 오류 표기의 예를 나열하였다. 여기에는

(4)에서처럼 오늘날의 기준에서 적절한 것이 전혀 제시되지 않은 것이 있는가 하면, (5)에서처럼 오늘날의 기준에서는 적절한 것(√표)이 옳지 않은 것으로 제시되어 있기도 하다.

또한 한자음의 한글 표기에서 문제가 되는 것을 예시하였는데, 그것을 간략히 정리하면 다음과 같다.

(6) '디'와 '지': 디리地理 : 지리ᄒ다支離

　　　　　　*디ᄌᆞᄂᆞ地ᄌᆞ에샹관된말밧긔ᄂᆞ쓰ᄂᆞᄃᆡ가업ᄂᆞ니라

'당'과 '쟝': 당목唐木 : 쟝목長木

　　　　　　*당ᄌᆞᄂᆞ堂ᄌᆞ와當ᄌᆞ와黨ᄌᆞ와唐ᄌᆞ와糖ᄌᆞ갓흔ᄃᆡ쓰ᄂᆞ니라

'뎌'와 '져': 뎌笛 : 져著

　　　　　　*뎍適的 : 젹積炙寂赤賊

　　　　　　*뎜點店占 : 졈漸

　　　　　　*뎐殿典田電 : 전前全廛專傳錢戰

　　　　　　*뎡丁定亭停 : 졍正情精征政貞井晶

　　　　　　*됴道都塗途賭桃徒眺倒 : 조曹操早造助照

　　　　　　*두頭豆廚斗杜 : 쥬主晝酒周柱宙

'텬'과 '쳔': 텬하天下 : 쳔ᄒ다賤

　　　　　　*텬天 : 쳔千賤薦淺川泉遷

'이'와 '의': 이리此 : 의리義理

　　　　　　*이而二移已以異易 : 의意疑義醫倚議

'의'와 '에': 명의名醫 : 멍에軶

　　　　　　*눕의아둘人之子 : 집에잇소在於家

　　　　　　(의之字代用 : 에於字代用)

'긔'와 '기': 긔와ᄀᆞ치與其 : 기와瓦

　　　　　　*긔其旣旗期記奇氣欺起器 : 기漢文字밧긔싴음으로쓰
　　　　　　ᄂᆞᄃᆡ쓰ᄂᆞ니라

'수'와 '슈': 수數藪字에쓰고數藪字밧긔ᄂᆞᆫ다슈ᄌᆞ로쓰ᄂᆞ니라

위 (6)은 'ㄷ, ㅌ'와 'ㅈ, ㅊ', 모음 '이'와 '의, 에', 'ㅢ'와 'ㅣ', 그리고 '수'와 '슈'의 구별 표기에 관련한 것으로, 서북 방언에 치우치기는 하였으나 당시 한자음 표기의 혼돈 양상을 구체적으로 보여 준다는 점에 의의가 있다.[30]

이러한 점에서 보면, 올바른 표기의 판별 기준이 편찬자 자신의 견해도 아니고 또한 그 내용이 그리 분명한 것도 아니지만, 예측 가능한 오류 표기의 예들을 제시하고 있다는 점에서 당시 혼돈스러웠던 국문 표기의 실상을 보여 준다고 할 수 있다.

1.3.2. 표기상의 특징

『國語綴字捷徑』(1908)에 나타나는 국문 표기법의 특징을 음운적 측면과 형태적 측면으로 나누어 살펴보기로 한다.

2.1. 음운적인 측면에서는 우선 'ᆞ'가 넓게 사용되었음이 두드러지며, 된소리는 ㅅ계 합용병서(된시옷)로 표기되었다.

(7) ㄱ. 칙, 구름, 비(舟), ᄃᆞ락, 오ᄂᆞᆯ, 싱각, ᄋᆞ희, 사름, 소ᄅᆡ, ᄆᆞ음(心)
     ㄴ. 홈, 싱기오니, ᄆᆞᆫ드럿ᄉᆞ오니, ᄀᆞ리우다, ᄂᆞ라가다, 아름답다
     ㄷ. ᄇᆞ로, 춤, 무슴, 어ᄃᆡ, 법ᄃᆡ로, ᄀᆞ졀히, 흔번

30 당시 한자음 표기는 지석영의 『言文』(1909)에서 더 많은 자료를 확인할 수 있다(『歷代』③-12 참조).

(8) 흠씩, 노끈(索), 뜻, 쭐(女), 기쁜다, 슬쓴다, 힘쓰고, 쪼차가다

위 (7)에서는 '·'가 체언과 용언, 수식언 등 대부분의 형태류에서 전면적으로 표기되었음을 보여 준다(다음의 4.2.1절 1.1항 참조). 그리고 (8)에서는 'ㅅㅣ, ㅅㄷ, ㅅㅐ, ㅅㅅ, ㅉ' 등의 ㅅ계 합용병서가 쓰이고 있음을 보여 준다(다음의 5.3절 3.1항 참조).

받침에서는 전통적인 7종성법에 따라 'ㄱ, ㄴ, ㄹ, ㅁ, ㅂ, ㅅ, ㅇ'만 사용되었으며, 'ㄷ' 소리 받침은 'ㅅ'으로 표기되었다(다음의 6.2절 2.1항 참조). 그리고 겹받침의 경우에서 'ㄺ, ㄻ'의 예가 보인다.

(9) ㄱ. 밋는/밋을만한, 씨듯기, 밧지못ᄒ엿다/밧아보다, 닷는다
        (閉), 굿다(堅)
    ㄴ. 둙(鷄), 닑으면(讀), 슲흐다(悲)

위 (9-ㄱ)에서는 'ㄷ' 소리 받침으로 'ㅅ'이 쓰였고, (9-ㄴ)에서는 겹받침 'ㄺ, ㄻ'이 쓰였다.

또한 치찰음 'ㅈ, ㅊ, ㅅ' 등의 뒤에서 단모음화는 나타나지 않았으며, 'ㅢ'형이 쓰이기도 하였다(다음의 9.5절 참조).

(10) ㄱ. 져고리, 가쟝, 졔쥬, 졀(寺), 졈(占), 쥬일, 죵각(鐘閣), 쥭(粥)
     ㄴ. 챠(車), 쳡(妾), 쵸(燭), 츈졀(春節), 탈취ᄒ다
     ㄷ. 감샤, 슈건, 셔울, 쇼포, 셤(島), 남녀로쇼, 셥셥ᄒ다,
     ㄹ. 긔록ᄒ여, 여긔, 등긔(登記), 이긔엿다(己勝), 어긔엿다(違)

위 (10-ㄱ, ㄴ, ㄷ)에서와 같은 치찰음 뒤에서의 이중모음 표기는 당시 널리 나타났던 것으로 이도 역시 당시 국문 표기법의 혼란에 많은 영향을 미친 것이었다(다음의 9.5.3절 3.1항 참조). 그리고 (10-ㄹ)은 'ㄱ' 뒤에서 'ㅢ'가 'ㅣ'로 바뀌는 단모음화가 표기에 적용되지 않은 예에 해당한다(다음의 9.5.1절 1.2항 참조).

그 밖에 음운적 측면과 관련되는 표기상의 특성으로, 구개음화와 두음법칙, 원순모음화, 전설모음화 등의 경우를 묶어 정리하면 다음과 같다(다음의 9장 참조).

(11) ㄱ. 즈데, 됴흘, 뎌긔, 형데, 뎨일, 작뎡ᄒ다, 디리(地理), 뎌 (笛), 뎍당ᄒ오, 뎡ᄒ다(定)

　　 ㄴ. 신톄(身體), 텬하(天下), 텽직이(廳直), 텰필(鐵筆)

(12) ㄱ. 남녀로쇼, 록두(綠豆), 루월(屢月), 류월(六月), 률법, 륭합 ᄒ다, 란잡ᄒ오, 락심치ᄆ오

　　 ㄴ. 님금, 니마(額), 뇨강(溺江), 니엿다(績)

(13) 우물, 부드럽다, 멋히젼브터

(14) 편즙ᄒ엿습네다, 어즈럽다

위에서 (11)은 'ㄷ, ㅌ'의 구개음화가 표기에 반영되지 않았음을 보여 주고(다음의 9.2절 2.1항 참조), (12)는 'ㄹ, ㄴ'의 두음법칙이 반영되지 않았음을 보여 준다(다음의 9.4절 4.1항 참조). 그리고 (13)에서는 원순모음화는 대부분 반영되었으나 '브터'와 같이 그렇지 않은 경우도 있고(다음의 9.6.1절 1.1항 참조), (14)는 전설모음화가 반영되지 않은 예에 해당한다(다음의 9.6.2절 2.1항 참조).

2.2. 형태적인 측면에서 보면, 우선 체언과 조사에서는 분철 표기가 넓게 사용되었는데, 그 예의 일부를 보면 다음과 같다.

> (15) 일이, 시간이, 감샤홈을, 칙을, 사름의, 쥬의홈으로, 학교에,
> 국문은, 싱각은
> (16) ㄱ. 긔록지못홀거시업고, 싱각ᄒ옵ᄂ거슨
> ㄴ. 무어시닛가, 무어슬 도아주겟다
> ㄷ. ᄯᆺ시되고, ᄯᆺᄉ졀노나타나니, ᄯᆺ슬잘으야

위에서 (15)는 체언(형) 뒤에서 조사가 분철되었음을 보여 준다. 그런데 (16)에서와 같이 받침이 'ㅅ'일 경우에는 분철되지 않았는데, (16-ㄱ, ㄴ)은 '것, 무엇' 뒤에서 연철되었고, (16-ㄷ)은 'ᄯᆺ' 뒤에서 중철되어 조사가 각각 '시, 슬, 슨' 등으로 표기되었다.

조사의 형태적 교체에서 보면, 주격의 경우 모음 뒤에서 일반적으로 '가'가 쓰였는데, 이른바 'ㅎ'종성체언 중에서 '나라' 뒤에서는 '이'가 쓰였다.31

> (17) ㄱ. 국문은우리동포가몬져빅홀부모님나라의글이라
> ㄴ. 미국박학ᄉ긔일씨가몬든한영ᄌ뎐
> (18) ㄱ. 우리나라이몃히젼브터남녀로쇼업시다공부를힘쓰고
> ㄴ. 문명홀나라이될줄노밋ᄂ소망이싱기오니

---

31 김형철(1997:50~51)에서도 당시 문헌에서 '나라'의 주격형으로 '나라히' 또는 '나라이'로만 쓰이고 '나라가'는 보이지 않는데, 이것은 '나라'의 주격형에서는 'ㅎ'이 완전히 탈락되지 않은 것으로 인식했기 때문이라고 하였다.

위 (17-ㄱ)에서는 주격조사가 모음 뒤에서 '가'로 나타나는데, (18)에서는 '나라' 뒤에서 '이'로 쓰였다.

목적격조사는 '올'이나 '룰'은 보이지 않고 '을'과 '를'로 나타나고, 보조사에서 '은, ᄂᆞᆫ'으로 나타난다. 그리고 'ㄹ'받침 뒤에서는 조격조사로 '노'가 쓰이기도 하였다.

(19) ㄱ. 감샤홈을, 교육을, 글을 / 동포를, 공부를, 글ᄌᆞ를
    ㄴ. 국문은, 그것은, 말은 / 한문공부ᄂᆞᆫ, 교ᄉᆞᄂᆞᆫ, 나ᄂᆞᆫ
(20) 국문으로, 둥ᄀᆞ로 / 진실노, 될줄노밋ᄂᆞᆫ, 절노나타나니

그리고 이 책에서는 띄어쓰기가 전혀 나타나지 않음이 특징이다(다음의 8.1절 1.3항 참조).

한편, 이 책의 마지막 부분에는 '공부ᄒᆞᄂᆞᆫ법'이라는 제목에서 한문과 국문 공부에 대해 서술하였다. 여기서는 이 책이 옳은 것으로 판단한 표기가 사용되었으므로, 그 표기 경향을 종합적으로 이해해 볼 수 있다. '국문공부ᄒᆞᄂᆞᆫ법'과 관련되는 부분을 옮기면 다음과 같다.

"국문빅ᄒᆞᄂᆞᆫ법은한문과ᄀᆞᆺ치음과식음과쯧시각각난ᄒᆞ인거시아니오 성음이되면쯧슨절노나타나니빅ᄒᆞ기쉬으나특별히힘쓸거슨쳘ᄌᆞ법이 니만일쳘ᄌᆞ법을빅ᄒᆞ지안코ᄂᆞᆫ무ᄉᆞ슴칙을보던지쓰던지홀째에변ᄒᆞ야다 른쯧시되고마ᄂᆞᆫ니가령뉘가뎌보ᄒᆞ기를누의(妹)보내시오ᄒᆞ엿ᄂᆞᆫ듸보 ᄂᆞᆫ사름은누에(蠶)인줄알면안될거시오쏘던보ᄒᆞᄂᆞᆫ사름이누의(妹)를 누에(蠶)로뎌보ᄒᆞ면안될거시니불가불법듸로보고법듸로쓰여야홀거 시니라"

위에서 보면, 전반적인 의미는 국문은 뜻글자인 한문과 달리 철자법이 중요하다고 하면서 '누의'와 '누에'의 표기 차이를 예로 서술하였다. 그리고 표기법에서 보면, 'ᆞ'가 쓰였다든지, 치찰음 뒤에서의 이중모음('셩음, 철ᄌ법')과 된시옷('ᄯᆺ, ᄯᅩ, ᄢᅢ') 표기, 구개음화 미반영('뎐보'), 중철('ᄯᆺᄉᆫ, ᄯᆺ시, ᄀᆺ치'), 'ㄹ-ㄴ' 표기('졀노'), 7종성('ᄀᆺ치') 등의 현상을 찾아볼 수 있다. 이들은 당시 전통적으로 사용되던 표기 방식에 해당하는 것이었다.

1.4. 성서 번역과 철자법의 성립

성서의 한글 번역은 신문화 형성과 함께 언문일치 운동뿐만 아니라 한글의 보급과 철자법 정리, 문맹 퇴치 등에 기여하였다(최현배, 1938, 1962; 김윤경, 1960 참조). 서양인 선교사들은 성서 번역 과정에서 국문 표기법을 정리하고 통일하고자 하였는데, 그것은 선교를 위해 성서를 번역하여 보급하고 그것을 읽을 수 있도록 해 주어야 했기 때문이었다. 그들은 성서 번역 과정에서 국문(한글) 표기법과 관련한 견해를 제시하기도 하였으며, 이른바 성경 철자법이라 하는 독특한 표기법을 이루기도 하였다.

1.4.1. 초기의 성서 번역과 국문 표기법

[2.1.] 성서의 한글 번역은 1880년대 로스(Ross)와 이수정 등에 의해 만주와 일본 등 국외에서 시작되었다. 로스는 만주 지역에서 선교 활동을 하면서 이응찬 등 한국인의 도움을 받아 매킨타이어(MacInty re)와 함께 1882년 『예수셩교 누가복음젼셔』와 『예수셩교 요한ᄂᆞ복음 젼셔』를 간행하였고, 1887년 『예수셩교젼셔』(심양 문광셔원, 활판 인쇄)에 이르기까지 총 8종의 이른바 로스본 번역 성서를 간행하였다. 여기서 요한복음의 일부(1장 1~5절)를 비교해 보면 다음과 같다(이만열, 1987:121; 나채운, 1990:279; 대한성서공회, 1993:69 참조).[32]

(21) 처음에도가이스되도가 하느님과함게ᄒ니도는곳 하느님이라이 도가처음에 하느님과함게ᄒ미만물이말무야다지여스니지은빅 는ᄒ나토말무디안코지으미업년이라도에싱명이이스니이싱명 이사람에빗치되야빗치어두운데빗치우되어두운데는아디못ᄒ 더라 - 1882년 본 -

(22) 처음에도가이스되도가하나님과함쎄ᄒ니도ᄂ 곳하나님이라이 도가처음에하나님과홈쎄ᄒ미만물이말무암아다지여스니지은 바ᄂ 한나토말무지ᄋᆞᆫ코지으미업ᄂ 나라도에싱명이이스니이싱 명이사름의빗치되여빗치어두온딕빗치우되어두온딕ᄂ 아지못 ᄒ더라 - 1887년 본 -

위 (21, 22)에서 보듯, 띄어쓰기를 하지 않았다든지, 1882년 본에서 처럼 대두법(擡頭法)이 나타났다든지,[33] 신(God)의 명칭이 '하느님'에서 '하나님'으로 달라졌다든지 하는 특징을 지닌다.[34] 이에 더하여 표기상

---

32 여기서 번역 성서 본문을 인용할 경우 대한성서공회(https://www.bskorea.or.kr)에서 제공하는 자료를 우선적으로 활용하되 필요에 따라 선행 연구를 참조한다(이하 동일).

33 대두법(擡頭法)은 경의를 나타내는 단어 앞에 한 칸을 비워 띄어 쓰는 방식으로, 왕명 이나 기타 임금을 표시하는 단어에 주로 사용되었다(나채운, 1990:38-39 참조). 로 스본 성경에서는 '하느님(하나님), 예수, 쥬, 구쥬, 키리스토, 뎐부, 신, 예수 키리스 토' 등에 사용되었다(이만열, 1987:117 참조).

의 특징에는 '·'의 전면적 표기('빅, 싱명, 이스되, 흐니, 눈, 홈쯰, 사룸')와 된시옷 표기('홈쯰'), 'ㅊ'의 'ㅅ-ㅊ' 표기('빗치'), 구개음화 표기의 혼란('아디/아지, 말무디') 등이 포함될 것이다(이만열, 1987: 117; 나채운, 1990:285-289; 정길남, 1992:151-164, 180-193 참조).

로스본 번역 성서는 국외(만주)에서 이루어졌고, 선교사들이 한국어에 능숙하지 않은 상태로 거의 한국인 조력자에게 의존한 것으로 보인다는 점에서 한계가 있다. 그러나 순수히 한글만을 사용하면서 표기 규정의 성립에 영향을 주었으며, 구어를 중심으로 번역함으로써 언문일치에 자극을 주었다는 평가를 받는다.

$\boxed{1.2.}$ 이수정은 일본에서 4복음서(마태, 마가, 누가, 요한)와 사도행전까지 묶어 1884년 『懸吐漢韓新約聖書』를 간행하였는데, 이것은 한문본 성경에 토(吐)를 다는 것이었다. 그는 당시 한문에 익숙한 지식인들을 대상으로 하여 우선 토 달린 성경을 먼저 구성하고, 다시 한글로 번역하고자 하였다(이덕주, 1987:426-430; 나채운, 1990:39-41; 대

---

34 천주교에서는 신(God)의 칭호를 '텬쥬(天主)'로 하고 그 뜻을 '상제(上帝), 하늘님, 하ᄂ님'과 동일한 것으로 이해하였는데, 개신교의 경우에는 '하ᄂ님, 하나님, 하느님, 신, 춤신, 샹데, 샹데님, 텬쥬' 등으로 불렸다(이만열, 1987:125-130; 옥성득, 1993; 류대영 외, 1994:104-118, 179-188 참조). 앞선 연구에 따르면, 초기에 '하ᄂ님'과 '하나님'으로 쓰이고 이후 '하느님'으로 관용되다가 '하나님'으로 고정되었는데, '하나님'은 오직 '하나'이신 '님', 즉 유일신이라는 뜻을 가지게 되었다고 한다. 그런데 '하ᄂ님'이 어원론적으로 보아 '하늘'의 고어는 '하늘'이고 '하나(一)'의 고어는 '흐나'이므로, 유일신의 의미를 지니려면 '하느님'이 아니라 '흐나님'이어야 한다는 등의 견해도 있었으며, 최현배(1962)에서처럼 국어에서는 수(數)를 표시하는 말에 '님'을 붙인 적이 없다는 점도 제시되기도 하였다. 이에 대해 백낙준(1973:263-264)에서는 '하나님'은 어원론적인 의미보다는 한국 교회 나름으로의 신앙 고백적인 의미가 담겨 있다고 하였다.

한성서공회, 1993:145-151 참조).

그리고 이수정은 1885년『신약마가젼복음셔언히』를 출간하였는데, 이것은 국한문 혼용으로 되어 있으며 한자 옆에 한글을 병기하는 형태를 취하였다. 1885년 서양인 선교사 언더우드(Underwood)와 아펜젤러(Apenzeller)가 이수정이 번역한 마가복음을 가지고 입국하였다. 그 후 언더우드는 이것을 수정하여 1887년『마가의젼흔복음셔언히』를 발간하였다.

1.4.2. 성경 철자법과 철자법 논쟁

[2.1.] 초기에 입국한 선교사들은 로스본을 개정하여 사용하고자 하였으나, 표기 등의 오류가 많다는 이유로 새롭게 번역하기로 하였다(대한성서공회, 1993:212; 류대영 외, 1994:30 참조). 이에 따라 그들은 1887년 4월 한국어성서번역위원회(Committee for Translating the Bible into Korean Language)를 조직하고 공식적인 절차로 번역하고자 하였다.[35] 그러나 여러 사정으로 인하여 위원들의 개인역으로 이어졌다. 여기서 로스본『예수셩교젼셔』(1887) 중 누가복음과 이를 개역한 아펜젤러의『누가복음젼』(1890)의 일부(1장 1~4절)를 비교해 보면 다음과 같다(대한성서공회, 1993:226 참조).

(23) 딕긔열어사름이부슬들어우리가온딕일운바일을쓰기는처음으

---

[35] 이 기구는 같은 해 4월 11일 상임성서위원회(The Permanent Bible Committee in Korea)로 명칭을 변경하고, 그 안에 번역위원회(The Translating Committee)와 개정위원회(The General Revising Committee) 등의 분과 위원회를 두었다.

로봇텨친이보고도롤뎐ᄒᄂ쟈가우리롤줌갓치닉가쏘한처음으
로모단일을자세이샹고ᄒ여치례로써쯧ᄒ고귀한티오비노의합
ᄒ의즐겨앙달ᄒ문녕의뵈온바의굿건ᄒ물알게ᄒ미라 - 로스
본(1887) -

(24) 대개여러사ᄅ이붓술들어우리가온ᄃᆡ일운바일을쓰기ᄂ처음으
로브터친이보고도롤젼ᄒᄂ쟈가우리롤줌ᄌᆺ치내가쏘ᄒ처음으
로모둔일을ᄌ셰히샹고ᄒ야ᄎ례로써쯧ᄒ고귀ᄒ티오비노의합
하의즐겨앙달ᄒᆷ은령의빈온바의굿게ᄒᆷ을알게ᄒᆷ이라 - 아펜젤
러 역(1890) -

위의 (23, 24)에서 보면, 'ㆍ'가 널리 나타나거나, 된시옷이 쓰이는
('쏘ᄒ, 쯧') 등의 공통점이 있다. 그런데 (23)에 비해 (24)에서 연철보
다는 분철('앙달ᄒ문→앙달ᄒᆷ은, ᄒ미라→ᄒᆷ이라') 또는 중철('갓치,
부슬→붓술')의 경향이 짙으며, 구개음화를 표기에 반영하고(뎐ᄒᄂ→
젼ᄒᄂ), 본래 음가를 살리려고 했다('치례→ᄎ례, 녕→령')는 차이가
보인다.

<u>2.2.</u> 시간이 지나면서 선교사들의 한국어 실력이 향상되었다. 이
에 따라 이전의 상임성서위원회를 대신하여 1893년 상임실행성서위
원회(The Permanent Executive Bible Committee, 실행위원회)로 재조직
하고, 그 산하 기관인 전임번역자회(The Board of Official Transl
ators, 번역자회)에서 번역하여 제출한 원고를 검토 개정하는 권한을
두었다(류대영 외, 1994:36-37 참조). 즉, 공인된 위원회를 통한 번
역을 시행하고자 한 것이다. 그러나 실제로는 위원들의 개인 사정에

따라 개인역 혹은 시험역 차원에 머물렀다. 이러한 상황에서 개인역본을 그대로 출간하였으며, 1900년에는 이들을 묶어 한 권의 신약성서로 발행하기에 이르렀다(이만열, 1987:56; 이덕주, 1987:436-441; 나채운, 1990:47-48; 류대영 외, 1994:49; 서정웅, 2003:35 참조).

그리고 이것을 공인역으로 구성하기 위해 1902년 10월부터 1906년 3월까지 555회의 모임을 가졌고, 일부 재개역 과정을 거쳐 1904년『신약젼서』로 간행하였다. 이것은 이른바 철자법 논쟁을 거치면서 다시 수정 작업을 통해 원고를 완성하고 1906년 최초의 공인역본『신약젼서』를 간행하였다.[36] 여기서 1904년 판과 1906년 판을 요한복음의 일부(1장 1~3절)로 비교하면 다음과 같다(나채운, 1990:279; 류대영 외, 1994:70 참조).

(25) 태초에 말솜이(혹은 도라) 잇ᄉ니 말솜이 하ᄂ님과 ᄀᆺ치 계시매 말솜은 곳 하ᄂ님이시라 이 말솜이 태초에 하ᄂ님과 ᄀᆺ치 계셔셔 말솜으로써 만물이 지은 거시니 지은 물건은 말솜 업시 지은 거시 업ᄂ니라 - 1904년 판 -

(26) 태초에 말솜이(혹은 도라) 잇스니 말솜이 하ᄂ님과 ᄀᆺ치 계시매 말솜은 곳 하ᄂ님이시라 이 말솜이 태초에 하ᄂ님과 ᄀᆺ치 계셔셔 말솜으로 만물이 지은 바 되엿스니 지은 물건이 말솜업시는 지은거시 ᄒ나도 업ᄂ니라 - 1906년 판 -

---

36 1900년 신약 번역이 완료되면서 구약의 번역에 집중하여 1910년 번역을 완료하고, 1911년『구약젼서』를 간행하였다. 그리하여 1906년 공인된『신약젼서』와 1911년 완성된『구약젼서』를 일반적으로 '구역(舊譯)'이라 부르는데, 그것은 1938년과 1956년에 나온 '개역(改譯)'과 대비되기 때문이다(다음의 2.3.2절 2.2항 참조).

위 (25, 26)에서는 '잇스니→잇스니'와 같은 것 외에 표기상의 차이는 없으나, 띄어쓰기가 나타나는 특징이 있다.[37]

[2.3.] 당시 번역 성서의 표기법은 초기의 선교사들이 한국어와 한글에 대해 이해가 부족하였으나,[38] 그들은 전통적인 표기법을 근거로 하여 좀 더 합리적이고 실용적인 방식을 채택하여 통일되게 적용하고자 하였다. 당시 번역(구역) 성서의 표기법을 간략히 정리하면 다음과 같다.[39]

① 된소리는 ㅅ계 합용병서로 나타난다. ('잠깐, 째, 쓰로, 쎨니, 쏩아, 쫏는')[40]
② 치찰음 'ㅅ, ㅈ, ㅊ' 뒤에서 이중모음 표기가 나타난다.
    ('슈하, 션싱님, 쟝막, 딕졉, 죵, 친쳑, 셤기는, 셔울, 슐 취흠')
③ 두음법칙이 적용되지 않았다.
    ('례물, 량친, 로자, 림흥심, 녀인, 니웃, 닙사귀, 닐ㅇ노니')
④ 구개음화가 적용되지 않았다. ('뎨자, 뎌희, 텬국, 됴흔')

---

37 번역 성서에서 본격적으로 띄어쓰기가 반영된 것은 1897년 번역된 『바울이 갈나대인의게 흔 편지·야곱의 공변된 편지』와 『베드로젼셔·베드로후셔』에서부터라고 하는데(최태영, 1990ㄴ 참조), 이러한 띄어쓰기는 1897년 2월에 창간된 〈죠션크리스도인회보〉에서도 보인다(옥성득, 1993; 류대영 외, 1994:52 참조).

38 초기의 성서 번역은 당시 한국어 능력이 부족했던 선교사들보다는 그들의 어학 교사인 한국인들의 표기법에 대한 관점을 보여준다고 할 수 있다. 한국인 조력자들에 대해서는 이덕주(1987), 이만열(1987:107-112) 등을 참조할 수 있다.

39 이에 대해 더 자세한 것은 지춘수(1971), 최태영(1990ㄱ, ㄴ), 정길남(1992), 대한성서공회(1993:203-234), 신창순(2003:26-61), 김동언(2017) 등을 참조할 수 있다.

40 천주교계 성서에서는 어두 된소리 표기가 각자병서로 나타나기도 하였다(정길남, 1992:180-182 참조)

⑤ 받침이 7종성으로 제한되었다.

　　※'ㅊ, ㅌ, ㅍ'의 경우 부분 중철 표기가 나타난다.

　　('빗치, 쏫치, 밧헤서, 긋ᄒ니, 압헤, 놉흐신')

　　※'ㄺ, ㄲ, ㄼ' 등의 겹받침이 나타난다.

　　('흙, 싯닭, 닑지, 늙고, 붉게, 젊은, 여듧, 넓게, 슯흐니')

　　※'ㅊ, ㅌ' 앞에서 'ㅅ'받침이 덧나기도 한다.

　　('뉘웃쳐, 곳치는, 긋치지, 닷토면')

⑥ 'ㄹ-ㄹ'이 'ㄹ-ㄴ'으로 나타난다.

　　('올나←올라, 들난←들린, 닐너←닐러, 마을노←마을로')

　　※'르'가 'ㄹ-으'로 나타난다.

　　('불으러←부르러, 올으샤←오르샤, 닐으샤딕←나르샤딕')

⑦ 'ㆍ'가 널리 나타난다. ('사름, ᄆᆞ음, 아둘, ᄇᆞ리다, ᄀᆞᄅ치다')

⑧ 'ㅅ, ㄱ' 뒤에서 'ㅢ'가 나타난다. ('싀골, 싀집, 긔도, 긔회, 긔운')

⑨ 용언의 어간과 어미에서 연철로 나타난다.

　　('이스되, 조추니, 드러')

⑩ 체언과 조사는 대체로 분철 표기된다.

　　('처음에, 하나님이, 사룸의')

　　※'것'과 '무엇'은 연철되었다. ('거슨, 거시, 무어슬')

　　※'ㅅ'받침 아래서 대격은 '슬'로 나타났다. ('맛슬, 옷슬')

　　※조사에서 '는/은', '를/을/울' 등으로 'ㆍ'가 쓰였다.

　　('나는, 등불은, 보빅를, 눈을, 사룸을')

　이러한 구역 성서의 표기법은 이른바 성경 철자법이라 불리기도 하
는데, 비록 명문화되지는 않았으나 당시 성서 번역에서 규범으로 인정
되었다. 이것은 일제 강점기 총독부의 3차 개정안인 《諺文綴字法》
(1930)과 조선어학회의 《한글 마춤법 통일안》(1933)이 나오기까지

통용되었으며, 역사적 표기법의 전통과 표음주의를 기반으로 하여 일정하게 확립되고 정제되었던 것으로 평가된다(지춘수, 1971; 정길남, 1992; 류대영 외, 1994;173; 신창순, 2003:64 참조).

2.4. 1890년대 들면서 서양인들은 한국어 문법서와 사전을 집필하고 이를 바탕으로 선교사들은 한국어를 체계적으로 학습하고자 하였다. 이에 따라 교재와 교수법 등과 함께 교육과정을 마련하고 시험제도를 시행하기도 하였다. 그리하여 선교사들의 한국어 능력도 상당히 향상되기에 이르렀는데, 이러한 과정에서 성서 번역에 여러 가지 문제가 있음을 발견하고 대안을 제시하기도 하였다. 예를 들어, Baird(1895)에서는 로마자 표기와 관련하여 논의하면서 묵음자(默音字)로서 'ᆞ'와 'ㅈ, ㅊ, ㅅ, ㄷ, ㅌ' 뒤의 'y'를 문제로 지적하였다. 당시 'ᆞ'는 음가가 소멸되고 음소로서의 지위도 상실되었으며, 묵음(默音) 'y'는 서울과 중부 지방의 구어에서는 사라졌는데도 실제로 표기에서는 쓰이고 있었다.

1900년 출판된 『신약젼셔』는 시험역 수준이어서 1902년부터 상임실행성서위원회에서 공인하는 과정을 거치게 되었다. 이 과정에서 게일(Gale) 등이 중심이 되어 새로운 철자법을 도입하고자 하면서 이른바 철자법 논란(spelling debate)이 일어났다(옥성득, 1993; 류대영 외 1994:57-69; King, 2004; 옥성득 외 편역, 2006:280-284 참조). 게일과 그의 동료 이창직은 1902년 9월 장로회 공의회에서 새로운 철자법의 도입에 관한 보고서를 읽었는데, 이 철자법은 당시 이른바 게일 시스템(Gale System) 또는 개혁 철자(Reformed Spelling)라고 불렸으며, 일반적으로는 게일의 신철자법이라 하였다. 그것의 주요 내용은 다음과 같다(옥성득, 1993:69, 류대영 외, 1994:60; 서선영, 2009:65 참조).

① 'ㆍ'를 폐지하고 대부분의 경우에서 'ㅏ'로 대신한다.
  ('ᄋᆞ→아, ᄉᆞ→사, ᄌᆞ→자, ᄎᆞ→차')
② 대격에서 아래아는 '으'로 바꾼다. ('롤→를, 슬→슬' 등)
③ 'ㅅ, ㅈ, ㅊ+복모음'은 단모음으로 바꾼다.
  ('셔/셔→서, 쟈/쟈/댜/쥬→자')

결국 'ㆍ'의 폐지와 치찰음 'ㅅ, ㅈ, ㅊ' 뒤에서의 단모음화를 수용하는 것으로, '한 소리 한 글자(one sound one character)'의 원칙을 따른다는 것이었다.[41] 그리고 이러한 철자법을 활용하면, 음절 수가 170에서 140으로 줄고, 활자는 575자에서 443자로 줄며 전국적으로 인쇄 글자가 통일되는 효과가 기대되는 것이었다.

이 안과 관련하여 장로교 공의회에서는 번역자회에 일임하였는데, 여기서 신철자법을 채용하기로 결정하였다. 그리고 이 안은 남북감리교회와 대한성교서회, 〈그리스도신문〉, 〈신학월보〉 등 당시 기독교계에서 폭넓은 지지를 받았다. 이와 함께 1903년 7월 상임실행성서위원회 회의에서 철자법 개혁에 대한 문제가 제기되고 게일의 신철자법을 채택하기로 의결하였다(옥성득, 1993; 류대영 외, 1994:59, 117 참조).

---

41 신(God)의 칭호 정립 과정에서 게일은 주시경의 도움을 받아 당시 쓰이고 있던 '하ᄂᆞ님'에 대해 '하ᄂᆞ'는 'ㅡ'을 의미하고 '님'은 '주, 주인, 임금'을 뜻하는 것으로 이해하였다. 그리고 한 걸음 더 나아가 'ㆍ'의 사용을 제한하자는 윤치호의 견해를 수용하여 '하ᄂᆞ님'을 로스본에서 쓰인 적이 있는 '하나님'으로 표기하고자 하였다(앞의 1장 각주 34) 참조). 그리고 'ㆍ'의 폐지를 번역 성서의 철자법에 반영하기로 한 것이었다(옥성득, 1993:39-41; 류대영 외, 1994:116; 서선영, 2009:42-43 참조).

그런데 1903년 후반기에는 번역과 출판이 일시 중단되는 일이 벌어졌다. 그것은 각 선교회에서 시기상조라는 이유로 반대하자 장로회 공의회에서 채택을 보류하였기 때문이다. 특히 일부 지역 교인들의 반발이 심했는데(King, 2005 참조), 결국 장로회 공의회에서는 1903년 10월 회의에서 구철자법(이른바 '역사적 철자법')으로 환원하여 사용하기로 결정하였다(류대영 외, 1994:59-61 참조). 이에 대한 기록의 일부를 양주삼 외(1937:26)으로 보면 다음과 같다(옥성득, 1993:70; 류대영 외, 1994:60 참조).

"諺文中에 同音되는 上字와 下字가 잇고 一點字와 二點字가 잇서 文法에는 區別이 分明하지마는 大衆이 그것을 조곰도 學習지 안코 自意로 쓰는 고로 此人의 筆記가 彼人의 것과 不同하야 甚히 模糊한지라. 飜譯會에서 이것을 統一키 爲하야 一九〇二年에 同音되는 下字와 二點字를 削除한 新綴字로 新約을 發行하엿더니 特別히 平安道에서 이것이 該地의 方言에 相違된다 하야 甚히 反對하는고로 그 發行된 것을 廢棄하고 固有한 綴字法을 固守한 結果로 聖經의 文法을 歷史的 綴字法이라 稱한다."

위에서 '上字'와 '下字'는 각각 '위아'와 '아래아'를 지칭하고, '一點字'와 '二點字'는 '자, 저, 조, 주' 등의 단모음 표기와 '쟈, 져, 죠, 쥬' 등의 이중모음 표기를 가리키는 것으로 이해된다. 이들은 실제 구어에서는 구별되지 않는데도 표기에서는 구별하여 사용하는 데서 비롯되는 혼돈이 있어서 이를 통일하기로 하였으나, 반대에 부딪혀 종래의 역사적 철자법으로 되돌아갔다는 것이다.

결과적으로 상임성서실행위원회도 입장을 바꾸면서 번역자회에서는 신철자법으로 된 1902년 판을 폐기하고 구철자법으로 환원하였다.

이에 따라 1903년 11월 번역이 재개되고 1904년 5월 개정이 완료된 신약이 인쇄되었으며, 이것을 다시 수정하여 1906년 『신약젼셔』로 간행하였다.[42]

---

42 장로회 공의회 회의록인 郭安連 편(1918:235-246)에서는 번역 성서의 교정에 대해 토론한 내용이 정리되어 있다. 우선 1904년 9월 서울 동현(銅峴) 예배당에서 열린 제4차 朝鮮耶蘇敎長老會公議會에서 선교사 게일(Gale, 奇一)이 국문 교정 문제를 안건으로 제기하고 회원들이 토론하였는데, '國文을使用ᄒᄂᄃᆡ同一ᄒᆫ規模를세우고...紊亂ᄒ게使用ᄒᄂ거슬업시ᄒ고如何케ᄒ던지容易ᄒᆫ法으로改正'한다고 하였으나, 기본 취지만을 확인하고 구체적인 성과는 없이 논의가 종료되었다. 그리고 1905년 9월 서울 승동(勝洞) 예배당에서 열린 제5차 공의회에서는 국문 교정 위원들이 1904년에 '아래아ㅅ자만廢止ᄒ고其外에ᄂᄀᆞ딕로두딕그리스도新聞記載ᄒᄂᄃᆡ만一年間試驗ᄒ기로' 한다고 한 뒤 위원들의 불참 등으로 더 진전되지 않았음을 보고하였다. 그리고 위원을 보완하여 논의한 결과 '國文矯正ᄒᄂ事은前과삿치玉篇과字典에잇ᄂ대로施行ᄒ기로' 하였음을 보고하자 공의회에서는 그대로 채용하기로 결정하였다. 이 결정은 번역 성서의 표기를 종전과 같이 옥편(玉篇)과 자전(字典)에 있는 대로 시행하기로 하였다는 것으로, 역사적 철자법으로 회귀함을 의미하는 것이었다(이만열, 1987:59-60; King, 2004 참조).

제2장 표기 규정의 성립

19세기 말 국문 정리는 문제만 논의되고 실질적으로는 해결된 것도 별로 없이 전통적인 방식에 바탕을 둔 표기가 이어졌다. 이후 일제 강점기에는 총독부에서 교과서 편찬을 위해 마련했던 철자법과 조선어학회에서 제정한 맞춤법이 새롭게 나타났다. 그리하여 광복 전까지의 한글 표기는 전 시기부터 사용되던 이른바 성경 철자법과 일제 총독부 제정의 언문 철자법, 조선어학회 맞춤법이 존재하였다.

이 장에서는 1910년대에서 1930년대 초에 걸쳐 전개된 한글 표기 규범의 제정 문제를 중심으로 하여, 일제 총독부의 세 가지 언문 철자법과 이른바 철자법 논쟁, 조선어학회의 맞춤법에 대해 서술한다.

2.1. 일제(日帝)의 언문 철자법

일제 강점기가 되면서 한글 표기법으로 처음 제정된 것이 ≪普通學校用諺文綴字法≫(1912)이었다. 이것은 종전의 대한제국 보통학교 교과서의 국문 표기법이 번잡하여 학교 교육에서 불편한 점이 있음을 인정하고, 이를 좀 더 쉽게 하려고 총독부 학무국 주재 아래 마련된 것이었다. 그리고 이것은 뒤에 ≪普通學校用諺文綴字法大要≫(1921)와 ≪諺文綴字法≫(1930)으로 두 번에 걸쳐 개정되었다. 이러한 일련의 언문(諺文) 표기 규정은 그때그때의 필요를 반영함으로써 점차 구체적이면서 체계적인 방향으로 전개되었다.1

2.1.1. ≪普通學校用諺文綴字法≫(1912)

[1.1.] 일제는 1911년 8월 「조선교육령」을 공포하고 국민정신의 함양과 일본어 보급을 교육의 목적으로 내세웠다.2 이것은 언어 정책으로 볼 때 일국일국어(一國一國語)의 원칙을 적용하여 국어(일본어) 교육을 통한 국민정신의 함양한다는 것이었다. 이에 따라 일제는 일본어교육을 중심으로 하면서 조선어 교육을 병행하였다.

1911년 제1차 조선교육령에 따라 개설된 학교의 교과과정에 조선어

---

1 일제 강점기가 되면서 일본어가 '국어'가 되고, 한국어는 '조선어'로, 국문(國文)은 '언문(諺文)'으로 바뀌었다.

2 일제 강점기에 조선교육령은 4차에 걸쳐 시행되었는데, 제1차는 충량한 국민 육성을 목표로 1911년 8월 제정되었고, 제2차는 3·1운동의 영향으로 식민통치정책이 변경됨에 따라 1922년 2월 제정되었다. 그리고 제3차는 1938년 3월 군국주의 이념에 따라 제정되었으며 조선어가 선택과목이 되었고, 제4차는 1943년 3월 제정되었으며 교과과정에서 조선어가 완전히 폐지되었다.

가 정규 과목('朝鮮語及漢文')으로 설정되었다. 그리하여 이에 따른 교과서를 발행할 필요가 있었는데, 총독부에서는 조선어 교과서의 하나로 구한말 통감부 시기에 대한제국 학부에서 발행한 『普通學校學徒用國語讀本』(1907)을 개편하여 조선어과 수업에서 활용하고자 하였다. 이 과정에서 이른바 언문 철자법의 문제가 대두되었다.

총독부에서는 1911년 7월 학무국에 위원회를 두고, 조사촉탁원(調査囑託員)으로 일본인 4인, 한국인 4인으로 하여 8인을 선임하고, 그들에게 연구 사항을 부여하였다. 이 조사 연구에 참여한 일본인 중 고쿠부 쇼타로(國分象太郞), 신조 준테이(新庄順貞), 시오카와 이치타로(鹽川一太郞)는 한국어 통역관 출신이었고, 한국인의 경우 어윤적과 현은은 국문연구소 위원으로 활동한 적이 있으며 당시 총독부 취조국 소속이었다. 그리고 일본인 다카하시 도루(高橋亨)와 한국인 강화석은 고등보통학교 현직 교원이었고, 여기에 유길준이 포함되었다(신창순, 2003:270; 김주필, 2017 참조).[3]

그리고 이들에게 주어진 연구 사항은 다음과 같이 네 가지 부류로 정리되는 것이었다(김주필, 2017 참조).[4]

① '·'의 변화, 'ㄷ' 구개음화, 'ㅅ, ㅈ, ㅊ,' 뒤 반모음 'y' 탈락, 어두 'ㄴ, ㄹ'의 탈락 등 음운변동 관련 사항
② 된소리 표기, 연철과 분철, 명사+조사와 용언 어간+어미의 형태 표기 등과 관련되는 사항

---

3 이들 중 대부분은 1911년에 시작하여 1920년에 완성된 『朝鮮語辭典』 편찬 사업에도 참여하였는데, 고쿠부(國分象太郞)는 주임 자리에 있었고, 다카하시(高橋亨), 신조(新庄順貞), 현은, 어윤적 등은 편집위원 또는 심사위원으로 참여하였다(신창순, 2003:270).
4 보고서의 자세한 내용은 임경화 외(2013:78)에 정리되어 있다.

③ 한자음의 시음(時音) 표기, 한문의 토 다는 문제 등 한문이나 한
  자어 관련 사항
④ 가나(假名) 50음, 탁음, 장음 등 일본어의 한글 표기 사항

이것은 당시 언문 표기에서 문제가 되었던 것으로 이에 대한 연구
결과를 바탕으로 표기법을 마련하고자 하였다. 특히 위에서 ①과 ②는
앞선 시기 국문 표기법의 주요 과제에 해당하는 것이었다(앞의 1.1절
1.2항, 1.3.2절, 1.4.2절 2.4항 참조).

그리고 1911년 11월까지 5차례 회의를 개최하고 조사 연구 결과를
종합하여 1912년 4월 ≪普通學校用諺文綴字法≫으로 공표하였다. 그리
고 이 규정을 당시에 요구되던 교과서(보통학교용)와 조선어 사전의
편찬에 반영하였다.

1.2. ≪普通學校用諺文綴字法≫(1912)은 緒言 4개 항목과 綴字法
16개 항으로 구성되었으며, '緒言'은 원칙을, '綴字法'은 세부 규정을
다루었다. 우선 서언(緒言)을 보면, 이 표기 규정의 제정 목적이 제시
되어 있다.

本諺文綴字法은從來諺文綴字法이區區하야敎授上不便이不少함으로普通
敎育上에使用하게할目的으로特히此를一定하고普通學校用敎科書에採用
한것이다.

이것은 당시에 요구되던 교육상의 사용에 목적을 두었다는 것으로,
실제로 당시 언문 표기의 기준이 되어 교과서(보통학교용)와 사전 편
찬 등의 바탕이 되었다(신창순, 2003:271-273 참조).

또한 '緒言'에서는 이 규정의 방침(方針)이라 하면서 다음의 항목을

제시하였다.

> 本綴字法은 大體左의 方針에 依함.
> 1) 京城語를 標準으로 함.
> 2) 表記法은 表音主義에 依하고 發音에 遠한 歷史的 綴字法 等은 此를 避함.
> 3) 漢字音으로 된 語를 諺文으로 表記하는 境遇에는 特히 從來의 綴字法을 採用함.

즉, 이 규정은 원칙적으로 서울말을 표준으로 하며, 표음주의에 따르고 실제 발음에서 멀어진 역사적 철자법을 피한다는 것이다. 여기서 '表音主義'는 단순히 형태주의 표기법의 상대되는 개념이라기보다는 '歷史的 綴字法'에 대응되는 개념으로 이해된다. 즉, 현실 발음에서 멀어진 (현실 발음과는 동떨어진) 역사적 표기법을 피하고 현실음을 발음되는 대로 적는다는 것이다(신창순, 2003:273-1275 참조). 그런데 실제로는 고유어(순수 조선어)는 현실음대로 적되 한자어는 종래의 역사적 표기법을 따른다고 하여, 고유어(순수 조선어)와 한자어 표기 방식을 이원적으로 규정하였다.

'綴字法' 부분은 16개 항으로 구성하였으며, 별도로 일본어의 五十音과 濁音, 半濁音의 언문 표기 예를 제시하였다. 그 내용을 보면, 우선 一항에서 다음과 같이 기본 원칙을 제시하였다.

> 一. 正格인 現代 京城語를 標準으로 하고、可及的 從來 慣用의 用法을 取하야 發音대로의 書法을 取함.
> (例) 가르친다(敎) 아침(朝) 매우(甚) 아름다운(美) 나서어섯(五、六) 하야서(爲) 되여서(成) 일음(名) 빗췬다(照)

즉, 서울말을 표준으로 하고, 종래 관용의 용법으로 취하여 현실 발음을 따라 표기함을 원칙으로 한다는 것이다. 그리하여 이 규정의 주요 내용은 종래의 관용과 현실음 사이의 간극을 어떻게 정리하는가에 있었다.

그리고 二항부터 十一항까지는 한글 표기와 관련되는 것이고 十二항부터 十六항까지는 일본어와 한자음의 한글 표기에 관한 것을 규정하였다. 이것을 각 항별 주제로 정리해 보면 다음과 같다.

二. 순수 조선어에서의 '·' 표기 ('·'를 'ㅏ'로 정함)

三. 순수 조선어에서의 구개음화 현상 ('ㄷ, ㅌ→ㅈ, ㅊ')

四. 순수 조선어에서의 단모음화 현상 ('쉰, 적다, 조흔')

五. 한자음에서의 '·' 표기, 구개음화와 단모음화 현상

六. 어간과 어미의 구별 ('삶어먹엇소, 들어간다, 붉은빗')

七. 조사의 표기 ('갓흔/갓튼, 놉흔/놉튼, 붓흔/붓튼')

八. 형용사의 부사화 접미사 ('깁히, 급히, 가벼히, 부즈런히')

九. 조사 ('는ㄴ'과 '를ㄹ')의 표기 ('는/를'로 일정)

一〇. 조사('이·을·에·으로')의 표기

一一. 된시옷의 기호 ('ㅅ'만 사용)

一二. 五十音의 언문 표기

一三. 일본어 탁음의 언문 표기

一四. 일본어 등 외국어의 장음 표기

一五. 한문에 토 달기

一六. 한자음의 현실음(時音) 표기

위의 주요 내용을 보면, 우선 '·'는 고유어(순수 조선어)의 표기에서는 제외했으나(二항), 한자음은 운(韻)을 문란케 할 우려가 있다

하여 종전대로 두었다(五항). 그리고 된소리를 ㅅ계 합용병서(된시옷)로 쓰도록 하였는데(十一항), 이것은 앞의 ≪國文硏究議定案≫(1909)과는 상대되는 것으로 전통적인 철자법으로 회귀함을 의미하는 것이었다.[5]

그리고 구개음화 현상을 인정하여 표기법에 반영한 점과 'ㅅ, ㅈ, ㅊ' 등과 결합되는 'ㅑ, ㅕ, ㅛ, …' 등을 모두 'ㅏ, ㅓ, ㅗ, …' 등의 단모음으로 표기하도록 한 점 등은 의미 있는 것이었으나(三, 四항), 한자음에는 적용하지 않았다는 한계를 지닌다(五항).[6] 부사파생접미사는 '히'만을 사용하도록 하였다(八항).

또한 형태적으로는 명사와 조사, 용언 어간과 어미를 구분하는 표기를 내세웠으나(六, 七, 九항), 어간과 어미는 중철로 제시되기도 하였다.[7] 특히 一〇항에서 조사(助詞)의 경우에는 '實際의發音'을 따라 표기한다고 하였는데,[8] 일부의 예를 보면 다음과 같다.

(1) ㄱ. 압히(前) 압흘 압흔 압헤 압흐로
    ㄴ. 꼿치(花) 꼿츨 꼿츤 꼿체 꼿츠로
    ㄷ. 갑시(價) 갑슬 갑슨 갑세 갑스로
    ㄹ. 밧기(外) 밧글 밧근 밧체 밧츠로

---

5 또한 이 규정에서는 띄어쓰기에 관한 것이 없으며, 본문에서는 띄어 쓰지 않고 모두 붙여 썼다.

6 그런데 16항에서는 한자음 표기에서 '甚한俗音이아닌限에서時音을採用'하는 것으로 규정하였다.

7 七항에서 '조사'는 어미 활용과 관련되는 것으로, 제시된 예에서 '갓흔/갓흘'은 'ㅌ'을 'ㅅ-ㅎ'으로, '놉흔/놉흘'은 'ㅍ'을 'ㅂ-ㅎ'으로 표기함을 의미한다.

8 여기서 '助詞'는 7항의 '조사'와 달리 '이, 을, 에' 등으로 체언 뒤에 나타나는 (특히 모음으로 시작되는) 형태를 가리킨다.

위에서 (1)은 모음으로 시작되는 조사가 올 때 앞말의 형태에 따라 발음이 달라지는 현상을 일종의 발음상 변이형으로 하여 그대로 표기하는 것에 해당한다. 이것을 좀 더 자세히 보면, (1-ㄱ)은 'ㅍ'을 'ㅂ-ㅎ', (1-ㄴ)은 'ㅊ'을 'ㅅ-ㅊ'으로 중철한 것이고, (1-ㄷ)은 'ㅄ', (1-ㄹ)은 'ㅅ' 겹받침을 연철한 것이다('밧체, 밧츠로'는 중철). 이러한 문제는 받침에 관련하여 특별히 항을 두어 규정하지는 않았으나, 전통적인 7종성을 바탕으로 하며 겹받침의 경우 'ㄹㄱ, ㄹㅁ, ㄹㅐ'으로 제한하였던 것과 관련된다.[9]

한편, 당시의 사정을 반영하여 일본어 표기와 관련되는 내용을 담고 있는데,[10] 장모음은 "˚고, ˚기, ˚지'와 같이 왼쪽 어깨에 표를 달도록 하였다. 그리고 한문의 경우 언문으로 토(吐)를 달기로 하고, 일본어의 탁음(濁音)을 표기할 때에는 언문 글자의 오른쪽 어깨에 탁점("")을 찍도록 하였다.

1.3. ≪普通學校用諺文綴字法≫(1912)은 당시 총독부의 제1차 조선교육령에 따라 설치된 보통학교의 교과서였던 『普通學校 朝鮮語及漢文讀本』(1915)과 『高等朝鮮語及漢文讀本』(1915)에 적용되었고,[11] 총독부

---

9 이러한 받침의 제한은 ≪普通學校用諺文綴字法大要≫(1921) 등 이후의 규정과의 비교를 통해 이해할 수 있다(다음의 6.2절 2.3항 참조).

10 김주필(2017)에서는 이 규정이 한국인에게 일본어를 배울 수 있는 수단을 마련하고, 아울러 일본인이 한국어를 쉽게 배울 수 있는 표기법을 제공하려는 목적이 있었다고 하였다. 그리하여 이 표기 규정은 가장 먼저 한국인을 위한 일본어 교재인 『速修國語讀本』(1914)에 적용되었고, 일본인을 위한 한국어 교재인 『朝鮮語法及會話書』(1917)에도 충실히 반영되었다고 하였다.

11 『普通學校 朝鮮語及漢文讀本』(1915)은 대한제국 학부가 펴낸 『普通學校 學徒用國語讀本』(1907)을 축소 개조한 것으로, 민족의식을 고취하는 부분을 삭제하고 일본 관련 내용

에서 편찬한 『朝鮮語辭典』(1920)의 표기 기준이 되어 당시에 적지 않은 영향을 끼쳤다. 여기서 『普通學校 朝鮮語及漢文讀本』(1915)의 몇 단원을 보면 다음과 같다.

(2) 우리집논과밧흔다거더들엿소. 올은豊年이들어서쯧밧게秋收가 만히되엿소. 父母께서도매우깃뷔하셧소. 어제는아버지께서장에 가셔서우리들의옷감을싣어오셧소. 모레는洞內사람들이모여서 자미잇게논다하오. 우리兄弟도새옷을입고구경하러가야하겟소.
  ― 『普通學校 朝鮮語及漢文讀本』 卷一(1915), 六十 ―

(3) 우리집에서는닭다섯마리를길으오. 그즁에한마리는슷컷이오. 네마리는암컷이오. 슷닭은每日새벽에울어서날이밝는것을알니 오. 암닭은째째로알을낫코坐병아리를까오. 우리는아침에일즉 일어나서닭에게모이를주오. 모이를쌕리면닭이달음박질하야와 서먹소. ― 『普通學校 朝鮮語及漢文讀本』 卷一(1915), 六十二 ―

(4) 우리집食口는兩親과우리四男妹쓴이오. 그外에는下人도업고, 다만 소한匹과닭세마리가잇소. 아버지께서는每日아침에일즉일어나셔 서、집近處로돌아단기시면서、논과밧흘보삶히시는것으로樂을삼 으시오. 어머니께서는、그사이에朝飯을지으시고、弟는房을쓸고、 나는소에게풀을주며、닭에게모이를주오. 萬一내가좀늣게가면、 먹을것을달나는것갓치소리를질으며반가워하오. ― 『普通學校 朝鮮語及漢文讀本』 卷二(1915), 第四十六課 '我家(一)' ―

―――――

을 추가하는 방식으로 구성하여 조선어와 한문을 묶어 간행한 것이다.

위 (2, 3, 4)에서 보면, 우선 고유어에서 'ᆞ'가 사라진 것('닭, 는, 를, 한, 하겟소')을 볼 수 있다.[12] 그리고 ㅅ계 합용병서('ᄭᅳᆯ어, ᄶᅥ서, ᄭᅡ오, ᄠᅳᆺ, 째째로, 뿐, ᄲᅮ리면')와 중철 표기('낫코, 밧흔, 갓치, 보삷히 시는'), 한자어 치찰음 뒤의 이중모음('쟝') 등이 나타나고, 어미 활용에서 'ㄹ-ㄹ'의 'ㄹ-ㄴ' 표기('알니오, 달나는')와 'ㄹ-ㅇ' 표기('길으오, 질으며') 전설모음화 미반영('일즉') 등의 예를 찾아볼 수 있다. 또한 전체적으로는 한문 혼용으로 쓰였으며, 띄어쓰기는 반영되지 않았다.

1.4. ≪普通學校用諺文綴字法≫(1912)은 교육상의 사용이라는 현실적 목적에 따라 전통적인 표기법을 단순화하여 구성한 것이다.[13] 그리하여 구체적으로 보면, 표준어 기준의 설정, 구개음화된 형태의 채택, 'ᆞ' 표기의 폐지, 치찰음 뒤에서의 단모음화 등에서 긍정적인 측면이 있으며, 다른 한편으로는 고유어와 한자음 표기의 이원화, 형태음소적 교체 환경에서의 표음적 표기 등에서 한계도 나타났다(신창순, 2003:273-283; 윤석민, 2005; 김주필, 2017 참조).

결과적으로 이 규정은 앞선 시기 국문연구소의 ≪國文研究議定案≫(1909)에서 적용되었던 형태주의 표기의 가치를 수용하지 않고 과거로 되돌리는 결과를 초래하였다. 그리고 비록 당시 일반적으로 통용되던 표기 경향을 간략하게 정리한 것에 불과한 것이지만, 최초의 성문화된 규정이라는 점에서 역사적 가치를 지닌다고 할 수 있다.

---

12 여기서 (2)의 '자미'는 'ᆞ'가 쓰이지 않은 것으로 보아 고유어로 해석한 것으로 보인다.

13 이에 대해 종래 현실에서 관용적으로 사용되던 표기법을 성문화한 데 불과한 것이라고 평가되기도 한다(한글학회, 1971:145-147 참조).

2.1.2. ≪普通學校用諺文綴字法大要≫(1921)

[2.1.] 일제 초기의 ≪普通學校用諺文綴字法≫(1912)은 학교 교육에서의 조선어 교과서와 조선어 사전 편찬 등에 실제로 적용되면서 미진한 부분이 많이 나타나 수정과 보완이 불가피하게 되었다. 또한 1920년대 들어서는 일제가 이른바 문화정치를 표방하면서 신문과 잡지 발행의 증가, 민간의 계몽 운동 등으로 한글을 통한 문자 생활이 확산되어 갔다.

당시 총독부 학무국은 普通學校教科用圖書 諺文綴字法調査委員 회의에서 1921년 3월 학무국에서 기초한 '改正諺文綴字法案'을 심의하여 ≪普通學校用諺文綴字法大要≫(1921)를 결정하였다. 여기에 참여한 인물을 보면, 가나자와 쇼자부로(金澤庄三郎), 후지나미 요시쓰라(藤波義貫), 다나카 도쿠타로(田中德太郎), 어윤적, 현은, 신기덕, 지석영, 류필근, 최두선, 권덕규 등을 들 수 있다. 이들 중 가나자와와 어윤적은 교과서 조사위원이었고, 후지나미와 다나카는 총독부 소속의 통역관이었으며, 류필근과 최두선, 권덕규 등은 교육계에서 활동하는 인물이었다(신창순, 2003:283; 임경화 외 옮김, 2013:123 참조).

[2.2.] ≪普通學校用諺文綴字法大要≫(1921)는 서언과 본문의 층위 구분 없이 본문 16개 항으로 구성되었다. 一항과 二항은 기본적인 사항을 기술하고 있는데, 이것을 인용하면 다음과 같다.

一. 用語는現代의京城語를標準으로함.
二. 可及的發音대로의綴字法을採用함.

이것은 앞선 《普通學校用諺文綴字法》(1912)의 서언(緒言) 부분을 단순화한 것이라 할 수 있다. 특히 여기서는 앞선 규정에서 언급된 표음주의 또는 역사적 표기법 등의 용어를 직접적으로 드러내지는 않았다. 그리고 三항 이하의 내용을 주제로 정리하면 다음과 같다.

　　三. 순수 조선어('ㄴ')에서의 두음법칙 현상
　　　　('녀름, 닉을, 님금, 닙사귀')
　　四. 한자음('ㄹ')의 두음법칙 ('란초, 리익, 릐일')
　　五. 순수 조선어에서의 'ㆍ' 표기 ('말, 사람, 마음, 나물')
　　六. 순수 조선어에서의 구개음화와 단모음화 ('소, 절, 좃소')
　　七. 한자음에서의 구개음화와 단모음화 ('뎡녕, 샤례, 죠셕, 텬디')
　　八. 종성(밧침)
　　九. 활용어미 ('먹엇소, 들어간다, 붉은꼿')
　　一○. 조사('이·은·을·에·으로')의 표기
　　　　('치/히/시, 츤/흔/슨, 츨/흘/슬, 체/헤/세, 츠로/흐로/스로')
　　一一. 조사('는/ᄂᆞᆫ, 를/를, 은/을, 을/을')의 표기
　　　　('은/는, 을/를'로 一定)
　　一二. 부사화 접미사 표기 ('가득히, 눕히, 만이, 나란이')
　　一三. 된시옷 표기 ('ㅅ'만 표기)
　　一四. 사이시옷 표기 위치 ('동짓달, 외양깐')
　　一五. 장단음의 구별 부호 (생략)
　　一六. 가나(假名)의 언문 표기

이것은 현실 발음의 표기에서 순수 조선어와 한자음 표기를 이원화하거나(五, 六, 七항), 된소리를 ㅅ계 합용병서로 표기한 것(一三항) 등에서 《普通學校用諺文綴字法》(1912)과 유사하다. 조사와 어미의 표

기는 앞선 규정에 비해 구체적으로 정리하였으며(一○, ——항), 부사화 접미사에 '이/히'를 두었다(一二항).

그런데 조선어에서의 'ㄴ' 두음법칙과 한자어에서의 'ㄹ' 두음법칙을 표기에 반영하지 않거나(三, 四항), 사이시옷의 표기 위치를 '上語의末, 又는下語의初'에 붙여 쓴다고 하여 받침형과 병서형으로 새롭게 규정한 것(一四항) 등은 종전과 구별되는 부분이다. 그리고 장음 부호의 폐지도 역시 종전과 다른 것이다(一五항).14

이 규정의 특징은 종성(받침) 표기에서 종래에 관용되어 오던 'ㄱ, ㄴ, ㄹ, ㅁ, ㅂ, ㅅ, ㅇ' 외에 'ㄷ, ㅈ, ㅊ, ㅋ, ㅌ, ㅍ, ㅎ'와 겹받침(二重終聲, 둘받침)도 허용할 것인지를 논의하였다는 점에 있다(八항). 실제로는 이러한 새 받침을 허용하는 문제에 대해 아주 신중한 태도를 취했는데, 결국 이 새로운 받침의 발음이나 교수상의 어려움 등의 이유를 들어 후일의 연구를 기다리기로 하고 보류되었다(다음의 7.2절 2.3항 참조). 이것은 비록 수용되지는 않았지만, 표음적 표기의 틀 안에서 표의적 표기를 논의했다는 점에서 주목된다.

2.3. ≪普通學校用諺文綴字法大要≫(1921)는 당시 보통학교용 교과서의 개정과 밀접한 관련이 있다. 당시 일제는 이른바 문화정치를 표방하면서 교육정책을 재검토하고 1922년 제2차 조선교육령을 공포하였는데, 여기에서는 종전의 보통학교 교과목으로서 『朝鮮語及漢文』이

---

14 장음 표기의 경우, 국문연구소의 ≪國文研究議定案≫(1909)에서 글자의 왼쪽 어깨 부분에 한 점을 찍어(左肩一點) 표기에 반영하기로 하였고, ≪普通學校用諺文綴字法≫(1912)에서는 "고, '기, '지'처럼 '左肩一點'하여 쓰기로 하였는데, 이 규정에서는 장단음을 위한 부호의 사용을 생략하기로 하였다. 다음의 ≪諺文綴字法≫(1930)과 ≪한글마춤법 통일안≫(1933)에서도 장음 부호 사용은 수용되지 않았다.

분리되어 조선어는 필수 과목이 되고 한문은 수의 과목이 되었다. 이에 따라 조선어 독본 교과서의 개정이 요구되어 1923년에 『普通學校 朝鮮語讀本』(卷一〜卷三), 1924년에 『普通學校 朝鮮語讀本』(卷四〜卷六)이 나왔다.

여기서 『普通學校 朝鮮語讀本』(1923)의 단원 일부를 보면 다음과 같다.15

(5) 넷날 어느 곳에、右便 목에 혹이 달닌 老人이 잇섯는대、하로는 먼 山으로 나무를 하러 갓다가、날이 저물어서、길 가의 뷘 집으로 들어가 쉬고잇섯소、밤은 깁허 젹막하고、잠은 오지안는 고로、목청 조케 노래를 불넛소、그 쌔 독갑이들이 몰녀와서、주미 잇게 듯드니、괴슈 독갑이가 그 老人에게 그런 조흔 소리가 어듸서 나오느냐고 물엇소、老人은 텬연스럽게 내 목에 달닌 혹에서 나온다고 듸답하얏소、독갑이가 그러면 그 혹을 내게 팔으시오 하며、보패를 만이 주고、그 혹은 그만 감쪽갓치 쎄여갓소、

  ─『普通學校 朝鮮語讀本』卷二(1923) '十六 혹 쏀 이약이(一)'─

(6) 한 老人이 兒孩들을 만이 모아안치고、滋味 잇는 이약이를 하오、老人「엇던 夫婦 두사람이 어린兒孩 하나를 다리고、깁흔 山中에 旅行을 하는대、하로는 人家가 업서서、큰 나무 밋헤서 자고잇섯다。밤 즁에 안해가 눈을 쩌본즉、어린兒孩가 어듸로 갓는지、보이지아니하얏다。깜짝 놀나 男便을 쎄여서、함쯰 四方으로 차젓다。」 ─『普通學校 朝鮮語讀本』卷三(1923) '二十三 老人의 이약이'─

---

15 원본에는 조사를 떼어 썼는데, 여기서는 편의상 붙여 쓰기로 한다(이하 동일).

위 (5, 6)에서 보면, 고유어에서 'ㆍ'는 나타나지 않으며 한자어에서는 쓰였다('즈미, 듸답'). 그리고 ㅅ계 합용병서('쌈짝, 쌔여서, 함끽, 쌔, 쎼여, 써본즉, 감쩍'), 중철('깁허, 갓치, 안치고, 깁흔, 밋혜서'), 한자어 치찰음 뒤의 이중모음('젹막, 텬연스럽게, 밤즁')을 비롯하여, 'ㄴ' 두음('녯말'), 'ㄹ-ㄹ'의 'ㄹ-ㄴ' 표기('불넛소, 몰녀와, 달닌, 놀나'), 'ㄷ' 뒤의 'ㅢ' 모음('어듸') 등이 나타난다. 그리고 'ㄷ'받침의 'ㅅ' 표기('듯드니')도 보인다.

또한 한문이 혼용되었으며, 특히 띄어쓰기가 (권1~권3의 낮은 단계의 경우) 반영되고 문장 부호로 'ㆍ'과 '。'이 쓰였다(앞의 예문 (2, 3, 4)와 대비).

2.4. ≪普通學校用諺文綴字法大要≫(1921)에서 받침 표기의 확대가 논의되었던 것은 당시 참여 인물의 구성으로 보아 어윤적, 권덕규 등 주시경의 후학들에 의해서 제기되었을 것으로 짐작된다. 이 규정은 특히 받침의 확대와 관련하여 비록 수가 부족하다든지 등의 이유로 보류되었겠으나,[16] 이는 다음의 ≪諺文綴字法≫(1930)에서 시행되기에 앞서 나타난 것으로 주목된다.

받침의 확대와 관련한 문제는 1920년대 후반기로 들어서면서, 이른바 철자운동(綴字運動)이 활발히 전개되는 과정에서 형태주의 표기에 대한 주장이 높아졌던 것과 관련된다. 이에 따라 ≪普通學校用諺文綴字法大要≫(1921)에서는 받침의 확대에 따른 표의적 철자법이 논쟁의 중

---

16 신창순(2003:297-298)에서는 받침의 확대가 허용되지 못했던 이유로 당시로서는 이러한 개혁적 여건이 마련되지 않았고, 이를 주장하는 측에서도 구체적인 안을 준비하지 못하였으며, 일반적으로 형태주의 표기가 어렵다고 인식하였던 점 등을 들었다.

심에 서게 되었으며, 이러한 주장을 제기했던 주시경의 후학들은 1921년 12월 조선어연구회를 결성하고 표의적 철자법에 기초한 표기법 개정 운동에 나서기에 이르렀다(다음의 2.2절 참조).

2.1.3. ≪諺文綴字法≫(1930)

[3.1.] ≪普通學校用諺文綴字法大要≫(1921)를 적용하는 과정에서 또 다시 여러 문제가 나타났다. 특히 교육 현장에서 많은 비판이 제기되었는데, 이에 따라 나타난 것이 ≪諺文綴字法≫(1930)이다.[17]

당시 총독부 학무국에서는 1928년 9월부터 현은(視學官), 다지마 야스히데(田島泰秀, 編輯官), 이원규 등에게 기초안을 작성하게 하고,[18] 이를 1929년 1월까지 7회에 걸쳐 진행된 1차 조사회에서 원안을 작성하였으며, 1929년 5월부터 7월까지 2차 조사회의 심의를 거쳐 1930년 2월 공표하였다. 이 과정에서 1차 조사회에는 심의린, 박영민, 박승두, 이세정 등이 참여하였고, 2차 조사회에서는 니시무라 신타로(西村眞太郎, 통역관), 후지나미 요시쓰라(藤波義貫, 통역관), 다나카 도쿠타로(田中德太郎, 통역관), 다카하시 도루(高橋亨, 교수), 오쿠라 신페이(小倉進平, 교수) 등의 일본인과 장지영, 이완응, 권덕규, 정열모, 최현배, 신명균, 박영빈, 박승두, 이세정, 김상회, 심의린 등이 심의와 개정안

---

17 이에 관한 자세한 것은 임경화 외 옮김(2013:133-145)을 참조할 수 있다.
18 〈동아일보〉 사설(1928. 12. 23.)은 '한글 綴字法 改正에 對하야 敎科書委員會에 與함'의 제목으로, 학무국에서 '朝鮮文 綴字法을 合理化하기 爲하야 改正委員會를 任命하기 爲하야 研究中'이라는 것에 대해 긍정적으로 평가하며 '正當한 發達의 方向을 確立'하여야 할 것이고, 이를 위해서는 '因襲慣例를 勇斷 잇게 打破하고 合理的인 原則을 採用함이 가장 賢明한 일일 것'이라고 하였다(하동호 편, 1986ㄱ:83-84 참조).

작성에 참여하였다(신창순, 2003:305-307 참조).

이 규정의 정리 과정에서 보면, 기초안은 전통적인 철자법을 따르는 것이었는데, 1차 조사회에서도 전통적인 표음적 철자법을 수용하고자 하였으나 내국인 연구자들이 제기한 표의적인 형태주의 표기에 대하여 논의하였다. 그리고 2차 조사회에서는 형태주의 표기를 대폭적으로 수용하였다. 그리하여 이 규정은 전통적 표기법을 주장하는 세력의 반대에 부딪혀 실시되지 못하다가, 총독부 중추원 회의에서 원안이 그대로 통과되기에 이르렀다.[19]

[3.2.] ≪諺文綴字法≫(1930)은 總說 3개 항, 各設 25개 항, 附記 2개 항으로 되어 있으며, 앞선 ≪普通學校用諺文綴字法大要≫(1921)를 수용하면서도 항목을 늘리고 그 내용도 객관적으로 상세히 기술하였다. 우선 총설을 보면 다음과 같다.

一. 朝鮮語讀本에採用할諺文綴字法은各學校를通하야此를同一케할事。
二. 用語는現代京城語로標準함。
三. 諺文綴字法은純粹한朝鮮語거나漢字音임을不問하고發音대로表記함을原則으로함。但必要에依하야若干의例外를設함。

위에서 一항의 조선어 독본에 채용하기로 한다는 것과 二항의 서울말을 표준으로 한다는 것은 앞선 규정에서도 언급되었던 내용이다. 그

---

[19] 그러나 이 문제가 이로써 종결된 것은 아니었다. 조선어학회는 형태주의 표기에 철저하지 못한 ≪諺文綴字法≫(1930)에 반대하였고, 전통적인 음소주의 표기를 강조했던 조선어학연구회는 두 가지 모두에 대해 반대하면서 치열한 철자법 논쟁이 일어났다(다음의 2.2.1절 참조).

런데 ≪普通學校用諺文綴字法大要≫(1921)에서 고유어(순수 조선어)와 한자어의 표기가 이원적이었던 것과는 달리 三항에서는 이들을 동일하게 적용하기로 하였다.[20] 이것은 현실음을 좀 더 충실히 반영하려는 취지가 들어 있는 것이다.[21]

그리고 각설(各設) 25개 항을 주제에 따라 정리해 보면 다음과 같다.

一. ' · ' 폐지 ('배, 말, 사방')

二. 구개음화 현상 표기 ('절, 적당, 착실, 춘풍')

三. 단모음화 현상 표기 ('센다, 세금, 거미, 나비, 페지, 취미')

四. 자음동화 현상 ('국내, 산림, 십만, 아홉말')

五. 사이시옷 표기 위치('동짓달, 담뱃대, 장ㅅ군, 문ㅅ자')

六. 장단음 구별 (무표지)

七. 한자음 'ㄴ, ㄹ' 표기 ('회령, 야료, 의논')

八. 습관적으로 변화된 한자음 표기
　　('십일/시월, 목재/모과, 윶/편늇')

九. 'ㄴ' 첨가 ('이/압니, 여우/암녀우')

一〇. 동사 또는 형용사에서 파생된 전성 명사
　　('웃음, 죽음, 깊이, 넓이')

一一. 의성어에서 전성된 명사 ('매아미, 꾀꼬리')

一二. 된시옷의 각자병서 표기

一三. 종성 표기 (받침의 확대)

一四. 조사의 분철 표기 ('사람이, 사람은, 사람을')

---

20 이와 관련하여 신명균(1927ㄱ)에서는 한자음에 대해 표음화(현실 발음을 따르는)가 가장 합리적이고 자연적이라고 하였다.

21 장지영(1930ㄴ:1-9)에서는 표준말을 세우는 조건으로 '서울말, 이시대에 쓰는말, 학리에 맞고 규모가 있는말'을 들었다.

一五. 조사/조동사의 중철 표기 ('밭치/밭치오, 끝치/끝치오')

一六. 조사의 중철 표기 ('숯테/숯테서, 빛테/빛테서')

一七. 조사(어미)의 격음화 ('조타/조코, 만타/만코')

一八. 종결형 '오'의 표기 ('사람이오, 책이지오, 가시오')

一九. 어미의 분철 표기 ('먹으오, 먹엇소')

二○. 불규칙 활용(중성 모음의 변이), ('커서, 흘러서, 푸르러서')

二一. 불규칙 활용(자음 종성의 변이), ('노오, 물엇소')

二二. 'ㅎ'불규칙 활용 ('그러타, 그럿소, 더윗소')

二三. 'ㅅ'받침 폐지 ('바침, 부치다')

二四. 부사화 접사 '히, 이'의 구별 ('대단히, 가만이')

二五. 가나(假名)의 언문 표기

위에서 보면, 'ㆍ'와 아울러, 구개음화, 단모음화, 자음동화 등의 음운 현상에서 고유어와 한자어를 동일하게 표기하도록 하였으며(一, 二, 三, 四항), 한자음의 표음화를 지향하였다(七, 八항). 여기서 자음동화 현상은 표기에 반영하지 않았다.

사이시옷의 표기 위치는 받침형과 음절형으로 규정하였으며(五항), 'ㄴ' 첨가 현상을 표기에 반영하고(九항), 된소리의 표기도 종전의 ㅅ계 합용병서(된시옷)에서 각자병서로 바꾸었다(一二항).[22] 또한 파생어에서의 분명한 원사(原辭)의 표기와 부사화 접미사의 구별(一○, 二四항), 조사와 어미의 분철 확대 등과 같은 부분에서 기본형을 표기하는 형태주의 표기를 상당히 반영하였다(一四, 一五, 一六, 一八, 一九항). 그러나 불규칙 활용에서 나타나는 변이 현상은 그대로 표기에 반

---

22 이렇게 된소리를 각자병서로 표기하려는 의도는 앞의 ≪國文硏究議定案≫(1909)에서도 있었다.

영하였다(二〇, 二一항).

이 규정의 특징 중 하나는 전통적인 'ㄱ, ㄴ, ㄹ, ㅁ, ㅂ, ㅅ, ㅇ, ㄺ, ㄻ, ㄼ' 외에 'ㄷ, ㅈ, ㅊ, ㅌ, ㅍ, ㄲ, ㄳ, ㄵ, ㄾ, ㄿ, ㅄ'을 더 쓰기로 하여 결국 받침이 모두 21가지로 확대되었다는 점이다(다음의 6.2절 2.3항 참조). 이러한 받침의 확대에 따라 조사(助詞)의 결합에서 앞선 규정과 다른 현상이 나타나는데, 이것을 정리해 보면 다음과 같다.[23]

(7) ㄱ. 사람이(人) 사람은 사람을
ㄴ. 넋이(魂) 넋은 넋을
ㄷ. 밭치(田) 밭친데 밭치오
ㄹ. 빛(色) 빛테 빛테서 빛테는
ㅁ. 조타(善) 조코 조켓다

위 (7)은 모음으로 시작되는 조사가 첨가될 때 앞말의 받침 표기와 관련한 것으로, (7-ㄱ,ㄴ)은 완전 분철, (7-ㄷ,ㄹ)은 부분 중철로 표기되었다. 여기서 (7-ㄴ)은 겹받침 'ㄳ', (7-ㄷ,ㄹ)은 각각 'ㅌ'과 'ㅊ'이 받침 표기에 허용됨으로써 가능한 것이다. 다만 (7-ㅁ)은 'ㅎ'이 받침에 허용되지 않았음을 보여 준다(이 부분은 앞의 예문 (1)과 대조할 수 있다).

한편, 부기(附記) 2개 항은 다음과 같다.

一. 音의呼稱法은左와如히定함。
ㄱ기역 ㄴ니은 ㄷ디귿 ㄹ리을 ㅁ미음 ㅂ비읍 ㅅ시옷

---

23 여기서 조사에는 어미도 포함되어 있다.

ㅇ이응　ㅈ지읒　ㅊ치읓　ㅋ키윽　ㅌ티읕　ㅍ피읖　ㅎ히읏

二. 諺文反切은從來대로書하고、다行·라行·사行·자行·차行·타行도

다正音대로讀하게함。

但(·)는同樣으로讀하게함。

위에서는 한글 자모의 명칭을 'ㅣㅡ'의 모음을 바탕으로 초성과 종성에 쓰이는 예를 제시하는 방식으로 정하고,24 배열과 순서도 정리한 것이다.

⎡3.3.⎦ ≪諺文綴字法≫(1930)은 총독부의 제2차 조선교육령 시기에 공표되었는데, 이 시기 조선어 과목의 교과서였던 『普通學校 朝鮮語讀本』(1930-1935)에 적용되었다.25 여기서 일부 단원을 보면 다음과 같다.26

(8) 우리 집 앞에는 작은 시내가 흘러가고、뒤에는 푸른 山이 솟아잇소。마당에 잇는 살구나무는、해마다 봄이면 아름다운 꽃이 피오。우리 집 食口는、아버지와、어머니와、兄님과、누님과、나와、누이동생과、모다 여섯 사람이오。요새 아버지와 兄님은、날마

---

24 자음의 용법에 따른 명칭은 최세진의 『訓蒙字會』(1527)에서 비롯된 것이며, 여기서는 ≪國文硏究議定案≫(1909)과 다른 점이 있다. 특히 'ㅋ, ㅎ'은 종성에 쓰이지 않는 것으로 하여 그 명칭이 '키윽, 허읏'으로 되었다.

25 이 규정은 교과서 편찬에 단계적으로 적용되어 『朝鮮語讀本』(卷一~卷六)이 1930년부터 1935년까지 매년 1개 학년씩 개편되었다(박붕배, 1985 참조).

26 원본에는 조사를 떼어 썼는데, 여기서는 편의상 붙여 쓰기로 한다. 한편, 이 규정은 1930년 2월 공표되고, 같은 해 4월 신학년부터 적용되었다. 그리고 3차 조선교육령(1938-1943) 시기에는 조선어가 수의 과목이 되었는데, 실제로는 교과가 개설되지 않았다. 이 시기에 조선어 과목의 교과서로 『初等朝鮮語讀本』을 발간하고자 하였으나, 실제 교과가 개설되지 않으면서 1939년 2권 발간 후 중단되었다. 이후 일제 강점기에는 조선어 교과가 교과과정에서 사라졌으며, 따라서 교과서도 간행되지 않았다.

다 아침에 일즉 일어나서、 밭에 가시오。 어머니와 누님은、 집에서 바느질도 하시고、 앞 시내에서 빨래도 하시오。 나와 누이동생은、 學校에 가기 전과、 學校에 갓다온 후에、 닭에게 모이를 주는 것과、 집 안 소제 하는 것을 맡앗소。 밤에도、 제각금 맡은 일과 공부를 하오。 일과 공부가 끝나면 한데 모여서、 여러가지 자미잇는 이야기를 하다가 자오。 —『普通學校 朝鮮語讀本』卷二(1931)、 '十 우리 집'—

(9) 옛날어느두메에、한老人이잇섯습니다。어느날장에갓다돌아오는 길에한고개를넘다가、잘못하야돌에걸려너머젓습니다。이고개는 三年고개라는고개인데、여긔서한번너머지는사람은、三年밖에더 못산다는말이傳하야나려오는고개임으로、老人은그만엇지할줄모르고、허둥지둥집으로돌아와서안해와아들을불러노코、「내가오날、三年고개에서너머젓다。나는인제三年밖에더못살겟구나。」하며 웁니다。 그의안해와아들들도、三年고개에서너머젓다는말을듯고는、엇지할도리가업서서、다만같치울기만할뿐이엿습니다。 —『普通學校 朝鮮語讀本』卷四(1933)、'第十 三年고개'—

위 (8, 9)에서 보면, 일단 'ㆍ'와 ㅅ계 합용병서('꽃, 빨래, 뿐')는 보이지 않고, 받침에서 앞선 규정에서 쓰이지 않았던 것('꽃, 밭, 맡앗소, 끝나면, 같치, 밖에')이 나타난다.27 또한 한자어 치찰음 뒤에서 단모음화되며('장'), 'ㄴ' 두음이 사라지고('옛말'), 'ㄹ-ㄹ'이 그대로 표기되었다('흘러가고, 빨래, 불러'). 그런데 중철 표기의 잔재('같치')가 일부 보이며, 단모음화('여긔')나 전설모음화('일즉')가 반영되지 않은 것도 있고, 'ㄷ' 소리 받침이 'ㅅ'으로 표기된 것('듯고') 등은 종전과

---

27 그러나 'ㅎ, ㅆ'은 받침으로 인정하지 않았으므로, '노코, 잇섯습니다' 등으로 나타난다.

같이 표기되었다.[28]

또한 한문이 혼용되었으며, 특히 띄어쓰기가 (卷一~卷三의 낮은 단계의 경우) 반영되고 문장 부호로 ',' 과 '。' 이 쓰였다.

3.4. ≪諺文綴字法≫(1930)은 형태주의 표기의 확대가 두드러지는데, 그에 따라 받침의 수가 많아지고 원형을 살려 적는 범위가 넓어졌다.[29] 또한 한자음의 표음적 표기를 수용하고 음운 변동에서 한자음과 고유어를 동질적으로 적용한 것 등도 큰 변화에 해당하는 것이었다.

그런데 형태주의 표기가 기본형을 기억해야 한다는 점에서 어렵다는 이유로 많은 저항을 유발하기도 하였다. 이에 대해 이 규정을 해설한 장지영(1930ㄴ)의 '머리말'에서 얼마만큼의 사정을 이해할 수 있을 것으로 보인다.

"새삼스럽게 새철자법대로 쓰게되면 갑작이 글한줄 읽지못하게 될 것이 아니냐 무식쟁이가 없어지도록 힘쓴다고 한편으로 떠들면서 돌이어 모든 조선사람을 무식쟁이로 만들자는 수작이 아니냐 이렇게 말하는이가 있읍니다 … 이글도 오늘날 쓰는것과같이 되는대로 쓴다면 얼마큼은 자유로울지 모르지마는 통일되지 못함으로 이글의 바른길을 찾아 일정한 법측을 세우고저함과 함께 여러분의 갑작이 쓸수없다 갑작이 볼수없다 하는 걱정을 조금이라도 덜어들일가 하

---

28 이 규정 十三항 [附記] 三에서 보면, '듣다(聽), 묻다(聞)' 등과 같은 불규칙 용언은 'ㄷ' 받침 표기의 예에 해당하지 않는다(다음의 6.2절 2.3항 참조)

29 이 규정에서는 'ㆆ'받침과 'ㆆ'을 포함한 'ㄶ, ㅀ', 'ㅄ, ㅆ' 등의 겹받침을 허용하지 않았다. 또한 'ㅌ'받침('밭, 밭치, 밭치오')과 'ㅊ'받침('숯, 숯테')의 중철 표기와 변칙 활용에서 'ㄷ'받침('물으니, 뭇고, 뭇더니') 등도 받침과 관련한 형태주의 표기의 한계로 언급될 수 있다.

는 생각으로 이 작은 책이나마 여러분 앞에 내어놓게 되었습니다"

≪諺文綴字法≫(1930)은 실제로 다음에 이어지는 조선어학회의 ≪한글 마춤법 통일안≫(1933)을 이루는 기본 바탕을 마련했다는 점에서 표기법의 역사에서 의미 있는 것으로 평가된다. 실제로 이 규정의 개정에 참여한 사람들 가운데 권덕규, 이세정, 정렬모, 신명균, 최현배 등은 ≪한글 마춤법 통일안≫(1933)의 제정에 참여하기도 하였다.

≪諺文綴字法≫(1930)을 개정하는 데에는 조선어연구회 소속의 인사들이 상당히 참여하였다. 이 연구회는 1931년 조선어학회로 명칭을 바꾸고 통일된 철자법을 제정하고자 노력하였다. 또한 같은 해 한국어학연구회가 결성되었는데, 이 두 단체는 서로 다른 관점으로 표기법의 통일에 참여하면서 이른바 철자법 논쟁을 벌였다.

2.2. 철자법 개정을 위한 노력

일제에 의해 이른바 언문 철자법이 세 차례에 걸려 공표되었지만, 이것은 학교 교육에서의 필요에 따르는 것이었다. 그러나 당시에는 총독부의 언문 철자법 외에도 개신교단에서는 전통적 표기법에 바탕을 둔 성경 철자법이 쓰이고 있었으며, 특히 주시경의 주장이 반영된 조선어연구회의 철자법이 존재하였다. 조선어연구회는 1931년 조선어학회로 명칭을 바꾸고 그들의 이론에 따라 ≪한글 마춤법 통일안≫(1933)을 제정하였다. 그런데 1931년 창립된 조선어학연구회에서는 조선어학회의 통일안과 다른 관점을 지니고 있었으며, 이에 따라 이른바 철자법 논쟁이 일어났다.

2.2.1. 철자법 통일 운동

1.1. 주시경은 19세(1894년)에 배재학당에 들어갔으며, 그곳에서 수학하면서 영문법과 세계의 언어와 문자에 접하게 되었다. 그는 1896년 5월 독립신문사 안에서 국문동식회(國文同式會)를 결성하여 국문 표기의 통일을 위한 기틀을 마련하고자 하였다.[30] 이후 그는 국어 국문에 대한 학문적 연구뿐만 아니라 실천적 방안을 모색하였으며, 1907년 설립된 국문연구소에서 연구위원으로 활동하였다.

1908년 8월 주시경이 주관하던 하기국어강습소의 졸업생들과 다른 참여자들이 모여 국어연구학회를 조직하였다. 이 모임은 1911년 9월 조선언문회(배달말글몯음)라 개칭하였고, 1913년 3월 다시 '한글모'라 하였다. 이러한 활동을 통하여 주시경은 많은 후학들을 길렀다(신창순, 2003:370; 한글학회, 2009:28-44 참조).

당시 1910년 조선광문회에서는 『말모이』 사전을 편집하고 있었고, 주시경은 강습소와 일부 사립 학교에서 조선어를 강의하였다. 주시경 이후에는 그의 제자들이 조선어 강의를 담당하였는데, 이들은 교육 현장에서 철자법의 불합리성을 발견하였다. 그리고 이들 중 일부는 이를 바탕으로 총독부의 언문 철자법 개정에 참여하였다.

1.2. 주시경의 후학들은 1921년 12월 3일 휘문의숙에서 조선어연구회를 조직하고,[31] '조선어의 정확한 法理를 연구함'을 목적으로 하였

---

30 '국문동식(國文同式)'은 오늘날의 맞춤법과 같은 규범적인 통일된 표기 방식을 의미한다.

31 1921년 휘문의숙에서 임경재, 최두선, 이규방, 권덕규, 이승규, 장지영, 신명균 등 7인이 발기인으로 하여 조선어연구회를 조직하였다. 그리고 이 단체는 1931년 1월 조선어학회로, 다시 1949년 9월 한글학회로 명칭이 바뀌었다.

다(한글학회, 2009:45-48 참조). 그리고 표기법의 통일은 이 연구회의 기본적인 과제가 되었다.

최현배(1927)에서는 당시 표기법 논의와 관련하여 다음과 같이 한글 정리의 요령을 제시하였다.

① 닿소리의 갋아씨기(並書) 복구
② ㄷㅈㅊㅋㅌㅍㅎ를 다 같이 바침으로 쓰자.
③ 이른바 알에아(ㆍ)를 폐지하자.
④ 글을 적을 때 음절이 아니라 낱말(단어)을 표준으로 삼아 쓰자.

위에서 보면 된소리에 각자병서를 쓸 것과 종성부용초성(終聲復用初聲)의 원리에 따라 7종성 외에 받침을 확대하는 것, 'ㆍ'자를 폐지하는 것, 그리고 표기법은 형태 단위인 단어를 기준으로 한다는 등의 내용으로 되어 있다. 이러한 주장은 당시 총독부의 ≪普通學校用諺文綴字法大要)(1921)의 표음적 표기 방식과 구별되는 것이었다.

또한 신명균(1927ㄴ)에서는 한글 정리에 관하여 다음과 같이 주장하였다.

"본대 글로서는 갖후어야만 할 條件이 세 가지가 있는 줄 안다. 첫재로 배호기가 쉬워야 할 것이오, 둘재로는 보기가 쉬워야 할 것이오, 셋재로는 印刷하기가 便利하여야 할 것이다. … 배호는 것은 一時的이오, 보기와 印刷는 永久的인 點을 생각하여야 하고, 또 文字의 實際的인 意味와 그의 價値는 배호기보다도 오히려 보기와 印刷에 그 關係가 深切한 바를 알아야 한다."

즉, 철자법의 실용적 조건으로 학습에 용이할 것, 독서에 편리할

것, 인쇄에 간편할 것을 들었으며, 이 중에서 독서와 인쇄를 중요하게 여겼다.[32]

그리고 신명균(1928)에서는 철자법 통일의 필요성을 강조하면서 다음과 같은 관점을 제시하였다.

> "朝鮮글의 마침법을 歷史的으로 볼때에는 지금과 같이 '사람이 범을 잡으로 간다'하고 한 具體觀念의 成分을 分析的으로 表示하는 方式과 이전 訓民正音 龍飛御天歌들과 같이 '사라미 버블 자브러 간다'하고 아무 分析的 表示가 없이 그저 具體觀念을 單位로 한 綜合的 方式의 두 가지가 있음을 보겠다 그러면 이 두가지 方式中에 어느 것을 取할것 인가 하는것이 問題이겠다"

위에서는 한글 표기에서 문장을 이루는 '具體觀念의 成分'(아마도 의미 단위가 되는 형태)을 '分析的'으로(구분하여) 적을 것인가 아니면 '綜合的'으로(구분하지 않고) 적을 것인가가 문제가 된다는 것이다. 즉, 전자는 표의적 표기, 후자는 표음적 표기로 이해되는데, 결국 한글 '마침법'(철자법)은 이 둘 사이의 선택의 문제라는 것이다.

이와 관련하여 이윤재(1929)에서는 다음과 같이 서술하였다.

> "우리글의 변천에 대하여 셋 시기가 있다함은 우에 대개 말하였거니와 이를 다시 간단히 말하면 정음시대(正音時代)는 순 표음식(表音式)으로 쓰는 것인것, 언문시대(諺文時代)는 불규측하게 쓰는 것인것, 한글시대는 말소리와 말법을 맞게 쓰는것임을 말함이외다. … 과거

---

32 신명균(1929)에서는 종래 철자법 문제의 초점이 되어 있는 것은 한자음의 表音 문제, 된시옷의 同一初聲 並書 문제, 初聲의 復用終聲의 몇 가지 조건 등이라고 하였다.

에 우리글의 표기법(表記法)이 처음에는 순 표음식으로 되었다가 시대를 많아 직접 어근(語根)을 찾아 쓰는대까지 이른것을 보아도 우리는 자연적 경험에 의지하여 얼마나 문법적(文法的) 관점이 늘어가게 되는 과정(過程)임을 알수가 있읍니다."

즉, 한글 표기법이 정음시대의 표음식에서 언문시대의 절충식, 그리고 한글시대의 문법식으로 변천해 왔는데, 그것은 문법적 관점이 확대되는 과정이었다는 것이다.

한편, 동아일보에서는 당시 일제 학무국에서 교과서의 철자법 개정 문제를 다루고 있는 것과 관련하여 한글 정리에 관한 의견(현재 사용법을 존속하는가 아니면 개정이 필요한가, 개정이 필요하다면 그 원칙은 무엇인가)과 각자병서 표기의 가부, 표음적 표기의 가부, 초성 전부를 종성으로 사용함에 대한 가부 등과 같은 문제에 대해 권위 있는 사람들에게 질의하는 절차를 시행하였다. 이에 대해 최현배(1928)의 응답을 정리하면 다음과 같다.

　(一) 현재의 사용법을 개정할 필요가 있다고 생각합니다. 그 개정의
　　　원칙으로는
　　　　a) 音理에 맞도록　　　　　b) 語法에 맞도록
　　　　c) 學習과 實用에 便利하도록　d) 言語 自體의 發達에 有利하도록
　(二) 諸問에 對한 私見
　　　1) 並書를 써야 합니다.
　　　2) 表音의 可否? 이 點에 대하여는 저는 折衷의 생각을 가지고
　　　　있읍니다.
　　　3) 初聲 全部를 終聲으로 使用하여야 한다.

즉, 철자법은 개정되어야 하며, 그 원칙으로는 '音理와 語法에 맞'고, '學習과 實用에 便利하'며, '言語 自體의 發達에 有利하도록' 해야 한다는 것이었다. 또한 주어진 질문에 대해서는 각자병서를 사용하고, 초성은 모두 받침으로 써야 하며, 표음적 표기는 절충적이어야 한다고 응답하였다.

한편, 한자어의 현실음 표기에 대해 현실음을 따라 한글로 표기하고자 하였는데, 예를 들어 백세명(1930)에서는 다음과 같이 주장하였다.

> "表記法이란것은 漢字音이나 朝鮮語音을 勿論하고 地方을 따라 統一되지 안은음을 勢力上으로 보아 中央(서울) 音을 標準하야 現在發音대로 적는것이외다."

즉, 한자어이든 고유어이든 구별하지 않고 중앙어를 표준으로 하여 현실음에 따라 통일되게 적어야 한다는 것이다.[33] 이것은 당시 일제의 1, 2차 언문 표기법에서 한자어와 고유어를 달리 표기하던 것과는 다른 주장이다(앞의 2.1.1~2절 참조).

조선어학회(1931년 조선어연구회에서 명칭 변경)에서는 새롭게 철자법을 마련하고자 하였다. 당시 『한글』 3호(1932.7.)는 철자법 특집으로 구성되었는데, 여기에는 '한글 철자법의 이론과 실제'를 주제로 하여 '철자법의 합리화'(신명균), '철자법 원리'(김선기), '새 받침에 관

---

[33] 이와 더불어 장지영(1930ㄱ)에서는 우리말이 있는데도 한자로 쓰는 것은 적절치 않으며, 한자음이 변한 것은 현실음으로 적는 게 타당하다고 하였다. 여기서 제시된 예를 보면 '생각/生覺 대신/代身 대추/大棗 구경/求景 양추질/養齒질 지금/至今, 只今' 등이 있는데, 예를 들어 '생각'을 '生覺'으로 쓰는 것은 '순연한 조선말을 억지로 한문에 붙여 쓰는 것'으로 옳지 않다고 하였다.

한 제 문제 해결과 그 실례의 총람'(최현배), '변격 활용의 예'(이윤재), '사이ㅅ 소리의 과거와 현재'(김윤경) 등이 실렸다. 이들은 모두 형태음소적 방법, 즉 형태를 고정하여 표기하는 것으로 의견이 모아졌다. 또한『한글』6호(1932.12.)와 7호(1933.3.)에 연재한 '철자법의 이론과 실제'(이갑)가 발표되었으며, 이러한 견해가 ≪한글 마춤법 통일안≫(1933)에서 수용되었다(한글학회, 1971:63 참조).

조선어학회는 '본래 소리글자인 조선 글자를 뜻글자화시키는 것'을 하나의 이상으로 추구하였다(임동현, 2014 참조). 이는 표음문자인 한글을 통해 표의화를 추구하는 것으로, 실제로 어간과 어미를 구별하여 적는 동시에 같은 형태소는 항상 동일한 형식으로 고정되도록 표기함을 의미하였다(한글학회, 1971:157-161 참조). 이와 관련한 해석을 김선기(1932)의 경우를 보면 다음과 같다.

"우리의 言語對象인 꽃을 表意文字에서는 '花'로 表現하엿으니, 花字는 풀초字'艸'와 될활'化'가 어울려 되엇으니, 풀에서 되는 것이 꽃이라는 뜻이다. 그러면 表音文字에서는 어떠케 意味를 表現할가, 表音文字는 綴法을 固定化하야 表意하는 것이다. 가령 꽃이란 말을 글자로 적는다면, '꽃과'라 할 제는 실제 발음은 '꼳꽈'로 난다. 또 '꽃에'라 할 제는 '꼬체'로 나고, '꽃을' 할 적에는 '꽃을' 하고 난다. 물론, 실용 문자가 아니요 발음 기호라면, 그 실제 발음나는 대로 적으면 좋을 것이다, 그러나, 문자는 의미 방면을 생각하기 때문에, 실제 발음은 이상 세 가지로 '꼳', '꼳', '꽃'으로 나지마는, 언제나 제 음가를 잘 드러내는 '꽃'이란 명사가 '이'나 '은' 토 위에서의 발음을 좇아 '꽃'으로 규정하여 버린다. 그런 뒤에는 '꽃' 자와 대상과는 직접 관계는 없지마는, '꽃'이란 자형에 뜻을 주어서 고정하여 버리는 것이다. '얼굴', '鐮', '書', '穀' 등을 '낯', '낫', '낮', '낟'으로 規定한 方法도 이러하다."

즉, '꽃(花)'은 음운 환경에 따라 실제로 '꼳, 꼳, 꽃' 등으로 발음되지만 적을 때에는 '꽃'으로 고정하는 것이 적절한데, 이것은 표음문자인 한글에서 표의성을 살리는 것과 관련된다는 것이다.

1.3. 그런데 조선어학회의 안과 견해를 달리하는 경우도 있었는데, 그리하여 이른바 철자법 논쟁이 시작되었다(한글학회, 1971:180-184; 한글학회, 2009:382-384; 신창순, 2003:403-447 참조). 이것이 표면으로 드러난 것은 1930년 1월 조선어연구회 10회 정기총회 때 행한 신명균의 '박승빈 씨 경음변증론에 대한 비판'이란 강연이 그 처음이었다(한글학회, 1971:63-64 참조).[34] 이를 통하여 된소리를 각자병서로 쓸 것인지 ㅅ계 합용병서(된시옷)으로 쓸 것인지, 'ㆆ'받침을 허용할 것인지의 여부와 함께 이른바 용언의 단활용설(段活用說) 등이 주요한 논쟁의 대상이 되었다.[35]

---

[34] 시정곤(2015:451-510)에서는 철자법 논쟁이 1920년대 시작되어 3차에 걸쳐 진행된 것으로 서술하였다.

[35] 박승빈(1935ㄴ:225-229)에 따르면, 단활용(段活用)은 다음과 같이 이해된다. 용언의 한 단어는 '어간'과 '어미'로 나뉘는데, 어미는 그 단어의 '최후의 음절'이고 어간은 어미의 앞부분에 해당한다. 그리고 여기에 '용언조사'가 결합된다고 본다. 이에 따르면, 예를 들어 '머그며'는 '머그'가 한 단어로서 어간 '머'와 어미 '그'로 분석되며, 여기에 용언조사 '며'가 붙은 것이 된다. 그리고 '머그'는 다시 '머거서'처럼 '머거'의 형태로 달라지기도 하는데, 이들은 어미가 '그'와 '거'로 구별된다. 여기서 '머그'는 그 단어의 원형(root)으로 원단(原段)이고, '머거'는 원단이 변동된 활용형으로서 변동단(變動段)이라는 것이다. 그리고 원단은 발음을 촉급(促急)하게 하는 습관에 따라 '먹'과 같이 약음(略音)으로 발음되기도 하는데, 이것은 어미의 변동이 아니라 발음상의 문제로 생긴 음편(音便)일 뿐이라 하였다. 이것을 정리하여 보면 다음과 같이 된다.
  어간('머') - 어미('그', '거')
  원단 : 원음 ('머그') / 약음 ('머ㄱ')
  변동단('머거')

한편, 조선어학연구회에서는 그들의 표기법을 조선어연구회의 견해와 대조하여 발표하였는데,[36] 주요 내용은 다음과 같다.[37]

① 경음 부호 된시옷(ㅅ)을 습용(襲用)하고, 쌍서식(雙書式)을 배척함. ('쏨/*쑴, 싸름/*따름, 장ㅅ군/*장ㄱ군')

② 'ㅎ'의 바침을 부인함. ('됴흐며/*둏으며, 만흐니/*많으니')

③ 한 음절문자에 2개의 바침을 쓰는 (발음 불능이 되는) 기사법을 부인함. (단,'ㄹ'의 중간 바침은 인정함.) ('넉/*넋, 갑/*값, 안즈며 /*앉으며, 슬허서/*슳어서')

④ 용언의 어미 활용을 시인하고 단어 고정(어미 불변)의 견해를 부인함. ('머그며/*먹으며, 부으며/*붓으며, 안자썻다/*앉았었다')

여기서는 된소리를 ㅅ계 합용병서(된시옷)으로 적고, 'ㅎ'받침과 일부를 제외한 겹받침을 불허하며, 용언의 활용에서 어간과 어미의 변이형을 표기한다는 것이었다(한글학회, 1971:180-183 참조). 결국은 조

즉, '食'에 해당하는 단어의 원형은 '머그'이고 '머'는 어간, '그'와 '거'는 어미로서 전자는 원단음, 후자는 변동단음이다. 그리고 변동단음은 '머거'와 같이 활용형을 이루는데, 이것은 뒤에 '서'가 붙어 '머거서' 등의 형태를 이룬다. 그리고 원단의 '머그'는 음편에 따라 '머ㄱ'의 형태를 취하기도 하는데, 이것은 '고'가 붙어 '먹고'와 같은 형태를 이룬다는 것이다.

36 조선어학연구회는 1931년 11월 계명구락부에서 개최된 강습회에서 박승빈의 주장에 동조하는 인사들이 모여 같은 해 12월 창립하였다. 이 학회가 지향하는 바는 기관지 『正音』 창간호(1934년 2월)에 실린 『朝鮮語學硏究會趣旨書』(1932년 9월 발표)에 잘 드러나는데, 그 내용을 보면, '무릇 言文의 記寫法은 科學的으로 論理가 明確하고 體系가 整然함을 要하며 從來에 慣用하야 온 歷史的 制度에 基據함을 要하며 民衆이 日常으로 實用함에 平易함을 要하는 것이라'고 하였다.

37 이것은 조선어학연구회의 기관지 『正音』 창간호(1934년 2월)에 실린 '綱領'에 발표되었다.

선어학회 주장이 표의적인 형태주의 표기 원리를 따르면서 종래의 전통적 표기법을 전적으로 변혁하고자 하였다면, 조선어학연구회에서는 표음적인 음소주의 표기 원리를 따르면서 종래의 전통적 표기법을 가능한 한 살리고자 하는 것이었다.

그런데 조선어학회가 지향하는 표의적 표기에 대해 어원 표시를 강조함으로써 표기법을 어렵게 한다는 비판도 있었다. 이에 대해 조선어학회에서는 표의화는 어원 표시와는 다른 것이라 하였는데, 김선기(1932)를 보면 다음과 같다.

"一例를 들어 말하자면 '올개미'로 적을 적에, '옭앰이'로 적어야만 비로소 表意化될 줄 알아서는 아니 된다는 말이니, '올개미'라고만 써도 벌써 表意化된 것이다. '옭앰이'로 씀은 表意化에서 한 걸음 더 나아가 語源 表示까지 한 것이다. 앞서도 말한 바와 같이 音素 文字의 表意化는 綴法의 固定化에 의하여 되므로, '올개미'로 固定化하면 表意化는 이미 되고, '올개미'라는 말은 옭는다는 말에서 왔으니까, '옭앰이'로 적자 하면, 表意化에서 語源 表示까지 한 것이다. 그런데 실상 表意化한 글자나 語源 表示까지 한 글자나 結局 그 文字的 動能은 一般이요, 語源 表示는 어려움만 더 하는 것이다."

즉, '올개미'로 고정하여 표기하면 표의화(表意化)는 이미 적용된 것이고, '옭앰이'로 적는다면 표의화를 넘어 어원(語源)까지 표시한 것으로 구분된다는 것이다.

1.4. 철자법 논쟁의 과정에서 동아일보에서는 1932년 11월 7일부터 9일까지 3일간 병서, 겹받침과 'ㅎ'받침, 어미 활용의 문제에 대한

시비를 놓고 찬성과 반대의 토론회를 열었다.38 이에 대해 동아일보에서는 기록하여 연재하였는데,39 주제와 강연자, 일정 등을 정리한 부분을 보면 다음과 같다(하동호 편, 1986ㄱ:263 참조).

"이번 토론회의 연사 여섯 분은 어느 단체를 대표하거나 또는 배경으로 하고 나온 것이 아니오, 각자 개인의 자격으로 자긔의 학설을 가지고 나온 것임으로, 그 주장도 세부에 잇서서는 각각 다릅니다. 그러치마는 대체로 보면 신명균(申明均), 리희승(李熙昇), 최현배(崔鉉培) 三씨는 주장이 갓고, 또 박승빈(朴勝彬), 정규창(丁奎昶), 백남규(白南奎) 三씨가 역시 주장이 갓다 할 수 잇습니다. 그리하야, 제一일의 쌍서 문제, 제二일의 겹바침 문제, ㅎ바침 문제에 대하야는 전자 三씨가 가편, 후자 三씨가 부편, 제三일의 어미 활용 문제에 대하야는 후자 三씨가 가편, 전자 三씨가 부편으로 론전이 전개된 것입니다. 그런데 토론회의 진행절차는 우선 각편에서 한 사람씩 나와, 그 날 문제에 대하야 五十분씩 강연을 한 후에 남은 한 시간 二十분 동안은 여섯 분이 자유로 질문전을 하기로 하엿습니다."

이 토론회에서 다루었던 주제는 당시 철자법 논쟁의 중심이 되었던

---

38 이에 앞서 『東光』 32호(1932. 4.)에서는 '한글綴字에 對한 新異論檢討'라는 제목으로 다음과 같은 문제를 제시하고 전문가들의 의견을 게재하기도 하였다(하동호 편, 1986ㄴ: 457-464 참조).
　一. ㄲㄸㅃㅆㅉ等幷書가 不可하고 된시옷을 符號化하야 使用함이 可하다는說.
　二. 'ㅎ'를 바침으로 쓸수가 없다는意見.
　三. '먹'(食) '믿'(信)을 語根으로 看做할것이아니라 '머그' '미드'를 語根으로 看做하고 '먹, 머거' '믿, 미더'를 그 變化로 看做할것이라는 意見.
　四. 其他의 意見.
39 동아일보에서는 토론회의 상황을 '사흘 동안 백열전을 계속한 한글 토론회 속긔록'(1932.11.11.-29.)으로 연재하였다(하동호 편, 1986ㄱ:263-332 참조).

된소리의 쌍서(각자병서) 표기, 겹받침과 'ㆆ'받침의 수용, 어미 활용
(단활용설)의 수용 등에 관한 여부를 논하는 것이었으며, 초청된 연사
들이 주제별로 가, 부로 나뉘어 강연을 하고 질문하는 방식으로 진행
되었다. 이 토론회의 3일간의 진행 과정을 간략히 정리하면 다음과 같
다.40

첫째날에는 신명균은 전통적으로는 된시옷을 써 왔으나, 역사적 측
면과 성음학적 측면을 고려하면 쌍서(각자병서) 표기가 합리적이라고
하였다. 이에 대해 박승빈은 쌍서 표기는 음리(音理)에 맞지 않고 역사
적 기사법(記寫法)을 무시하는 것이며, 자형(字形)이 복잡하고 실용상
불편하다는 견해를 들어 인정하지 않았다. 둘째날에는 이희승이 겹받
침에 대해 어법상의 편리와 성음학상의 원리, 역사적 근거에 의해 수
용된다고 하였다. 이에 대해 정규창은 본래 조선어는 중성이 반드시
들어가고, 음절문자이며, 이른바 여음불발(餘音不發)의 법칙에 따라
겹받침은 허용될 수 없다고 하였다.41 그리고 'ㆆ'받침에 대해 정규창
의 부정하는 주장이 있었고,42 이희승의 긍정적인 주장이 이어졌다.
셋째날에는 박승빈이 단활용설을 주장하였고, 이어서 최현배의 끝바
꿈설에 대한 주장이 있었다.43

---

40 여기서는 토론회의 진행 과정에 대해 간략히 정리하며, 자세한 내용은 시정곤
(2015:478-510)을 참조할 수 있다.

41 박승빈(1935ㄴ:40-45)에 따르면, '여음불발의 법칙'에서 '여음(餘音)'은 중성 뒤에 받
침으로 쓰인 자음이 본래의 음가가 아니라 경미하게 음향이 방출되는 현상으로(영어
의 'but'에서 [t] 발음과 같이), 조선어에는 이러한 현상이 나타나지 않는다고 하였다.

42 박승빈(1927-8, 1932)에서도 'ㆆ'받침에 관련하여 부당성을 피력한 바 있다. 그 주요
내용은 'ㆆ'은 자음이지만 모음성을 띠어 여음(餘音) 작용이 되지 않고, 주시경 등이
주장하는 섞임소리되기('ㆆ+ㄱ→ㅋ, ㄱ+ㆆ→ㅋ' 등) 현상이 성립되지 않으므로, 'ㆆ'
은 받침에 쓰일 수 없다는 것이었다.

토론회에서의 경연은 조선어학회와 조선어학연구회에서 주제별로 한 사람씩 기회가 주어졌는데, 전자는 쌍서, 겹받침, 'ㆆ'받침의 수용은 옳고, 단활용(段活用)은 수용할 수 없다고 하였으며, 후자는 그와 반대되는 입장을 견지하였다.[44] 이러한 대립적 관점의 차이는 문법 이론을 전제로 하였으며, 그에 따라 서로 타협할 수 없는 정도로 전개되면서 좀처럼 합치되지 못하였다.[45]

2.2.2. 동아일보의 ≪新綴字便覽≫(1933)

[2.1.] 동아일보는 1931년 7월 브나로드 운동을 시작하였다. 이 운동은 문맹 퇴치와 한글 보급을 핵심 사업으로 하였으며, 1934년까지 한글 강습과 학술 강연 등의 활동을 하였다. 그리고 이를 위해 독자들

---

43 끝바꿈설은 용언에서 여러 문법적 기능을 수행하기 위해 나타나는 어미 변화 현상을 의미한다. 여기서는 어간은 불변이고 어미가 변화하는 것으로 보는데, 예를 들어 '먹'이 어간이고 '고, 어서, 으니'가 어미이며, 이들의 결합형은 '먹고, 먹어서, 먹으니'와 같이 어간과 어미가 구분되어 표기된다는 것이다. 이는 어간의 활용을 주장하는 이른바 단활용설과 대립된다(앞의 2장 각주 35) 참조).

44 조선어학회의 입장은 『한글』 8호에 실린 신명균(1933), 이희승(1933), 최현배(1933ㄱ)에서 확인할 수 있다. 또한 이와 관련하여 신명균(1927ㄴ), 최현배(1933ㄴ), 김선기(1933ㄱ), 김병제(1933) 등도 참조할 수 있다. 한편, 조선어학연구회에서는 1934년 2월 창간된 『정음』를 중심으로 자신들의 주장을 펼쳤는데, 이에 대해서는 박승빈(1935-36, 1938-39), 정규창(1934ㄱ/ㄴ, 1935, 1938) 등을 참조할 수 있다.

45 철자법과 관련한 당시의 논쟁은 국어 문법의 원리를 배경으로 하면서 심화되었다. 이러한 혼란상에 대해 홍기문(1933)에서는 '近來 朝鮮語硏究者들은 朝鮮語의 硏究를 한 會나 俱樂部 속에 가두고 그곳으로붙어 나온 모든 斷定과 推理를 다 각각 權威化시키려고 努力하는 것같이 보인다.'고 하였다. 한편, 신창순(2003:393-447)에서는 박승빈의 일련의 주장은 맞춤법을 규정하기 위한 것이라기보다는 주시경의 이론에 대한 오류를 지적하려는 데 본의가 있었으며, 당시 통일안 제정자들은 이러한 그의 견해를 이해하려 하지 않았다고 하였다.

에게 이윤재의 '한글공부'와 백남규의 '일용계수법' 등을 교재로 제공하였다(정진석 편, 1999 참조).

동아일보는 1933년 4월 1일 창간 13주년을 맞아 활자와 철자법을 새롭게 도입하면서 ≪新綴字便覽≫(1933)을 발행하였다. 이것은 당시 브나로드 운동에서 활용되어 한글 보급 운동에 큰 영향을 끼쳤다는 평가를 받는다. 특히 여기서는 한글 표기법을 매우 세밀히 정리하였으며, 신구(新舊) 표기법의 대비나 정오(正誤)의 대비 등을 통해 실용성을 두드러지게 하였음이 주목된다.

≪新綴字便覽≫(1933)에는 권두의 '注意'에서 다음과 같이 서술되어 있다.

> "이 책은 新綴字에 關한 法則을 說明한 것이 아니요 다만 新舊 綴字를 對備함에 그치엇다. 每 語例마다 上下 二段으로 나누고 新, 舊를 각기 比較하여 썻으니 의례히 舊를 버리고 新을 取할 것이다. 갑자기 從來에 쓰든 것을 버리고 새것을 쫏으려면 매양 잘못 쓰기 쉬울 念慮가 없지 못할 것이다. 그러므로 반드시 이에 深刻한 注意를 加하여야 할지며, 만일 조금이라도 未詳한 點이 잇거든 차라리 在來에 쓰든 그대로 두는 것이 도리어 좋을 것이다."

즉, 철자법의 원리나 법칙보다는 실용적인 관점에서 신/구 철자를 대비하는 방식으로 정리하였으며, 새로운 것을 취하는 것은 당연하지만, 오표기가 염려되니 심각한 주의가 필요하다는 것이었다.

그리고 권말의 '여쭐말슴'에는 다음과 같이 서술되어 있다.

> "이번 본사에서 채용하는 새 철자법은 대체에 잇어서는 면할수 없는

것임은 물론이오나, 표준철자법이 확정되기를 기다려 다소의 변경
은 잇을는지 모릅니다."

즉, '표준철자법'이 나오면 다시 변경될 수 있음을 공지한 것인데,
이것은 같은 해에 나온 ≪한글 마춤법 통일안≫(1933)으로 해석된다.

[2.2.] ≪新綴字便覽≫(1933)은 18개 항과 부록으로 구성되었는데,
이것을 항목별로 간략히 정리하면 다음과 같다(하동호 편, 1986ㄴ:3
98-406; 정진석 편, 1999:189-217 참조).[46]

一. ㆍ의 폐지 ('남/*ᄂᆞᆷ, 버리다/*ᄇᆞ리다, 오늘/*오ᄂᆞᆯ, 아침/*아ᄎᆞᆷ')
二. ㄷㅅㅈㅊㅌ 뒤에 ㅑㅕㅛㅠ의 제한
    ('섬/*셤, 천하/*텬하, 더뎌, 가져')
三. 자음 뒤에서 ㅖ의 제한 ('게집/*계집, 제일/*졔일, 체면/*톄면')
四. 자음 뒤에서 ㅢ의 제한
    ('기운/*긔운, 나비/*나븨, 마디,/*마듸')
五. 音節 사이 된소리의 자음 連記 ('가깝다/*갓갑다, 만나다/*맛나
    다, 홀로/*홀노')
六. 된시옷의 각자병서 표기 ('때/*ᄲᅢ, 빠르다/*ᄲᅡ르다')
七. ㄷㅈㅊㅋㅌㅍㅎㄲㄳ ㄵㅀㄺㄽㄾㄿㄻㅄ 받침 사용
    ('받다, 낫다, 꽃, 부엌, 밭, 잎, 놓다, 밖, 몫, 앉다, 많다, 돐, 핥다,
    읊다, 끓다, 닭, 없다')
八. 變格活用의 표기
    ('놀다-노니, 짓다-지으니, 덥다-더우니, 듣다-들으니, 슬프다

---

46 본문에서는 예시를 新과 舊로 대비하였는데, 여기서는 이들을 빗금표('/')로 나누어
배열하고 舊에 해당하는 것 앞에 *표를 넣기로 한다(이하 동일).

-슬퍼서, 오르다-올라서')

九. 복합어에서의 原形 保全

('꽃놀이/*꼿노리, 웃음/*우슴, 많이/*만히, 돌아가다/*도라가다')

十. 복합어의 표음 표기

('주검/*죽엄, 미덥다/*믿업다, 울긋불긋/*욹읏붉읏')

十一. 純粹한 現今 소리로 標準

('거짓/*거즛, 이름/*일흠, 조카/*족하')

十二. 줄임말의 표기 ('난-나는, 엇저녁-어제저녁, 갖다주다-가지

어다주다')

十三. 사이시옷 표기 ('촛불/*초ㅅ불, 봄바람/*봄ㅅ바람')

十四. 동음이의어의 표기 ('가르치다-가리키다')

十五. 이음동의어의 표기 ('구녁-구멍, 구무-굵, 나르다-날다')

十六. 漢字音의 表音式 표기

十七. 單語 또는 단어+토 단위의 띄어쓰기

十八. 符號 쓰는 법

附錄 오표기의 예 ('가지다/*갖이다, 벌이/*버리')

위에서 一항은 '·'의 폐지이고, 二, 三, 四항은 치찰음이나 일부 자음 뒤에서의 단모음화 등을 수용한 것으로 ≪諺文綴字法≫(1930)과 유사하다. 그런데 五항은 음절 사이에서의 된소리 표기를 새롭게 적용한 것이며, 六항에서는 된소리의 각자병서 표기를 수용하였다. 특히 七항의 받침의 확대는 ≪諺文綴字法≫(1930)에 비해 'ㅋ, ㅎ'과 겹받침 'ㄶ, ㄳ, ㅀ, ㄻ'을 더 쓰도록 하였다(다만 'ㅆ'은 아직 '考慮할 點'이 있어서 넣지 않는다고 하였다).

八항에서는 변격 활용으로 'ㄹ, ㅅ, ㅂ, ㄷ, 으, 르' 등을 제시하였고, 九항과 十항에서는 복합어의 원형 표기 여부를 구분하여 규정하였

다. 十一항은 일부 고유어에서 현실음을 따라 표기한다는 것이며, 十二항은 줄임말에서 모음이 줄 경우 자음을 받침으로 적도록 한 것이고, 十三항은 사이시옷은 모음 뒤에서 받침으로 표기함을 의미한다.

그리고 十四, 十五항에서 동음이의어와 이음동의어의 표기를 제시하였으며, 十七항에서는 특히 단어 또는 단어+토 구조의 덩이에 따라 띄어쓰기를 적용하였다.47 그리고 十八항에서 문장 부호에 대해 기술하였으며, 부록에서는 잘못 표기하기 쉬운 예와 함께, 이 신철자법을 적용했을 때 예상되는 교정 원고의 예를 제시하였다.

한편, 十六항에서는 한자음은 모두 표음식으로 함을 규정하면서 관련되는 부분을 12개의 하위 항목으로 규정하였는데, 정리하면 다음과 같다.

一. ·의 폐지 ('내외(內外)/*ᄂᆡ외, 사사(私事)/*ᄉᆞᄉᆞ')

二. ㅅㅈㅊㅌ 뒤에서의 단모음화
   ('세상(世上)/*셰샹, 주장(主張)/*쥬쟝, 추천(推薦)/*츄쳔')

三. ㅢ는 ㅇㅎ를 除한 外에서 제한
   ('기차(汽車)/*긔차, 시가(媤家)/*싀가')

四. ㅁㅂㅍ 뒤에서의 원순모음화
   ('묵지(墨紙)/*믁지, 북방(北方)/*븍방, 품질(品質)/*픔질')

五. ㅈㅊ 뒤에서의 전설모음화
   ('즉시(卽時)/*직시, 규칙(規則)/*규측')

六. 계,몌,셰,졔,쳬,폐,혜 等의 단모음화
   ('계엄(戒嚴)/*계염, 제도(制度)/*졔도, 폐쇄(閉鎖)/*폐쇄, 혜택
   (惠澤)/*혜택')

---

47 띄어쓰기에 관한 규정은 여기서 처음으로 명문화되었다(다음의 8.1절 1.4항 참조).

七. ㄹ의 두음법칙(ㄹ→ㄴ)

('낙원(樂園)/*락원, 내일(來日)/*래일, 뇌성(雷聲)/*뢰성')

八. ㄹ의 두음법칙(ㄹ→ㅇ) ('양심(良心)/*량심, 예의(禮儀)/*례의')

九. ㄴ의 두음법칙(ㄴ→ㅇ) ('여자(女子)/*녀자')

十. ㄴ의 설측음화(ㄴ→ㄹ)

('허락(許諾)/*허낙, 회령(會寧)/*회녕, 안령(安寧)/*안녕')

十一. 俗音化의 수용 ('개인(個人)/*가인')

十二. 原音과 轉音의 인정

('사탕(沙糖)/당분(唐粉), 댁내(宅內)/가택(家宅), 부족(不足)/불
가(不可)')

즉, 한자음에서 'ㆍ'의 폐지와 여러 음운 현상(단모음화, 원순모음
화, 전설모음화, 두음법칙 등)에 대해 현실 발음을 중시하여 표기하는
것으로 정리되어 있다. 一항부터 六항까지는 모음에 관련되고, 七항부
터 十항까지는 자음과 관련된다. 그리고 十一, 十二항은 속음(俗音)과
전음(傳音)도 현실음 그대로를 표기에 반영한다는 것이다.

[2.3.] ≪新綴字便覽≫(1933)의 뒷부분에서는 '신철자법대로 쓰려
면 고칠 것이 얼마나 될가'라 하여 이 규정에 따라 신문 기사를 수정
한 예를 제시하였다. 여기서 그 일부를 보면 다음과 같다(수정 표시
는 →로 함).

(10) 자긔(→기) 남편이 갑작이(→자기) 경련을 이르(→일으)켜 잇
는 사이, 중요한 직책을 대신 행하다가 렬(→열)차에 치어 죽
은 굿(→군)센 책임감과 부부애에 결정이 나(→낳)은 비극 一
막이 경의선에 생것다. … 사정업시(→없이) 달려오는 긔(→

기)차는 十미돌 아페(→앞에)서 횡단하는 녀(→여)자를 보고
서 급정거를 하려 하엿스(으)나 째(→때)는 이미 느저(→늦
어)서 드듸(→디)어 즉(→직)사하고 말엇(→앗)다. 이와 가터
(→같이) 병중의 남편을 간호하는 녀(→여)자의 그 직무를 대
신하다가 순직한 조선의 녀(→여)자는 모름직이(→지기) 일반
사회에 큰 충동을 주고 잇다.

위 (10)에서는 상당히 많은 부분에서 수정됨을 보여 준다.
≪新綴字便覽≫(1933)은 표기법사에서 보면, ≪諺文綴字法≫(1930)
과 ≪한글 마춤법 통일안≫(1933)의 중간적 위치에 있다. 특히 일제
의 언문 철자법을 넘어서 띄어쓰기와 줄임말, 문장 부호 등과 같이
현실적으로 제기될 수 있는 많은 문제들을 다루었을 뿐만 아니라,
한자의 한글 표기 문제를 깊이 있게 규정하였다. 그리하여 진정한
의미에서의 한글 표기법에 접근하였다고 평가할 수 있다.

한편, ≪新綴字便覽≫(1933)은 7항에서 제시된 받침 중 'ㅆ'이 포함
되지 않은 것 등의 일부를 제외하고는 ≪한글 마춤법 통일안≫(1933)
과 거의 동일하다. 이러한 사실은 이 규정에 참여한 인사가 ≪한글 마
춤법 통일안≫(1933)의 제정에 관여했을 가능성을 보여 준다.

실제로 이윤재(1933ㄱ)은 ≪新綴字便覽≫(1933)을 해설한 것으로
그 서문에 다음과 같이 기술되어 있다.

"東亞日報가 ... 全紙面을 新綴字法으로 쓰며, 讀者에게 萬一이라도 不
便이 잇을 것을 慮하야 [新綴字便覽]을 배포하엿으니, ... 이 [新綴字
便覽]은 다만 新舊綴字를 比較對照함에 그치엇고 理論的 說明을 붙이지
아니하엿다. 그러므로 이에 대한 理解가 없는 이에게는 도리어 疑惑

을 일으킬 憂慮가 있겟으므로 간단한 解說을 붙이어 讀者의 一覽에 供
코저 한다."

이와 함께 이윤재(1933ㄱ)에서는 한글 정리의 기본 원칙을 '語法에
맞게, 現代 語音, 平易化'를 제시하였는데, 현대 어음(現代 語音)은 '實
際的 口音'(현실음)을 의미하고, 평이화는 배우기(學), 읽기(讀), 쓰기
(書), 박기(印刷)의 네 가지가 다 쉬워야 함을 의미한다고 하였다. 이
것은 당시 철자법 운동의 핵심 과제 해당하는 것이었다(앞의 2.2.1절
1.1항 참조).

2.3. 조선어학회의 ≪한글 마춤법 통일안≫(1933)

2.3.1. 제정의 경위와 구성

1.1 1921년 발족된 조선어연구회는 1931년 1월 조선어학회로 명
칭을 바꾸었다. 이 학회는 조선어 사전의 편찬을 주요 사업으로 두고
있었으며, 이를 위해서는 맞춤법과 표준어, 외래어 표기법의 제정이
요구되었다. 이 과정에서 ≪한글 마춤법 통일안≫(1933)이 나왔는데,
제정의 경위를 간략히 보이면 다음과 같다.[48]

조선어연구회에서는 1929년 한글날 대회에서 전국 대표자 108인의
발기로 조선어 사전을 편찬할 것을 결의하였으며, 그 사업을 학회에
일임하기로 하였다. 이에 따라 1930년 1월부터 사전 편찬을 위한 활동

---

48 제정 경위에 대해서는 ≪한글 마춤법 통일안≫(1933)의 머리말과 한글학회(1971:16
4-171), 이갑(1933), 이윤재(1934), 정동환(1995) 등을 참조한다.

을 시작하면서 맞춤법과 표준어, 외래어 표기법 제정의 문제가 크게 대두되었다.

조선어연구회에서는 1930년 12월 총회에서 통일된 철자법을 제정키로 하였으며, 이를 위해 철자 위원회를 창립하고, 권덕규, 김윤경, 박현식, 신명균, 이극로, 이병기, 이윤재, 이희승, 장지영, 정열모, 정인섭, 최현배 등 12인을 제정 위원으로 선출하였다. 또한 이들에게 맞춤법 통일안을 제정하도록 위임할 것을 결의하였다.

1931년 조선어학회로 이름을 바꾸고 1932년 5월 『한글』지를 복간하면서 맞춤법 제정 문제에 적극적으로 임하게 되었다. 그리고 마침내 1932년 12월 12일 91항의 초안을 작성하였다.[49] 이 초안을 바탕으로 하여 김선기, 이갑, 이만규, 이상춘, 이세정, 이탁 6인이 추가되어, 1932년 12월 25일부터 1933년 1월 4일까지 제1독회를 실시하였다. 그리고 이를 수정하기 위하여 권덕규, 김윤경, 김선기, 이극로, 이윤재, 이희승, 신명균, 장지영, 정인섭, 최현배 등 10인을 수정 위원으로 선출하였으며, 여기서 78항으로 수정한 안을 내었다. 그리고 1933년 2월부터 1933년 6월까지 신명균, 김선기, 이극로를 중심으로 하는 철자 수정안 소위원회의 활동을 통해 다시 70항으로 수정하였다.

이 수정안에 대해 1933년 7월 25일부터 8월 3일까지 제2독회를 실시하였으며, 8월 3일부터 9일까지 수정안을 토의하고 토의 결과를 정리하기 위해 권덕규, 최현배, 신명균, 이희승, 정인섭, 김선기, 이극로, 김윤경, 이윤재 등 9인으로 정리 위원회를 조직하였다. 정리 위원회는 8월 23일부터 10월 17일까지 활동하면서 45항 부록 10항으로 정

---

49 12인의 위원이 2년 동안 심의하여 1932년 12월 원안을 작성하였는데, 그 기본 이론이 『한글』 3호(1932.7.)에 실려 있다(앞의 2.2.1절 1.2항 참조).

리하였다. 그리고 이에 대해 10월 7일부터 10월 11일까지 김선기, 김윤경, 최현배 등 3인의 정리 소위원회를 구성하고 65항 부록 9항으로 수정하였다. 이로써 맞춤법 통일안 심의가 종료되었다.

그리고 1933년 10월 19일 임시총회에서 12군데를 수정하여 의결하고, 1933년 10월 29일 한글날에 ≪한글 마춤법 통일안(朝鮮語綴字法統一案)≫으로 발표하였다. 이 규정은 당시 민간학자를 중심으로 만들었다는 점도 중요하지만, 이후 한글 표기의 보편적 규범으로 정착되었으며 오늘날 ≪한글 맞춤법≫(1988)의 근간을 이룬다는 점에서도 의의가 있다.[50]

[1.2.] ≪한글 마춤법 통일안≫(1933)은 總論과 各論 7章 65項, 附錄으로 되어 있다. 우선 總論의 규정을 그대로 옮기면 다음과 같다.

　一. 한글 마춤법(綴字法)은 표준말을 그 소리대로 적되, 語法에 맞도록 함으로써 原則을 삼는다.
　二. 표준말은 大體로 現在 中流 社會에서 쓰는 서울말로 한다.
　三. 文章의 各 單語는 떠어 쓰되, 토는 그 웃 말에 붙여 쓴다.

위에서 一은 이 규정의 전체적인 원리를 명시한 것으로, '소리대로'의 원리가 전제된 상태에서 '語法에 맞도록'의 원리를 적용한다는 것이다. 여기서의 '소리대로'는 한글이 표음문자라는 점과 함께 현실음을 바탕으로 표기한다는 것을 의미한다. 그리고 '語法에 맞도록'은 체언

---

50 이에 대해 한글학회(2009:376)에서는 이 안은 세종의 '이상적 운용 체제'를 계승한 것으로, 이것은 주시경에서 꽃이 피고 480여 년 만에 결실을 맺게 되었다고 평가한다.

과 조사, 용언 어간과 어미, 때로는 어근과 접미사를 적을 때에 각 형태의 기본형을 밝혀 표기한다는 것과 관련된다. 이에 대해 이희승(1938)에서의 해설의 일부를 보면 다음과 같다.

"말은 時代가 지남에 따라 恒常 그 發音이 變하는것이므로, 一旦 變한 以上 現時에 實用하는 語音대로 表記해야 할것은 言文一致를 主張하는 現代에 있어서 더욱 必要한 일이라 생각한다. ... 너무 그 發音대로만 따라서 적는다면 말 自體의 品格도 적을뿐 아니라, 文法과 어그러지는 일도 많이 생기게 된다. ... 以上과 같이 發音에 너무 忠實하게 하면 文法에 어그러지고, 또 文法에만 들어맞후려고 할 때에는 實際의 發音과 너무 距離가 멀게 되는 境遇도 있어서 ... '原則으로 삼는다'는 '原則'이란 말이 있어서, 例外도 있을수 있다는 餘裕를 두는 文句인것을 注意하여야 할것이다."

즉, '소리대로'와 '語法에 맞도록'의 어느 한쪽으로 치우치지 않도록 하며, 또 예외를 인정할 수 있어야 한다는 것이다.[51]

≪한글 마춤법 통일안≫(1933)의 각론(各論)은 章과 節, 項으로 나뉘어 있는데, 목차에 따라 간략히 예시하면 다음과 같다.[52]

第一章　字母
　　第一節 字母의 數와 그 順序 (24자모와 배열 순서)

---

51 이윤재(1933ㄴ)에서는 '소리대로'와 '어법에 맞도록'을 表音式(phonetic)과 文法式(grammatic)으로 구분하면서 이들이 '한편으로만 흘러가지 말고 適宜히 取捨함이 있어야 가장 合理的 處理'가 된다고 하였다.

52 여기서는 구체적인 내용을 제시하지는 않기로 한다. 이에 대해서는 한글학회(1989)와 김민수(1973:727-777), 조선어학회(1933)에서 확인할 수 있다.

第二節 字母의 이름 (24자모의 이름)

第二章 聲音에 關한 것

　第一節 된소리 ('오빠/*옵바, 어떠하다/*엇더하다')

　第二節 舌側音 ㄹ ('걸레/*걸네, 빨리/*빨니')

　第三節 口蓋音化 ('밭이/*바치, 닫히다/*다치다')

　第四節 ㄷ바침 소리 ('헛되다/*헏되다, 얼핏/*얼핀')

第三章 文法에 關한것

　第一節 體言과 토 ('곬이/*골시, 꽃에/*꼬체')

　第二節 語幹과 語尾 ('먹고-먹으니, 할고-할가')

　第三節 規則 用言 ('맡기다/*맛기다, 낚이다/*낚이다')

　第四節 變格 用言 ('ㄹ, ㅅ, ㅎ, ㄷ, ㅂ, 여, 러, 르' 불규칙)

　第五節 바침 (추가)

　第六節 語源 표시 (제12항~제27항)

　第七節 品詞 合成 (제28항~제30항, 사이시옷 표기 '나룻배, 깃발')

　第八節 原詞와 接頭辭 ('샛노랗다/*샌노랗다)

第四章 漢字語

　第一節 홀소리만을 變記할것 (제33항~제41항)

　第二節 닿소리만을 變記할것 (제42항~제44항)

　第三節 닿소리와 홀소리를 함께 變記할것 (제45항~제46항)

　第四節 俗音 (제47항~제51항)

第五章 略語 (제52항~제59항)

第六章 外來語 表記

第七章 띄어쓰기 (제61항~제65항)

　부록 1. 標準語

　부록 2. 文章 符號

이 규정은 앞선 규정에 비해 언어 이론에 따라 문자, 음운, 형태 등으로 체계적으로 구성되었다. 第一章에서는 당시에 쓰이는 한글 자모의 수와 배열 순서, 이름 등을 정하였다. 즉, 자음 14자와 모음 10자의 기본 24자에 병서 5자로 제시하였는데, 표기법사에서 보면, '·'가 없으며, ㅅ계 합용병서가 아닌 각자병서가 제시되었다는 점이 주목된다.

第二章에서는 고유어를 대상으로 하여 앞선 규정에서 언급되었던 된소리되기와 설측음 발음, 구개음화, 'ㄷ'받침의 'ㅅ' 표기 등 음운 현상들을 표기에 반영하는 것에 관해 규정하였다. 여기서 구개음화는 발음은 인정하지만 표기에는 반영하지 않았다.

第三章은 체언과 조사, 용언 어간과 어미, 그리고 어근과 접사를 각각 그 형태를 밝혀 적도록 하여 형태주의 원리를 반영하면서도 변칙 용언과 원형을 밝히기 어려운 어근과 접사의 표기에서는 소리대로 쓰는 음소주의 원리도 채택하였다. 특히 받침 표기에서는 고유어의 경우 전통적인 'ㄱ, ㄴ, ㄹ, ㅁ, ㅂ, ㅅ, ㅇ, ㄺ, ㄻ, ㄼ'에 'ㄷ, ㅈ, ㅊ, ㅋ, ㅌ, ㅍ, ㅎ, ㄲ, ㅆ, ㄳ, ㄵ, ㄶ, ㄽ, ㄾ, ㄿ, ㅀ, ㅄ'을 추가하여 결국 홑받침 14, 겹받침 14가 되어 28받침이 되기에 이르렀다.

한편, 第四章은 한자어에서 나타나는 음운 현상을 한글 표기에 반영하는 문제를 모음과 자음으로 구분하여 다루었다. 모음의 경우에서는 '·'의 폐지와 치찰음 뒤에서의 단모음화, 원순모음화, 전설모음화 등의 현상과 관련되는 표기를 규정하였고, 자음의 경우에는 두음법칙에 관련되는 표기를 규정하였다. 그리고 자음과 모음 모두에 관련되는 문제와 속음(俗音) 표기와 관련하여 규정하였다.[53]

---

[53] 한자어와 관련한 문제는 표기 규정의 대상인지 아니면 자전(字典)에서 다루어야 할 대상인지의 문제가 있다(다음의 3.1절 1.4항 참조). 그런데 여기서는 제4장의 서두에

第五章은 준말 문제를 다루었다. 이 부분은 앞선 규정에서는 구체화 되지 않았던 것이었는데, 모음 탈락이나 축약의 문제와 함께, '하'에서 'ㅏ'가 줄어질 때의 표기에서는 'ㅎ'을 음절로 표기하는 것을 원칙으로 하며, 받침에 표기하는 것도 허용하도록 하였다.(즉, '가하다'의 경우, '가ㅎ다'가 원칙이고 '갛다'도 허용하지만, '가타'는 인정하지 않는다는 것이었다.)

그리고 第六章과 第七章, 부록에서는 외래어와 표준어, 문장 부호, 띄어쓰기까지를 다루었는데, 이들은 일반적인 철자법의 범위를 넘는 것이었다.[54]

2.3.2. 보급과 수용

[2.1.] ≪한글 마춤법 통일안≫(1933)은 보급하는 데에도 여러 사정 이 있었다. 조선어학회에서는 기관지를 통한 보급 활동으로 『한글』 10 호(1934. 1.)를 '한글 마춤법 통일안 특집'으로 꾸미고, 전문(全文)에 해당하는 '온글'과 함께 '去年 今日의 回顧'에서 당시까지 한글 맞춤법 에 대한 신문 기사를 다루고, 라디오 기념 방송을 실었다(정동환, 1995 참조). 그리고 『한글』 18호(1934. 11.)를 '한글 마춤법 통일안 解

서 '漢字音은 現在의 標準發音을 쫓아서 表記함으로써 原則을 삼'아서 '從來의 漢字 字典 에 規定된 字音을 아래와 같이 고치기로 한다'고 하였다.

54 이러한 의미에서 ≪한글 마춤법 통일안≫(1933)에서 '마춤법'은 순수한 철자법의 규 범이라기보다는 넓은 의미의 정서법(orthography)의 의미로 쓰였다고 할 수 있다. 그리고 '통일'은 '나누어진 것들을 합쳐서 하나의 조직·체계 아래로 모이게 함' 또는 '여러 요소를 서로 같거나 일치되게 맞춤'(『표준국어대사전』, 국립국어원)의 사전적 정의와 같이 여러 다른 견해를 하나의 체계로 모으는 것과 함께 규정 내에서의 일치 를 포함하는 것으로 해석된다(임홍빈, 1997 참조).

說號'로 꾸며서 '총론 및 제1장 자모'(이윤재), '제2장 성음에 관한 것' (이희승), '제3장 문법에 관한 것'(최현배), '제4장 한자어'(김윤경), '제5-7장 부록'(이극로)으로 구분하여 해설하였다. 또한 이희승 (1938-1940)에서는 '한글 마춤법 통일안 강의'를 주제로 하여 20회에 걸쳐 연재하였다. 아울러 개인 의견의 제시가 활발히 이루어졌는데, 예를 들어 송주성(1934ㄱ, 1935)에서는 교육 현장에서의 통일안 수용 의 문제를 서술하기도 하였다.

언론과 교육, 종교 등 각계의 지지와 호응이 있었다. 언론의 경우, 대부분의 신문에서는 새 표기법을 채용하며 호응하였다(송주성, 1934 ㄴ 참조). 동아일보에서는 『한글마춤법통일안』이라는 책자를 1933년 10월 29일 〈동아일보〉 제4627호 부록으로 간행하였다. 〈조선일보〉에 실린 이윤재(1933ㄴ)에서는 총론과 각론의 일부(1장 자모부터 3장 4 절 변격용언까지)에 대해 원문을 제시하고 강해하는 방식으로 해설하 였다. 잡지의 경우, 김선기(1933)은 〈신동아〉 3권 12호에 실렸는데, '우리의 偉大한 未來는 반듯이 이 語文整理의 土臺 우에서 建設될것'이 라면서 '그 內容에 있어 完美치못한 點'이 있을지라도 '그 文化史的 意義 는 莫大至重한것'이라고 하였다.[55]

한편, 반대 의견도 적지 않았다.[56] 김창제(1933)에서는 원칙적으로

---

55 주요한(1933)에서도 '이 案을 尊重하고 採用하여야 할' 것이라 하였으며, 조헌영(1935) 에서는 수정할 때 수정하고 우선 통일안을 지지하는 것이 적절하다고 하였다.

56 박승빈(1936ㄴ:3)에서는 《한글 마춤법 통일안》(1933)을 비판하면서 '통일'에 대해 다음과 같이 서술하였다.
"'統一'의 文句는 系統이 各히 달른 數個의 事物이 合하야 하나로 됨을 意味하는 것이라 故로 한 사람의 學說을 基礎로 한 한 團體內에서 記寫法을 歸一하게 査定함에 '統一'의 文句를 使用함은 자못 怪異한 觀이 잇다 「査定案」 又는 「整理案」이라고 함이 適合하다 아니 할가 생각한다"

찬성하는데, 한자음의 경우에는 표음법을 따르지만 일부 '진리(眞理)'를 '질니', '신라(新羅)'를 '실나'와 같이 쓰는 것은 표음법이 아니라고 하였다. 김동인(1934)에서는 개인적 의견을 전제로 하여 맞춤법의 통일에 대해서는 '無條件하고 찬의를 표하지 안흘 수가 업'고, "'배우기 어렵다"는 口實로서 배격한다는 것은 너무도 편협되고, 語學과 文法의 關係를 無視하는 바'라고 하면서도, '아침/아츰'에서의 전설모음화나 '낡/남그'의 어근 설정, 변칙 활용에서의 어간의 형태 표기, 'ㅎ'받침 등 세부 항목에서 이의를 제기하였다.57

1931년 12월 창립된 조선어학연구회는 1934년 2월 기관지로 『正音』을 창간하고, 그 지면을 통해 철자법 논쟁에 바탕을 둔 학리적인 측면에서 비판하였다(앞의 2.2.1절 1.3항 참조). 이에 대해서는 상당히 많은 자료가 있는데, 특히 박승빈의 경우에는 '硬音論'(1935ㄱ), 「한글마춤법통일안」에 對한 批判'(1935-1936), '語根考'(1936), '綴字法講釋'(1938-39) 등을 발표하였으며, 정규창은 '硬音記寫에 對하야'(1934ㄱ), '바팀의 本質'(1934ㄴ), '語尾活用의 語義/眞相'(1935), '朝鮮語 바팀의 本質'(1938) 등을 통해 논쟁을 이어갔다.58

단체를 통한 찬반의 의견 제시도 있었다. 1934년 6월 조직된 朝鮮文記寫整理期成會에서는 윤치호 등 112인이 연명으로 '한글式新綴字法反對聲明書'를 배포하였는데, 이들은 '言文의 記寫法'은 '條理가 明確하야

---

57 이에 대해 김병제(1934)에서는 김동인(1934)의 수정론에 대해 요점에 따라 나누어 조선어학회의 입장에서 답변하였으며, 조헌영(1934)에서는 김동인(1934)의 수정론을 거론하면서 자신의 의견을 제시하였다.

58 정규창(1934ㄴ, 1938)에서는 'ㅌ, ㅍ, ㅊ' 등은 엄밀한 의미에서 받침으로 인정되기 어려우나 뒤에 모음을 시작되는 의존 형태가 올 때 발음되므로 받침으로 쓰일 수 있다고 하였다. 그러나 'ㅎ'받침은 불가하며 겹받침은 무의미하다고 하였다.

體系가 整然'하고, '歷史的 制度에 依한 慣例를 尊重'하며, '大衆의 學習
과 日用에 便易'해야 한다고 하였다(윤치호, 1934; 하동호 편, 1986
ㄴ:525-532 참조). 이러한 조건에 따라 '한글式新綴字法'은 허용될 수
없다는 것이었다. 그리고 '別錄'이라 하여 '한글式新綴字法'의 결함을
제시하였는데, 대략 다음과 같이 정리된다.

① 역사적인 된시옷(ㅅ)의 부인
② 'ㅎ'받침 주장 ('놓으며, 쌓고')
③ 겹받침 채용 ('앉, 많, 없', 一字一音의 파괴)
④ '낡, 굵'의 채용 (발음 불능)
⑤ '넋(魂), 값(價)'에 좇아서 '샋(色), 맥(脈)'의 명사성 주장
⑥ 'ㅢ' 표기 제한 ('씌, 마듸')
⑦ '웃으니/우습다, 믿어서/미더운'의 난해한 구별
⑧ 어미의 연철 표기
    ('와서, 져서'는 가능하나 '안자서, 슨허서'는 불가능)
⑧ '긔(旗)〉기, 깃브며〉기쁘며'의 변개 인정
⑨ 한자음 '리, 라' 등에서 두음 'ㄹ' 배척
    ('이화(梨花), 도리화(桃李花)')

이것은 전통적 표기법을 지지하는 관점에서 비판하는 것이었다(한
글학회, 1971:184; 김민수, 1973:235-236 참조).
이에 대해 1934년 7월 문예가 78인의 통일안 지지 성명서('한글 綴字法
是非에 對한 聲明書')가 〈조선일보〉(1934. 7. 10.)에 발표되었다. 여기서
는 다음과 같이 '聲明 三則'이 제시되었다.(『한글』16호, 1934 참조).

① 우리 文藝家 一同은 朝鮮語學會의 『한글 統一案』을 準用하기로 함.

② 『한글 統一案』을 阻害하는 他派의 反對運動을 一切 排擊함.

③ 이에 際하여 朝鮮語學會의 統一案이 完璧을 이루기까지 進一步의 研
  究發表가 잇기를 促함.

즉, ≪한글 마춤법 통일안≫(1933)을 준용하고 이에 반대하는 운동
을 배격하면서, 더욱 발전을 위한 연구를 촉구한다는 것이었다.

종교계의 경우, 천주교회는 원칙적으로 ≪한글 마춤법 통일안≫
(1933)을 승인·수용하는 태도를 지녔다(김인택, 2017; 김인택 외, 20
17; 한지형 외, 2018 참조). 이는 원형근(1934)에서 확인할 수 있다.[59]

"나는 외국 사람이지만, 조선에 온지 이십년이 넘었을뿐 아니라, 앞
으로도 오래도록 이땅에 있겠으니까, 조선어에 대하여는 조선 사람
과 마찬가지 큰 관심을 가지고 있읍니다. 외국인으로서 조선어에 대
한 연구를 시작하기는 다른 기관보다 우리 교회에서 제일 먼저 시작
하였다고 보겠읍니다. 그러므로 우리는 조선어의 철자법이 불통일
한 것을 항상 걱정하고 있읍니다. 마는 앞으로야 통일될줄 믿고 있읍
니다. 어떠한 방법으로 통일하겠느냐고? 그야 조선어를 전문으로 연
구하고 있는 여러분들의 꾸준한 노력에 있을줄 압니다. 방법이야 여
러가지가 있겠지요. 말이 하나인바에 글도 한길로 써야 할줄 압니다.
나는 때때로 여러 조선사람들에게 편지를 받아볼 때 철자가 불통일
하기 때문에 대단히 곤란할 때가 많습니다. 우리 교회에서 경영하는
『가톨릭청년』과 그 밖에 출판하는 서적이 많이 있으니, 조선 사회에
서 철자법에 대한 동향(動向)을 보아 우리도 따라 쓰고저 합니다."
즉, 조선어 표기법의 통일이 필요함과 아울러 그 가능성을 믿는다

---

59 원형근은 프랑스인 카톨릭 신부이며, 본명은 Adrien Joseph Larribeau(아드리앙 조
셉 라리보)이다.

는 것과 조선 사회에서 정하는 철자법을 따르겠다는 것이었다.

이것은 또한 최정복(1934)에서도 확인된다.

"가톨릭청년지를 낼려고 그 준비중에 있던 작년 四月에 필자는 상경
하여 준비사무소를 방문하고 첫재 철자에 대하여 재래의 철자식으
로 한다는대 낙담 아니할수 없었다. 인하여 반대의견을 표시하고 한
부분만이라도 한글 신철자법대로 해야만 될것을 여러가지로 주장한
일이 있었다. 그러나 그때는 아직 조선가톨릭교회에서 이것을 공인
하지안했다는 부득이한 이유아래서 이를 들어주지 아니하였었다.
그런데 그뒤 작년 十월에원산서 열리인 전조선 五교구 주교회의에서
한글신철자법을 공인(公認)하고 이를 채용하기로 결정이 되었었다."

천주교회에서는 1933년 10월 조선어학회의 철자법을 공인하여 채
용하기로 하였다는 것이다.[60]

[2.2.] 천주교회와는 달리 성서 번역을 주요 과제로 삼았던 개신교
단에서는 1911년 번역이 완료된 구역 성서에 대한 개역의 필요성이 제
기되었다(앞의 1.4.2절 2.2항 참조). 구역 성서는 이른바 전통적인 표
기법을 수용한 성경 철자법에 따르는 것인데, 새롭게 제정한 ≪한글
마춤법 통일안≫(1933)을 수용할 것인지의 문제가 대두된 것이다.

조선어학회는 1933년 12월 대영성서공회 한국지부에 새 철자법 채

---

60 최정복(1934)의 뒷부분에 따르면 〈가톨릭 청년〉에서는 1년 반 만에 이를 실행하게
되었다고 하였다. 아울러 천주교회에서는 1934년부터 〈경향잡지〉를 조선어학회의
철자법에 따라 순국문으로 발행하기로 하였다(윤세민, 2006 참조). 한편, 천주교 신
부가 쓴 한국어 문법서인 Roth(1936)에서는 ≪한글 마춤법 통일안≫(1933)에 준하여
예문을 표기하였으며, 새 받침을 중심으로 신구 표기를 대조하기도 하였다.

용을 요청하는 공함(空函)을 보내면서, 다음의 조건으로 성서를 신판으로 발행해 줄 것을 요망하였다(『한글』 37, 1936:8-9 참조).

우선 下記의 조건으로 聖經의 新版發行을 要望하나이다.

一. 우리의 要求는, 舊版을 廢棄하라는 것이 아니고 新綴字法版을 一種의 特殊版으로 發行하여 舊版과 同時에 發賣하기를 要求함이외다. 綴字의 修正과 校正事務는 우리들이 無報酬로 擔任하겠읍니다.

二. 만일 貴會에서 財政上 또는 其他의 理由로 이 特殊版을 發行할 수 없거든, 우리에게 新綴字 聖經을 發行할 權利를 許諾하여 주시기 바라나이다. 그러면 우리는 이것을 發行할 때에 貴會의 嚴重한 監督下에서 하겠고 또 우리가 出版費用되리만큼 그 책을 판 뒤에 남저지 책과 原版을 貴會에 返納하라면 卽時 納入하겠읍니다.

이에 따라 성서위원회에서는 1934년 3월 개정철자위원회를 구성하고 관련되는 여러 제안들을 조사연구하게 하였다. 그리고 같은 해 9월 개정철자위원회가 조사 결과를 보고하였으며, 성서위원회는 이를 수용하고 성서공회 출판물에서 'ㆍ'를 탈락시키기로 하였다(옥성득, 1993:73; 류대영 외, 1994:174-176 참조).[61]

또한 조선어학회는 1934년 9월 조선예수교장로회 총회에 이희승의 이름으로 찬송가와 성서를 새 철자법으로 개정해 줄 것으로 요청하는

---

[61] 이와 관련하여, 김윤경(1938:682)에 따르면, 1934년 9월 광주 基督靑年勉勵會에서 임시총회를 열고, '朝鮮語學會의 한글 統一案을 支持 準用하기로' 하고, '聖書 及 讚頌歌를 한글 統一案대로 改定하되 이를 大英聖書公會에 促進하기로' 하였다고 하며, 1935년부터 '만국주일학교공과'가 신철자법으로 출판되어 그 보급 발전에 막대한 영향을 주게 되었다고 하였다. 또한 『한글』 37호(1936)에서는 조선기독교교육연맹이 1934년 11월 성경을 '한글 統一案에 準하여 出版하도록 運勵하기로 可決하고 大英聖書公會에 書面으로 交涉'하였다고 하였다.

공함(公函)을 보냈다(『한글』 37, 1936:9 참조). 여기서 '聖經에 쓴 綴字는, 歷史的 典古的의 것으로 도무지 實用에 맞지 아니할 뿐더러, 音理上으로나 語法上으로나 準則할 수 없'고, '現代人이 쓰는 것과 전연 背馳되어 ... 도저히 大衆一般的 通用이 되기 어려우'며, '現今 各學校에서 使用하는 教科書의 綴字와 크게 相反되어 ... 教育上에 莫大한 障礙가 되'는 결점(缺點)이 있다고 하였다.

그런데 장로회 총회는 이에 대해 성서위원회에서 개정철자위원회를 구성하여 활동하기로 하였다는 보고를 받는 것에 머무르고 적극적으로 반응하지 않았다(류대영 외, 1994:176 참조).[62] 그것은 일부에서 새 철자법 수용에 반대하기 때문이었는데, 이에 대해 채정민(1935)에서 보면 다음과 같다.

"그러므로 한글 新綴字의 奇拔한 字形과 神妙한 協音을 지극히 贊成하는 바이다. 그러나 이중에도 나의 생각에는 이 아래 몇가지의 缺點이 잇다고 본다. 곧, 一.'사 자 차 다 타' 五行에 ㅑ·ㅕ·ㅛ·ㅠ의 合用을 淘汰함과, 二.'나 라 아' 三行에 ㅑ·ㅕ·ㅛ·ㅠ·ㅣ의 混用함과, 三.'디 긔 킈 싀'의 廢止함과 같은 것이다. ... 'ㄱ, ㄴ, ㄷ ...' 等字의 淘汰도 遺憾된 일인데, 以上 八行中 廢去 혹 混用으로 말미암아 五十字에 八個 바침과 된소리까지 치면 四百餘字가 되나니, 字形이 不同하고 發音이 判異한 四百餘字가 自然 減損하게 됨은 매우 아까운 일이 아닐 수 없다. ... 또 그밖에 사기(詐欺), 사기(邪氣)도 분간함이 可하고, 툐인(超人), 쵸

─────

62 장로회 총회의 〈조선예수교장로회총회제二十三회회록〉(1934년 9월)을 보면 다음과 같이 기록되어 있다.
"한글신철자법연구회에서본공회에대하야신약전서를신철자로발행하기를청원하엿슴으로성서위원회에서...제시를특별위원으로선정하야신철자에대한각종의론을탐사하여래회에보고하기로하엿나이다"(21쪽)

인(抄引), 초인(楚人)도 분간함이 可하고, 텬디(天地), 쳔디(賤地)도 분간함이 可하다. 또 '저'(己)는 自述이요, '뎌'(彼)는 他筆의이다. 聖經에 '다른 사람은 뎌를 분별치 못한다' 하였으니, 이것을 '저'로 쓰면, 自他를 누가 분별하리오."

  결국 'ㅅ, ㅈ, ㅊ, ㄷ, ㅌ' 등의 치찰음 다음에 이중모음이 오거나 두음에서의 'ㄴ, ㄹ'의 표기, 이중모음 'ㅢ'의 표기 등을 허용하지 않으면 어휘의 구분이 어렵다는 점을 들면서 새 철자법의 수용을 반대한다는 것이었다. 이와 같이 당시 일부 인사들을 중심으로 반대가 제기되면서 성서 출판에서의 철자법 수용 여부에 대한 논란이 계속되었다.[63]

  성서위원회에서는 1936년 10월 총독부 교과서에서 사용하는 철자법을 성서 번역에 적용하기로 하였으며, 1937년 9월 정기회의에서 그에 따라 신약을 출판하기로 가결하였다.[64] 또한 장로회 총회에서는 개역 성서의 출판에서 조선어학회의 ≪한글 마춤법 통일안≫(1933)을 수용하기로 하였다.[65] 그러나 1938년 경어법 문제와 준비 부족 등의 이유로 개역 성경은 새 철자법이 아니라 과거의 역사적 철자법에 따라

63 이에 대해서는 『한글』 37(1936)과 『正音』 21(1937)을 비롯한 당시 문헌에 실린 자료들을 참조할 수 있다. 그리고 이 논란은 앞의 1.4.2절에서 서술한 구역(舊譯) 성경에서의 철자법 논쟁과 이어지는 것이기도 하다(류대영 외, 1994:177; 서선영, 2009:68-69; King, 2005 참조).
64 이것은 총독부의 철자법을 따르는 것을 의미하는데, 이에 대해 옥성득(1993:75-77)에서는 ≪諺文綴字法≫(1930)은 ≪한글 마춤법 통일안≫(1933)과 공통되는 점이 많기 때문에 결국 조선어학회의 철자법을 수용하는 것과 마찬가지였다고 하였다.
65 이에 대해 조선어학회의 '≪사설≫ 聖經 綴字 改正의 決議(『한글』 49, 1937)의 일부를 보면 다음과 같다.
"今 九月 十六日에 朝鮮 耶蘇敎 長老會 總會에서, 過去 四個年間 熟考하여오던 聖經 及 讚頌歌의 改正 問題에 對하여 朝鮮語學會에서 制定한 '한글 마춤법 통일안'대로 採用 實行하기를 滿場一致로써 決議하였다 한다."

간행되었다.[66]

여기서 1911년 판과 1938년 판의 표기법을 요한복음의 일부(1장 1~4절)로 비교하면 다음과 같다.[67]

(11) 태초에 말슴이(혹은 도라) 잇스니 말슴이 하ᄂᆞ님과 ᄀᆞ치 계시매 말슴은 곳 하ᄂᆞ님이시라 이 말슴이 태초에 하ᄂᆞ님과 ᄀᆞ치 계셔셔 말슴으로 만물이 지은 바 되엿스니 지은 물건이 말슴 업시는 지은 거시 ᄒᆞ나도 업ᄂᆞ니라 싱명은 사름의 빗치라 -1911년 판-

(12) 태초에 말삼이 계시니라 이 말삼이 하나님과 함쯰 계셧스니 이 말삼은 곳 하나님이시라 그가 태초에 하나님과 함쯰 계셧고 만물이 그로 말매암아 지은바 되엿스니 지은 것이 하나도 그가 업시는 된 것이 업나니라 그 안에 생명이 잇섯스니 이 생명은 사람들의 빗치라 - 1938년 판 -

위 (11, 12)에서 보면, 우선 'ㆍ'가 'ㅏ'로 바뀌었다('말슴→말삼, 하ᄂᆞ님→하나님, ᄒᆞ나→하나, 업ᄂᆞ니라→업나니라, 싱명→생명, 사름→사람'). 즉, 철자법의 측면에서 보면 개역 성서(1938년 판)에서부터 'ㆍ'가 완전히 사라졌다. 그러나 된시옷('함쯰')이나 중철 표기('되엿스니, 빗치라')는 변하지 않았다.

1938년 장로회 총회에서 다시 새 철자법에 따른 성서 발행을 논의하였다.[68] 그리고 1939년 장로회 28회 총회에서는 개역 작업의 완료

---

66 류대영 외(1994:178)에서는 당시까지 아직 총독부에서 경어법을 결정하지 않았고 이에 대해 성서공회가 앞서 나갈 생각이 없었으며, 본문을 '한글'로 준비하는 데 1년이 필요했기 때문이었다고 하였다.

67 이것은 또한 앞의 1장 예시 (21, 22)와도 비교될 수 있다.

에 이어 새 철자법에 따라 출판하기로 재결의하였으나, 영국성서공회의 철수(1941. 3.), 태평양 전쟁의 발발(1941. 12.), 조선성서공회의 적산(敵産) 편입(1942. 5.) 등과 함께, 아직도 계속되던 일부 인사들의 반대 등으로 실현되지 않았다(옥성득, 1993:78; 류대영 외, 1994:179 참조). 그 후 일제 강점기에는 성서의 번역과 출판, 반포가 모두 중단되었다.

광복 후 성서공회에서는 당시 ≪개정한 한글 맞춤법 통일안(한글판)≫(1948)에 따라 표기를 바꾸는 작업을 시작하였다. 그리하여 1948년 4복음서를 개역한글판으로 출판하고, 1950년 작업을 완료하였다. 그리고 전쟁으로 중단되었다가 1952년 초판이 발행되었으며, 부분적인 수정을 거쳐 1956년 결정판이 나왔다. 그 후 표기를 더 보완하여 1961년 『성경전서 개역한글판』을 출판하였다(서정웅, 2003:59; 대한성서공회(http://www.bskorea.or.kr) 참조).

여기서 1938년 판과 1956년 판을 창세기의 일부(1장 1~5절)로 대조해 보면 다음과 같다(나채운, 1990:53; 서정웅, 2003:60 참조).

(13) 태초에 하나님이 텬디를 창조하시니라 짜이 혼돈하고 공허하며 흑암이 깁흠우에 잇고 하나님의 신은 슈면에 운행하시니라 하나님이 갈아샤대 빗치 잇스라 하시매 빗치 잇섯고 그 빗치 하나님의 보시기에 됴홧더라 하나님이 빗과 어두움을 난호샤 빗츨 낫이라 칭하시고 어두움을 밤이라 칭하시니라 져녁이 되며 아참이 되니 이는 첫재 날이니라 - 1938년 판 -

---

68 당시 회의록에는 협조를 요청하는 성서공회 대표의 보고서가 첨부되어 있다(〈朝鮮耶蘇教長老會總會第二十七回會議錄〉, 1938:37-38 참조).

(14) 태초에 하나님이 천지를 창조하시니라 땅이 혼돈하고 공허하
며 흑암이 깊음 위에 있고 하나님의 신은 수면에 운행하시니
라 하나님이 가라사대 빛이 있으라 하시매 빛이 있었고 그 빛
이 하나님이 보시기에 좋았더라 하나님이 빛과 어두움을 나누
사 빛을 낮이라 칭하시고 어두움을 밤이라 칭하시니라 저녁이
되며 아침이 되니 이는 첫째날이라 - 1956년 판 -

위 (13, 14)에서 보면, 두 자료 모두에서 'ㆍ'는 쓰이지 않았다. 그
리고 표기법에서 차이가 나타나는 것을 보면, 단모음화('창셰긔→창세
기, 슈면→수면, 갈아샤대→가라사대, 져녁→저녁'), 된소리 표기('짜
히→땅이'), 구개음화의 반영('텬디→천지, 됴핫더라→좋았더라'), 분
철 표기의 확대('빗과→빛과, 빗치→빛이, 빗츨→빛을, 깁흠→깊음'),
받침의 확대('됴핫더라→좋았더라, 빗→빛, 깁→깊, 낫→낮, 잇스라→
있으라, 잇섯고→있었고, 잇고→있고') 등을 들 수 있다.

제3장 표기 규정의 발전과 정착

조선어학회의 ≪한글 마춤법 통일안≫(1933)은 이후 몇 차례의 수정 또는 개정의 절차를 거쳤다. 그 과정에서 '마춤법'이란 용어가 '맞춤법'으로 바뀌고, 문법 용어의 통일 등이 있었으며, 광복 이후 국어 표기의 중심을 이루었다.[1] 그러나 그것이 추구하는 표의적 표기가 어렵다는 비판이 제기되었고, 그에 따라 ≪한글 簡素化 方案≫(1954)과 국어국문학회의 ≪國語正書法案≫(1971)이 나오기도 하였다. 이후 1970년대부터 국가 기관에서 주도하는 국어 표기법을 제정하고자 하는 움직임이 시작되었으며, 그 결과로 현행 ≪한글 맞춤법≫(1988)이 공표되어 시행되기에 이르렀다. 이 장에서는 이러한 한글 표기법의 변천 과정을 정리해 보기로 한다.

---

1 김윤경(1960)에서는 광복 전까지의 한글 표기로 기독교 표기체(그리스도 표기체, 성경 철자법), 일제 총독부의 언문 철자법, 조선어학회의 맞춤법 등 세 가지가 존재했던 것으로 보았다.

3.1. ≪통일안≫의 수정과 활용

[1.1.] 조선어학회의 ≪한글 마춤법 통일안≫(1933)은 제정 이후 국어 표기법의 중심이 되었다. 이후 몇 차례에 걸쳐 부분적으로 수정 또는 개정되었는데, 그 과정을 정리하여 한글학회(1989)의 명칭에 따라 제시하면 다음과 같다(한글학회, 1971:189-193 참조).

> 1937년 3월 1차 수정, ≪한글 마춤법 통일안(고친판)≫(1937)
> 1940년 6월 원안 일부 개정 (2차 수정),
>   ≪개정한 한글 맞춤법 통일안(새판)≫(1940)
> 1946년 9월 다시 일부 개정 (3차 수정),
>   ≪개정한 한글 맞춤법 통일안(일부 개정)≫(1946)
> 1948년 10월 한글판 발행,
>   ≪개정한 한글 맞춤법 통일안(한글판)≫(1948)
> 1958년 2월 용어 수정판 발행,
>   ≪개정한 한글 맞춤법 통일안(용어 수정판)≫(1958)
> 1980년 2월 새 판으로 수정, ≪한글 맞춤법≫(1980)

위에서 1948년의 한글판이나 1958년의 용어 수정판은 내용상의 변화가 없었으므로 이것을 제외하면 실제적으로는 4차례의 수정 또는 개정이 있었다고 할 수 있다. 광복 전에는 두 차례의 수정이 있었고, 광복 후에는 1946년 3차 수정판이 중심이 되었으며, 용어 등의 일부를 수정하여 ≪한글 맞춤법 통일안≫의 이름으로 쓰이다가, 1980년 ≪한글 맞춤법≫이라 하여 최종안이 나오기에 이르렀다.[2]

---

2 여기서부터는 필요에 따라 이들의 여러 명칭을 각각 ≪통일안≫(1933)과 ≪통일안(고

| 1.2. | 1936년 10월 표준어 사정이 발표됨에 따라 1937년 1차 수정에서는 표준어와 관련된 수정을 하였다. 그 경위를 보면, ≪한글 마춤법 통일안≫(1933)이 발표된 뒤 사전 편찬에 집중하면서 『사정한 조선어 표준말 모음』(1936)을 내었는데, 표기법에서는 이것을 준용해야 하였다. 이에 따라 임시 총회에서 김윤경, 이극로, 이만규, 이희승, 이윤재, 정인승, 최현배 등을 수정 위원으로 정하고, 이들의 활동으로 1937년 1차 수정판을 내게 되었다(박병채, 1977; 한글학회, 2009:387 참조).

1차 수정인 ≪통일안(고친판)≫(1937)의 머리말에 해당하는 '改版에 對하여'의 일부를 옮기면 다음과 같다.

"그래서, 本案 制定 當時의 暫定的으로 議定하였던 附錄 標準語 第七 第八 兩項의 표준말 語彙 全部를 이번에 本案에서 온전히 削去하고, 本案 各項의 用語와 語例들을 모두 査定된 표준말로써 適當히 修補 整理하여, 이 統一案 本來의 精神과 文意를 理解하기에 適切하도록 도모하는 同時에, 本案의 實際 應用에 더욱 便宜하도록 힘썼다."

즉, 용어와 용례로 제시된 형태들을 표준말에 따라 수정하여 원안인 ≪한글 마춤법 통일안≫(1933) 본래의 정신과 그 내용을 이해하기 쉽게 하며, 실용적인 응용의 편의를 도모하고자 하였다는 것이다.

친판)≫(1937), ≪통일안(새판)≫(1940), ≪통일안(일부 개정)≫(1946), ≪통일안(한글판)≫(1948), ≪통일안(용어 수정판)≫(1958) 등으로 줄여 표현하기로 한다. 그리고 한글학회의 ≪한글 맞춤법≫(1980)은 종래 '한글 맞춤법 통일안'에서 '통일안'이라는 말을 떼고 내용이나 표현에서 상당한 개정을 한 것이기는 하지만, 한 학회의 안으로 존재하였고 실용화되지는 못하였다. 또한 이들을 모두 묶어 통칭할 때는 ≪통일안≫이라 표현하기로 한다.

한편, 2차 수정인 ≪통일안(새판)≫(1940)에서는 일부의 변화를 반영하여 원안을 개정하였다.3 여기서는 이극로, 이희승, 정인승 등이 기초한 개정 조항에 대해 1940년 4월에 통일안 제정 위원 전원의 가결을 마치고, 이어서 6월에 회원 전원의 승인을 거쳤다.

이와 같은 1차와 2차 수정의 ≪통일안(고친판)≫(1937)과 ≪통일안(새판)≫(1940)의 내용을 장과 절을 기준으로 하여 항에 따라 원안인 ≪통일안≫(1933)과 대비하여 보면 다음과 같다.4

장	절	≪통일안≫ (1933년)	≪통일안(고친판)≫ (1937년)	≪통일안(새판)≫ (1940년)
字母	字母의 數와 그 順序	1	1	1
	字母의 이름	2	2	2
聲音에 關한것	된소리	3	3	3
	舌側音 ㄹ	4	4	4
	口蓋音化	5	5	5
	ㄷ바침 소리	6	6 (ㄷ 받침 소리)	6 (ㄷ 받침 소리)
文法에 關한것	體言과 토	7	7	7
	語幹과 語尾	8	8	8
	規則 用言	9	9 (動詞의 被動形과 使役形)	9 (動詞의 被動形과 使役形)
	變格 用言	10	10	10
	바침	11	11 (받침)	11 (받침)
	語源 표시	12~27	12~27	12~27
	品詞 合成	28~31	28~31	28~31
	原詞와 接頭辭	32	32	32
漢字語	홀소리만을 變記할것	33~41	33~41	33~41
	닿소리만을 變記할것	42~44	42~44	42~44
	닿소리와 홀소리를 함께 變記할것	45, 46	45, 46	45, 46
	俗音	47~51	47~51	47~51

3 이때를 전후하여 1939년 조선어 과목 폐지, 1940년 조선일보와 동아일보 폐간, 1942년 5월 한글 잡지류의 폐지, 1942년 10월 조선어학회 사건 등이 있었다.
4 표에서 숫자는 본문의 항을 표시한 것이다.

略語	52~59	52~59	52~59
外來語 表記	60	60	60
띄어쓰기	61~65	61~65 (띄어 쓰기)	61~65 (띄어 쓰기)
附錄 一. 標準語	1~8	1~6	1~6
二. 文章 符號	(16항)	(17항)	(39항)

위에서 보면, 세 안(案) 모두 7장 65항 체제의 전체적인 구조에서 큰 변화가 없는 것처럼 보인다. 그러나 세부적으로는 수정된 부분이 존재한다.

우선 원안인 ≪통일안≫(1933)과 ≪통일안(고친판)≫(1937)을 대비하면, 원문의 용어를 정제된 표현으로 바꾸었는데,5 특히 1936년 공표된 표준어에 따라 상당 부분을 '本案 各項의 用語와 語例들을 … 適當히 修補 整理'하였으며, 또한 언어학적 기준에 따라 구분하여 제시하였음이 특징이다. 예를 들어, 3항 된소리의 경우 제시된 예를 대조하면 다음과 같다.6

(1) ㄱ. 아빠/*압바 오빠/*옵바 어깨/*엇개 토끼/*톳기 새끼/*샛기 깨끗하다/*깻긋하다 어떠하다/*엇더하다 어찌하다/*엇지하다 여쭙다/*엿줍다 나부끼다/*나붓기다 아끼다/*앗기다 부끄럽다/*붓글업다 거꾸루/*것구루

ㄴ. 어깨/*엇개 거꾸로/*것구로 깨끗하다/*깻긋하다 부끄럽다/*붓그럽다 새끼/*샛기 토끼/*톳기 아끼다/*앗기다 이따금/*잇다금 어떠하다/*엇더하다 으뜸/*읏듬 아빠/*압바 오빠

---

5 그리고 내용만이 아니라 조판도 세로판에서 가로판으로 바꾸었다(박병채, 1977; 한글학회, 2009:387 참조).

6 원문에는 관련되는 예를 甲과 乙로 구분하여 제시하였는데, 여기서는 甲/乙로 묶고 '버리'는 乙의 예 앞에 *표를 넣기로 한다(이하 동일).

/*옵바 기쁘다/*깃부다 부썩/*붓석 해쓱하다/*햇슥하다 소
쩍새/*솟적새 여쭈다/*엿주다 어찌/*엇지

위에서 (1-ㄱ)은 ≪통일안≫(1933), (1-ㄴ)은 ≪통일안(고친판)≫
(1937)에서 제시된 예이다. 여기서 보면, (1-ㄱ)에 비해 (1-ㄴ)에서는
예가 추가되고 수정되었다.

또한 7항의 체언과 토, 8항의 용언 어간과 어미의 구별 표기에 대한
부분에서 예의 제시 방법에 차이가 있다.

    (2) ㄱ. 곬이/*골시 밭이/*바치 꽃에/*꼬체
       ㄴ. 먹다 먹고 먹으니 먹어서 먹은 먹을 할고 할가 할지
    (3) ㄱ. 떡이 손이 맏이 팔이 춤이 집이 옷이 콩이 낮이 꽃이 부엌이
          밭이 앞이 넋이 흙이 곬이 살이 값이
       ㄴ. 먹다 신다 믿다 울다 넘다 입다 웃다 찾다 쫓다 같다 좋다
          좋다 깎다 앉다 많다 늙다 젊다 넓다 훑다 읊다 없다 있다

위에서 (2)는 ≪통일안≫(1933), (3)은 ≪통일안(고친판)≫(1937)에
서 제시된 예인데, 후자에서는 체언 또는 어간의 음절말 받침에 따라
용례를 제시하였다.[7]

그리고 9항의 경우에는 본문을 수정하였다.

---

7 따라서 이들을 보면 당시 체언과 용언 어간의 음절말에서 쓰이는 받침의 예를 이해할
수 있다. (3-ㄱ)의 경우, 체언에서 쓰이는 받침 열여덟 가지가 제시되었는데, 이 중에
서 'ㅇ, ㅋ, ㄳ, ㄹ'은 체언에만 쓰이는 것이었다.(여기에는 'ㄲ('밖이'), ㄼ('여덟')'이 빠
져 있다.) 그리고 (3-ㄴ)의 경우, 용언 어간에서 쓰이는 스물두 가지 받침이 제시되었
으며, 이 중에서 'ㅎ, ㄲ, ㄵ, ㄶ, ㄼ, ㄾ, ㄿ, ㅆ'은 용언 어간의 용례에서만 나타나는
것으로 하였다.(여기에는 'ㅀ('옳다')'가 빠져 있다.)

(4) ㄱ. 다음과 같은 動詞는 그 語幹 아래에 다른 소리가 붙어서 그
　　　뜻을 바꿀적에 소리가 變하거나 아니하거나를 묻지 아니하
　　　고 다 그 原形을 밝히어 적는다.
　　ㄴ. 動詞의 語幹 아래에 다른 소리가 붙어서 被動이나 使役으로
　　　될적에는, 소리가 變하거나 아니하거나를 묻지 아니하고, 그
　　　原形을 밝히어 적는다.

　위에서 (4-ㄱ)은 ≪통일안≫(1933), (4-ㄴ)은 ≪통일안(고친판)≫
(1937)의 본문 규정이다. 이들은 '맡기다/*맛기다, 갈리다/*갈니다,
먹이다/*머기다, 돋우다/*도두다, 닫히다/*다치다'에 대한 것으로,
전자에 비해 후자에서는 피동 또는 사역으로 문법적 기능을 수행하는
것으로 서술하였다.
　12항~16항(어원 표시)은 용례의 배열을 형태적 특징 등에 따라 유
형화하였다. 16항의 경우, 자음으로 시작되는 말이 붙어 형성된 복합
어의 표기에 대한 용례의 제시에서 다음과 같이 대비된다.

(5) ㄱ. 낚시 옆댕이 잎사귀 옮기다 굵직하다 얇적하다 얽둑얽둑하
　　　다 얽죽얽죽하다
　　ㄴ. (一) 名詞 아래에 닿소리가 올적
　　　(1) 他詞로 變한것 : 꽃답다 값지다 빛나다 홑지다
　　　(2) 뜻만이 變한것 : 끝장 부엌데기 빛깔 놋각장이 옆댕이
　　　　　("옆"의 비표준어) 잎사귀("잎"의 비표준어)
　　　(二) 語幹 아래에 닿소리가 올적
　　　(1) 他詞로 變한것 : 낚시 늙정이 뜯게질 덮개
　　　(2) 뜻만이 變한것 : 갉작갉작하다 굵다랗다 높다랗다 읊조
　　　　　리다

위에서 (5-ㄱ)은 ≪통일안≫(1933), (5-ㄴ)은 ≪통일안(고친판)≫(1937)의 예시 일부인데, 전자는 용례를 단순히 나열하는 데 비해서 후자는 명사와 동사 어간, 품사의 전성 여부 등 일정한 기준에 따라 구분하여 제시하였다.

그리고 각 항의 배열에서 22항~26항(어원 표시)과 48항~51항(한 자음 표기)의 순서가 달라졌다. 항의 재배열을 보면, 전자의 경우 22→23, 23→26, 24→22, 25→24, 26→25로 되었으며, 후자는 48→49, 49→50, 50→51, 51→49로 되었다.

또한 ≪통일안≫(1933)의 '부록 1. 표준말'(모두 8개 항)에서 제7항은 동사의 사동형과 피동형에 대한 규정이고,[8] 제8항은 일상생활에서 흔히 두 가지 이상으로 쓰이는 어휘 160여 개를 가려 잠정적으로 표준을 정한 것이었는데, 『사정한 조선어 표준말 모음』(1936)에서도 그런 내용을 모두 담고 있었으므로, ≪통일안(고친판)≫(1937)에서는 이들을 삭제하였다. '부록 2. 문장 부호'와 관련하여, ≪통일안≫(1933)에서는 모두 16개 항이었으며, 세로쓰기에 알맞은 모양으로 하여 부호의 이름은 없이 각각의 사용법만 간단히 서술하였는데, ≪통일안(고친판)≫(1937)에서는 모두 17개 항으로 하고 부호의 꼴은 가로쓰기에 알맞은 꼴로 바꾸었다.

한편, ≪통일안(새판)≫(1940년)에서는 4항과 29항, 31항은 문구를 일부 다듬었고, 제19항과 제30항은 내용을 개정하였다. 예를 들어, 4

---

8 '맡기다, 솟구다, 걸리다, 보이다, 돋우다, 잡히다' 등 동사의 피동형이나 사동형에 대해 ≪통일안≫(1933)에서는 어간과 어미의 원형을 밝혀 쓰는 규칙 활용의 예로 제시하였 데, ≪통일안(고친판)≫(1937)에서는 파생적인 형태로 보고 접미사와 어미의 원형을 밝혀 적는 것으로 되었다.

항은 다음과 같이 수정하였다.

(6) ㄱ. 在來에 한 單語 안의 아무 뜻이 없는 舌側音 "ㄹ"을 "ㄹㄴ"으
로 적던것을 "ㄹㄹ"로 적는다.

ㄴ. 한 單語 안의 두 홀소리 사이에서 아무 뜻이 없이 나는 舌側音
"ㄹ"은 "ㄹㄹ"로 적는다.

위에서 (6-ㄱ)의 ≪통일안(고친판)≫(1937)에 비해 (6-ㄴ)의 ≪통일
안(새판)≫(1940)에서는 현상(음운의 환경)을 구체적으로 표현하였다.

내용의 개정과 관련하여, 19항에서는 접미사 '후'를 '추'로 바꾸고,
제시된 용례 중에서 '갖후다, 낮후다, 늦후다, 맞후다' 등을 '갖추다,
낮추다, 늦추다, 맞추다'로 고쳤다. 이에 따라 '한글 마춤법'도 '한글
맞춤법'으로 고쳤다.9 제30항은 사이시옷 표기에 관한 것인데, '뒤ㅅ
간/문ㅅ간, 대ㅅ잎/속ㅅ잎, 논ㅅ일/들ㅅ일' 등과 같이 변동의 성격이
동일한 경우라면 앞말의 종성에 상관없이 앞말과 뒷말 사이에 'ㅅ'을
표기하는 것으로 고쳤다(다음의 7.3절 3.3항 참조). 그리고 '부록'의
문장 부호를 39개 항으로 하였으며, 사용법도 매우 상세히 규정하였
다(한글학회, 2009:389 참조).

[1.3.] 광복이 되고 1946년 9월 다시 일부를 개정하였는데, 이것이
3차 수정인 ≪통일안(일부 개정)≫(1946)이다. 여기서는 각론이 종전
의 65개 항에서 63개 항으로 조정되었다.

개정된 주요 내용을 보면, 10항에서 변칙 용언에 대한 규정에서 단

---

9 11항에서 '바침'을 '받침'으로, 7장에서 '띄어쓰기'를 '띄어 쓰기'로 고쳤다.

서를 추가하였다.

(7) 但 어간의 끝소리 ㄴ, ㅁ의 아래에서 語尾의 첫소리가 된소리로
變하는 것은 變한 대로 적지 아니한다.
신고/*신꼬 신다/*신따 신소/*신쏘 신지/*신찌
검고/*검꼬 검다/*검따 검소/*검쏘 검지/*검찌

즉, '신고, 검고' 등에서 어미의 첫소리가 '[신꼬], [검꼬]'처럼 된소
리로 변하더라도 변한 대로 적지 않는다는 것이다.

30항에서는 사이시옷 표기와 관련하여 '냇가, 콧날, 길가, 손등, 이
과(理科), 상과(商科)' 등과 같이 윗말이 모음으로 끝나면(받침이 없으
면) 받침으로 적고 자음으로 끝나면(받침이 있으면) 적지 않도록 하였
다(다음의 7.3절 3.4항 참조). 그리고 '정가(定價), 발달(發達)'과 같이
한자음에서 된소리인 것을 본음으로만 적는다고 하였다(제48항).

띄어쓰기 부분에서 몇 가지 조정이 있었다. 우선 61항에서 '이 곳
저 곳→이곳 저곳, 제 이십 일 항→제 이십 일항, 좀 더 큰 이 새 나라
→좀더 큰 이 새나라, 열 술 밥→열술 밥'처럼 단어를 적당히 붙이어
씀을 허용하였다. 그리고 종전의 62, 63, 64항을 삭제하고, 65항을
62항으로 하였는데, 여기서 삭제된 것은 본용언과 보조용언, 수식어
와 의존명사, 수량어와 단위명사를 띄어 쓰도록 하는 것이었다. 그것
은 보조용언이나 의존명사, 단위명사는 그 자체로 단어이므로 단어별
띄어쓰기의 원칙에서 볼 때 구태여 기술할 필요가 없는 것으로 보았기
때문이다(다음의 8.2.2절 2.2항 참조). 그리고 '이 순신, 경기 도, 삼
국 사기'와 같이 둘 이상의 단어로 된 고유 명사는 그 각 단어를 띄어
쓴다는 것을 내용으로 하는 제63항을 추가하였다.

1948년 8월 15일 정부가 수립되고, 같은 해 10월 1일 '대한민국의 공용문서는 한글로 쓴다. 다만, 얼마 동안 필요한 때에는 한자를 병용할 수 있다.'는 「한글 전용법」(법률 제6호)이 통과되었다. 이에 당시 한자 혼용으로 되어 있던 ≪통일안(일부 개정)≫(1946)을 한글만으로 조판하여 1948년 10월 9일(한글날) 간행하였는데, 이것이 ≪통일안(한글판)≫(1948)이다.

이어서 1949년 7월에 문교부에서 문법 용어를 새로 제정함에 따라 본문에 나오는 한자어 문법 용어를 모두 문교부 제정의 고유어 용어로 바꾸고, 새로 판을 짜서 1958년 2월에 간행하였으며, 이것이 ≪통일안(용어 수정판)≫(1958)이다. 이것은 내용에 대한 수정은 없었고, 다만 용어의 수정만 있었는데, 제3장의 목차로써 확인하여 보면 다음과 같다.

≪통일안(한글판)≫(1948)	≪통일안(용어 수정판)≫(1958)
제3장 문법에 관한 것	제3장 말본(문법)에 관한 것
제1절 체언과 토	제1절 임자씨(체언)와 토
제2절 어간과 어미	제2절 줄기(어간)과 끝(어미)
제3절 동사의 피동형과 사역형	제3절 움직씨(동사)의 입음꼴(피동형)과 하임꼴(사역형)
제4절 변칙 용언	제4절 벗어난풀이씨(변칙 용언)
제5절 받침	제5절 받침
제6절 어원 표시	제6절 말밑(어원) 표시
제7절 품사 합성	제7절 겹씨 된 것(품사 합성)
제8절 원사와 접두사	제8절 낱말의 몸(원사)과 앞가지(접두사)

위에서처럼 1958년의 용어 수정판에서는 문법 용어의 경우 고유어에 한자어를 병용하는 방식으로 수정하였다.

[1.4.] 한글학회에서는 1980년 2월 종래의 ≪통일안(용어 수정판)≫ (1958)을 전면적으로 개편하여 ≪한글 맞춤법≫(1980)을 내었다.[10] 이것은 당시 정부가 주관하여 국어 표기법을 정하려는 움직임과 관련 되는 것이었다. 즉, 당시까지 1933년 정해지고 여러 차례 수정이 있었 던 ≪통일안≫이 국가 수준의 표기법으로 공인되어 왔는데, 맞춤법을 비롯한 어문 규정을 국가 기관에서 주관하여 개정할 필요가 있다는 의 견이 대두되었으며, 정부는 이러한 의견을 수용하고자 하였다. 그리 하여 당시 문교부에서는 1979년 12월에 4개 어문 규정(맞춤법, 표준 어, 외래어 표기법, 로마자 표기법)의 '최종 시안'을 마련하였는데, 정 치 상황의 급변으로 확정을 보류하였다(다음의 3.4절 4.1항 참조).

이에 대해 한글학회에서는 문교부 안에 대해 반대 의견을 제시하면 서도, 당시의 ≪통일안(용어 수정판)≫(1958)에 대해 언어학적인 이론 과 언어생활의 변화 추이에 맞추어 수정할 필요가 있다고 보았다. 그 리하여 이를 전면적으로 개편하고 '통일안'은 떼고 1980년 8월 ≪한글 맞춤법≫으로 펴내었는데, 이것은 기본적으로 ≪통일안(용어 수정판) ≫(1958)의 정신은 유지하면서 체제와 표현, 용례 등을 실제 언어생활 에 맞도록 바꾸고 이해하기에 쉽게 함을 개편의 목표로 삼았다(한글학 회, 2009:393-396 참조). 그 과정에 대해 ≪한글 맞춤법≫(1980)에 서 머리말의 일부를 보면 다음과 같다.

"그리하여, 1979년 1월 16일 본회 이사회에서 그 원안의 규정을 바 탕으로 이를 전면 개편하기로 결의하고, 처음에는 다섯 사람(김계 곤, 류제한, 정인승, 정재도, 허웅)에게 그 수정을 맡겼다. 이 다섯

---

10 학회 이름이 1949년 9월 조선어학회에서 한글학회로 바뀌었다.

사람으로 구성된 수정 위원회는 열두 번의 회의를 거쳐 대체적인 수정을 끝내고, 1979년 5월 26일 본회 정기 총회에 그 경과를 보고하였다. 그리고 총회에서는 결의에 의하여, 여섯 사람(김석득, 김성배, 이강로, 이응호, 이현복, 한갑수)의 위원을 더 늘려, 모두 열한 사람에게 수정안을 보완하도록 하였다. 이 열한 사람으로 구성된 수정 위원회는 열 번의 회의를 거쳐 마무리를 짓고, 이를 전체적으로 정리하기 위하여 정리 위원 세 사람(김계곤, 이강로, 정재도)에게 맡겼다. 그 정리를 마친 다음, 다시 수정 위원회의 세 번의 회의를 거쳐 정리된 글을 검토하고, 이번 일을 도맡아 온 한 사람(허웅)을 뽑아, 규정을 쉽게 이해할 수 있도록 그 풀이와 최종의 정리를 하게 하였다. 이로써 그 완성을 보게 되었으므로, 수정 위원회의 마지막 회의를 거쳐 이 전면 개편판을 내는 바이다."

한글학회의 《한글 맞춤법》(1980)은 전체적으로 총론과 각론으로 되어 있으며, 총론은 다음과 같이 되어 있다.

1) 한글 맞춤법은 표준말의 각 형태소를 소리대로 적되, 그 원형을 밝힘을 원칙으로 한다.
2) 각 낱말은 띄어 씀을 원칙으로 한다.

이것은 맞춤법의 대원칙으로, 앞선 규정에서 '한글 맞춤법은 표준말을 그 소리대로 적되 어법에 맞도록 함으로써 원칙을 삼는다.'고 했던 것과는 표현에서 달라졌다. 즉, 여기서는 표기 대상을 '표준말의 각 형태소'라 하여 특정하였으며, 표기 방법은 '원형을 밝힘'으로 구체화한 것이다. 이것은 형태주의 원리를 강조한 것으로 해석된다. 그리고 띄어쓰기의 단위를 단어로 규정하였으며, '토'를 붙여쓰는 것에 대한 부분은 각론에서 다루었다.

각론은 53개 항으로 구성되어 있으며 많은 부분에서 이전에 비해 달라졌는데, 이것을 《통일안(용어 수정판)》(1958)과 대조해 보면 다음과 같다(한글학회, 2009:396-401 참조).

《통일안(용어 수정판)》(1958)	《한글 맞춤법》(1980)
제1장 낱자(자모) 　제1절 낱자의 수와 그 순서 　제2절 낱자의 이름	제1장 글자 (제1항)
제2장 소리(성음)에 관한 것 　제1절 된소리 　제2절 혀옆소리(설측음) "ㄹ" 　제3절 입천장소리되기(구개음화) 　제4절 "ㄷ" 받침 소리	제2장 소리 　제1절 된소리 (제2, 3항) 　제2절 입천장소리되기 (제4항) 　제3장 「ㄷ」끝소리 (제5, 6항) 　제4절 홀소리 (제7, 8, 9항) 　제5절 머리소리 법칙 (제10~14항)
제3장 말본(문법)에 관한 것 　제1절 임자씨(체언)과 토 　제2절 줄기(어간)와 끝(어미) 　제3절 움직씨(동사)의 입음꼴(피동 　　　형)과 하임꼴(사역형) 　제4절 벗어난풀이씨(변칙용언) 　제5절 받침 　제6절 말밑(어원) 표시 　제7장 겹씨 된 것(품사 합성) 　제8장 낱말의 몸(원사)과 　　　앞가지(접두사)	제3장 말본 　제1절 임자씨와 토씨 (제15항) 　제2절 풀이씨의 끝바꿈 　　　(제16~20항) 　제3절 임자씨 만들기 (제21~32항) 　제4절 풀이씨 만들기 (제33~40항) 　제5장 어찌씨·토씨 만들기 　　　(제41~44항)
제4장 한자말(한자어) 　제1절 홀소리만 고쳐 쓸 것 　제2절 닿소리만 고쳐 쓸 것 　제3절 닿소리와 홀소리를 함께 고 　　　쳐 쓸 것 　제4절 익은소리(속음)	(※한자말을 따로 세우지 않고 각 해당 항에서 다룸)
제5장 준말(약어)	제4장 준말 (제45~49항)
제6장 들온말(외래어) 표기	(※들온말은 따로 떼어서 별책으로 펴 내기로 함)
제7장 띄어쓰기	제5장 띄어쓰기 (제50~53항)
부록 　1. 표준말 　2. 부호	붙임 　[1] 받침의 보기 　[2] 낱말 찾아보기 　[3] 낱말 만들기 일람표

전체적으로 보면, 각론은 7개 장 63개 항이 5개 장 53개 항으로 축소되었다. 부분적으로는 2장에서는 설측음 관련 부분이 삭제되고('빨래/*빨내, 얼른/*얼는'), 4절에서 모음 'ㅖ, ㅢ'의 표기('계집, 계수, 혜택, 닐리리, 무늬, 주의, 게시판'), 5절에서 두음법칙의 표기 반영 여부('여자/남녀, 양심/개량, 나열, 분열, 낙원/극락, 신여성, 비고란, 녀석')에 대한 내용을 묶어 규정하였다. 3장에서 1절과 2절은 앞선 규정을 수용하는 것이면서도 후자의 경우에는 불규칙 활용을 포함하여 서술하였다. 3, 4, 5절에서는 단어 형성에서 형태 표기와 관련하여 앞선 규정에서 형태소의 유형에 따라 구분하였던 것을 품사별로 묶어 정리하였다. 4장은 한자어 표기에 해당하는 것으로 삭제하거나 '소리'나 '말본'의 해당 조항으로 옮겼으며, 외래어('들온말') 표기와 표준어에 관한 것은 별도로 다루는 방식을 채택하여 제외하였다.[11] 그리고 '붙임'에서 문장 부호를 제외하고, 27가지의 받침과 낱말의 색인을 덧붙였다.

이것을 바뀐 형식에 따라 정리해 보면, 종전 규정의 표현과 보기를 그대로 수용한 것 27개 항, 부분적으로 추가한 것 15개 항, 신설한 것 7개 항, 표기 내용을 고친 것 5개 항, 삭제한 것 16개 항('붙임'이나 '다만' 삭제 포함)이 된다(한글학회, 2009:396-401 참조). 여기서 삭제된 부분에 대해서 ≪통일안(용어 수정판)≫(1958)을 기준으로 좀 더 구체적으로 정리하면 다음과 같다.

　4항 혀옆소리(설측음) "ㄹ-ㄹ"
　　('빨래/*빨내, 홀로/*홀노, 얼른/*얼는')

---

11 현행 규정에서도 ≪외래어 표기법≫(1986)과 ≪표준어 규정≫(1988)은 별도로 마련되어 있다.

5항의 [붙임 2] "ㄴ, ㄹ"의 구개음화 ('가더냐, 숭늉, 달력, 멀리')

10항의 8의 다만 어간 말음 "ㄴ, ㅁ" 뒤에서 된소리 표기 ('신고/*신꼬, 신다/*신따, 검고/*검꼬, 검다/*검따')

20항 조사 파생 ('마저/*맞어, 부터/*붙어, 조차/*좇아')

33항 'ㆍ'의 'ㅏ' 표기

('간친/*ᄀᆞᆫ친, 자녀/*ᄌᆞ녀, 항상/*ᄒᆡᆼ샹, 아동/*ᄋᆞ동'

34항 'ㆎ'의 'ㅐ' 표기

('개량/*ᄀᆡ량, 매일/*ᄆᆡ일, 책자/*ᄎᆡᆨᄌᆞ, 태생/*ᄐᆡᆼ싱')

35항 'ㅅ, ㅈ, ㅊ' 뒤에서 단모음화 ('사회/*샤회, 장단/*쟝단, 조선/*죠션, 처자/*쳐자, 추수/*츄슈')

38항 'ㅁ, ㅂ, ㅍ' 뒤에서 원순모음화

('묵화/*믁화, 북방/*븍방, 품질/*픔질')

40항 'ㄱ, ㅂ, ㅅ, ㅊ' 뒤에서 'ㅢ' 표기

('기차/*긔차, 곤비/*곤븨, 시탄/*싀탄, 치중/*츼즁')

41항 '쉬, 취'의 '쉬, 취' 표기 ('쉬려/*슈려, 취객/*츄객')

45항 '뎌, 됴, 듀, 디, 데'의 '저, 조, 주, 지, 제' 표기 ('전답/*던답, 조사/*됴슈, 주광/*듀광, 지구/*디구, 제자/*데ᄌᆞ')

46항 '텨, 툐, 톄'의 '처, 초, 체' 표기

('천지/*턴디, 초미/*툐미, 체재/*톄재')

47항 한자 속음 ('개인/*가인, 부모/*부무, 봉투/*봉토')

50항 'ㄹ'로 소리 나는 'ㄴ' ('기념/*기렴, 기능/*기릉')

58항 '시, 지, 치'로 끝난 어간 뒤 '이'가 올 때 음절 축약 원칙과 허용 ('오시어/오셔/오서, 가지어/가져/가저, 치어/쳐/처')

60항 외래어 표기의 원칙

('새 글자나 부호를 쓰지 아니한다. 표음주의를 취한다.')

특히 위에서 33항부터 50항까지는 주로 한자어에 해당되는 것인데, 이것은 다음과 같이 해석된다(한글학회, 2009:401 참조).

"≪통일안≫ 제정 당시에는 필요했지만, 1980년 현재로서는 필요가 없는 내용들이었다. 33항부터 50항까지는 한자말 적기 규정이니, ≪통일안≫ 제정 당시에는 한자 본음을 정조 때부터 국정 한자 자전인『전운옥편』에 실린 것을 기준하였기 때문에 그 규정이 필요했으나, 현재 사람들이 보기에는 그 본음이 오히려 어색한 느낌을 주는 것들이어서 필요 없는 규정이 되는 것이다."

즉, 한자어 표기와 관련해서는 종전의 규정에서 다루었던 내용들은 ≪한글 맞춤법≫(1980)으로 전면 수정할 때에는 현실에서 의미가 없게 되었으므로, 이런 부분들을 삭제하였다는 것이다.[12]

3.2. 한글 파동과 ≪한글 簡素化 方案≫(1954)

[2.1.] 광복 이후의 한글 표기법은 조선어학회의 3차 개정인 ≪통일안(일부 개정)≫(1946)이 중심이 되었다. 그런데 이것은 형태적 표기법에 충실함으로써 어렵다는 비판을 받고 있었는데,[13] 당시 이 규정이 교과서에 채택되면서 많은 반대에 부딪혔다.[14] 예를 들어, 조윤제

---

12 한자어 표기와 관련하여 종전 규정을 수용한 것에는 통일안(용어 수정판)≫(1958)을 기준으로 보면, 36항의 '계, 례, 예, 혜'의 이중모음('ㅖ') 표기('계수, 사례'), 37항의 'ㅅ, ㅈ, ㅊ,' 뒤에서 'ㅡ' 표기('슬하, 즉시'), 38항의 'ㅁ, ㅂ, ㅍ' 뒤에서 'ㅜ'('묵화, 북방'), '의, 희'의 본음 표기('의원, 희망'), 42항의 'ㄴ' 두음법칙('여자, 요도'), 43항의 'ㄹ' 두음법칙('양심, 역사'), 44항의 'ㄹ' 두음법칙('낙원, 노인'), 48항의 익은 소리('가락:시댁, 당분:사탕'), 49항의 'ㄴ, ㄹ' 구별 표기('허락, 의논') 등이 포함된다.

13 당시의 비판은 주로 받침의 수가 많다거나, 원형을 밝혀 쓰기에 어려움이 있다는 데 모아졌다. 특히 정경해(1954ㄱ)에서는 1953년 말에 시행한 맞춤법 받아쓰기의 성취 정도를 분석하였으며, 그 결과는 맞춤법이 어렵다는 견해를 뒷받침하는 것이었다.

(1947:126-127)의 일부를 보면 다음과 같다.

> "나는 구태어 그것이 科學的이고 文法的美가 있다 하드라도 어렵게 적을 必要는 없으리라 한다. 먼저도 말한바와 같이 學者와 知識層을 相對로하지 않고 一般 國民大衆을 相對로 하는것이라면, 비록 語源的은 되지 않고 組織的은 되지 않드라도 훨신 平易하고 알기 쉬운 綴字法이 있다면 그를 쓰는것이 더 有利하고 좋으리라 생각한다. … 그러므로 나는 敢히 한글式 綴字法의 時代는 이미 갔음을 告하고, 새로이 國民的이요 大衆的인 綴字法이 다시 案出되기를 提言한다."

즉, 조선어학회의 철자법은 학자의 연구용이지 일반 국민용은 아니기 때문에, 평이하고 알기 쉬운 대중적 철자법을 제안한다는 것이었다.

한편, 당시 이승만 대통령은 1948년 10월 한글날 담화를 통해 한글 간소화의 문제를 제기하였으며, 그 이듬해에도 ≪통일안≫의 부당성에 대해 언급하였는데, 이것은 언론의 주목을 받지 않았다. 그러다가 ≪한글 簡素化 方案≫(1954)이 발표되고 이른바 '한글 파동'이 일어났다.15 이것은 당시 이승만 대통령의 의지에 따라서 1953년 4월 '現行綴字法의 廢止와 舊式記音法의 使用'이라는 '국무총리 훈령 제8호'가 내려지면서 공식적으로 시작되었는데, 그 내용은 다음과 같다.

> "우리 한글은 元來 使用의 簡便을 眼目으로 創造된 것은 周知의 事實이

---

14 당시 미군정청 문교부에서는 정부의 공용문서를 비롯하여 검인정을 포함한 모든 교과서에 이 규정을 적용하도록 하였다(이응호. 1974; 138-139 참조).

15 이에 대해서는 김민수(1973), 한글학회(2009:402-421), 이상혁(2015) 등을 참조할 수 있다.

온데, 現在 使用하고 있는 綴字法은 複雜不便한 點이 不少함에 비추어 此를 簡易化하라는 大統領 閣下의 분부도 屢次 계시기에 檀紀 4286年 4月 11日 第32回 國務會議에서 政府文書, 政府에서 定하는 教科書, 타이프라이터用 綴字는 簡易한 舊綴字法을 使用할 것을 議決하였던바, 其中 教科書, 타이프라이터에 對하여는 準備上 關係로 多少 遲延되더라도 政府用 文書에 關하여는 卽時 簡易한 舊綴字法을 使用하도록 함이 可하다고 思料되오니 以後 依此 施行하기 訓令함."

즉, 당시 사용하고 있던 ≪통일안≫은 복잡하고 불편한 점이 적지 않아서 대통령의 분부에 따라 이를 간이화(簡易化)하기 위해 구철자법 (舊綴字法)을 사용하는데, 정부 문서와 정부에서 정하는 교과서, 타자기에 쓰는 철자 등에서 적용하기로 한다는 것이었다.

이것이 공표되자 교육계와 문화계, 언론계 등에서 반대 여론이 일어났다. 이에 대해 반대하는 단체의 하나였던 한글학회의 반대성명서 (1953. 5.)의 주요 내용을 보면 다음과 같다(한글학회, 2009:403-404 참조).

첫째, 구식 맞춤법은 불완하고, 일정한 법칙이 서지 못하여 무질서한 문자 생활로 돌아가게 하는 것이다.

둘째, 현행 맞춤법은 오랜 세월에 걸친 연구와 노력의 집성이며, 국민 대중의 여론도 참작되어 있는 문화적 결정(結晶)이므로, 하루아침에 법률에나 정령으로 폐지 또는 변경될 성질의 것이 아니다.

셋째, 이 훈령이 발표된 뒤로 언론계, 교육계, 기타 모든 문화인들은 이 훈령의 무모한 발동과 두려울 결과에 대하여 극력 반대하고 있다.

이러한 반대에 부딪히자 정부에서는 1953년 7월 문교부령 31호에 따라 한글 표기법 문제를 해결하기 위해 국어심의위원회를 구성하였다. 그리고 여기에 한글분과위원회를 두었는데, 이 위원회에서는 이숭녕을 위원장(부위원장 안상한, 위원 김윤경, 김선기, 양주동, 정경해)으로 하는 소위원회에서 구성한 '한글綴字法 검토자료'를 심의하였다. 그런데 이 분과 위원회는 표기법 문제에 대해 어떤 결정도 하지 못했으며, 같은 해 12월 엉뚱하게도 '한글 가로 풀어쓰기안'을 채택하고 종결되었다(한글학회, 1971: 338-345; 김민수, 1983 참조).

[2.2.] 1954년 3월 대통령이 철자법 교정을 재촉하면서 문교부에서는 '신구약과 기타 국문서에 쓰던 방식'을 따라 쓰도록 하고자 하였다. 즉, 구역 성경의 철자법으로 돌아가는 것이었는데, 이것은 20세기 초에 한글로 번역된 성경에서 사용된 것으로 표음적 표기법을 근간으로 하는 것이었다(앞의 1.4.2절 2.3항 참조).

당시 표기법의 개정을 찬성하는 측의 주장은 다음의 이른바 '개정 삼대 요점(아주 쉽게 하는 필요하고 충분한 요건)'에서 볼 수 있다(정경해, 1954ㄴ:3 참조).

一. 된소리는 된시옷 한가지 표로 적는다. ('꿈(夢), 짱(地), 뿔(角), 쪽(片), 쌀(米)')

二. 바침은 ㄱㄴㄹㅁㅂㅅㅇ 일곱자만 쓴다. ('흑(土), 안진뱅이, 널비(廣), 담는다(似), 갑(價), 빗(債), 공(球)')

三. 활용하는 단어의 관념부(觀念部)와 형식부(形式部)를 분석 분리하여 적지 안는다. ('坐 안즈 안저 안진뱅이 안친다 안쳐라')

즉, 된소리에 ㅅ계 합용병서를 쓰고, 받침은 홑받침 7가지로 제한하며 용언의 활용에서 어간과 어미를 구분하여 적지 않는다는 것이다.

이러한 상황을 바탕으로 하여 문교부에서는 1954년 7월 ≪한글 簡素化 方案≫(1954)을 공표하였다. 이는 '原則·利益篇'(1954. 7. 3.)과 '理由篇'(1954. 7. 9.)으로 나누어 발표하였는데, 그 내용의 구성을 보면 다음과 같다(문교부, 1954 참조).

'原則·利益篇'	'理由篇'
서론 簡素化의 三個條 用例 　一. 바침의 制限 　二. 原詞 및 語原 表示의 廢止 　三. 標準語의 改定 簡素化의 利益 　一. 바침 制限의 利益 　二. 原詞 및 語源 不表示의 利益 　三. 標準語의 改定의 利益 附表	한글 簡素化의 理由 　一. 열개 바침을 許容케 되는 理由 　二. 語幹 表示에 對하여 　三. 原詞 및 語源을 表示하지 안는 　　　理由 　四. ㅅ 바침을 ㄷ 音價로 쓰는 理由 附表

이 중에서 '原則·利益篇'의 서론에 제시된 '簡素化의 三個條' 부분은 다음과 같이 서술되어 있다(문교부, 1954 참조).

1) 바침은 끗소리에서 발음되는 것에 한하여 사용한다. 따라서 종래 사용하던 바침 가운데 ㄱ ㄴ ㄹ ㅁ ㅂ ㅅ ㅇ ㄲ ㄺ ㄼ 등 10개만을 허용한다. 다만 바침으로 사용될 때의 ㅅ의 음가는 ㄷ의 음가를 가지는 것으로 하고 ㄷ은 바침으로 아니 쓴다.

2) 명사나 어간이 다른 말과 어울려서 딴 독립된 말이 되거나 뜻이 변할 때에 그 원사(原詞) 또는 어원(語源)을 발키어 적지 아니한다.

3) 종래 인정되어 쓰이던 표준말(標準語) 가운데 이미 쓰이지 안커나 또는 말이 바뀌어진 것은 그 변천된 대로 적는다.

즉, 받침에서 'ㄱ, ㄴ, ㄹ, ㅁ, ㅂ, ㅅ, ㅇ, ㄺ, ㄻ, ㄼ' 10가지만을 사용하고, 어간과 어미가 결합할 때 그 형태를 밝히어 적지 않으며, 종래의 표준어에서 변한 것은 변한 대로 적는다는 것이다.

그리고 '理由篇'에서는 이에 대한 이론적 근거를 제시하였는데, 정리하면 다음과 같다(문교부, 1954; 김민수, 1983 참조).

첫째, 받침으로써는 10개 받침만 발음된다.
둘째, 語幹은 語尾와 합하여야 뜻을 이루는 추상물이어서 구별할 필요가 없다.
셋째, 語源表示는 모호한 한계로 誤記하기 쉬워 옳지 않다.
넷째, ㅅ받침을 ㄷ소리로 쓰는 것은 오래 애용되어 온 전통이다.

즉, 받침에서는 'ㄱ, ㄴ, ㄹ, ㅁ, ㅂ, ㅅ(t音), ㅇ, ㄺ, ㄻ, ㄼ'만 발음되고, 'ㅋ, ㅌ, ㅍ, ㅅ(s音), ㅈ, ㅊ, ㅎ' 등은 초성에서만 발음된다는 것이다. 그리고 어간은 의미 요소로 추상물이고 여기에 기능 요소인 어미가 합해져서 비로소 하나로 작용하게 되므로 어간과 어미는 구별할 필요가 없으며, 어원이 분명한 것과 그렇지 않은 것의 한계가 불분명하고 따라서 오기가 많이 발생하므로 어원을 밝혀 표기할 필요가 없다는 것이다. 또한 'ㄷ' 소리를 'ㅅ'받침으로 쓰는 것은 역사적이며 민족적 애용감(愛用感)을 살릴 수 있다는 것이다.

이것은 ≪통일안≫에서 적용되던 형태주의 표기 원리에서 음소주의로의 전환을 의미하는 것이었다. 그리하여 ≪한글 簡素化 方案≫(1954)은 일제에 의해 공표되었던 ≪普通學校用諺文綴字法≫(1912)과 <普通學校用諺文綴字法大要≫(1921)와 유사한 것이 되었다.

2.3. ≪한글 簡素化 方案≫(1954)에 대해 당시 학계와 문화계 등에서 반대가 거세지고 국회로까지 확산되어 토론과 공청회가 벌어졌다.16 찬성하는 쪽에서는 정경해를 중심으로 대한어문연구회를 발족하고 계속 추진하였으나,17 일반 여론으로부터조차 환영 받지 못하였다.18 결국 정부는 1954년 7월 특별 담화를 통해 반대 여론을 수습하고자 하였다.

한편, 대한어문연구회에서는 정부의 요청에 따라 중재안으로 1954년 8월 된소리는 ㅅ계 합용병서(된시옷)로 표기하고 받침은 'ㄱ, ㄴ, ㄷ, ㄹ, ㅁ, ㅂ, ㅅ, ㅇ, ㅈ, ㅊ, ㅌ, ㅍ'의 12가지로 한다('ㅋ, ㅎ'과 겹받침 모두 제외)는 등을 포함하는 '建議書'를 제출하였다(대한어문연구회, 1954 참조). 그러나 이 중재안은 절충적 입장을 취한다고 하였으나 이도 저도 아닌 기형이 되었다는 비판을 받았다(국어국문학회 편, 1983:49-50 참조).

---

16 당시 발표된 자료의 일부를 보면, 정경해의 '대안이 더 쉽다'(『문화세계』 2, 1954)와 '간이한 철자법'(『새교육』 6-2, 1954)은 찬성의 입장이었고, 최현배의 '한글 맞춤법은 과연 어려운가?'(『수도평론』 1. 1953), 이희승의 '총리훈령 제8호에 대한 제안', (『수도평론』 1, 1953), 이승녕의 '철자법 간이화 문제는 어떻게 낙결될까?'(『신천지』 9-1, 1953)과 '철자법 개정 주장의 총검토'(『새벽』 1, 1954), 허웅의 '현행철자법 개정론에 대한 재검토'(『사상계』 1, 1954), 김윤경의 '문교부의 한글 간소화안 비판'(『새벽』 1, 1954)은 부정적이었다.

17 대한어문연구회는 1954년 8월 이사장 정경해(서울 정덕초등 교장)를 비롯하여 박정서, 김노산, 최우현, 장봉선, 양제칠, 서상덕 등 7인으로 조직되었다. 그리고 이 연구회는 정부안을 지지하는 원칙 아래 그것을 재조정한다는 취지로 '①된소리는 된시옷 부호로 적는다. ②動形詞의 어간과 어미 사이에 喉音 ㅇ자의 삽입을 반대한다. ③동형사의 어간이 다른 말과 어울러서 딴 독립된 말이 되거나, 뜻이 변할 때는 어원을 밝히지 않는다.'는 것을 철자법 개정 3대 원칙이라 하였다(국어국문학회 편, 1983:49 참조).

18 이러한 반대 활동에 대해서는 국어국문학회 편(1983:40-43, 50-55), 한글학회 (2009:414-421) 등을 참조할 수 있다.

그 이후 정부는 《한글 簡素化 方案》(1954)을 공식적으로 철회하지는 않았으나 더 이상 추진하지 않았다. 그러다가 1955년 9월 한글 맞춤법 문제에 대하여 '이 이상 문제 삼지 안켓고, 민중들이 원하는대로 하도록 자유에 부치고자' 한다는 취지의 대통령 담화를 끝으로 이른바 한글 파동이 종식되었다(김민수, 1973:790 참조).

결국 한글 파동은 대통령의 개인적인 의지와 지시에 따라 진행되었으며, 사회적 동의를 얻지 못했고 행정의 힘에 의존하여 강행하려다가 혼란만을 부추기고 시행되지는 못했다.19 다만 이 방안은 한글 표기와 관련한 최초의 정부안이라는 의미를 지닌다.

3.3. 국어국문학회의 《國語正書法案》(1971)

3.1. 《한글 簡素化 方案》(1954) 이후에도 《통일안(한글판)》(1948)을 바탕으로 하는 한글 표기 규정의 난해함에 대한 비판은 계속되었다. 이에 따라 당시 정부에서는 1970년 표기법의 현상을 조사하기 위해 여러 어문 단체의 참여로 구성된 국어조사연구위원회를 조직하였다.

이러한 맥락에서 국어국문학회의 《國語正書法案》(1971)이 나왔는데, 그 경과를 보면 다음과 같다(국어국문학회 편, 1983:126-128 참조).

---

19 김민수(1973:240)에서는 《한글 簡素化 方案》(1954)이 치열한 반대에 부딪친 원인으로 부당한 강제성(強制性)과 지나친 퇴보감(退步感)을 들었다. 문화 정책의 내용보다는 행정 명령 만능과 같은 전제적 방법에 의존하였고, 《통일안》은 적어도 당시에는 역사적으로 발전된 단계로 인식되어 왔는데 20세기 초의 성경 철자법으로 환원하라는 것은 퇴보적이라는 의식을 불러일으켰다는 것이다.

1970년 6월 13-14일 제13회 전국국어국문학연구발표대회에서 '맞춤법의 문제점'에 대한 토론회가 있었다.

1971. 4월 남광우의 '맞춤법 문제에 대한 관견' 발표

제1차 國語正書法研究委員會 (연구위원장 이응백, 기초위원 김민수, 김승곤, 남광우, 박병채, 유목상, 이응백, 이익섭, 정연찬, 최세화)

1971. 5월 제2차 회의에서 토의 (체언과 토의 구별표기, 용언의 어간·어미 구별 표기, 받침의 수)

1971. 6월 제3차 회의에서 국어정서법 초안 축조 심의

1971. 6월 20일 본 학회 제20차 정기총회에서 수정 통과 ≪國語正書法案≫ 발표

이에 대해 남광우(1976:249-253)에서는 이 안은 당시 '맞춤법이 지나치게 表意化를 꾀한나머지 視覺的으로 빨리 그 뜻을 알아보는 利點이 있기는 하나 맞춤법을 외고, 옳게 書寫하는데에 부담과 혼란이 크다'고 보고, '表意性을 살리되, 의무교육을 마친 사람이면 누구나 옳게 쓸 수 있도록 하는데 主眼을 두'어 정하였다고 하였다.

3.2. ≪國語正書法案≫(1971)은 총론(總論)과 각론(各論)으로 되어 있는데, 총론을 보면 다음과 같다.[20]

---

20 이 규정의 내용은 국어국문학회의 『國語國文學』 52호(1971;123-146)에 실려 있다. 이와 유사한 것으로 개인의 안으로 남광우(1976:254-282)를 참조할 수 있는데, 여기서는 '국어정서법은 우리말을 소리나는대로 적되, 표음문자 [음절문자] 의 본질과 표의성을 장점을 살려 어법에 맞도록 적는 것을 그 원칙으로 삼는다.'를 총론으로 제시하였다. 그리고 이와 관련하여 '本質的으로 우리 글자는 表音文字이요, 初中聲 혹은 初中終聲이 결합하여 音節文字로서 實用되고 있다.'고 주석하였다.

국어정서법은 우리말을 표음문자의 본질과 표의성의 장점을 조화시켜 적는 것을 원칙으로 한다.

이것은 ≪통일안(한글판)≫(1948) 1항의 '소리대로 적되, 어법에 맞도록 함'을 '표음문자의 본질과 표의성의 장점을 조화'시키는 것으로 표현한 것으로, 당시의 형태적 표기에 전통적인 표음적 표기를 절충적으로 적용한 것이라 할 수 있다.

이 안의 각론은 8개 장 36개 항으로 되었는데, 이것을 당시 7개 장 63개 항으로 구성된 ≪통일안(한글판)≫(1948)과 비교해 장과 절의 제목으로 정리하면 다음과 같다.

≪통일안(한글판)≫(1948)	≪國語正書法案≫(1971)
제1장 자모	제1장 자모(字母)
제1절 자모의 수와 그 순서	제1절 자모의 수와 그 차례
제2절 자모의 이름	제2절 자모의 이름
제2장 성음에 관한 것	제2장 성음(聲音)에 관한 것
제1절 된소리	제1절 된소리
제2절 설측음	제2절 설칙음
제3절 구개음화	제3절 구개음화
제4절 "ㄷ" 받침 소리	제4절 ㄷ바침소리
제2장 문법에 관한 것	제3장 문법에 관한것
제1절 체언과 토	제1절 체언과 토
제2절 어간과 어미	제2절 어간과 어미
제3절 동사의 피동형과 사역형	제3절 피동사와 사동사
제4절 변칙 용언	제4절 변칙용언
제5절 받침	제5절 바침
제6절 어원 표시	제6절 어원 표시
제7절 품사 합성	제7절 품사합성(品詞合成)
제8절 원사와 접두사	제8절 낱말의 원사(原詞)와
제4장 한자어	접두사(接頭辭)
제1절 홀소리만을 고쳐 쓸 것	제4장 한자말
제2절 닿소리만을 고쳐 쓸 것	제1절 모음만을 고쳐쓸것
제3절 닿소리와 홀소리를 함께 고쳐	제2절 자음(子音)만을 고쳐쓸것

쓸 것	제5장 준말
제4절 속음	제6장 사투리와 고어(古語)
제5장 준말	제7장 외래어표기
제6장 외래어 표기	제8장 띠어쓰기
제7장 띄어 쓰기	
부록	
1. 표준말	
2. 부호	

위에서 보면, 각 장과 절의 구성이 서로 비슷하다. 그러나 ≪國語正書法案≫(1971)은 4장 한자어 부분에서 한자음과 관련된 항목이 세세히 나열되었던 ≪통일안(한글판)≫(1948)의 많은 부분을 생략하였으며, 5장 준말에서도 여러 항목을 줄였다. 이와 같이 규정한 데 대한 견해를 간략히 정리하면 다음과 같다(국어국문학회, 1983:130-131 참조).

① 우리말의 표기법이므로 '國語正書法(案)'으로 命名하는 것이 타당함.
② "소리대로 적되" 쪽에 중점을 둠.
③ 체언과 토, 용언의 어간과 어미를 구별하여 적음.
④ 파생어에 있어서는 원칙적으로 어원을 밝혀 적지 않음.
⑤ 띄어쓰기에서 혼동이 없는 한 적절히 붙여씀.
⑥ 사투리나 고어와 표기법 신설
⑦ 한자음의 현실화(일부 제외)
⑧ 받침은 'ㄱ ㄴ ㄷ ㄹ ㅁ ㅂ ㅅ ㅇ ㅈ ㅊ ㅌ ㅍ ㄲ ㄲ ㄲ'의 15개로 한정함.

위에서 보면, ②에서처럼 소리대로 표기하는 범위가 상당히 확대되었다. 이 부분은 넓게 나타나는 것이기는 하지만, 예를 들어 구개음화 현상을 표기에 반영하는 것('해도지/*해돋이, 구지/*굳이, 가치/*같

이')처럼 여러 곳에서 ≪통일안(한글판)≫(1948)과 차이가 있다.[21]

③과 ④는 ≪통일안(한글판)≫(1948)에서와 크게 다르지 않으나, 파생어와 관련되는 ④는 어원을 밝혀 적지 않는다는 점에서 차이가 있다. 이것은 예를 들어, 모음으로 시작되는 접미사에 의해 파생된 단어의 경우 원형을 밝혀 적지 않는 것('머기/*먹이, 미듬/*믿음, 마감/*막암, 꼬락서니, 오뚜기, 개구리, 노라타/*노랗다') 등과 관련된다. 그리고 ⑤는 지나치게 단어 중심의 띄어쓰기를 지양한다는 것이고('할따름, 세마리, 아름다운것, 삼국사기'처럼 붙여 쓰는 것이 확대됨), ⑥은 사투리도 정서법에 따라 표준어와 같은 정신으로 적으며, 고어는 옛 표기에 따라 적는 것으로 통일하여 교과서 등에서의 혼란을 제거한다는 것이었다.

또한 ⑦은 한자음과 관련된 것으로 ≪통일안(한글판)≫(1948)에서 규정하고 있던 많은 부분이 생략되었다. 생략된 내용을 ≪통일안(한글판)≫(1948)을 중심으로 정리하면 다음과 같다.

제33항 '·'의 'ㅏ' 표기 (발해/*블히, 사상/*ᄉ샹, 자녀/*ᄌ녀)
제34항 ㅣ의 'ㅐ' 표기 (개량/*ᄀ량, 내외/*ᄂ외, 매일/*ᄆ일)
제35항 '샤, 쟈, 챠'의 '사, 자, 차' 표기
　　　(사회/*샤회, 장단/*쟝단, 차륜/*챠륜)
제36항 '셰, 졔, 쳬'의 '세, 제, 체' 표기
　　　(세계/*셰계, 제도/*졔도, 체류/*쳬류)
제38항 'ᄆ, ᄇ, ᄑ'의 '무, 부, 푸' 표기

---

21 자모 체계의 경우, 24자모와 각자병서로 ≪통일안(한글판)≫(1948)과 동일하나, 명칭에서는 'ㄱ(기윽), ㄷ(디읏), ㅅ(시읏), ㅈ(지읏), ㅊ(치읏), ㅋ(키윽), ㅌ(티읏), ㅍ(피읍), ㅎ(히읏)' 등에서 차이가 있다.

(묵화/*믁화, 북방/*븍방, 품질/*픔질)

제40항 '긔, 븨, 싀'의 '기, 비, 시' 표기

　　(기차/*긔챠, 곤비/*곤븨, 시탄/*싀탄)

제41항 '쉬, 취'의 '쉬, 취' 표기 (쉬려/*쉬려, 취객/*취객)

제45항 '뎌, 됴, 듀, 디, 뎨'의 '저, 조, 주, 지, 제' 표기

　　(전답/*뎐답, 조수/*됴수, 주광/*듀광, 지구/*디구, 제자/*뎨ㅈ)

제46항 '텨, 툐, 톄'의 '처, 초, 체' 표기

　　(천지/*텬디, 초미/*툐미, 체제/*톄졔)

제47항 속음 (개인/*가인, 부모/*부무)

제48항 속음 (시댁:가택, 당분:사탕)

즉, 두음법칙 등과 같이 일부를 제외하고는 한자음의 현실 발음과 관련되지 않는 것을 모두 생략한 것이다. 그것은 이 부분이 규정에는 있으나 언어 생활에서는 이미 바뀐 것으로, 이른바 사문화(死文化)되었기 때문이다.[22]

한편, ⑧의 받침의 경우, 전통적인 표기법을 존중하고 사용 빈도수가 적은 것은 제외한다는 원칙에 따라 'ㄱ, ㄴ, ㄷ, ㄹ, ㅁ, ㅂ, ㅅ, ㅇ, ㅈ, ㅊ, ㅌ, ㅍ, ㄺ, ㄻ, ㄼ'의 '15받침'으로 한정하였다.[23] 여기서 'ㄱ,

---

22 이것은 한글학회의 ≪한글 맞춤법≫(1980)에도 적용되었는데, 다만 36항과 48항의 존속 여부에서 차이가 있다(앞의 3.1절 1.4항 참조). 그리고 이것은 현행 ≪한글 맞춤법≫(1988)으로 이어졌다(다음의 3.4절 4.2항 참조). 특히 한자어 표기 문제의 축소에 대하여는 한자어에 관한 것이 표기법의 영역인가 아니면 자전(字典)의 발음 표기 영역인가의 해석상 차이가 있을 수 있다(신창순, 1992:232-235; 강창석, 2005; 연규동, 2014; 유현경 외, 2022 참조).

23 이렇게 받침의 수가 결정되기에는 역사적 표기와 빈도수가 중요한 요인이 되었는데, 당시로 보면 ≪통일안(한글판)≫(1948)의 28받침과 ≪한글 簡素化 方案≫(1954)의 10받침을 절충한 것으로 평가된다.

ㄴ, ㄷ, ㄹ, ㅁ, ㅂ, ㅅ, ㅇ'은 전통적인 '八字可足用'이나 '初聲終聲通用
八字'에 포함되어 당연히 받침 표기에 채택되어야 하고, 'ㅈ, ㅊ, ㅌ,
ㅍ'는 'ㅅ, ㅂ' 등으로 대체할 수 있으나 체언과 토, 용언의 어간과 어
미를 구별하여 적는 대원칙을 살리는 데 필요하며, 'ㄺ, ㄻ, ㄼ' 겹받침
도 체언과 토, 어간과 어미의 구별 표기에 필요하고 전통적으로 쓰여
왔던 것이어서 받침에 사용한다는 것이다(국어국문학회 편, 1983:132
참조).24

결국 ≪國語正書法案≫(1971)은 좀 더 쉬운 표기법을 만들려는 시도
에서 비롯된 것이기는 하나, 결과적으로는 당시 쓰이고 있던 형태적
표기법과 종래의 음소적 표기법의 절충안이 되었다. 그리고 이것은 정
부의 국어 조사와 연구 활동과 관련하여 한 학회의 개별안으로 발표되
었으며, 공식적으로 쓰이지는 않았다.

3.4. 현행 ≪한글 맞춤법≫(1988)

4.1. 현행 ≪한글 맞춤법≫(1988)은 다음과 같은 과정으로 제정되
었다(국어연구소(1987), 『국어생활』 13호 참조).

1970. 4월 심의회에서 국어조사연구위원회 구성
  −한글학회 등 7개 어문 연구 단체 참여

---

24 따라서 ≪통일안(한글판)≫(1948)에 비해 'ㅋ, ㅎ, ㄲ, ㄳ, ㄵ, ㄶ, ㄽ, ㄿ, ㄾ, ㅀ, ㅁ,
ㅄ, ㅆ' 등이 포함되지 않은 것이다('부엌/*부억, 조타/*좋다, 박/*밖, 삭/*삯, 언다
/*얹다, 끈타/*끊다, 돌/*돐, 읇다/*읊다, 할다/*핥다, 꿀다/*꿇다, 남기/*닭이, 업
다/*없다, 잇다/*있다').

-한글 맞춤법 개정 및 표준말 재사정 연구 위탁

1972. 12월 국어조사연구위원회에서 맞춤법 개정 초안 제출

1972. 12.-1973. 7. 국어심의회에서 동 초안 심의

1978. 5. 어문 표기법 개정의 본격적 추진을 위한 기본 계획 수립

1978. 5-11. 국어심의회에서 어문 표기법 심의

1978. 12.-1979. 7. 여론 조사 실시 및 국어심의회 재심

1979. 12월 시안 마련, 확정 보류

1981. 5월 표기법 개정 사업 학술원으로 업무 이관

1984. 1. 21일 문교부, 개정된 국어의 로마자 표기법 확정 고시 (문교부 고시 제 84-1호, 관보 제9648호)

1984. 12월 학술원, 어문 표기법 개정 사업 결과 보고

1985. 2월 국어연구소에 동 개정안 재검토·보완연구 위탁

1986. 1. 7일 문교부, 개정된 외래어 표기법 확정 고시 (문교부 고시 제 85-11호, 관보 제10232호)

1986. 7. 국어연구소, 맞춤법 개정 시안에 대한 설문 조사 실시

1987. 4-6월 언론기관의 보도를 통한 여론 수렴 및 검토 위원회 개최

1987. 9. 국어연구소, 한글 맞춤법안 및 표준어 규정안 문교부에 보고

1987. 10-12월 국어심의회에서 동 안을 최종 심의

1987. 12월 한글 맞춤법 및 표준어 규정 시행안 마련

1988. 1. 19일 문교부, 한글 맞춤법 및 표준어 규정 확정 고시 (문교부 고시 제 88-1호·한글 맞춤법, 문교부 고시 제 88-2호·표준어 규정, 관보 제 10837호)

위의 과정을 풀어 쓰면 다음과 같다. 우선 개정 취지에서 보면, 조선어학회의 ≪한글 마춤법 통일안≫(1933) 이후 말의 변화에 따라 표기 규정도 개정되어 왔으나 시간이 많이 지나면서 전반적으로 개정할 필요가 나타났다는 것이며, 그리고 한글 표기법 개정과 같은 어문 정

책은 권위 있는 기관에서 맡아야 한다는 의견이 대두되었는데 따라서 이전과 같이 민간학회가 아니라 국가 기관에서 어문 정책을 관장해야 한다는 것이었다.

이러한 사회적 분위기에 따라 당시 문교부에서는 1970년 4월에 국어조사연구위원회를 구성하여 한글 맞춤법의 개정과 표준어의 재사정에 관한 연구를 위탁하였다. 이 위원회에서는 조사를 실시하고 그 결과를 바탕으로 1972년 개정 초안을 국어심의회에 제출하였으며, 심의회에서는 이를 심의하였다(김민수, 1973:241-244 참조).

그런데 여러 사정으로 인하여 이렇다 할 결과를 내지는 못하다가, 1978년 12월 표준어와 한글 맞춤법, 외래어 표기법, 로마자 표기법 등의 어문 관련 개정 시안을 공개하였다(이현복, 1979 참조). 그 중 맞춤법 부분의 골자를 옮기면 다음과 같다(한국어문교육연구회, 1979 참조).

- 현행 맞춤법과 같이 형태적 표기 방식을 기본 바탕으로 한다. ('없다, 먹으니')
- ㄴㄹㅁㅇ 받침 다음에 나는 된소리는 된소리 표기를 한다. ('산듯하다→산뜻하다, 살작→살짝')
- 한 낱말 안에서 같은 음절이나 같은 첫소리가 겹쳐날 때 나는 된소리는 된소리로 표기한다. ('딱딱, 쌉쌀하다')
- 접두파생어나 복합어에서 뒤에 오는 말도 두음법칙에 준한다. ('신여성×신녀성, 남존여부×남존녀비, 열역학×열력학')
- 이론적 근거가 희박한 ㄷ받침을 ㅅ받침으로 고친다. ('반짇고리→반짓고리, 섣달→섯달, 숟가락→숫가락')
- 기본 형태를 밝힐 수 없는 것은 소리대로 적는다. ('넘어지다→너머지다, 떨어지다→떠러지다, 쇠붙이→쇠부치, 갉작갉작→각작각작')

- 띄어쓰기를 쉽게 한다. 불완전명사, 보조용언, 명수사 등 일반 대중의 단어에 대한 인식이 희박한 것들은 붙여 쓰기로 하고, 고유명사, 전문용어, 성명 등도 붙여 쓴다. ('가는데가, 생각하는바가, 다할뿐이다, 돈 한냥, 물 한모금, 시 한수, 두시 오초')
- 한자말에서 본디소리로도 나고, 익은소리로도 나는 것은 각각 그 소리대로 적는다. ('가정란(家庭欄), 태능(泰陵), 의논(議論), 유월(六月), 초파일(初八日)')
- 어미는 '오'로, 조사는 '요'로 수정한다. ('이것은 책이오, 그런데요, 좋지요')
- 국어변화에 따른 시대성을 반영한다. ('넓적하다→넙적하다, 맏아들→맛아들, 섣부르다→서뿌르다')
- 사이시옷을 표기함을 원칙으로 하고 뜻이 혼동을 일으키지 않을 것은 표기하지 않음도 허용한다. ('구둣방→구두방, 표깃법→표기법, 국엇과→국어과')
- 한글 낱자의 이름 중 '기역'은 '기윽', '디귿'은 '디읃', '시옷'은 '시읏'으로 한다.

그리고 문교부에서는 공청회 등을 통해 여론을 조사하고 상당 부분을 수정하여 1979년 12월에 어문 규정의 최종 시안(문교부 안)을 마련하였으나, 정치 상황의 급변으로 확정을 보류하게 되었다. 당시 마련된 수정안은 개정안을 상당 부분 원래대로 환원한 것이었는데, 주요 항목을 보면 다음과 같다(김문창, 1980 참조).

"試案의 表音的 表記傾向에서 크게 후퇴하여 現行 한글 맞춤법 통일안을 많이 維持하는 방향으로 修正되었다. 가령 '너머지다, 이르키다, 저버들다' 등 일부 소리대로 적기로 했던 試案을 現行의 '넘어지다,

일으키다, 접어들다'로 환원시켜 表音文字이면서도 表意性을 共有할 수 있는 장점을 살리기로 한 것이다. 'ㄷ'받침의 일부를 'ㅅ'으로 改定하여 '섯달, 맛며느리'로 했던 것을 다시 '섣달, 맏며느리'로 환원하고 있다. 固有語(예: 냇가, 혼잣말) 및 固有語와 漢字語와의 複合語(예: 곗날, 동짓달, 세뱃돈) 등에는 사이시옷을 붙이고, 漢字語(예: 국어과, 소개장)에는 제외하기로 한 것은, 試案에서 'ㅅ'을 받치어 적음을 원칙으로 하되 적지 않음도 허용한다던 無原則한 規定에 비해 크게 改善된 것이다."25

이들은 크게는 표음적 표기와 표의적 표기 사이의 문제와 관련되는 것이었다.26

1981년 5월 어문 관련 업무가 학술원으로 이관되었다. 학술원에서는 어문연구위원회를 구성하여 그 일을 추진하였으며, 1984년 12월 사업 결과(학술원 안)를 보고하였다. 아직도 반대 여론이 있었지만, 1984년 1월 ≪국어의 로마자 표기법≫, 1986년 1월 ≪외래어 표기법≫을 고시하고, 한글 맞춤법과 표준어에 관한 것은 확정을 미루었다.

그 과정에서 1984년 5월 학술원 산하에 국어연구소를 설립하여 어문 관련 업무를 맡겼으며, 국어연구소에서는 1986년 4월에 맞춤법 및

---

25 한편, 여기에는 띄어쓰기와 관련된 부분도 포함되어 있는데, 총칙에서는 '문장의 각 낱말은 띄어씀을 원칙으로 한다.'고 하면서 각론에서는 다음의 항목과 같은 붙여 쓰기를 채택함으로써 서로 모순된다고 하였다. ①조사는 그 윗말에 붙여 쓴다. ②불완전명사(예: 보이는것이, 생각하는바가, 믿었기때문이다), 명수사(예: 한가마, 두마리, 세필). ③조동사(예: 꺼져간다, 도와드린다). ④보조형용사(예: 사람인가싶다, 잘난체하다). ⑤수사(예: 십이억 삼천사백오십육만 칠천팔백구십일).

26 실제로 1978년 안과 1979년 안 모두 총칙 제1항은 '(한글) 맞춤법은 표준말 형태소의 기본 형태를 밝혀 적음을 원칙으로 한다.'고 하여 형태주의 표기를 강조하였다(이상억, 1983 참조).

표준어 개정 시안을 발표하고, 개정 내용에 대하여 설문 조사를 실시하였다. 그 결과로 1987년 12월 맞춤법과 표준어 규정 시행안(국어연구소 안)을 마련하였고, 최종적으로 ≪한글 맞춤법≫(1988)을 1988년 1월 19일 확정·고시하고, 1989년 3월 1일부터 시행하게 되었다.

[4.2.] 당시 ≪한글 맞춤법≫(1988)과 관련하여, 한글 표기법 개정의 필요성에 대해 자료를 통해 살필 수 있다.[27] 그것은 국어 표기 규범이 되었던 조선어학회의 ≪한글 마춤법 통일안≫(1933)이 몇 차례 바뀌면서 국어의 어문 생활에 상당한 역할을 해 왔지만, 50여 년간을 적용해 오면서 다음과 같이 여러 가지 현실적인 문제점이 드러나게 되어 개정의 필요성이 심각하게 제기되었다는 것이다.

① 현재에 와서는 불필요한 조항이 생기게 되었다.
  • '빨내'를 '빨래'로 적도록 한 규정
  • '놀앟다'를 '노랗다'로 적도록 한 규정
  • '으동'을 '아동'으로 적도록 한 규정
  • '븍방'을 '북방'으로 적도록 한 규정
  • '긔차'를 '기차'로 적도록 한 규정
② 규정의 미비로 인하여 표기상의 혼란을 일으키는 경우가 있다.
  • 한글 자모를 사전에 올릴 적의 순서에 대한 규정이 없어 사전마다 표제어의 배열 순서가 다름.
  • 한자음의 두음 법칙에 관한 세부 규정이 없음.
  '家庭欄 가정란: 가정난, 東九陵 동구릉:동구능'

---

27 이 부분은 국어연구소(1987), 『국어생활』 13호에 실린 '맞춤법 및 표준어 개정 경위'를 참조할 수 있다.

- 된소리로 나는 접미사의 표기에 관한 세부 규정이 없음.

  일꾼:일군, 빛깔:빛갈

③ 현실 표기에 있어서 잘 지켜지지 않거나 사용상의 불편을 겪는 규정이 있다.

- 불규칙 용언 중 어간의 끝 'ㅂ'이 '우'로 바뀔 적의 표기

  가까와:가까워, 고마와:고마워

- 종결형의 어미 '-오'의 표기

  '이것은 책이요.:이것은 책이오., 저것은 붓이 아니요.:저것은 붓이 아니오.'

- 한자어에서의 사이시옷의 표기

  '총뭇과:총무과, 대깃권:대기권'

- 준말의 표기

  '그렇잖다:그렇찮다, 변변찮다:변변찮다, 시행ㅎ고자:시행코자'

- 띄어쓰기

  (보조 용언) '읽어 본다:읽어본다' (성명) '최 치원:최치원'
  (성명 이외의 고유 명사) '한국 대학교 사범 대학:한국대학교 사범대학' (전문 용어) '중거리 탄도 유도탄:중거리탄도유도탄'

위에서 ①은 이른바 사문화된 규정으로, 이것의 폐기는 불가피한 일이었다(앞의 3.1절 1.4항, 3.3절 3.2항 참조). 그리고 ②, ③에서처럼 언어 현실에 대한 고려를 표기 규정에 반영하기 위해 수정이 필요한 부분도 있었다. 결국 ≪한글 맞춤법≫(1988)은 ≪통일안≫에서 불필요해진 조항들을 삭제하고 미비점을 보완하기도 하였으며 현실에 맞지 않는 부분을 고친 것이다.[28]

---

28 유목상(1988)에서는 위의 항목 외에 몇 가지 추가하였다. 우선 미비점 보완에서 한자음 '렬, 률'을 '열, 율'로 표기하는 것('나열, 분열, 비율, 백분율'), 겹쳐나는 소리를

4.3. ≪한글 맞춤법≫(1988)은 총론과 각론의 구분 없이 본문 6개 장 57개 항과 문장 부호에 관한 '부록'으로 구성되었다. 이것을 앞선 국어국문학회 ≪國語正書法案≫(1971)과 한글학회 ≪한글 맞춤법≫ (1980)의 목차를 중심으로 대조해 보면 다음과 같다.

≪國語正書法案≫ (1971)	≪한글 맞춤법≫ (1980)	≪한글 맞춤법≫ (1988)
총론(總論)	총론	제1장 총칙
각론(各論)	각론	제2장 자모
제1장 자모(字母)	제1장 글자	제3장 소리에 관한 것
제1절 자모의 수와 그 차례	제2장 소리	제1절 된소리
제2절 자모의 이름	제1절 된소리	제2절 구개음화
제2장 성음(聲音)에 관한것	제2절 입천장소리	제3절 'ㄷ'소리 받침
제1절 된소리	제3절 「ㄷ」끝소리	제4절 모음
제2절 설칙음(舌側音)	제4절 홀소리	제5절 두음 법칙
제3절 구개음화	제5절 머리소리 법칙	제6절 겹쳐 나는 소리
제4절 ㄷ바침소리	제3장 말본	제4장 형태에 관한 것
제3장 문법(文法)에 관한것	제1절 임자씨와 토씨	제1절 체언과 조사
제1절 체언과 토	제2절 풀이씨의 끝바꿈	제2절 어간과 어미
제2절 어간과 어미	제3절 임자씨 만들기	제3절 접미사가 붙어서 된 말
제3절 피동사와 사동사	제4절 풀이씨 만들기	제4절 합성어 및 접두사가
제4절 변칙용언	제5절 어찌씨·토씨	붙는 말
제5절 바침	만들기	제5절 준말
제6절 어원 표시	제4장 준말	제5장 띄어쓰기
제7절 품사 합성	제5장 띄어쓰기	제1절 조사
제4장 한자말		제2절 의존 명사, 단위를
제1절 모음만 고쳐 쓸것		나타내는 명사 및 열

같은 글자로 적는 것('딱딱, 쌉쌀하다')이 있다. 그리고 현실에 맞추어 고친 사항으로 는 합성동사에서 어간과 어미를 구별하여 적지 않는 경우('드러나다, 사라지다'), 부 사에 '-이'가 붙어 다시 부사가 되는 경우('더욱이, 일찍이'), 비성절음의 자음을 독립 적으로 표기하지 않는 경우('가타, 정결타'), 부사화 접미사 '-이/히'의 구별('깨끗이, 가만히'), 의문형 종결어미의 된소리 표기('-(으)리까, -(으)ㄹ까'), 달리 적던 것을 하나로 적는 경우('맞추다, 뻗치다'), 문장 부호를 유(類)와 종(種)으로 나누고 체계적 으로 정리한 경우 등을 들었다.

제2절 자음만 고쳐 쓸것		거하는 말 등
제5장 준말		제3절 보조 용언
제6장 사투리와 고어(古語)		제4절 고유 명사 및 전문 용어
제7장 외래어표기		제6장 그 밖의 것
제8장 띄어쓰기		[부록] 문장 부호

위에서 보면, 전체적으로는 ≪國語正書法案≫(1971)과 ≪한글 맞춤법≫(1980)은 총론과 각론으로 나뉘며, 각론은 각각 8개 장과 5개 장으로 구성되었다. 이에 비해 ≪한글 맞춤법≫(1988)은 총론과 각론의 구분 없이 6개 장으로 구성되었는데, ≪國語正書法案≫(1971)에 비해 '한자말'과 '사투리와 고어(古語), 외래어표기' 부분이 생략되었고(또는 다른 부분에 포함되었고), '그 밖의 것'이 추가되었다.29

부분적으로 거칠게나마 비교해 보면, '소리(성음)'와 관련되는 부분에서 ≪國語正書法案≫(1971)에서는 '된소리, 설측음(舌側音), 구개음화, ㄷ바침소리'로 구성되었는데, ≪한글 맞춤법≫(1980)과 ≪한글 맞춤법≫(1988)에서는 설측음 영역이 생략되고 모음과 두음법칙이 포함되었으며, 특히 ≪한글 맞춤법≫(1988)에서는 '겹쳐 나는 소리'가 별도로 기술되었다. '문법(형태)'에 관한 것은 ≪國語正書法案≫(1971)에서 '바침' 부분이 생략되고 '어원 표시'와 '품사 합성'은 ≪한글 맞춤법≫(1980)에서는 품사에 따라 정리되었는데, ≪한글 맞춤법≫(1988)에서는 형성 원리에 따라 형태적인 파생과 합성으로 구분되었다. 그리고 '띄어쓰기'의 경우 ≪한글 맞춤법≫(1988)에서 대상에 따라 세분하여 기술되었음이 특징이다.

---

29 ≪한글 맞춤법≫(1988)에서 한자어와 관련되는 것으로 모음에서 8항의 'ㅖ'로 적는 경우('사례/*사레, 연몌/*연메), 9항의 'ㅢ'로 적는 경우('본의/*본이, 희망/*히망), 10~12항의 두음법칙('여자/*녀자, 양심/*량심, 낙원/*락원'), 30항의 사이시옷 표기('곳간, 셋방'), 52항의 속음('승낙/허락, 토론/의논') 등을 들 수 있다.

≪한글 맞춤법≫(1988)의 '제1장 총칙'은 과거 규정에서 총론에 해당하는 것으로, 표기의 원칙을 규정한 것이다. 이것을 인용하면 다음과 같다.

제1항 한글 맞춤법은 표준어를 소리대로 적되, 어법에 맞도록 함을
      원칙으로 한다.
제2항 장의 각 단어는 띄어 씀을 원칙으로 한다.
제3항 외래어는 '외래어 표기법'에 따라 적는다.

위에서 '제1항'은 ≪한글 맞춤법≫(1988) 규정의 가장 기본적인 원칙을 담고 있다. 이것은 크게 대상과 방법으로 나누어 볼 수 있는데, 표기 대상은 '표준어'이고, 표기 방법은 '소리대로 적되, 어법에 맞도록' 한다는 것이다. 여기서 표기 대상으로서의 표준어는 ≪표준어 규정≫(1988)로 따로 마련되었다.[30]

표기 방법은 '소리대로' 적는 음소주의 표기 원리와 '어법에 맞도록' 적는 형태주의 원리가 공존한다.[31] 한글이 음소문자라는 점에서 보면, 전자가 근본 원칙이고 후자가 조건이라고 해석되는데, 실제로는 후자

---

30 조선어학회의 ≪한글 마춤법 통일안≫(1933) 이후 ≪통일안(용어 수정판)≫(1958)에 이르기까지 표준어와 외래어 표기에 관련된 항목이 들어 있었으나, 이들은 각각 ≪표준어 규정≫(1988)과 ≪외래어 표기법≫(1986)으로 별도로 규정되었다(앞의 3.1절 1.2항 참조).

31 이익섭(1992;379)에서는 '소리대로'가 역사적 표기법과 대립되면서도 '어법에 맞도록'에 대립되는 원리로 해석하였다. 연규동(1998;22)에서는 '소리대로 적는다'에 대해 '한글 자모의 음가대로 적는다', '변이 형태가 나타날 경우 그 변이 형태대로 적는다', '연철하여 적는다' 등으로 해석하였다. 한편, '어법에 맞도록'에 대해 국어연구소(1988;5-6)에서는 '뜻을 파악하기 위하여 각 형태소의 본 모양을 밝히어 적는다'로 해석하였다.

의 원칙이 먼저 적용되고 이에 따를 수 없는 경우에는 전자의 원칙이 적용된다. 즉, '어법에 맞도록' 형태의 기본형을 밝혀 적도록 하지만, 이에 따를 수 없는 경우에는 소리대로 적는다는 것이다.[32]

또한 '소리대로'는 (역사적 표기법을 고려하기는 하지만 그 자체를 고수하지 않고) 현실음을 충실히 반영하는 표기 방법을 채택한다는 것이다. 따라서 '제1항'은 현실음을 소리대로 표기하되 기본형을 밝혀 표기하는 것을 원칙으로 하고, 이에 따를 수 없는 경우에는 현실음대로 표기한다는 의미로 해석된다. 이에 관한 구체적인 규정은 '제3장, 제4장'에서 마련된다.

위의 '제2항'은 띄어쓰기에 관한 것으로 단어별로 띄어 쓰는 것을 원칙으로 한다는 것이다. 이에 관한 구체적인 규정은 '제5장'에서 마련된다. '제3항'은 국어 속에 들어 있는 외래어의 한글 표기에 관련되는 것으로, 이에 관한 구체적인 규정은 ≪외래어 표기법≫(1986)에 마련되어 있다.

[4.4.] ≪한글 맞춤법)(1988)은 이후 몇 가지 수정을 통해 보완되었다. 우선 1994년 12월 '18항의 3. 어간끝 ㅎ이 줄어질 적'의 용례 중에서 '그럽니다, 까맙니다, 동그랍니다, 퍼럽니다, 하얍니다'는 ≪표준어 규정≫(1988) 17항에서 자음 뒤의 '-습니다'를 표준어로 정함에 따라 '그렇습니다, 까맣습니다, 동그랗습니다, 퍼렇습니다, 하얗습니다'가 되기 때문에 상충되어 삭제하였다.

2014년에는 문장 부호가 전면 개정되었다. 즉, ≪한글 맞춤법≫

---

[32] 그러나 이와 같이 해석하더라도 한글이 음소문자라는 점에서 '소리대로' 적는 것이 더 포괄적인 근본 원칙이 된다고 할 수 있다.

(1988)에서 24종(가로쓰기 20종, 세로쓰기 4종)이었던 것을 ≪한글 맞춤법 일부 개정안≫(문화체육관광부 고시 제2014-0039호, 2015년 1월 1일 시행)을 통해 24종으로 정리하고 용법을 기술하였다.

그리고 2017년 ≪한글 맞춤법 일부개정고시안≫(문화체육관광부고시 제2017-12호)을 내었는데, 여기서는 ≪한글 맞춤법≫(1988)과 당시 편찬된 『표준국어대사전』(1999/2008) 간의 기술 내용이 일부 일치하지 않아 ≪한글 맞춤법≫(1988) 제6항 등에서의 띄어쓰기 불일치와 제19항 2 등에서의 표현과 용례를 정비한 바 있다.[33]

3.5. 표기 원리와 적용

<u>5.1.</u> 한글 표기법은 기본적으로 국어(표준어)를 표기 대상으로 하며, 한글이라는 문자를 표기 수단으로 한다.[34] 따라서 한글 표기법은 굴절과 파생, 합성이 복잡하게 발달된 교착어적 성격의 국어와 표음문자로서의 한글의 특징에서 벗어나지 않는다. 그런데 특히 한글은 창제 당시부터 기본적으로 자모문자이면서 음절 단위의 모아쓰기와 분철을

---

33 그 용례의 경우 내용을 간략히 정리하면 다음과 같다.
 • 띄어쓰기: '소리나는→소리 나는'(9항 등), '순 우리말→순우리말'(30항), '지난 겨울→지난겨울'(56항), '금 목걸이→금목걸이, 은 목걸이→은목걸이, 찾아 오느니보다→찾아오느니보다'(57항) 등
 • 삭제: '만듦'(18항), '부나비(불-나비), 소나무(솔-나무)'(28항), '그때 그곳'(46항) 등
 • 수정 또는 대체: '강물에 떠내려가 버렸다→이런 기회는 다시없을 듯하다'(47항), '썩안→썩힌'(57항) 등
34 여기서 '한글'은 훈민정음, 국문, 언문 등의 역사적인 명칭을 포괄하는 보편적인 개념을 지닌 용어로 쓴다.

통해 고정된 형태를 표기에 반영할 수 있다는 특징이 있다.

한글 표기법에는 전통적으로 음소주의와 형태주의의 두 표기 원리가 상보적이거나 대립적인 관계로 적용되어 왔다.[35] 이것은 일제의 ≪普通學校用諺文綴字法≫(1912)으로부터 현행 ≪한글 맞춤법≫(1988)에 이르기까지 많은 규정들에서 표기의 기본 원칙을 기술하는 부분에서도 확인해 볼 수 있다(이강언, 1981; 김민수, 1987; 우형식, 2017ㄱ:57-60 참조). 이들을 정리해 보면 다음과 같다.

> 表記法은表音主義에依하고發音에遠한歷史的綴字法等은此를避함。
> 可及的從來慣用의用法을取하야發音대로의書法을取함。 -≪普通學校用諺文綴字法≫(1912)-
>
> 諺文綴字法은純粹한朝鮮語거나漢字音임을不問하고發音대로表記함을原則으로함。但必要에依하야若干의例外를設함。 -≪諺文綴字法≫(1930)-
>
> 한글 마춤법(綴字法)은 표준말을 그 소리대로 적되, 語法에 맞도록 함으로써 原則을 삼는다. -≪한글 마춤법 통일안≫(1933)-
>
> 국어정서법은 우리말을 표음문자의 본질과 표의성의 장점을 조화시켜 적는 것을 원칙으로 한다. -≪國語正書法案≫(1971)-
>
> 한글 맞춤법은 표준말의 각 형태소를 소리대로 적되, 그 원형을 밝힘을 원칙으로 한다. -≪한글 맞춤법≫(1980)-

---

35 두 가지 표기 원리는 표음주의와 표의주의, 음소적 표기와 형태적 표기로 구분하기도 하며, 형태적 표기를 형태음소주의 표기라고도 한다. 이들 용어의 해석에 대한 차이는 민현식(1999:55-59)을 참조할 수 있다.

한글 맞춤법은 표준어를 소리대로 적되, 어법에 맞도록 함을 원칙으로 한다. -≪한글 맞춤법≫(1988)-

위에서 보면, 일제의 언문 철자법은 '表音主義'를 바탕으로 하고 현실 발음에서 멀어진 '歷史的綴字法等'은 피한다고 하면서, '慣用의用法을取'하여 현실음을 반영하고자 하였다. 이에 비해서 조선어학회의 ≪한글 마춤법 통일안≫(1933)으로부터 한글학회의 ≪한글 맞춤법≫(1980)과 현행 ≪한글 맞춤법≫(1988)에서는 '소리대로 적'는 표음적인 음소주의를 전제로 하고 '어법에 맞도록' 또는 '그 원형을 밝'히는 표의적인 형태주의를 내세웠다. 그것은 표기 수단으로서의 한글이 음소문자이므로 소리를 반영하는 것은 가장 기본적인 바탕이 되기 때문이다. 그리고 국어국문학회의 ≪國語正書法案≫(1971)에서 '표음문자의 본질'과 '표의성의 장점'을 조화시키는 것을 추구하였다.

사용자의 입장에서 언어 기능과 관련하여 보면, 표음적 표기는 '쓰기'에 유용한데, 그것은 소리대로 적는 것이어서 형태소의 기본형을 기억해야 하는 부담이 적기 때문이다.[36] 이에 비해서 표의적 표기는 기본형을 밝혀 표기한다는 점에서 '쓰기'보다는 '읽기'(讀解)에 도움을 준다. 그것은 동일한 의미를 갖는 형태들이 언제나 같은 모양으로 고정되어 표기되므로 의미 파악이 수월하기 때문이다.[37] 따라서 앞서 나

---

36 음소주의적 관점에서는 음소와 문자가 1:1의 대응 관계를 갖는 것(one letter per phoneme principle)을 가장 이상적인 표기법으로 본다(이기문, 1963:45 참조).

37 형태주의 원리에 따르는 표의적 표기는 표기 대상에 대해 형태적 분석이 선행되어야 한다는 부담이 있다. 즉, 올바른 표기를 위해서는 체언과 조사, 어간와 어미의 구분이 가능해야 하고, 특히 복합어의 경우 어근과 어근, 어근과 접사의 구분이 전제된다. 따라서 일정 수준의 형태 분석 규칙에 대한 이해가 요구되는 것이다.

타났던 많은 표기 규정들은 어느 쪽에 비중을 두느냐의 정도에 따라 접근 방법이나 세부 내용이 달라질 수밖에 없었다.

대부분의 언어에서 표기법은 특정 언어 단위를 문자로 표기하는 방법과 관련되는데, 일반적으로 의미 단위로서의 단어가 표기 대상의 기본이 된다. 한글 표기법도 이에서 벗어나지 않는다.[38] 따라서 한글 표기법은 교착적 성격의 국어에서 단어가 형태적으로 어떻게 형성되고, 문장 안에서 문법적 기능을 수행하기 위해 형태적으로 어떤 변화를 겪는지와 밀접한 관련이 있다.[39]

의미 단위로서의 단어는 음성 단위로서의 음소(음운)의 결합으로 형성된다. 여기서 단어 형태의 형성에서 음운의 변동이 나타나기도 한다. 따라서 단어의 표기에서는 음운의 변동을 어떻게 반영할 것인지의 문제가 제기되며, 또한 그에 의해 나타나는 변이 형태를 그대로 표기에 반영할 것인지 아니면 기본형으로 적을 것인가의 문제가 대두된다. 교착적 성격이 강한 국어는 형태음소론적 변이 현상이 매우 다양하게 존재하는데, 이에 따라 표기 양상도 복잡해질 수밖에 없다.

5.2. 현행 ≪한글 맞춤법≫(1988)에서는 형태와 형태 사이에서 음운의 변동이 나타나는 경우, 음소주의 표기 원리와 형태주의 표기 원리가 선택적으로 적용된다. 여기서 어떤 기준에 의해 선택되는지의 문

---

38 철자법(spelling)이라는 용어도 단어를 표기 대상으로 한다(앞의 1장 각주 1) 참조). 한글 표기 규정에서도 기본적으로 어휘적 차원의 표준어를 표기 대상으로 하였다.

39 언어에서 의사소통의 기본 단위가 되는 문장은 단어 내적 구성과 단어 외적 구성을 바탕으로 형성되는데, 국어의 경우 전자는 굴절(체언과 조사, 어간과 어미의 결합), 파생(접사와 어근의 결합), 합성(어근과 어근의 결합) 등의 표기에 관한 문제이고, 후자는 준말, 띄어쓰기 등과 관련되는 문제이다.

제가 있는데, 대체로 생산성의 정도를 기준으로 하는 분포의 정도와 어원 의식의 작용 여부, 현실 발음 등이 논의될 수 있으며, 역사적 표기를 존중하여 관용을 인정하는 경우도 있다(우형식, 1999 참조).

우선 모음으로 시작되는 접미사 중에서 분포가 넓은 것은 어근과 접미사의 원형을 밝혀 적고, 그 밖의 것은 소리대로 적는다. 이것은 단어 형성의 생산성을 고려한 것으로, 생산적인 접미사에 의해 파생되는 단어는 그 수가 많기 때문에 원형을 밝혀 적음으로써 형태를 고정시켜 표기하는 것이다.

(8) ㄱ. 먹이(먹-이), 묶음(묶-음), 죽음(죽-음)

  ㄴ. 귀머거리(귀-먹-어리), 마감(막-암), 주검(죽-엄)

(9) ㄱ. 바둑이(바둑-이), 곰배팔이(곰배팔-이)

  ㄴ. 같이, 작히, 낱낱이, 앞앞이, 곰곰이, 일찍이

위에서 (8)은 용언 어간을 어근으로 하고 뒤에 명사화 접미사가 붙는 것으로, (8-ㄱ)은 생산성이 높은 '-이'와 '-음'이 결합되어 원형을 밝혀 적지만, (8-ㄴ)은 '-이, -음' 이외의 모음으로 시작되는 접미사는 소리대로 적음을 보여 준다. (9-ㄱ)은 명사와 명사화 접미사 '-이'가 결합될 때 원형을 밝혀 적고, (9-ㄴ)은 부사화 접미사 '-이' 또는 '-히'가 결합될 때 원형을 밝혀 적는 것이다. 이들도 생산성의 정도와 관련된다.

다음의 경우에서도 이 점을 생각해 볼 수 있다.

(10) ㄱ. 깜짝깜짝   ㄴ. 개굴개굴

    깜짝하다   *개굴하다

깜짝거리다	*개굴거리다
깜짝이다	*개굴이다
깜짝대다	*개굴대다
눈깜짝이	개구리(*개굴이)

(11) ㄱ. 급하다/급히(급-), 깨끗하다/깨끗이(깨끗-)

　　ㄴ. 착하다, 하염없다

　위 (10)에서는 시늉말 어근 뒤의 '-이다' 또는 명사화 접미사 '-이'가 붙는 경우에 대한 구별을 보여 준다. (10-ㄱ)은 어근 '깜짝-'의 분포가 넓어 형태를 고정시켜 표기하면 의미를 이해하는 데 편리하지만, (10-ㄴ)의 '개굴-'은 분포가 좁아 구태여 형태를 고정시켜 표기할 필요가 없는 것이 된다. 그리고 (11-ㄱ)은 부사화 접미사 '-이/히'가 붙는 어근이 '-하다'와 결합이 가능한 경우에는 원형을 밝혀 적는 것이며, (11-ㄴ)은 '-하다'나 '-없다'가 붙어서 용언이 되는 경우에도 분포가 넓어서 원형을 밝혀 쓰는 것이다.

　어원 의식의 작용 여부도 두 가지 표기 원리의 적용 기준이 된다.[40] 즉, 어원 의식이 유지되는 것은 원형을 밝혀 적고 멀어진 것은 소리대로 적는 것이다.

(12) ㄱ. 돗자리, 웃어른, 얼핏 / 숟가락, 곧장, 돋보다

　　ㄴ. 늘어나다, 떨어지다 / 드러나다, 쓰러지다

---

40 '어원'은 어떤 어휘의 근원적인 형태를 뜻한다. 따라서 여기서의 어원 의식은 어휘의 근원적 형태에 대한 언어 사용자의 인식 정도의 개념이 될 것이다. 특히 이것은 파생이나 합성 등의 단어 형성의 기제를 통해 어휘가 확장될 때, 어근 또는 접사를 형태적으로 고정하여 표기할 것인지의 문제와 관련된다.

ㄷ. 목걸이, 놀이, 걸음 / 목도리, 노름, 거름, 망나니, 똘마니

ㄹ. 넓다, 넓적하다, 넓이 / 널찍하다, 넙치

(13) ㄱ. 고치다, 거두다, 드리다, 이루다

ㄴ. 골병, 며칠, 오라비, 업신여기다

위에서 (12-ㄱ)은 'ㄷ' 소리 받침의 경우로, 어원상 'ㄷ'받침이 의식되지 않으면 'ㅅ'으로 적고 'ㄷ'받침이 의식되면 본래대로 적는 것이다. (12-ㄴ)은 합성동사에서 (12-ㄷ, ㄹ)은 용언 어간을 어근으로 하여 접미사가 결합되는 경우에서 어원 의식의 작용 여부에 따라 표기가 구분된다. 그리고 (13)은 어원 의식이 작용되지 않은 것으로 보아 소리대로 표기하는 예에 해당한다.

비자동적인 음운 변동 현상이 나타나는 것은 현실 발음을 인정하여 표기에 반영한다. 이에 대표적인 것으로 불규칙 용언의 표기가 있다.

(14) ㄱ. 짓다-짓고-짓지 / 지으니-지은-지었다

ㄴ. 걷다-걷고-걷지 / 걸어-걸으니-걸었다

ㄷ. 춥다-춥고-춥지 / 추워-추우니-추웠다

ㄹ. 오르다-오르고-오르지 / 올라-오르니-올랐다

위 (14)에서는 'ㅅ, ㄷ, ㅂ, 르' 등 각각의 불규칙적인 활용 현상의 경우 소리대로 표기함을 보여 주고 있다.

한편, 현실음을 그대로 적는 것보다는 역사적 표기법이 적용되는 경우도 있다.

(15) ㄱ. 웃어른, 돗자리 / 냇가, 냇물

ㄴ. 계수(桂樹), 핑계 / 의의, 닁큼

위에서 (15-ㄱ)은 이른바 역사적 표기법(7종성법)에 따라 'ㄷ' 소리 받침을 'ㅅ'으로 표기하는 것으로, 이것은 사이시옷 표기에도 적용된다. 그리고 (15-ㄴ)은 이중모음의 단모음화를 표기에 반영하지 않고 전통적인 표기 방식을 따르는 것이다.

5.3. 현행 《한글 맞춤법》(1988)에서는 음소주의와 형태주의라는 두 가지 표기 원리의 적용에 대해 명시적으로 기술하지는 않았다. 그런데 앞에서 살핀 바에 의하면, 대체로 일반화된 규칙으로 설명될 수 있는 것은 형태주의를 따르고 그 밖의 것은 음소주의를 기반으로 한다고 할 수 있다. 따라서 체언과 조사, 용언의 어간과 어미와 같이 형태에 대한 확인이 분명하고 의미와 기능이 다른 경우와 함께, 단어 형성에서 분포를 기준으로 하여 생산성이 높은 어근과 접사도 원형을 밝혀 적도록 하였다.[41]

그러나 세부 규정을 살펴보면 두 가지 표기 원리의 적용에는 많은 의문이 제기된다. 우선 이들의 적용을 어원 의식의 작용 여부로 설명하는 것은 그 한계를 짓는 데 여러 가지 오해의 소지가 있다. 예를 들어, '넘어지다(倒)'는 '넘다(越)'의 의미와 어원적 의식이 작용할 수 있

---

41 현행 《한글 맞춤법》(1988)에서는 체언과 조사, 용언의 어간과 어미는 '구별하여 적는다'고 하였으며, 파생어나 합성어와 관련되는 것에서는 '원형을 밝히어 적는다'고 하였다. 예를 들어, '떡을 먹는다'에서 '떡-을'과 '먹-는다'는 구별하여 적는 것이라면, 파생어 '먹이'의 경우 '먹-이'는 '원형을 밝히어 적는' 것과 관련된다.

는지, 같은 예로 '떨어지다(落)'와 '떨다(振)'의 관계는 어떠한지를 생각하면 수긍하기 어려운 바가 있다.[42]

생산성의 기준도 정도의 차이이기 때문에 문제가 제기된다. 예를 들어, '-이'와 '-음' 이외의 모음으로 시작되는 접미사는 '몫-아치'를 '모가치'처럼 소리대로 적도록 하면서도 '벼슬아치, 구실아치, 반빗아치'에서 '-아치'는 선행 어근과 구별하여 적는다.[43] 이것에는 '천 원어치'의 '-어치'도 관련된다. 또한 용언 어간을 어근으로 하여 결합하는 '-다랗-'은 현대 국어에서 비교적 생산성이 높은 것이라 할 수 있다. 현행 규정은 어근의 겹받침 중에서 선행 받침이 발음되는 경우에는 소리대로 적도록 하고 있으나('널따랗다/*넓다랗다'), 형태의 고정이라는 측면에서 볼 때 그리 타당한 것은 아니라 할 수 있다.[44]

현실음을 반영하는 데에도 몇 가지 고려해야 할 것이 있다. 그것은 음소문자로서의 한글이 현대 국어의 음소를 표기하는 데 충분하다고는 하지만, 현실음의 변화를 어떻게 표기에 적용할 것인지는 문제가 되기 때문이다. 예를 들어, 모음의 경우 'ㅔ/ㅐ'와 'ㅚ/ㅔ/ㅙ'가 구별되지 않는다든지, 'ㅖ→ㅔ'와 'ㅢ→ㅣ'의 단모음화 현상이 나타나는 등의 현실 발음의 변화를 표기에 반영하는 문제가 있는 것이다.

언어가 변하는 것이 당연하고 형태도 역시 바뀌게 마련이다. 특히

---

42 즉, 이들 사이의 의미적 유연성을 찾기 어렵다는 것이다.

43 여기서 원형을 밝혀 적는 '-아치'는 접미사가 아니라 어근이라고 해석하면 원형을 밝혀 적어야 함을 설명할 수 있을 것이다. 그러나 '-아치'가 어근인지는 분명하지 않다.

44 이와 관련하여 겹받침 'ㄹ'은 발음에서 여러 양상을 보이는데, 특히 '여덟'의 경우에는 언제나 '여덜'로만 발음되더라도 '여덟'로 표기한다. 따라서 '여덟'은 발음과는 관계없이 8이라는 수의 상징적인 의미만 지니게 된다(箭野, 1993 참조).

음성언어의 변화는 문자보다 더 빠른데, 표음문자인 한글로 현실 발음을 따라 표기할 때 이러한 변화 양상을 어떻게 반영할 것인지의 문제가 있다.[45]

---

[45] 여기에는 문자 또는 표기법의 보수성도 관련된다. 즉, 표기 대상이 되는 음성언어는 변하는데, 이를 문자로 표기하는 것은 이전의 방법을 그대로 유지하려는 속성이 있어 음성언어의 변화를 적절히 수용하지 못하는 경향이 있다.

II부
영역별 표기 규정

제4장 모음자 체계와 'ㆍ' 표기

15세기 훈민정음이 창제되면서 국어에 대한 전면적인 표기가 가능해졌다. 그러나 당시에는 문자는 존재하게 되었으나 문자의 운용 방법(표기법)이 명확하게 명문화된 것은 아니었다. 이후 국어 표기법이 표류하면서 가장 큰 문제로 대두되었던 것 중 하나가 'ㆍ'(아래아)의 표기에 관한 것이었다. 'ㆍ'는 일찍이 음소로서의 자격이 소실되었으나 문자로서 표기에 사용되었다. 그리하여 19세기 들어 국문 정리에서 'ㆍ'는 가장 큰 문제로 부각되었으며, 이러한 상황은 20세기 초까지 이어졌다. 이것은 문자의 보수성과 관련되는 것으로, 현실음과는 달리 과거의 표기를 따르는 역사적 표기법의 특징을 드러내는 것이기도 하다.[1] 이 장에서는 'ㆍ'의 표기와 관련되는 역사적 흐름을 살피기로 한다.[2]

---

1 이러한 'ㆍ'의 특성은 음가의 소멸과 함께 문자도 쓰이지 않았던 'ㅸ, ㅿ' 등과 비교된다.
2 이 장은 우형식(2021)을 이 책의 취지에 맞게 재구성한 것이다.

4.1. 훈민정음 체제에서의 '·'

[1.1.] 15세기 훈민정음 창제 당시에 '·'는 중성의 기본자 중의 하나 였으며, 11개의 모음자 가운데 가장 핵심이 되는 것이었다. 이와 관련 하여 해례본『訓民正音』(1446)에서 기본자 '·, ㅡ, ㅣ'에 대한 해석을 보면 다음과 같다.

> 中聲凡十一字〮 舌縮而聲深 天開於子也 形之圓 象乎天也 ㅡ舌小縮而聲不深
> 不淺 地闢於丑也 形之平 象乎地也 ㅣ舌不縮而聲淺 人生於寅也 形之立 象
> 乎人也

여기서 '·'는 혀를 오므리고 소리가 깊으며, 하늘이 자시에 열리는 것(天開於子)과 같고, 둥근 모양은 하늘을 본뜬 것이라 하였다.[3] 특히 12지 중 첫째 시간인 자시(子時)에 하늘이 열린다는 것은 모음자 중에 서 맨 먼저 만들어졌음을 의미하는 것으로 해석된다.

그리고 나머지 모음 여덟 자(초출자와 재출자)는 기본자들의 합성 으로 구성하였는데, 이 과정에서 '·'는 핵심적인 역할을 하였다.

> 此下八聲 一闔一闢 ㅗ與·同而口蹙 其形則·與ㅡ合而成 取天地初交之義
> 也 ㅏ與·同而口張 其形則ㅣ與·合而成 取天地之用發於事物待人而成也
> ㅜ與ㅡ同而口蹙 其形則ㅡ與·合而成 亦取天地初交之義也 ㅓ與ㅡ同而口
> 張 其形則·與ㅣ合而成 亦取天地之用發於事物待人而成也 ㅛ與ㅗ同而起於
> ㅣ ㅑ與ㅏ同而起於ㅣ ㅠ與ㅜ同而起於ㅣ ㅕ與ㅓ同而起於ㅣ

---

3 여기서 '舌縮而聲深'은 '·'가 후설 저모음임을 의미한다. 그리고 중성해(中聲解)에서는 '如
呑字中聲是·', '·居ㅌㄴ之間而爲튼'이라 하여 한자음으로 '·'자의 음가를 제시하였다.

위에서 보면, 기본자가 서로 교합하여 초출자(初出字) 'ㅗ, ㅏ, ㅓ, ㅜ'가 형성되었다는 것이다. 즉, 'ㆍ'를 중심으로 하여 'ㅡ'에 구축(口蹙)이라는 자질을 추가한 것이 'ㅗ, ㅜ'이고 'ㅣ'에 구장(口長)이라는 자질을 추가한 것이 'ㅏ, ㅓ'이며, 'ㅗ, ㅜ'는 하늘과 땅이 처음 사귀는 뜻을 취하고 'ㅏ, ㅓ'는 하늘과 땅의 작용이 사물에 나타나되 사람을 기다려서 이루어지는 뜻을 취하였다는 것이다. 그리고 여기에 다시 'ㅣ'로부터 일어남('起於ㅣ')이라 하여 재출자(再出字) 'ㅛ, ㅑ, ㅕ, ㅠ'가 형성되었다고 하였다.

따라서 이를 통해 보면 'ㆍ'자는 모음 초출자와 재출자 구성에 모두 관여하는데, 이것을 다음과 같이 해석하였다.

ㆍ之貫於八聲者 猶陽之統陰而周流萬物也 … 然三才爲萬物之先 而天又爲三才之始 猶ㆍㅡㅣ 三字爲八聲之首 而ㆍ又爲三聲之冠也

즉, 'ㆍ'가 초출자와 재출자 여덟 자의 구성에 일관(一貫)하는 것은 양(陽)이 음(陰)을 거느려서 만물에 두루 흐르는 것과 같으며, 삼재(三才)가 만물의 으뜸이 되고 천(天)이 삼재(三才)의 근원이 되는 이치는 'ㆍ, ㅡ, ㅣ' 석 자가 여덟 소리의 머리가 되고 'ㆍ'가 석 자의 으뜸이 되는 것과 같다는 것이다. 결국 이러한 훈민정음 창제 당시의 기록에서 모음자의 기본은 'ㆍ'에 있다는 점을 이해할 수 있다.

그 후 최세진의 『訓蒙字會』(1527)에 기록된 諺文字母 俗所謂反切二十七字 중 中聲獨用十一字는 다음과 같이 되어 있다.

ㅏ阿 ㅑ也 ㅓ於 ㅕ余 ㅗ吾 ㅛ要 ㅜ牛 ㅠ由 ㅡ應不用終聲 ㅣ伊只用中聲

• 思不用初聲

여기서 글자의 배열 순서를 보면, 해례본『訓民正音』(1446)에서 기본자('·, ㅡ, ㅣ'), 초출자('ㅗ, ㅏ, ㅜ, ㅓ'), 재출자('ㅛ, ㅑ, ㅠ, ㅕ')의 순으로 제시되었던 것과는 달리 기본자의 배열 순서가 'ㅡ, ㅣ, ·'로 되어 모두 뒤로 옮겨졌고, 그 중에서도 '·'는 맨 뒤에 위치하였다.4

[1.2.] 음소로서의 '·'는 15세기 훈민정음 창제 당시 모음 체계에서 후설 저모음으로서 불안정한 위치에 있었다.5 그런데 이것은 점차 'ㅏ'를 비롯한 다른 모음에 합류하면서 음소로서의 기능을 잃게 되었다.
그 과정을 보면, 비어두 음절에서 '·〉ㅡ'의 변화가 15세기에 조짐을 보이기 시작하여 16세기 완성되었고,6 18세기 들어 어두 음절에서는 '·〉ㅏ'의 변화가 진행되어 18세기 중엽에는 국어의 모음 체계에서 '·'의 음소로서의 기능이 소실되었다(이기문, 1972:121 참조). 이와 관련한 예를 일부 제시하면 다음과 같다.

4　이러한 모음자의 배열 순서는 이후 일반적인 양상으로 나타났다. 그리고 '아래아'는 '·'가 모음 배열에서 맨 뒤에 위치한다는 점에서 'ㅏ'('위아')와 구분하는 명칭으로 불렸다.

5　'·'의 음가에 대하여 다양한 해석이 있었다. 유희의 『諺文志』(1824)에서는 'ㅏㅡ' 間音을 주장하였고, 이봉운의 『國文正理』(1897)에서는 'ㅏ'의 단음(短音)이라 하였으며, 주시경은 'ㅣㅡ' 합음설을 제기하였다(다음의 4.2.3절 3.1항 참조). 이후 이숭녕(1940)의 'ㅏㅗ' 間音說, 최현배(1940:575)의 'ㅡ ㅏ' 間音說 등이 나타났다. 여기서 주시경의 합음설은 '·'가 단모음(單母音)이 아니라 이중모음으로 해석하는 것으로 주목된다.

6　이것으로 인해 '·'의 음소 자격에 대한 의문이 드러나기도 하였는데, 이를테면 김동소(2009)에서는 '·'는 현실적으로 존재했던 음소를 표기하기 위한 문자가 아니라 비음소적 과잉 문자로서 구어에서 음소로 기능한 일이 없었다고 하였다.

(1) ㄱ. 마늘〉마늘, 하늘〉하늘, 아들〉아들, 기름마〉기르마, 어느〉어느

　　ㄴ. ᄀᆞᄅ치-〉ᄀᆞ르치-, 다ᄅᆞ-〉다르-, ᄀᆞ득ᄒᆞ-〉ᄀᆞ득ᄒᆞ-, ᄒᆞ들
며〉ᄒᆞ들며

(2) ㄱ. ᄃᆞᆯ〉달, ᄀᆞ래〉가래, ᄒᆞ나〉하나, ᄃᆞᆯ팡이〉달팽이, ᄉᆞ랑〉사랑

　　ㄴ. ᄐᆞ-〉타-, ᄂᆞᆯ-〉날-, ᄇᆞ라-〉바라-, ᄌᆞ라-〉자라-, ᄆᆡ-〉매
-, ᄒᆞ-〉하-

위에서 (1)은 비어두 음절에서의 ‘ᆞ〉ㅡ’의 변화에 해당하고, (2)는
어두 음절에서의 ‘ᆞ〉ㅏ’의 변화에 해당하는 것이다.[7]

그러나 ‘ᆞ’는 음소로서의 자격은 소실되었지만, 문자로서의 가치는
남아 있어서 20세기에 이르기까지 계속하여 표기에 사용되었다.

4.2. 국문 체제에서의 ‘ᆞ’

19세기 들어 국어(國語)와 국문(國文)에 대한 인식이 새로워지면서
실생활에서의 언문일치 운동이 활발해졌다. 이와 함께 신문이나 잡지
가 간행되고 신소설 등의 문학 작품이 등장하였으며, 특히 교육을 위
한 교과서가 편찬되면서 국문 표기의 통일이 절실하게 요구되었다. 그
러나 통일된 표기 규범을 마련하기는 쉽지 않았는데, 이때 ‘ᆞ’는 당시
의 국문 표기에서 크게 문제가 되었던 것 중의 하나였다.

---

7 ‘ᆞ’가 ‘ㅡ’나 ‘ㅏ’ 외의 모음으로 바뀌는 경우를 포함하여 ‘ᆞ’의 변화와 관련한 예는
상당히 많다. 위 (1, 2)에서는 논의의 편의에 따라 일부만을 간략히 예시하였다.

4.2.1. '·' 표기의 문란

[1.1.] 19세기 들어 '·'는 이미 음소로서의 기능이 완전히 소멸되었으나 문자로서는 여전히 사용되었다. 그리고 '·'자가 사용됨에 따라 이중모음자 '·ㅣ'도 사용되었는데, 당시 표기에서 '·ㅣ'와 'ㅐ'의 분간도 막연한 것이었다. 따라서 '·'자를 사용하기 위해서는 이것이 쓰이는 단어 형태를 일일이 기억해야만 했으며, 그러한 부담으로 하여 점차 그 표기가 문란해져 갔다.

이러한 '·' 표기의 문란은 당시 출판되었던 신문과 잡지를 비롯하여, 학교 교육의 시작과 함께 발행되었던 교과서, 그리고 신소설 등 새롭게 등장한 문학 작품에서 두루 나타났다(송미영, 2020; 정수희, 2011 참조). 관련 자료의 예를 보면 다음과 같다.

(3) 빈는다시數日을진행ᄒᆞᄂᆞ陸地ᄂᆞᆫ漠漠不見이라於是에水夫들이怨望ᄒᆞ야相語ᄒᆞ되彼의命을좃ᄎᆞ如此히進行ᄒᆞᆯ진딕吾等의生命이엇지될지모르니吾等은彼ᄅᆞᆯ海中에投ᄒᆞ쟈約束ᄒᆞ얏거늘 ... -『國民小學讀本』(1895), '第三十二課 亞米利加發見二'-

(4) 是故로子思子ㅣ曰人이흔번에能ᄒᆞ거든我ᄂᆞᆫ百番을ᄒᆞ고人이열번에能ᄒᆞ거든我ᄂᆞᆫ千番을ᄒᆞᆯ찌니진실노能이이러ᄒᆞ면비록愚ᄒᆞ나반다시明ᄒᆞ며비록柔ᄒᆞ나반다시剛ᄒᆞᄂᆞ니라 -『小學讀本』(1895), '勤誠第二'-

(5) 일청전장의 춍쇼리ᄂᆞᆫ 평양일경이 쎠ᄂᆞ가는듯ᄒᆞ더니 그 춍쇼리가굿치미 사ᄅᆞᆷ의 ᄌᆞ취ᄂᆞᆫ 끈너지고 샨과들에비린ᄶᅵᆨᄶᅵᆯ샌이라 평양셩의모란봉에 쎠러지ᄂᆞᆫ져녁빗은 누엿누엿너머가ᄂᆞ딕 져 흐린빗을 붓드러미고시푼마음에 ... -이인직, 〈혈의누〉(1906)-

위에서 (3)은 당시 학부 편집국에서 편찬한 우리나라 최초의 근대식 교과서라 하는『國民小學讀本』(1895)의 일부이며, (4)는 같은 해 나온 교과서『小學讀本』(1895)의 일부이고, (5)는 이인직의 신소설 〈혈의 누〉(1906)의 일부이다. 이들 모두에서 'ㆍ'가 쓰이고 있음을 확인할 수 있다.

이 문제와 관련하여, 당시 국문 표기 현상을 다루었던 한승곤의『國語綴字捷徑』(1908)에서도 'ㆍ'자가 넓게 사용되었음이 드러나는데, 제시된 예를 보면 다음과 같다(우형식, 2020 참조).

(6) ㄱ. 칙, 구름, 비(舟), ᄃ락, 오늘, 어ᄃᆡ, ᄌ데, 문ᄌᆞ, 싱각, ᄋ히,
　　　 사름, 박하ᄉ, 소릭, ᄆᆞᆷ, 어름
　　 ㄴ. 홈, 홀만흔거손, 빗홀, 싱기오니, ᄆᆞᆮ드럿스오니, ᄇ라옵ᄂᆞ이
　　　 다, ᄀ리우다, 목ᄆᆞᄅ다, ᄂ라가다, 아름답다
　　 ㄷ. ᄇ로, 춤, 무슴, 법ᄃᆡ로, ᄀᆞᆫ졀히, 흔번

위 (6)에서는 'ㆍ'가 체언(6-ㄱ)과 용언(6-ㄴ), 수식언(6-ㄷ) 등 대부분의 형태류에서 전면적으로 표기되었음을 보여 준다.

또한『國語綴字捷徑』(1908)에서는 모음자들이 구별되어 사용되는 예를 제시하였는데, 'ㅏ'와 'ㆍ'의 경우를 보면 다음과 같다.

(7) 가라지(樴):ᄀᆞᄅ치다(敎), 갓다(去):ᄀᆞᆺ다(如), 풀나오(草生):새ᄂᆞ
　　오(鳥飛), 날다(經):ᄂᆞᆯ다(飛), 달다(懸):ᄃᆞᆯ다(甘), 말(斗/言):ᄆᆞᆯ(馬),
　　ᄇ라다(望):ᄇᆞᄅ다(正), 바람(風):ᄇᆞ람(望), 삼(麻):ᄉᆞᆷ(蔘), 아기
　　(孩):ᄋᆞ히(兒), 재(峴):ᄌᆡ(灰), 참예(參):ᄎᆞᆷ외(眞瓜), 칼됴타(刀):ᄂᆞᆯ
　　ᄏᆞᆯ다(稱), 타국간다(他):ᄐᆞ고간다(乘), 파리(蠅):ᄑᆞ(無用), 하ᄂᆞ님

(上帝): ㅎᄂᆞ(一), 해(害): 히(日)

위 (7)은 당시 'ㅏ'로 표기되는 어휘와 'ᆞ'로 표기되는 어휘의 예를 음절에 대응하여 제시한 것이다. 당시에는 'ㅏ'와 'ᆞ'가 음소적으로 대립되는 것이 아니어서 정확히 구별하여 표기하기 위해서는 이들이 표기되는 각각의 어휘 형태를 기억해야 하였다. 그것은 국문 표기에서 큰 부담이 되었고, 실제 표기에서 적절히 반영되지도 않았다.

[1.2.] 당시에도 국문 표기에서 혼란스러웠던 'ᆞ'자에 대한 여러 의견들이 있었다. 윤치호는 그의 일기(1897년 5월 5일)에서 당시 〈독립신문〉의 편집을 맡고 있던 서재필에게 보낸 영문 편지에서 'ᆞ'의 문제에 관해 언급하였는데, 그 내용을 보면 다음과 같다(김인선, 1991 참조).

"In using Urimun, the absence of a uniform mode of 'spelling' bothers me often beyond practice. The confusion worse confounded is almost exclusively due to the existence of the lower a(ᆞ) Ex. ᄀᆞ, ᄂᆞ, ᄃᆞ, etc. I don't think there can be a uniform mode of spelling as long as one may write with equal property 하나, or 하ᄂᆞ, or ᄒᆞ나, or ᄒᆞᄂᆞ —which is all one and the same thing. I suggest therefore that we use in all instances the upper a(ㅏ) alone except : (1) Where the lower a(ᆞ) simplifies a combination as ᄀᆡ instead of 개, ᄂᆡ instead of 내, ᄃᆡ instead of 대. (2) Where the termination comes in as ᄂᆡᄀᆞ instead of 내가, 귀ᄒᆞᆫ instead of 귀한 etc. In there two exceptions the lower a(ᆞ) looks less cumbersome."

즉, 우리 문자의 사용에서 정해진 일정한 규준이 없어서 곤란을 겪는데, 그 중에서 'ㆍ'의 존재는 '하나, 하ᄂ, ᄒ나, ᄒᄂ'의 예에서와 같이 동일한 의미에 대해 여러 표기 형태가 대응되는 문제와 관련될 수 있으니, 'ㆍ'의 사용을 제한하자는 것이다(앞의 1.4.2절 2.4항 참조).

문헌에서 보이는 것으로는 〈대한 크리스도인 회보〉 제1권 제17호(1897년 5월 26일)에는 'ㅏ'와 'ㆍ'의 사용례를 분명히 하자는 윤치호의 의견(앞의 영문 일기와 동일한)이 다음과 같이 실리기도 하였다(이만열, 1987:448-449 참조).

> "우리 나라 국문은 지극히 편리하고 지극히 용이하ᄂ 아(ㅏ, ㆍ)음이 둘인 고로 가령 네 사람이 사람인 자를 쓰면 혹은 사람, 혹은 사ᄅᆷ, 혹은 ᄉ람, 혹은 ᄉᄅᆷ 이ᄅ 쓰니 숙시 숙비를 알니오 글자 쓰는 법이 모호하면 서ᄎᆨ을 만들거와 동몽을 가ᄅ치기에 심히 착난하니 자금으로ᄂ 아리 아(ㆍ)자는 다만 뒤밧치는 자(기 ᄂᆡ 되)와 토끗(ᄀ, ᄂ, 도, ᄅ) 맞추는 되ᄆᆫ 쓰고 다른 되ᄂ 모도 큰아(ㅏ)자를 통용하면 되단히 편리할 듯 ᄂᆡ 말을 올케 아시ᄂ 제군은 이되로 시ᄒᆨ하시고 합의 안ᄂ 제군은 무삼 다른 방편을 말하야 송속히 일증ᄒ 규모를 광용하면 진실노 우리 나라 교ᄒᆨ에 크게 유익할 듯."

즉, '아'음이 'ㅏ, ㆍ' 두 개의 문자로 표기되어 'ㅅ'에 대해 '사람, 사ᄅᆷ, ᄉ람, ᄉᄅᆷ' 중 어느 것이 옳은지 알기 어렵게 되는 등의 혼란이 일어난다는 것이다. 그리되면, 서책을 만들거나 교육에 문제가 있으니, 'ㆍ'는 뒤에 붙는 것이나 토의 경우로 한정하여 쓰는 게 좋겠다는 의견을 제시한 것이다.[8]

이러한 'ㆍ'의 표기 문제는 실제로 성경 번역 과정에서 주요 논의 사

항이 되었으며, 특히 국문의 연혁과 표기 문제를 논의하기 위해 국문
연구소가 설치되는 계기가 되었다.

4.2.2. 성경 철자법의 경우

[2.1.] 19세기 말 서양인들의 성서 번역에서는 전통적인 방식을 따
라 표기하였다.9 여기서는 문어를 중심으로 번역하였는데, 그러한 관
점에서 고문헌의 용례를 근거로 하여 'ᆞ'가 표기에 사용되었다.10

당시 성서 번역에서 'ᆞ'가 쓰인 예를 로스본 『예수셩교젼셔』(1887)
의 마태복음 일부(5장 1~5절)를 보면 다음과 같다.11

> (8) 예수그사룸을보고산에올나안즈니뎨자나아오거날예수입을열어
> 가라처갈오샤ᄃᆡ마암궁빈한쟈복이문턴국이뎌의나라이되고슬퍼
> ᄒᆞᄂᆞᆫ쟈복이문그안위가잇고온슌흔쟈복이문세샹을엇고 ─『예수

---

8 이것은 게일의 신철자법에 영향을 주기도 하였다(옥성득, 1993:69 참조, 앞의 1.4.2절
2.4항 참조).

9 19세기 말 서양인들은 성서를 번역하면서 한글 표기 방법을 일정하게 하려고 하였다.
그들이 활용하던 표기법을 성경 철자법이라 하기도 하는데, 이것은 한글 표기의 방법
을 정립하려는 시도로써 당시에는 일종의 불문율처럼 인정되기도 하였다.

10 초기 번역 성경 표기법은 'ᆞ'의 사용, 된소리에 ㅅ계 자음군('ᄲ, ᄯ, ᄭ, ᄶ, ᄊ')의
사용, '브터'와 같이 순음 아래에서 모음 'ㅡ' 유지, 한자음 구별의 유지(구어에서 사
용되지 않는 발음의 표기, '긔도, 샤, 츈, 죵' 등의 이중모음, '락원, 량식, 로인' 등의
두음에서의 'ㄹ' 표기) 등과 같이 보수적인 성향을 띠었다(앞의 1.4.2절 2.3항 참조).
그러나 후기에는 'ᆞ'를 폐지하고 대부분의 경우에서 'ㅏ'로 대신한다든지, 'ㅅ, ㅈ,
ㅊ' 뒤의 이중모음('ㅑ, ㅕ, ㅛ, ㅠ')을 단모음('ㅏ, ㅓ, ㅗ, ㅜ')으로 바꾼다든지, 된소
리를 각자병서로 표기한다든지 하는 변화가 있었다(류대영 외, 1994:59─61; King,
2004 참조).

11 성서의 인용은 원칙적으로 대한성서공회(http://bskorea.or.kr)에서 제공하는 자료
에 따른다(앞의 1장의 각주 32) 참조).

『셩교젼셔』(1887)-

위 (8)에서 보면, '사룸, 갈오듸, 슬퍼ᄒᆞᄂᆞᆫ' 등에서 'ᆞ'가 나타난다.

그런데 성서 번역에서 표기법의 정돈을 위한 논의가 깊어지면서 한글 표기법을 새롭게 정비하고자 하는 노력이 있었다. 그리고 여기서 가장 중요하게 다루어졌던 것 중의 하나가 'ᆞ'의 폐지 여부였다. 예를 들어, Baird(1895)에서는 'ᆞ'의 사용이 부당하다고 하였는데,[12] 그것은 'ᆞ'가 15세기에는 음가를 지녔으나 오래전에 어두 음절에서는 'ㅏ'(위아 [a])로 비어두 음절에서는 'ㅡ'([ɯ])로 녹아들고 당시 구어에서는 쓰이지 않았으며, 그리하여 'person'에 대해 'ᄉᆞᄅᆞᆷ, ᄉᆞ람, 사ᄅᆞᆷ, 사람' 등의 적어도 네 가지 철자가 존재할 수 있기 때문이라고 하였다(King, 2004 참조).

이에 따라 당시 성서 번역에 참여한 선교사들은 새로운 표기법을 정립하고자 하였다. 당시 새롭게 정립되었던 표기법은 선교사 게일(Gale)과 그의 동료 이창직이 선언했던 것으로, 이른바 게일 시스템(Gale System) 또는 개혁 철자(reformed spelling)로 불렸다(앞의 1.4.2절 2.4항 참조). 이 두 사람은 1902년 9월 장로회 공의회에서 이에 대한 보고서를 읽었고, 성서번역위원회가 새로운 표기법의 사용을 결정하였다(류대영 외, 1994:59 참조).

게일이 주장한 새 표기법의 중심은 'ᆞ'의 폐지에 있었다. 이 표기법을 활용하면, 'ᆞ'가 폐지됨으로써 음절 수가 170에서 140으로 줄고

---

12 Baird(1895)에서는 한국어의 로마자 표기와 관련하여 언급하면서, 당시 표기법의 문제로 묵음자('ᆞ'와 'ㅈ, ㅊ, ㅅ, ㄷ, ㅌ, … ' 뒤의 반모음 'y')의 존재와 한국인 이름 철자에서의 혼돈 상태 등을 들었다(앞의 1.4.2절 2.4항 참조).

활자는 575자에서 443자로 줄며 전국적으로 인쇄 글자가 통일되는 효과가 기대되었다. 이를 바탕으로 1903년 7월 성서 번역을 위한 상임실행성서위원회 회의에서 번역 성경의 표기법 문제가 제기되었으며, 새 표기법의 채택이 만장일치로 의결되었다.

2.2. 그런데 1903년 후반기에는 성서의 번역과 출판이 일시 중단되는 일이 벌어졌다. 그것은 각 선교회에서 시기상조라는 이유로 새 표기법의 채택을 반대하자 그 해 10월 회의에서 다시 과거의 표기법을 사용하기로 결정했기 때문이다(류대영 외, 1994:59-61 참조). 이것은 'ㆍ'가 폐기되면 서북 방언을 적절히 표기할 수 없다는 주장에서 비롯되었다(이만열, 1987:58-60; 류대영 외, 1994:60 참조).[13] 그리하여 새 표기법으로 된 원고를 과거의 표기법('역사적 표기법')으로 환원하였다.

이후 1903년 11월 성서 번역이 재개되고 1904년 5월 개정이 완료된 신약이 인쇄되었으며, 'ㆍ'자를 비롯하여 전통적인 표기법이 그대로 수용되었다. 상임실행성서위원회의 임시본 『신약젼셔』(1904)에서 마태복음 일부(5장 1~5절)를 보면 다음과 같다.

(9) 예수ㅣ 허다흔 사룸을 보시고 산에 올나가 안즈시니 뎨즈들이
  나아오거늘 입을 열어 ᄀᆞᄅ쳐굴ᄋᆞ샤딕 ᄆᆞ음이 간난흔 쟈는 복

---

13 이와 관련하여 최현배(1940:310)에서는 다음과 같이 서술하였다.
  "簡易綴字 〈신약전서〉 一九〇二年년 刊. 이 책은 'ㆍ'字를 全廢하고, 제대로 소리나지 않는 'ㅑ, ㅕ, ㅛ, ㅠ' 따위를 廢하고, 簡易綴字法으로 統一하여 出版하였다. 그러나, 平安道에서 그 地方 말과 틀린다 하여 反對가 甚하므로, 不得已 그 出版된 것을 廢棄하게 되었다."

이 잇ᄂ니 텬국이 뎌희 거시오 이통ᄒᄂᄂ 쟈는 복이 잇ᄂ니 뎌희
가 위로홈을 밧을 거시오 온유흔 쟈는 복이 잇ᄂ니 뎌희가 싸흘
ᄎ지홀 거시오 －『신약젼셔』(1904)－

위 (9)에서 보면 '허다흔, 사름, 뎨ᄌ, ᄀᄅ쳐굴ᄋ샤딕, ᄆᆞᆷ, 잇ᄂ
니, 이통ᄒᄂᄂ, ᄎ지홀' 등에서와 같이 'ㆍ'가 상당히 넓게 분포되어 나
타나는데, 이는 앞의 (8)에 비해 빈도가 높다.

이를 바탕으로 1906년 『신약젼셔』가 간행되고 1911년으로 이어졌
으며, 1938년 개역에서부터 'ㆍ'가 표기에 사용되지 않았다(앞의 2.3.
2절 2.2항 참조). 여기서 1938년 개역 성서의 마태복음 일부(5장 1~5
절)를 보면 다음과 같다.

(10) 예수끠셔 무리를 보시고 산에 올나가 안즈시니 뎨자들이 나아
온지라오거늘 입을 열어 가라쳐 갈아샤대 심령이 간난한쟈는
복이 잇나니 텬국이 뎌희것임이오 애통하는쟈는 복이 잇나니
뎌희가 위로를 밧을 것임이오 온유한쟈는 복이 잇나니 뎌희가
싸을 긔업으로 밧을것임이오 －『성경개역』(1938)－

위 (10)에서는 앞의 (9)와 비교할 때 'ㆍ'가 쓰이지 않았음을 알 수
있다.

4.2.3. 국문연구소의 활동

3.1. 이봉운의 『국문졍리』(1897)에서는 'ㆍ'가 모음자 체계에 포함
되었는데(앞의 1.2.1절 1.1항 참조), 'ㅏ'와 'ㆍ'가 장단(長短)으로 구별
된다고 보았다.

"대뎌텬하의음률과언어가아음이쥬쟝이되ᄂᆞᆫ지라가령 ㅏ 이ᄌᆞ도아음
이오 · 뎜도아음이듸웃아ᄌᆞᄂᆞᆫ외이와뎜을합ᄒᆞ여시니쟝음이되여야올
코ᄋᆞ릐ᄋᆞᄌᆞᄂᆞᆫ뎜뿐이니단음이되여야올흘지라"

즉, 'ㅏ'(웃아)와 '·'(ᄋᆞ릐ᄋᆞ)는 모두 음이 '아'인데, 전자는 'ㅣ'와
점('·')을 합하였으므로 장음이고 후자는 점('·')뿐이니 단음이 맞다
는 것이다.

그런데 당시 의학교 초대 교장이었던 지석영은 「新訂國文」(1905)에
서 '·'를 폐지하고 '='를 새롭게 제정하자고 하였다. 여기서 '·'와 관
련되는 부분을 보면 다음과 같다.

ㅏ아 ㅑ야 ㅓ어 ㅕ여 ㅗ오 ㅛ요 ㅜ우 ㅠ유 ㅡ으 =이으合音 ㅣ이
ㄱ느ㄷ르ㅁ브ㅅ으ㅈ츠ㅋ트ㅍ흐ㅣ十四字 가나다라마바사아자차카타파
하字의疊音으로用하기에刪定함이라

위에서 앞부분은 新訂國文初中終三聲辨 중의 中聲獨用十一字에서 '·'
대신에 '='를 제시한 것이며, 뒷부분은 新訂國文疊音刪定辨에서 '·'가
사용되는 표기를 산정(刪定)하였음을 의미한다.

「新訂國文」(1905)에서는 '·'가 오랜 세월 동안 와전(訛傳)되어 본음
을 잃어 버리고 'ㅏ'에 혼동되었다고 하였다. 그리고 모음의 배열 순서
가 훈민정음에서는 '·ㅡㅣㅗㅏㅜㅓㅛㅑㅠㅕ'이었으나 이것은 연혁변
천(沿革變遷)으로 'ㅏㅑㅓㅕㅗㅛㅜㅠㅡㅣ·'가 되었는데,[14] 이는 다시
'ㅏㅑㅓㅕㅗㅛㅜㅠㅡㅣ·'가 되고 이때 '·' 자리는 'ㅣㅡ'의 합음이 된

---

14 이것은 최세진의 『訓蒙字會』(1527)의 범례와 유사하다.

다는 것이었다. 그리고 합독(合讀)의 논리로 보아 'ㅣ+ㅏ→ㅑ, ㅣ+ㅓ→ㅕ, ㅣ+ㅗ→ㅛ, ㅣ+ㅜ→ㅠ'가 되는 것처럼 'ㅣ+ㅡ→='가 된다고 하였다. (따라서 배열 순서에서 'ㆍ' 대신에 창작된 '='는 'ㅡ' 뒤에 위치하였다.) 이러한 이유에서 'ㆍ'의 음가는 'ㅣㅡ' 합음이 되며, 따라서 그것의 자형(字形)을 오랫동안 동음으로 혼용되어 온 'ㅏ'자와 구별하기 위해 'ㆍ'자를 '='자로 바꿔야 한다는 것이었다.

이렇게 「新訂國文」(1905)에서 'ㆍ'의 음가를 'ㅣㅡ' 합음으로 본 것은 주시경의 『國語文典音學』(1908:34)에서의 기술과 관련이 있다(김민수, 1963 참조).

"餘가十七歲에英文의字母音을解ᄒ고轉ᄒ여國文을字母로解홀새母音의 分合됨을硏究ᄒ다가ㆍ가ㅣㅡ의合音字되리라覺悟ᄒ고十九歲甲午에ㆍ가ㅣㅡ의合音된다는右의第一證을作ᄒ고壬寅元望붙어池松村公을放從ᄒ여ㆍ가ㅣㅡ合音됨을陳設ᄒ더니乙巳春에至ᄒ여池公이大韓國文設을纂ᄒ여 … 此는ㆍ가ㅣㅡ合音이라홈이漸漸解明되어감이로다"

주시경이 17세 때(1892년) 'ㆍ'의 음가가 'ㅣㅡ' 합음임을 깨달았고, 19세 때(1894년)에 모음의 합음 체계에 비추어 이것이 사실임을 확인하였다는 것이다. 그리고 임인년(1902년)에 이것을 지석영에 설명하였는데, 그가 동의하고 을사년(1905년) 봄에 〈大韓國文說〉을 편찬할 때 이 내용을 포함하였다는 것이다.[15] 그러나 주시경은 음가는 'ㅣㅡ' 합음이라 하였으나, '='의 창작에 대해는 찬성하지 않았다. 따라서 「

---

15 〈大韓國文說〉은 대한자강회 월보 11호(1907년 5월)와 13호(1907년 7월)에 실린 지석영의 논설이다(하동호 편, 1985:91~100 참조).

新訂國文」(1905)에서 'ㆍ'를 폐지하고 그 대신 'ㅡ'를 새로 만든 것은 주시경의 뜻과는 다른 것이었다.

[3.2.] 「新訂國文」(1905)에서 'ㅡ'의 창작과 관련한 것은 법령으로 발표되었으나 실행되지는 않았고 학자들 사이에서 반대만 불러일으켰다. 이에 대한 논의가 심화되면서 학부에서는 1907년 7월에 국문연구소를 개설하였다. 여기서는 당시 표기법에 관심이 있는 사람을 위원으로 위촉하여 2년여 동안 연구하고 그 결과를 각각 제출케 하였다. 그리고 이를 바탕으로 23회에 걸쳐 회의를 거듭하여 연구소의 통일안을 확정하여 발표하였는데, 이것이 ≪國文硏究議定案≫(1909)이었다(앞의 1.2.2절 2.2항 참조).

당시 국문연구소의 위원으로 활동한 사람들은 중간에 변화가 있었으나, 최종 연구안을 제출한 연구위원들의 'ㆍ'의 폐지와 'ㅡ'의 창작에 관한 논의를 보면, 당시 다양한 의견이 난립하였음을 알 수 있다. 즉, 이민응은 'ㅡ'의 창작과 'ㆍ'의 폐지를 주장한 지석영의 의견에 찬동하였고, 이와 반대로 이능화와 송기용은 'ㅡ'의 창작과 'ㆍ'의 폐지 모두 불가하다는 입장이었다.16 그리고 권보상은 'ㅡ'의 창작은 반대하였으나 'ㆍ'의 폐지에 찬동하였으며, 어윤적과 주시경은 'ㅡ'의 창작은 반대하였으나 'ㆍ'의 사용은 옳다고 하였다(이기문, 1970; 이응

---

16 이기문(1970:108)에서는 결국 이능화의 의견으로 귀착되었다고 하였다. 이능화의 의견을 보면 다음과 같다.

"最後에ᄂᆞᆫ博通有志ᄒᆞᆫ池錫永氏가國文을多年硏究ᄒᆞᆫ結果로國文中聲第九字下에=即ㅣㅡ의假定ᄒᆞᆫ字音이欠缺됨을發見ᄒᆞ며ㅏ·字의首尾疊音됨을抱憾ᄒᆞᆺ아或增加或廢棄ᄒᆞ기로國家에建白ᄒᆞ야會蒙優批ᄒᆞᆺᄂᆞᆫ딕今日本所國文硏究가該氏의志誠所致라謂치아니치못ᄒᆞᆯ지며加=廢·ᄂᆞᆫ問題가될지로다." ―국문연구소, 〈국문자체급발음의연혁(제2회) 연구안〉(1907)―

호, 1975:321-323 참조).

이와 관련하여 연구위원들이 1908년 10월 이에 대해 논의한 후 정리된 최종 결과는 다음과 같다(이응호, 1975:321 참조).

> "·字는 其本音이 ㅣ 加一의 字와 如ᄒ되 今에 ㅏ字疊音으로 行用됨이 訛誤오 更히 一字의 拗音 卽 ㅣ 加一의 音과 如ᄒᆞᆷ으로 · 를 廢ᄒ고 其代에 ＝를 創製ᄒ얏으나 · 의 本音이 ㅣ 加一와 同ᄒᆞᆷ도 明證이 無ᄒ고 且 ＝字의 音이 必要ᄒ다 ᄒᆞᆯ지라도 ㅣ 加一의 合中聲으로 天然作字의 例가 自在ᄒᆞᆫ 즉 ＝字는 創製ᄒᆞᆷ이 不當ᄒᆞ며 ·字는 ㅏ音과 混疊ᄒ얏으나 製字ᄒᆞᆫ 신本義과 行用ᄒ든 慣例로도 廢止ᄒᆞᆷ이 不當ᄒᆞᆯ 샏 不是라 法令公文에 一切慣用ᄒ고 一般人民이 信手輒書ᄒ니 實除로도 廢止ᄒᆞᆷ이 不可能ᄒ니 其用法만 區別ᄒ야 一定ᄒᆞᆯ지오 廢止ᄒᆞᆷ은 不當ᄒ도다"

즉, '·'의 본음이 'ㅣ ㅡ' 합음이라는 명증(明證)이 없고, 또 그렇다 하더라도 '·'가 있는데 '＝'자를 만들어 쓸 필요가 없으며, '·'가 'ㅏ' 와 혼첩(混疊)하였으나 현실에서는 '·'가 널리 쓰이고 있으니 그 용법만 구별하여 일정(一定)하면 된다는 것이었다. 그리하여 결국 '＝'자는 쓰지 않고, '·'자는 현실적인 문제를 고려하여 폐지를 보류하였다.[17]

이와 같이 하여 국문연구소의 ≪國文硏究議定案≫(1909)에서는 당시 현실음을 반영하지 못하던 '·'의 표기가 고수되었다.

---

[17] 한편, 一題의 자체(字體)와 발음(發音) 부분에서는 '·'자의 발음과 관련하여 다음과 같이 언급하였다.

"中聲字中 · 字의 發音은 訓民正音에 如呑字中聲이라ᄒ고 訓蒙字會에 思不用初聲이라ᄒ얏으니 其音이 一字와 近似ᄒ되 國語音으로는 成音키 難ᄒ거늘 今俗에는 訛誤ᄒ야 ㅏ字發音과 混疊ᄒ니라"

4.3. 언문 체제에서의 'ㆍ'

일제에 의해 공표된 세 차례의 언문 철자법은 모두 당시 교과서 편찬과 관련되는 것이었다. 이들은 공식적인 절차에 의해 정해졌다는 의의를 지니는데, 그 내용에서는 당시 상황을 반영하듯 'ㆍ'의 사용 여부가 논의의 중심이 되었다. 실제로 'ㆍ'는 ≪普通學校用諺文綴字法≫(1912)에서 고유어에서는 사용을 제한하고 한자어에서는 유지하였는데, ≪諺文綴字法≫(1930)에서는 고유어와 한자어 모두에서 폐지하였다.

[3.1.] 일제 총독부에 의해 마련된 ≪普通學校用諺文綴字法≫(1912)은 대체적인 방침을 '表記法은表音主義에依하고發音에遠한歷史的의綴字法等은此를避'한다고 하면서, '漢字音으로된語를諺文으로表記하는境遇에는特히從來의綴字法을採用'한다고 하였다. 즉, 표음주의를 바탕으로 발음을 따라 표기하는 것을 원칙으로 하지만, 한자음으로 된 어휘는 종래의 표기법에 따라 적는다는 것이었다(앞의 2.1.1절 1.2항 참조). 이에 따라 'ㆍ'와 관련하여 순수 고유어와 한자어 간의 표기가 이원화되었는데, 우선 고유어 표기에 관한 규정을 보면 다음과 같다.[18]

　二. 純粹朝鮮語에對하야는 'ㆍ'를使用하지아니하고、'ㅏ'로定함。
　九. 從來二種의書法이잇는助詞는· 는· 를· 로은는· 를로一定함。

위의 二항과 九항에서는 고유어에서 'ㆍ'를 'ㅏ'로 표기함을 규정하

---

18 이 규정에 따라 새롭게 편찬된 교과서인 『普通學校 朝鮮語及漢文讀本』(1915) 권1에서는 언문 자모에서 모음자에 'ㆍ'가 포함되어 'ㅏ, ㅑ, ㅓ, ㅕ, ㅗ, ㅛ, ㅡ, ㅣ, ㆍ' 등으로 제시되었다.

ㅆ였는데, 그에 따라 조사 '는/ᄂᆞᆫ'과 '를/를'은 각각 '는'과 '를'로 쓴다
는 것을 예시하였다.

그러나 한자어에 관해서는 다음과 같이 규정하였다.

五. 二·三·四의三項은漢字音으로된말을諺文으로表記하는境遇에는適
用하지아니함. 이는그韻을紊亂히할憂慮가잇슴으로써임.

즉, 한자어는 과거대로 'ᆞ'를 표기에 사용하는데, 그 이유는 한자음
의 운(韻)을 문란케 할 우려가 있기 때문이라 하였다.

이어서 개정된 ≪普通學校用諺文綴字法大要≫(1921)에서는 '現代의京
城語를標準으로' 하고, '可及的發音대로의綴字法을採用'하는 것은 마찬
가지였으며(앞의 2.1.2절 2.2항 참조), 'ᆞ'와 관련하여서도 앞의 규정
과 크게 달라지지 않았다. 다만 규정의 내용을 좀 더 풀어썼는데, 본
문을 보면 다음과 같다.

五. 純粹의朝鮮語에對하여는表音的表記法에從하야ᆞ를使用하지아니하
고(字音은歷史的綴字法에依하야ᄅᆡ(來)·ᄆᆡ(每)로書함)、 ㅏ로此에代
함.
(例) 말(馬、本來는ᄆᆞᆯ)、 사람(人、本來는사ᄅᆞᆷ)
但ㅏ의發音에依하지아니하는것은此限에잇지아니함.
(例) 가늘(細、本來는가ᄂᆞᆯ)、 마음(心、本來는ᄆᆞᅀᆞᆷ)
가슴(胸、本來는가ᄉᆞᆷ)、 나물(菜、本來는ᄂᆞ믈)
一. 從來二樣의書法이잇는助詞는ᄂᆞᆫ·를롤은는를로、 은ᄋᆞᆫ·을욜은은
을로一定함.

즉, 고유어의 경우 'ᄆᆞᆯ〉말, 사ᄅᆞᆷ〉사람'처럼 'ᆞ〉ㅏ'로 변한 것은 변

한 대로 쓰지만, 한자어의 경우에는 '릭(來), 믹(每)'처럼 'ㆍ'를 사용한다는 것이다. 그리고 '가눌〉가늘, ㅁ음〉마음, 가슴〉가슴, ㄴ물〉나물'처럼 고유어에서 'ㆍ〉ㅡ' 또는 'ㆍ〉ㅜ'로 변한 것도 'ㆍ'를 표기에 반영하지 않고 변한 음대로 표기한다고 하였다. 또한 조사의 경우에도 'ㄴ, ㄴ'과 'ㄹ, ㅇ'을 버리고 모두 '는, 은'과 '를, 을'로 통일하여 'ㆍ'가 반영되지 않았다.

이렇게 'ㆍ' 표기가 각 시기에 따라 달라진 것을 당시 교과서였던 『普通學校學徒用 朝鮮語讀本』(1911)과 『普通學校 朝鮮語及漢文讀本』(1915), 그리고 『普通學校 朝鮮語讀本』(1923)의 공통 단원의 일부를 비교하여 보면 다음과 같다.[19]

(11) 흔마리기가잇ᄂ되고기를물고ᄃ리를건너갈식ᄃ리아리에도ᄯᅩ흔
    고기를먹ᄂ기가잇ᄂ것을보앗더라。이기ᄂ甚히慾心이만흔기
    라그고기신지쌘앗고져ᄒ야짓더라。지즐쩌에입이열녀서물엇
    던고기가곳물가운되쌔진지라。 ―『普通學校學徒用 朝鮮語讀本
    』卷二(1911), '二十一課 慾心이만흔犬'―

(12) 개한마리가고기한덩어리를물고다리를건너가오。다리아래를나

19 일제 총독부에서는 제1차 조선교육령(1911. 8.)에 따라 개편되었던 조선어 과목의 교과서에 대해 우선 대한제국 학부에서 간행하였던『普通學校學徒用 國語讀本』(1907-1908)을 자구정정 수준으로 바꿔서『普通學校學徒用 朝鮮語讀本』(1911-1913)을 발간하여 사용하였다. 따라서 여기서는 '國語'가 '朝鮮語'로 되고 내용은 서로 비슷하였으며, 종전 철자법을 따르는 것이었다. 그리고 총독부에서는『普通學校 朝鮮語及漢文讀本』(1915-1923)을 편찬·발행하였는데, 이것은 《普通學用朝鮮語綴字法》(1912)을 따라 표기하였다. 그리고 제2차교육령(1922. 2.)에 따라 조선어와 한문 과목이 분리되었고 조선어 교과서로『普通學校 朝鮮語讀本』을 발간하였으며, 이것은 당시 공표된 《普通學校用朝鮮語綴字法大要》(1921)를 따랐다.

려다본즉저와갓흔개한마리가고기한덩어리를물고잇소。 그개는
慾心이나서그고기까지쌔앗을싱각으로나려다보고지젓소。 지즐
째에입이벌어저서물엇던고기가믈에써러젓소。 -『普通學校 朝
鮮語及漢文讀本』卷一(1915), '六十七 慾心만흔개'-

(13) 엇던 개 한마리가、고기 한덩어리를 물고、다리를 건너가오。우
연히 다리 아래를 나려다본즉、제 모양과 쪽 갓흔 개 한마리가
역시 고기 한덩어리를 물고잇소。그 개는 근본 慾心이 만은 고로
、그 고기까지 쌔앗을 싱각이 나서、나려다보고 컹컹지젓소。지
즐 째에、입이 벌어저서、물엇든 고기를 물속에 썰어트렷소。
-『普通學校 朝鮮語讀本』卷二(1923), '二十八 慾心 만은 개'-

위에서 (11)은 전통적인 표기를 수용하였는데, (12)는 ≪普通學校用
諺文綴字法≫(1912)에 따르고 (13)은 ≪普通學校用諺文綴字法大要≫
(1921)에 따라 표기된 것이다.[20] 그런데 (11)에서는 'ㆍ'가 보이지만,
(12, 13)에서는 고유어에서 나타나지 않고 한자어 '싱각'에서만 'ㆍ'가
표기에 반영되었다. 그것은 ≪普通學校用諺文綴字法≫(1912)과 ≪普通
學校用諺文綴字法大要≫(1921)에서 'ㆍ' 표기가 고유어에서는 쓰지 않
고 한자어의 경우에만 표기에 적용하도록 하였음을 보여 주는 것이다.

[3.2.] 일제 총독부가 규정한 세 번째 표기 규범인 ≪諺文綴字法≫
(1930)에서는 앞선 두 차례의 규정과 같이 '現代京城語로標準'하고 '發
音대로表記함을原則으로' 하였으나, '純粹한朝鮮語거나漢字音임을不問

---

20 위에서 (12)에 비해 (13)에서는 띄어쓰기가 반영되었다. 원본에는 조사도 띄어 썼는
데, 여기서는 편의상 이것을 붙여 쓰기로 한다.

하고' 동질적으로 규정하였음이 특징이다(앞의 2.1.3절 3.2항 참조).
물론 여기에는 '必要에依하야若干의例外를設'할 수 있다는 단서를 달
기는 하였다. 이에 따라 'ㆍ'의 경우는 各論에서 다음과 같이 규정하
였다.

一. 純粹한朝鮮語거나漢字音임을勿論하고 'ㆍ'는全廢하고左例甲號와가
티 'ㅏ'로書함.
(例) 甲/乙   말(馬)/ᄆᆞᆯ 사방(四方)/ᄉᆞ방 배(腹)/ᄇᆡ

즉, 고유어('말/*ᄆᆞᆯ, 배/*ᄇᆡ')와 한자어('사방/*ᄉᆞ방') 표기에서 모
두 'ㆍ'를 폐지한다는 것이다. 이는 당시 교과서 편찬에 적용되었는데,
『普通學校 朝鮮語讀本』卷二(1931)의 한 단원 일부를 보면 다음과 같다.

(14) 오날은 秋夕이올시다。 貞子는 學校에 갓다와서、 아버지와 옵바
를 모시고、 山所에 갓습니다。 貞子의 집 山所는、 洞內에서 멀지
아니한、 경치 조은 곳에 잇습니다。 山所 앞에、 햇실과와、 송편
과、 그 외 여러가지 제물을 차려노코、 절사를 지낼 때에、 貞子
는、 하라버지와 할머니의 살아계실 때 일이 또 다시 생각낫습
니다。 밤에는 집안 食口들이、 뜰에 자리를 깔고 앉어서、 달구
경을 하얏습니다。 하날에는 구름이 한점도 업고、 풀속에서는
버레들이 울고잇섯습니다。 -『普通學校 朝鮮語讀本』 卷二
(1931), '二十二 秋夕'-

위 (14)에서는 'ㆍ'가 전혀 보이지 않는다. 특히 앞 (12, 13)에서는
'싱각'에서처럼 한자어에서도 'ㆍ'가 나타났으나, 여기서는 '생각'으로
표기되었다.

결국 일제 강점기에 시행되었던 세 차례의 표기 규정은 교과서 편찬에 영향을 미쳤고, 이것은 'ㆍ'의 사용 여부에도 적용되었는데, 공식적으로 표기 규정에서 'ㆍ'가 완전히 사라진 것은 ≪諺文綴字法≫(1930)에서라고 할 수 있다.

4.4. 한글 체제에서의 'ㆍ'

4.1. 당시 'ㆍ'에 대해서는 주시경의 'ㅣㅡ' 합음설이 이어져 왔다 (앞의 4.2.3절 3.1항 참조). 우선 1910년대의 김두봉의 『조선말본』(1916:34-35)을 보면 다음과 같다.

"ㆍ는요사이잘못「알에ㅏ」라하나그참은ㅣ와ㅡ의거듭한소리니이는
ㅑㅕㅛㅠ가ㅓㅗㅜ에ㅣ몬저거듭한소리의딴보람(標)인것을보아도
ㆍ는ㅡ에ㅣ몬저거듭한소리의보람(標)인줄을알지며옛글에「흙」을「
흙」「기름」을「기름」「며느리」를「며ㄴ리」라고쓴것을보아도ㆍ는ㅡ와
비슷한소리ㄴ줄을알지며세로ㅣ와가로ㅡ의거듭한보람(標)을세(縱)도
아니요가(橫)도아닌ㆍ로한것이또한밝은지라그러하나이소리가이제
에는도모지쓰이지아니하나니라"

위에서 보면, 'ㆍ'는 'ㅣㅡ'의 '거듭한 소리'이며 당시에는 쓰이지 않았다는 것이다.

1920년대의 경우, 이상춘의 『朝鮮語文法』(1925:7-8)에서는 단모음으로 'ㅏㅓㅗㅜㅡㅣ'를 제시하고 'ㆍ'는 복모음('ㅣㅡ의겹')이라 하였다. 그리고 최현배의 『우리말본 -첫재매-』(1929:19-22)의 '홋홀소리의 셈'(單母音의 數)에는 다음과 같이 서술하였다.

"우리말의 홀소리의 셈음 모다 아홉이니: 곧 ㅏㅓㅗㅜㅡㅣㅐㅔㅚ이
니라. … 訓民正音에 中聲 곧 홀소리로 들어낸 것은 ㅏㅑㅓㅕㅗㅛㅜ
ㅠㅡㅣㆍ의 열하나인데, 그 중에 ㅑㅕㅛㅠㆍ가 홋소리가 아니오 거
듭소리인 것은 한힌샘(周時經)스승님께서 밝혀내신 것이니라. … ㅐ
ㅔ 두 소리가 홋홀소리라고 잡기는 이미 우리 힌못 金枓奉언니가 말
슴한바이어어니와; 나는 이에 ㅚ를 더하여, 우리나라의 홋홀소리를
모다 아홉으로 잡았노라."

즉, 'ㆍ'는 주시경의 견해에 따라 '거듭소리'라 하였다는 것이다.
한편, 박승빈의 『朝鮮語學講義要旨』(1931:26~27)에서는 'ㆍ'에 대해
역사적인 관점에서 다음과 같이 서술하였다.

"'ㆍ'의 本來의 音은 現時 使用되는 中聲 'ㅡ'의 內容에 包含된 것이며
그 音은 各 中聲의 發源音이라 … 중성 'ㅡ'는 'ㆍ'와 音韻이 가장 接近
하며 'ㆍ'보담은 强한 音인 故로 'ㆍ'는 'ㅡ'에 合倂되야버려씀. 그리
하야서 現今 'ㅡ'는 古代音 'ㆍ'를 包含한 것임."

즉, 'ㆍ'는 'ㅡ'와 근접한 음운이었는데, 당시에 와서는 'ㅡ'가 'ㆍ'를
포함(包含)하였다는 것이다. 그리고 이와 관련하여 'ᄀᆞ튼→가튼', '노
픈→노픈, 자ᄇᆞ시니→자브시니, 노ᄒᆞ샤→노흐샤' 등의 예를 제시하
였다.
위의 자료에 따르면 적어도 1930년대에는 'ㆍ'가 현실음에서 쓰이지
않았음을 이해할 수 있다.

4.2. 동아일보에서 배포한 ≪新綴字便覽≫(1933)에서는 'ㆍ' 표기
를 폐지하였다. 해당 부분을 보면 다음과 같다.[21]

一. ·의 使用을 廢하고 ㅏㅓㅜㅡㅣ 等으로 代用함. 新/舊
  남(他人)/㐂 버리다(棄)/ᄇ리다 하눌(天)/하늘 오늘(今日)/오늘
  아침(朝)/아츰 마음(心)/마음
十六. 漢字音은 다 表音式으로 씀.
一. ·는 다 ㅏ로 씀. 新/舊
  내외(內外)/ᄂᆡ외 사사(私事)/ᄉᆞᄉᆞ 행복(幸福)/ᄒᆡᆼ복

이것은 ≪諺文綴字法≫(1930)과 같은 맥락으로, 고유어와 한자어의 표기에서 '·'를 전면적으로 폐지함을 의미한다. 그런데 여기서는 ≪諺文綴字法≫(1930)과 달리 고유어에서의 '·' 표기와 관련하여 독립된 조항으로 규정하였으며, 고유어에서 '·'는 'ㅏ'뿐만 아니라 'ㅓ, ㅜ, ㅡ, ㅣ'로도 바뀌는 것으로 서술하였다.

이에 대한 해설에 해당하는 이윤재(1933ㄱ)의 일부를 보면 다음과 같다(하동호, 1986ㄱ:390-395 참조).

"비록 古語일지라도 現代音化한 것은 그대로 쓰는 것이 옳은 것이요, 구태여 되지 아니한 글자를 쓰는 것이 아무 必要가 없는 일이다. … ·를 廢하야 쓰지 아니하기로 한즉 반드시 그것을 대신하야 쓸 글자가 잇어야 하리니, 요새 사람들은 덮어놓고 ㅏ로만 고쳐 쓰는 버릇이 잇다. 이것은 글을 쓸 때에 아무 생각도 없이 이태까지에 ·를 「아래 ㅏ字」라 하든 錯誤한 생각에서 나온 것이다. ·를 대신하야 쓸 것은 ㅏ뿐이 아니라, ㅜ로도 쓰이고, ㅓ로도 쓰이고, ㅡ로도 쓰이고, ㅣ로도 쓰이는 것이다."

---

21 예시는 新/舊로 모아 제시한다.

즉, '·'를 폐하는데, 그에 대치되는 것으로는 'ㅏ'만이 아니라 'ㅜ, ㅓ, ㅡ, ㅣ'로도 쓰이는 부분이 있음을 지적한 것이다.

[4.3.] 조선어학회에서 규정한 《한글 마춤법 통일안》(1933)에서는 기본 원칙을 '표준말을 그 소리대로 적되, 어법에 맞도록 함으로써 원칙을 삼는다'고 하였으며, 한글 자모 체계의 모음자에서 '·'가 제외되었다.

> 第一項 한글의 字母의 數는 二十四字로 하고, 그 順序는 다음과 같이 定한다.
>
> ㄱ ㄴ ㄷ ㄹ ㅁ ㅂ ㅅ ㅇ ㅈ ㅊ ㅋ ㅌ ㅍ ㅎ
> ㅏ ㅑ ㅓ ㅕ ㅗ ㅛ ㅜ ㅠ ㅡ ㅣ

즉, 위에서처럼 '·'는 기본 모음자에 포함되지 않았으며, 따라서 실제 표기에서 '·'는 쓰이지 않았다. 따라서 고유어와 관련하여 '·' 표기 문제는 규정에 명문화되지 않았다.

한편, 한자어 표기와 관련하여서는 '한자음은 현재의 표준 발음을 쫓아서 표기'하는 것을 원칙으로 하고, 종래의 한자 자전에 규정된 자음을 고치기로 하였는데, '·'와 관련되는 부분을 보면 다음과 같다.

> 第三三項 ·字 音은 죄다 ㅏ로 적는다. (甲을 取하고 乙을 버린다.)
>   例: 甲/乙
>   간친(懇親)/ᄀᆞ친 발해(渤海)/ᄇᆞᆯ히 사상(思想)/ᄉᆞ상 자녀(子女)/ᄌᆞ녀
> 第三四項 ·ㅣ 字 音은 모두 ㅐ로 적는다. (甲을 取하고 乙을 버린다.)
>   例: 甲/乙
>   개량(改良)/ᄀᆡ량 내외(內外)/ᄂᆡ외 대용(代用)/ᄃᆡ용 매일(每日)/ᄆᆡ

일 색채(色彩)/식채 애석(愛惜)/이석 재능(才能)/지능 책자(冊子)/
칙즈 태모(胎母)/틱모 해변(海邊)/힉변

이것은 한자음에서 종래의 'ㆍ'자 음을 'ㅏ'로 적고 'ㆎ'자 음을 'ㅐ'
로 적는다는 것으로, 'ㆍ'를 표기에 사용하지 않음을 의미한다. 따라서
결과적으로 ≪한글 마춤법 통일안≫(1933)에서는 일제의 ≪諺文綴字
法≫(1930)과 동아일보의 ≪新綴字便覽≫(1933)에서처럼 고유어와 한
자어 모두에서 'ㆍ' 표기가 전면적으로 사라지게 되었다.

4.4. 조선어학회의 ≪한글 마춤법 통일안≫(1933)은 이후 몇 차례
에 걸쳐 수정 또는 보완되었는데, 'ㆍ'와 관련되는 부분에서는 내용상
거의 변화가 없었다. 우선 ≪통일안(고친판)≫(1937)에서는 (한자어와
관련한 부분에서) 다음과 같이 규정하였다.

第三三項 "ㆍ"字 흠은 죄다 "ㅏ"로 적는다. (甲을 取하고 乙을 버린다.)
   例: 甲/乙
   간친(懇親)/근친 발해(渤海)/불히 사상(思想)/ㅅ샹 자녀(子女)/ㅈ녀
   차제(次第)/ᄎ데 탄하(呑下)/튼ᄒ 항상(恒常)/홍샹 아동(兒童)/ㅇ동
第三四項 "ㆎ"字 흠은 모두 "ㅐ"로 적는다. (甲을 取하고 乙을 버린다.)
   例: 甲/乙
   개량(改良)/기량 내외(內外)/닉외 대용(代用)/딕용 거래(去來)/거
   리 매일(每日)/민일 배양(培養)/빅양 색채(色彩)/식채 재능(才能)/
   지능 책자(冊子)/칙즈 태모(胎母)/틱모 해변(海邊)/힉변 애석(愛
   惜)/이석

이것은 ≪한글 마춤법 통일안≫(1933)에 비해 규정 자체의 변화는 없고 예시 중 일부가 추가된 것이다. 이후에 나온 것을 보면, ≪통일안(새판)≫(1940)은 ≪통일안(고친판)≫(1937)과 동일하되 다만 예에서 '태모(胎母)/틔모'가 '태생(胎生)/틔생'으로 바뀌었으며, ≪통일안(한글판)≫(1948)과 ≪통일안(용어 수정판)≫(1958)은 변화 없이 ≪통일안(새판)≫(1940)과 동일하다. 그리고 ≪한글 맞춤법≫(1980)에서는 '한자말을 따로 세우지 않고 각 해당 항에서 다루'는 것으로 하였으며, 'ㆍ'의 표기에 관한 것은 아예 언급하지 않았다.

결국 'ㆍ' 표기는 ≪한글 마춤법 통일안≫(1933)에서 실질적으로 폐지되었으며,[22] 그 이후의 표기 규범에서는 큰 의미를 지니지 않고 전례에 따라 내용에 포함되던 사문화(死文化)된 이른바 '죽은' 규정이 되었다. 현행 ≪한글 맞춤법≫(1988)에서는 'ㆍ'에 관한 것은 본문에서 다루지 않았으며, 다만 개정의 필요성을 다루는 부분에서 '현재에 와서 불필요한 조항이 생기'게 되었는데, 그 중에 "'ㅇ동'을 '아동'으로 적도록 한 규정'으로 대신하였다(앞의 3.4절 4.2항 참조). 즉, 'ㆍ'는 더 이상 한글 표기 규정에서 다룰 필요가 없게 되었던 것이다.

4.5. 정리

5.1. 앞에서는 문자로서의 'ㆍ'에서 나타났던 표기상의 변화 과정을

---

22 성서 번역 과정을 보면, 1938년 개역 성경에서는 일부의 반대에 부딪혀 ≪한글 마춤법 통일안≫(1933)이 채택되지 않았으나, 'ㆍ' 표기는 폐지되었다(앞의 2.3.2절 2.2항 참조).

살펴보았다. 문자로서의 'ㆍ'는 훈민정음 창제에서 가장 핵심적인 모음자이었으며, 초출자와 재출자 등의 다른 모음자를 구성하는 데 관여하였다. 그리고 훈민정음 체계에서뿐만 아니라 19세기 국문 표기와 번역 성서의 표기에서도 널리 나타났으며, 이 현상은 20세기 들어 언문 철자법과 한글 맞춤법 등의 표기 규범이 규정될 때까지 지속되었다.

19세기에 펼쳐졌던 국문 정리 과정에서 'ㆍ'는 가장 주목받았던 영역 중의 하나였다. 당시 'ㆍ'는 이른바 'ㅣㅡ' 합음설에 근거하여 '='라는 새로운 글자를 창작하는 문제에까지 이르렀으며, 그에 따라 국문연구소가 설치되기도 하였다. 여기서 ≪國文研究議定案≫(1909)이 제출되기도 하였으며, '='의 창작은 수용되지 않았다. 일제 강점기에는 ≪普通學校用諺文綴字法≫(1912)에서는 'ㆍ'가 한자어 표기에는 사용되지만 고유어에서는 제한되는 이원적인 방침에 따라 교과서에 적용되다가 ≪諺文綴字法≫(1930)에서는 한자어와 고유어 모두에서 쓰이지 않게 되었다.

1930년대에는 한글 표기 규정에서 'ㆍ'의 표기 문제가 사라졌는데, 이 현상은 동아일보의 ≪新綴字便覽≫(1933)과 조선어학회의 ≪한글 마춤법 통일안≫(1933)에서 전면적으로 적용되었다. 이후 한글 표기 규정에서는 더 이상 'ㆍ'과 관련한 문제는 다루어지지 않고 사문화(死文化)되었다.

5.2. 표기법은 문자의 운용 방법과 관련된다는 점에서 문자의 보수성에서 벗어나지 않는다. 그리하여 표기법은 일단 정착이 되어 한 언어사회의 문자생활에 구속력을 갖게 되면, 사용의 범위가 넓어지면서 쉽사리 바뀌지 않으려는 경향을 띤다. 그것은 문자로 표기되는 시

각적 형태가 변하면, 언어사회 구성원들이 쉽게 이질감을 느끼게 되기 때문이다. 한글과 같은 음소문자의 표기법은 현실 발음에서 어긋나는 경우가 있는데, 이 경우에 문자의 보수성과 관련되는 부분이 많다.

문자가 음성언어를 반영하는 것이라는 점에서 보면, ' · '의 경우 그것이 상징하는 음소적 가치가 소멸되었음에도 불구하고 상당한 기간 동안 표기에 사용되었던 것은 매우 특이한 현상이라 할 수 있다. 물론 이것은 문자의 보수성이라는 측면에서 해석되기도 하지만, 실은 문자 자체의 보수성이라기보다는 그 문자를 사용하는 언어사회 구성원들의 문자 사용에 대한 의식에 근본적인 원인이 있을 것으로 보인다. 따라서 ' · '가 지닌 표기상의 특징은 지금까지와 같이 언어 자료를 통해 분석하는 것은 당연하겠으나, 이와 더불어 문자로서의 ' · '에 대한 언중들의 의식이 어떠한지를 살피는 것도 의미가 있을 것이다.

제5장 된소리 표기

이 장에서는 훈민정음 제정 당시와 근대 국어 시기를 거치면서 대두되었던 된소리 표기에 대해 문자적 측면에서 개괄적으로 기술하고, 20세기 들어 ≪國文硏究議定案≫(1909)으로부터 현행 ≪한글 맞춤법≫(1988)에 이르기까지 국어 표기 규정에 나타났던 된소리 표기 관련 항목들을 살핀다. 그리고 된소리 현상에 대한 음운론적 해석에 매이지 않고 표기와 관련되는 문제에 한정하여 다루며, 문헌에서의 표기 예와 표기 규정을 중심으로 된소리 표기법의 변천 양상을 거시적인 관점에서 서술한다.[1]

---

[1] 이 장은 우형식(2014)를 이 책의 취지에 맞게 재구성한 것이다.

5.1. 된소리와 표기의 문제

국어의 자음 체계는 '불-뿔-풀'의 최소 자립어에서 'ㅂ-ㅃ-ㅍ'의 음운적 대립이 성립되는 것과 같이, '예사소리-된소리-거센소리'의 3 지적 상관 구조를 이룬다.2 따라서 된소리는 예사소리, 거센소리와 대립하면서 현대 국어의 자음 체계에서 주요한 한 영역을 차지한다.

역사적으로 보면, 된소리가 언제부터 국어의 자음 체계에서 의미 분화의 기능을 담당하는 음소로 자리 잡게 되었는지 확실하지 않다. 국어에서 된소리가 출현한 배경과 시점에 대해서는 여러 견해가 있지만, 처음에는 어중에서 음성적 실현의 형식으로 나타났다가 점차 어두로 확장되면서 자음 체계에서 한 음소로서의 위상을 지니게 되었다는 것이 일반적인 해석이다.

국어에서 된소리는 자음 체계 안에 자리를 잡은 뒤 빠른 속도로 기능 부담량이 넓어졌다. 현대 국어에서는 본래 된소리로 구성된 형태가 상당수 존재할 뿐만 아니라,3 음운론적인 된소리되기 현상이 대부분의 언어 단위에서 넓게 나타난다는 점에서 된소리의 영향력은 매우 크다고 할 수 있다. 그런데 시각적 기호로서의 문자는 음성언어의 체계와 변화에 의존하게 된다는 점에서, 된소리의 복잡성과 다양성은 문자적 표기에서도 여러 문제를 드러내 왔다. 그것은 훈민정음 제정 당시에 된소리의 존재 가능성 여부와 함께 이른바 각자병서 표기설과 합용병서 표기설로 대립되는 표기법에 대한 논의를 통해서도 이해할 수 있다.

---

2 그런데 국어에서는 유성:무성의 음운적 대립이 존재하지 않는다는 점이 특이하다.
3 된소리로 구성된 형태는 기초 어휘에서만 보아도 '꿈, 깍두기, 깨다, 땀, 땅, 뚱뚱하다, 때리다, 따라가다, 뿔, 오빠, 빨리, 씨름, 싸우다, 찌개, 쫓다' 등과 같이 다양한 형태 범주에서 상당수 존재한다.

현대 국어 표기법에서 보면, 된소리 표기는 현행 ≪한글 맞춤법≫ (1988)을 비롯한 표기 규정에서 현실 발음을 반영하는 음소주의 표기 원리가 적용되지 않는 대표적인 영역 중의 하나이다.4 즉, 현실 발음 에서는 된소리로 나지만 실제 표기에서는 이것을 반영하지 않는 경우 가 많은데, 예를 들어 '국밥'은 '국빱'으로 발음되지만 전자로 표기하 고, '주꾸미'가 표준어이고 '쭈꾸미'는 비표준어이지만 실제 언어생활 에서는 후자가 널리 쓰이는 것과 같다. 그 이유는 아마도 국어에서 된 소리 현상이 매우 복잡하게 분화되어 나타나기 때문에 그에 대한 표기 의 원리를 일반적으로 규정하기 어렵다는 언어적인 문제와 음성적 변 이형을 쉽게 수용하지 못하는 표기법의 보수성에서 비롯되는 것이겠 으나, 된소리로 발음되는 언어 형태는 순화의 대상이라는 인식이 오랜 기간 동안 국어의 표기 규범을 지배해 온 것에서 영향을 받고 있다는 지적도 가능하다.5

5.2. 훈민정음 체제에서의 된소리 표기

[2.1.] 훈민정음 제정 당시 초성자는 기본자(5)와 가획자(9), 이체자 (3)로 하여 모두 17자로 되어 있다. 여기에 병서(竝書)와 연서(連書)를

---

4 현행 ≪표준어 규정≫(1988) 제6장에서는 된소리되기 현상을 다루는데, 된소리로 발음 되더라도 표기에는 반영하지 않는 것을 대상으로 하였다. 또한 ≪외래어 표기법≫ (1986) 제1장 제4항에서는 '파열음 표기는 된소리를 쓰지 않는 것을 원칙으로 한다.'고 하고, ≪국어의 로마자 표기법≫(2000) 3장 1항에서는 '된소리되기는 표기에 반영하지 않는다.'고 규정하였다.
5 예를 들어, '쎄게(세게), 따른(다른), 쏘주(소주), 교꽈서(교과서), 쪼끔(조금), 짤리다 (잘리다)' 등은 현실 발음에 대한 부정적 이미지로 인해 표기에 반영하지 않는다.

더하여 글자를 불려 썼는데, 특히 병서에는 각자병서와 합용병서가 있다. 그런데 이 두 가지 중에서 어느 것이 당시의 된소리 표기에 쓰였는지에 대해서는 각자병서 표기설과 합용병서 표기설로 대립되어 왔다.

훈민정음에서는 자음을 오음(五音)과 청탁(淸濁)으로 구분하는데, 오음은 조음 위치에 따라 아(牙), 설(舌), 순(脣), 치(齒), 후(喉)로 구분하는 것이고, 청탁은 소리의 청각 영상에 따라 전청(全淸), 차청(次淸), 전탁(全濁), 불청불탁(不淸不濁)으로 구분하는 것이다. 청각 영상에 따른 청탁의 구분에서 불청불탁은 이른바 유성자음에 해당하는 것을 의미하는 것으로 보면, 훈민정음 제정 당시에 자음자를 '전청-차청-전탁'으로 구분한 것으로 해석할 수 있다. 이러한 자음자의 구분은 현대 국어의 '예사소리-거센소리-된소리'의 3지적 상관과 관계가 있을 것으로 추측해 볼 수 있다. 이와 같이 단순하게 대응해 본다면, 훈민정음 당시 전탁 계열의 각자병서 'ㄲ, ㄸ, ㅃ, ㅆ, ㅉ, ㆅ'은 된소리 표기와 관련되는 문자였을 것으로 예상해 볼 수 있다.

그런데 당시의 기록으로 보면, 전탁이 된소리에 해당하고 각자병서가 바로 그 된소리를 표기하는 문자로 제정되었다는 근거가 분명하지 못하다. 이와 관련하여 해례본 『訓民正音』(1446)에는 전탁에 대해 다음과 같이 짤막하게 기술되어 있다.

全淸竝書則爲全濁 以其全淸之聲凝則爲全濁也

위에서 전탁(全濁)은 전청(全淸)의 소리가 '응(凝)'한 것이라 하는데, 이것이 무엇을 의미하는지는 분명치 않다. 각자병서의 된소리 표기설의 관점에서는 '응(凝)'이 된소리의 청각 영상을 기술한 것으로 해석하여 훈민정음 제정 당시에 된소리가 존재했고, 그 된소리를 각자병서로 표기했다는 견해를 제시한다.

한편, 훈민정음 제정 당시와 그 이후 문헌의 표기 용례에 따르면 합용병서는 ㅅ계('ㅅㄱ, ㅅㄴ, ㅅㄷ, ㅅㅂ')와 ㅂ계('ㅂㄱ, ㅂㄷ, ㅂㅅ, ㅂㅌ'), ㅄ계('ㅄㄱ, ㅄㄷ')로 구분되는데, 이들은 본래 훈민정음 자음자 체계 안에 존재하는 서로 다른 문자를 합하여 쓰는 것이어서 이들이 당시의 어떤 발음을 표기하는 기능을 했는지는 분명하지 않다. 이것은 특히나 된소리와 같은 어떤 특정한 음운 영역을 표기하는 것이었는지에 대한 해석은 더욱 쉽지 않은 것이다. 또한 해례본 『訓民正音』(1446)에는 각자병서에 대해서는 '응(凝)'이라 되어 있으나 합용병서의 음가에 대해 아무런 설명이 없다는 점에서도 이들이 어떤 소리를 표기한 것인지에 대한 해석을 어렵게 한다.

그런데 당시의 문헌으로 보면 ㅅ계 합용병서가 된소리 표기를 담당했을 것이라는 추정을 가능케 하는 자료가 상당수 나타난다. 이런 점에서 ㅅ계 합용병서의 된소리 표기설이 성립될 수 있다.[6] 따라서 훈민정음 당시에 된소리가 존재했다는 가정 하에 이를 표기하는 문자와 관련해서 각자병서 표기설과 ㅅ계 합용병서 표기설, 그리고 이 두 가지가 겹쳐 쓰였다는 혼용설로 정리될 수 있다.[7]

---

6 이런 관점에서 보면, ㅅ계 합용병서에 쓰인 'ㅅ'은 본래의 음가를 지닌 것이 아니라 된소리를 표기하는 부호(일종의 간접 문자)가 된다(다음의 5.3절 3.2항 참조).

7 이 문제는 훈민정음의 문자에 관한 논의에서 이른 시기부터 논쟁이 대상이 되었으며, 아직까지도 해결되지 않은 미제로 남아 있는 것이기도 하다. 이에 대해서는 김민수(1953, 1955), 도수희(1971), 이기문(1963), 이은정(1975), 허웅(1953) 등을 참조할 수 있다.

[2.2.] 훈민정음 제정 당시의 자음 체계에서 '전청-차청-전탁'의 대립이 '예사소리-거센소리-된소리'의 대립으로 인식되었다고 가정하면, 전청과 차청은 각각 예사소리와 거센소리에 대응되고, 전탁은 된소리와 관련된다. 즉, 전탁의 각자병서가 된소리 표기를 담당한 것으로 해석되는 것이다.

이러한 각자병서의 된소리 표기설에서는 앞에서의 '응(凝)'을 된소리의 청각 영상을 인상적으로 설명하는 것으로 해석하고, 훈민정음 제정 당시에 국어의 된소리의 존재 가치를 인정하면서 각자병서가 이를 표기하는 기능을 담당했을 것으로 본다(허웅, 1985;364). 따라서 각자병서는 당시 미약한 상태로 존재하던 된소리를 표기하기 위한 이상적인(규범적인) 문자였을 것으로 추측한다. 이와 관련되는 예를 보면 다음과 같다.

    (1) ㄱ. 목수미 몯 이실까 너겨(月釋,11:217), 莊嚴홀 껏과
          (月釋,19:82)

        ㄴ. 수믈떠업서(月釋,7:36), 주글 뜰 모르나니(月釋,7:18)

        ㄷ. 엄쏘리니(訓), 싸호면(龍,52)

        ㄹ. 마쪼비예(龍,95), 여듧 번 짜히(月釋,1:49)

        ㅁ. 혀爲引(訓), 치혀시니(龍,87)

    (2) 虯끃(訓), 覃땀(訓), 步뽕(訓), 常쌍(月釋,1), 字쫑(訓), 洪뽕(訓)

위에서 (1)은 각자병서가 고유어에서 쓰인 예인데, 현대 국어의 관점에서 보면 (1-ㄱ~ㄹ)은 된소리에 해당하는 것이고, (1-ㅁ)의 'ㆅ'은 거센소리로 바뀐 것이다(김중진, 1999:34-36 참조). 그런데 훈민정음 자음 체계에서 전탁자로 기술된 것은 'ㄲ, ㄸ, ㅃ, ㅆ, ㅉ, ㆅ'이

었지만, 실제로 예시된 각자병서는 'ㄲ, ㄸ, ㅃ, ㅆ, ㅉ, ㆅ, ㄴ, ㆀ'이고,8 이 중에서 고유어의 어두에 표기된 것은 (1-ㄷ)의 '싸호다'와 (1-ㅁ)의 '혀'에서 보듯 'ㅆ, ㆅ'의 두 가지뿐이었다. 또한 당시의 문헌에서 각자병서가 된소리 표기를 반영하고 있는 예가 그리 많지 않다는 점에서도 각자병서의 된소리 표기설은 설득력이 충분하지 못하다.

그리고 위 (2)에서와 같이 각자병서가 당시 한자음의 유성음을 표기하는 데도 쓰였다는 점에서도 각자병서의 된소리 표기설에 대한 문제가 제기된다. 즉, 각자병서의 된소리 표기설을 수용하게 되면, 훈민정음 제정 당시에 각자병서는 한자음의 유성음 표기와 고유어의 된소리 표기의 두 가지 기능을 담당했던 것으로 해석된다.9 그러나 이러한 해석은 음성학적으로 구별되는 유성음과 된소리가 동일한 문자로 표기되었다는 점에서 받아들이기 어려운 면이 있다(이기문, 1977:48 참조).

2.3. ㅅ계 합용병서의 된소리 표기설에서는 각자병서는 한자의 유성음인 전탁을 표기하기 위해 제정한 것이며, 훈민정음 제정 당시에 이것으로 일부 국어 표기에 적용하여 보았으나 실현되지 못하고, 오히려 ㅅ계 합용병서가 15세기 이후 근대에 이르기까지 된소리 표기를 담당하였다고 본다. 합용병서에는 ㅅ계와 ㅂ계, 그리고 ㅄ계가 있는데,

---

8 'ㆀ'과 'ㄴ'은 된소리 표기와의 관계에서 설명하기 어려운 면이 있다.

9 각자병서를 한자음의 유성음 표기와 고유어의 된소리 표기로 보는 이원적 관점에서는 중국에서의 한자 전래 당시는 국어에서 된소리가 발생하기 전이었고 훈민정음 제정 당시에는 유성의 전탁음이 국어에서 예사소리로 대체되었는데, 동국정운식 한자음 표기에서 이미 예사소리로 바뀐 전탁음을 원음(유성음)에 맞게 교정코자 한 것이 각자병서 표기로 실현되었다고 해석한다(오정란, 1988:205-206 참조).

이들은 본래 각각의 음가를 지닌 자음군(cluster)이었으나 ㅅ계 합용병서는 일찍부터 자음군으로서의 기능을 상실하고 된소리를 표기했다는 것이다. 이와 관련되는 표기의 예 일부를 보면 다음과 같다.

(3) ㄱ. 각시 ᄭᅬ노라(月曲,49), ᄭᅮ므로(龍,13)
　ㄴ. ᄯᅡ爲地(訓), 뉘 ᄯᆞᆯᄋᆞᆯ(月曲,36)
　ㄷ. ᄲᅳᆯ이(月曲,162), 促急은 ᄲᆞᄅᆞᆯ씨라(訓)

(4) ㄱ. 情은 ᄠᅳ디라(訓), ᄠᅡ 먹ᄂᆞ니(月曲,99)
　ㄴ. 用은 ᄡᅳᆯ씨라(訓), 種ᄋᆞᆫ ᄡᅵ라(月釋,2:2)
　ㄷ. ᄧᅡᆨ爲雙(訓), 簡은 대ᄧᅡ개니(月釋,8:96)

(5) ㄱ. 현ᄢᅵ신ᄃᆞᆯ(龍,113), ᄣᅳᆷ爲隙(訓)
　ㄴ. ᄃᆞᆰᄣᅢ爲酉時(訓), 甁읫 믈이 ᄢᅵ며(月曲,178)

위에서 (3)은 ㅅ계의 예이고, (4)와 (5)는 각각 ㅂ계와 ㅄ계 합용병서의 예이다.[10] 특히 여기서 ㅅ계 합용병서의 된소리 표기설은 파열음들의 연결에서 나타나는 된소리 현상과 관련된다.[11] 파열음의 연결에서 나타나는 음성 현상은 선행음의 내파와 후행음의 된소리되기로 구분해 볼 수 있는데, 당시 이러한 현상이 지속되면서 내파가 미약해지고 된소리되기의 청각 영상이 두드러지는 쪽으로 변화하면서 합용병서가 된소리 표기를 담당하게 되었을 것으로 추정하는 것이다. 그것은 합용병서의 자음들이 자음군 현상으로부터 출발하여 점차 된소리 작

---

10 ㅅ계에는 'ᄮᅡᄒᆡ(月釋,19:14)'와 같이 'ㅻ'도 있었고, ㅂ계에는 '현번 ᄪᅦ운ᄃᆞᆯ(龍,48)'과 같이 'ㅷ'의 예도 있었다.

11 파열음은 발음할 때 모음이 연결되지 않으면 파열되지 않기 (정지음이기) 때문에 파열음끼리 부딪치게 되면 자연적으로 된소리로 발성되기 쉽다. 이것은 예를 들어, '국밥'에서 'ㄱ' 뒤의 'ㅂ'이 된소리로 발음되는 것과 관련된다.

용으로 변화되었다는 해석과 관련된다(오정란, 1988 참조).

그러나 이러한 주장에도 한계가 있다. 우선 ㅂ계와 ㅄ계 합용병서가 각각의 자음이 제 음가대로 발음되었다고 한다면, ㅅ계 합용병서도 이에서 벗어나지 않을 것이라 볼 수 있다(허웅, 1985:352-355 참조). 그리고 훈민정음 제정 당시 된소리 표기에 쓰였다는 ㅅ계 합용병서에 'ㅈ'의 된소리 'ㅉ'가 빠져 있다는 점도 지적된다(이기문, 1972:49 참조).

2.4. 앞에서와 같이 된소리가 훈민정음 제정 당시의 국어 음운 체계에서 변별적 기능을 지니며 한 영역을 차지하고 있었는지도 불분명하며, 미약하나마 된소리가 존재했다 하더라도 그것을 표기하는 문자 체계도 통일되게 자리 잡지 못하고 있었던 것으로 해석된다. 그러한 상황을 반영하듯 훈민정음의 자음 체계에서 된소리 표기에 대한 해석은 각자병서 표기설과 ㅅ계 합용병서 표기설로 대립되거나, 이 두 가지의 혼용설이 나타나기도 하였다.

15세기에 복잡했던 된소리 표기는 근대 국어 시기에는 혼란이 더욱 심해졌다. 그것은 된소리가 음운 체계상에서 변별적 기능을 갖추어 가는 과정이기도 하거니와, 그것을 표기하는 문자 체계도 일률적이지 못하였기 때문으로 보인다.12 여하튼 문헌상으로는 15세기 후반기 이후부터 'ㅆ'을 제외하고는 각자병서가 나타나지 않았고, 결국 된소리는 합용병서로 표기되다가 18-9세기에 이르러 'ㅺ, ㅼ, ㅽ, ㅆ'과 'ㅄ'으

---

12 허웅(1985:471-478)에 따르면, ㅅ계 합용병서는 16세기 초에 된소리로 바뀌었고, ㅂ계 합용병서는 17세기 말에 동요하기 시작하여 1730년대 무렵에 모두 된소리로 바뀌었으며, ㅄ계 합용병서는 16세기부터 동요하기 시작하여 17세기에 된소리 또는 ㅂ계 합용병서로 쓰였다고 한다.

로 일반화되었다. 특히 이러한 경향을 바탕으로 ㅅ계 합용병서의 'ㅅ'을 된시옷이라 부르기도 했는데, 이것은 ㅅ계 합용병서의 'ㅅ'이 독립된 음가를 지니지 않고 단순히 된소리를 표기하는 부호로 인식하였음을 의미하는 것으로 볼 수 있다.

그런데 훈민정음 제정 당시 일부 사용되었던 각자병서는 국어 문자 체계에서 사라져 가는 것 같았다. 다만, 드물기는 하지만 실학자들의 언문에 대한 관심 속에서 19세기 초에 각자병서와 관련한 언급이 있었다. 이를테면, 유희는『諺文志』(1824)에서 '柳氏校定初聲二十五母'라 하여 초성자를 25자라 하고, 그 중 전탁(全濁)으로 'ㄲ, ㄸ, ㅃ, ㅆ, ㅉ, ㆅ'을 제시하면서 이를 전청(全淸)의 쌍형(雙形)으로 보았다(김민수, 1980;174 참조). 그리고 탁음에는 이 쌍형이 옳다고 하였는데, 일부를 옮기면 다음과 같다.

> 盖濁聲生於全淸承本音之終者(如각가爲가까갑바爲가빠) … 故今從雙形
> 爲正理

즉, 대개 탁성(濁聲)은 (예를 들면, '각가'가 '가까'가 되고 '갑바'가 '가빠'가 됨과 같이) 본음(本音)이 전청(全淸)인 종성(終聲)을 이어받아 생성되며, 따라서 탁성은 ('가까, 가쌔'보다는) 쌍형(雙形, '가까, 가빠')을 따름이 바른 이치라는 것이다(유창돈, 1958:85-86; 김석득, 2009:239-241 참조).[13] 즉, 전탁의 음은 '가까, 가쌔'와 같은 합용병서가 아니라 '가까, 가빠'와 같이 각자병서로 씀이 옳다는 것이었다.

---

13 이것은 주시경의 거듭소리와 관련된다(다음의 5.3절 3.2항 참조).

5.3. 국문/언문 체제에서의 된소리 표기

<u>3.1.</u> 19세기 말에 이르러 국문(國文)에 대한 관심이 높아지면서 이른바 국문 표기법에 대한 논의가 활발히 전개되었다. 이 당시에는 근대 국어 시기를 이어오면서 굳어진 표기방식에 대한 논의뿐만 아니라 훈민정음 제정 당시의 문자 체계를 고려한 새로운 제안이 제기되기도 하였다.

당시 된소리에는 전통적인 방식을 좇아 ㅅ계 합용병서로 표기되는 것이 일반적이었다. 그리하여 ㅅ계 합용병서에 의한 된소리 표기는 『國民小學讀本』(1895)이나 『小學讀本』(1895) 등 당시 교과서에서 적용되었으며(앞의 1.1절 1.5항 참조), 〈독립신문〉(1896)에서도 '쏘, 업쏘, 쎄여, 둙, 쏜바, 남쪽' 등의 예가 나타나고(앞의 1.1절 1.2항 참조), 번역 성서에서도 '쑴, 잠깐, 째, 쎨니, 쏫는' 등과 같이 표기되었다(앞의 1.4.2절 2.3항 참조). 그리고 지석영의 「新訂國文」(1905)에서는 'ㄲ, ㄸ, ㅃ, ㅆ, ㅉ'을 'ㄱ, ㄷ, ㅂ, ㅅ, ㅈ'의 重聲으로 보았으며, 'ㅼ, ㅳ, ㅽ, ㅆ, ㅾ' 등으로 쓰는 것이 '還屬便易'하여(하동호 편, 1985:42-43 참조), 된소리를 ㅅ계 합용병서로 표기한다고 하였다.

이러한 현상은 한승곤의 『國語綴字捷徑』(1908)에서도 동일하게 적용되었는데, 된소리 표기가 'ㅅ'계 합용병서로 나타난다.

(6) ㄱ. 흠쎅, 노끈(索), 씻돗기를, 쓴허졋다(斷), 밋끌업다(滑)

　　ㄴ. 째, 쏘, 쯧, 쏠(女), 써난, 써러지다(落), 짜리다(打), 짠다

　　ㄷ. 쉬울쑨만아니라, 기쁘다, 슬쁘다

　　ㄹ. 힘쓰고, 막히는것업시쓸거시니

　　ㅁ. 쏘차가다

위 (6)에서는 각각 'ㅅㄱ, ㅅㄷ, ㅅㅂ, ㅅㅅ, ㅅㅈ'의 합용병서가 쓰이고 있음을 보여 준다(앞의 1.3.2절 2.1항 참조).14

이에 비해서 이봉운의 『국문정리』(1897)에서는 된소리를 각자병서로 표기할 것을 주장하였으며, 당시 천주교계 문헌과 일부 서양인이 저술한 문법서나 자전(字典)에서는 어두 된소리 표기에 각자병서로 나타나기도 하였다(정길남, 1992:180-182; 김형철, 1997:31-35; 신유식, 2000:29-32 참조).

(7) ㄱ. 꺼지, 꿈이는, 꼴, 뜻ㅎ는, 삣는, 찍어셔, 쫌

　　ㄴ. 꼿, 꿈, 꺼지, 텬쥬끠, 때, 따히여, 빠지오려, 씻시딕, 써

　　ㄷ. 꼿(flower), 뜻(meaning), 힘써(strength use), 찍엇소(cut)

위에서 (7-ㄱ)은 『국문정리』(1897)에서의 각자병서 표기 예이고(앞의 1.1절 1.3항 참조), 그리고 (7-ㄴ)은 천주교계 성서 『성경직히』(1892-1897)의 예이며(김형철, 1997:31 참조), (7-ㄷ)은 서양인의 문법서 Scott(1887)에서 나타난 예이다.

3.2. 국문연구소의 ≪國文硏究議定案≫(1909) 십제(十題) 중에는 '初聲의 ㄲ ㄸ ㅃ ㅆ ㅉ ㆅ 六字竝書의 書法一定'이 포함되었는데, 이것은 당시에 논란이 되었던 된소리 표기를 각자병서로 할 것인지 아니면 ㅅ계 합용병서로 할 것인지의 문제였다. 당시에는 ㅂ계 합용병서는 쓰이지 않았기 때문에 크게 고려의 대상이 되지 못했으나, 실제로는 ㅅ계 합용병서가 된소리 표기에 널리 쓰이고 있었기 때문에 이 부분은 상당

---

14 이것은 반드시 어두에만 나타나는 것은 아니었다('흠쎅, 기쎈다, 슬쎈다' 등).

한 논란이 있었던 것으로 보인다.

당시 국문연구소 연구위원들은 대부분 'ㄲ, ㄸ, ㅃ, ㅆ, ㅉ' 등의 각자병서의 사용에 찬동하였으나, 일부의 경우 ㅅ계 합용병서에 표기되는 ㅅ을 된시옷이라 하여 'ㅺ, ㅼ, ㅽ, ㅾ'와 같이 쓰자는 주장도 있었다. 각 연구위원들의 견해는 부분적으로 보면 많은 차이가 있을 수 있으나, 일반화하여 각자병서 표기의 찬반을 기준으로 살필 수 있다(이기문, 1970:85-105; 이응호, 1975:312-316 참조).

우선 이능화는 각자병서와 합용병서 모두 '重音'(된소리) 표기인데, '訓民正音과 如히' 각자병서를 사용함이 이론상 '可'하다고 하였다. 주시경은 된소리는 '同音並發'이며 이것은 '同音並書'가 타당한 것으로 하여 각자병서로 표기하자고 하였으며, 윤돈구는 이 견해에 동조하였다. 그리고 송기용은 '音理'에 타당한 각자병서에 의한 된소리 표기로 '一定'하는 게 옳다고 하였다. 이에 비해 지석영은 앞에서 언급하였던 「新訂國文」(1905)에서와 같이 '便易한 된시옷'으로 쓰는 것이 타당하다고 하였으며, 이때 된시옷은 한문의 '省筆法'에 쓰이는 'ㅅ'에서 전환된 것이라 하기도 하였다.15 그리고 권보상은 '便宜와 統一的을 根據'로 하여 된시옷을 쓸 것을 주장하였다. 한편, 어윤적은 '동자병서(ㅆ, ㄸ)'나 '이자병서(ㅺ, ㅳ)'를 다 쓸 수 있도록 허용하자면서 '强行一定'할 필요

---

15 이 부분을 「新訂國文」(1905)의 본문으로 보면 다음과 같다.
　"ㄲㄸㅃㅆㅉ난ㄱㄷ ㅂㅅㅈ의重聲이라古昔에 까따빠싸짜로行하더니輓近에漢文疊字의ㅅ을做하야까짜ㅼㅽㅆㅾ로用함이還屬便易로대以字로써釋함은無由하기 ㅅ傍에ㅂ를併用함을廢止함이라"
　즉, 당시 한문 첩자(漢文疊字) 'ㅅ'를 모방하여 'ㅅ'을 붙여 합용병서로 사용하였는데, 이를 따라 쓰는 것이 편하고 쉽다고 하였으며, 그러나 'ㅅ' 앞에 'ㅂ'을 쓰는 것(아마도 'ㅆ'에 대해 'ㅄ'으로 쓰는 ㅂ계 합용병서)은 폐지한다는 것이었다.

가 없다고 하였다. 그리고 이민응은 이에 대한 의견이 없었다.

이에 관해 최종 결정되어 ≪國文研究議定案≫(1909)에서 기술된 것은 다음과 같다.

> "此六字의同字幷書는訓民正音에其發聲의例신지特揭ᄒ셧은즉實로制字의本義오音理의原則이어늘初聲合用則幷書例와如히或ㅂ字를左加ᄒ며或ㅅ字를左加ᄒ야俗語에된시옷이라稱ᄒ야行用ᄒ니라此는幷히音理에不當흠으로訓民正音을遵ᄒ야同字의幷書로一定흠이可ᄒ도다但ㆅ字는國語音에ㅎ字로만用ᄒ야도不可흠이無ᄒ니此字는復用흠이不當ᄒ니라"

즉, '訓民正音을遵ᄒ야同字의幷書로一定'하여 'ㄲ, ㄸ, ㅃ, ㅆ, ㅉ'의 다섯 글자를 된소리 표기로 정하는데, 다만 당시에 쓰이지 않던 'ㆅ'은 폐기한다는 것이었다(앞의 1.2.2절 2.2항 참조).

당시에 된소리의 각자병서 표기를 주장하는 견해에서는 병서를 '거듭소리(重音)'로 보아 각자병서와 합용병서 모두 소리의 '거듭(重複)'으로 이해한 것으로 보인다. 예를 들어, 각자병서 'ㄲ, ㄸ'은 각각 'ㄱ, ㄷ'이 중복된 소리를 표기하고, 'ㅅㄱ, ㅅㄷ'은 각각 'ㅅ'과 'ㄱ', 그리고 'ㅅ'과 'ㄷ'이 중복된 소리를 표기한다는 것이다.

이와 관련하여 주시경(1914)에서는 자음의 중복을 다음과 같이 설명한다.

> "닷소리는석이어거듭함과덧하여거듭함과짝하여거듭함의세가지가잇나니라"

> "짝거듭소리는한가지의소리끼리거듭함을이름이라이는석임거듭소리라도할만하고덧거듭소리라도할만하니한가지의소리가거듭한것은

석이엇는지덧하엿는지알수가업는가닥이니라"

즉, 자음의 중복을 '석임거듭소리, 덧거듭소리, 짝거듭소리'로 구분
하는데, 여기서 '짝거듭소리(雙聲)'가 각자병서로 표기된다는 것이다.
그런데 '짝거듭소리'는 '석임거듭소리'와 '덧거듭소리' 두 가지의 성격
을 공유하고 있어서 그 성격이 불분명하다고 하였다.[16]

결국 ≪國文硏究議定案≫(1909)에서는 병서가 각각의 문자가 제 음
가를 유지하면서 중복된 것을 표기하는 것으로 이해했는데, 당시 대부
분의 위원들이 된소리를 동일한 소리의 중복으로 보고 같은 문자가 중
복된 각자병서가 된소리 표기에 적절하다는 견해를 피력하였던 것이
다. 이렇게 결정된 각자병서의 된소리 표기는 1930년대 한글 철자법
논의에서 수용되었으며, 현행 ≪한글 맞춤법≫(1988)으로 이어졌다.

[3.3.] 일제(日帝) 총독부에 의해 마련된 최초의 표기법이었던 ≪普
通學校用諺文綴字法≫(1912)에서는 된소리 표기와 관련해서는 다음과
같이 규정하여 ㅅ계 합용병서(된시옷)로 쓰도록 하였다.

　　──. 된시옷의記號에는ㅅ만使用하고, 써·까等과如한書法은取하지아
　　　　니함。

---

16 김두봉(1916:37~43)에서는 이들에 대해 자세히 서술하였다. 즉, '석임거듭소리'는
'ㅋ, ㅌ, ㅍ, ㅊ'으로 이들은 각각 'ㄱ, ㄷ, ㅂ, ㅈ'와 'ㅎ'이 처음과 끝에 관계없이 섞이
어 나며, '덧거듭소리'는 '거듭되는자리대로만소리가나는' 것(예를 들면 '악다'에서
'ㄱㄷ'은 처음과 끝이 구별되어 나는 것)이고, '짝거듭소리'는 '같은소리끼리거듭한'
것(예를 들면, 'ㄲㄸㅃㅆㅉ')이라고 하였다. 특히 짝거듭소리에 대해 '요사이된시옷이
라하야 ㅅㄱㅅㄷㅅㅂㅆ으로씀은잘못'이라 하였다.

즉, 된소리에서는 각자병서('까')와 ㅂ계 합용병서('뻐')를 배제하고 '꼿, 뜨' 등과 같이 된시옷을 채택하였다. 그런데 이것은 각자병서로 표기하기로 했던 앞의 ≪國文硏究議定案≫(1909)과는 상대되는 것으로 전통적인 철자법으로 회귀하는 것이었다. 그리고 이 규정은 수정안이라 할 수 있는 ≪普通學校用諺文綴字法大要≫(1921)에서도 그대로 유지되었다.

그런데 일제가 규정한 세 번째 표기법이었던 ≪諺文綴字法≫(1930)에서는 다음과 같이 된소리를 각자병서로 표기하기로 하였다.

> 一二. 된시옷의記號는써·까쯤과如히竝書로하고、뻐·싸·씀等과如한書法을廢함。

이것은 된소리의 표기를 ㅅ계나 ㅂ계 합용병서가 아니라 각자병서 'ㄲ, ㄸ, ㅃ, ㅆ, ㅉ'으로 개정한 것이다. 이에 대해 ≪諺文綴字法≫(1930)에서는 다음과 같이 해설을 달고 있다.

> "從來된시옷으로서ㅺㅼㅽㅆㅾ과如히綴하던것을ㄲㄸㅃㅆㅉ으로竝書하기로改한것은、元來本音은子音ㄱㄷㅂㅅㅈ이濃化又는硬化된感을同伴하는音인고로從來와如히Ｓ音을具有한ㅅ을ㄱㄷㅂㅅㅈ의右書를廢하고右와如히決定한것임。"

즉, 된시옷에 의해 표기하던 'ㅺ, ㅼ, ㅽ, ㅆ, ㅾ'을 'ㄲ, ㄸ, ㅃ, ㅆ, ㅉ'로 쓴다는 것으로, 이는 본래의 소리가 '濃化又는硬化된感을同伴하는音'이어서 'S'음을 지닌 'ㅅ'을 병서하는 ㅅ계 합용병서를 폐지한다는 것이었다.

또한 이와 관련하여 장지영(1930ㄴ:10)에서 다음과 같이 해설하였다.

"우리가 이마적에 子音의 된소리를 쓸때에는 모두 된ㅅ이라는것을 써서 ㄱ의된소리는 ㅺ으로 ㄷ의된소리는 ㅼ으로 ㅂ의된소리는 ㅽ으로 ㅈ의된소리는 ㅾ으로 이와같이 썼는데 이와같이 씀은 音理에 맞지않고 原理에 어그러집니다."

이와 같은 된소리 표기의 예를 당시 각각의 표기 규정이 반영된 교과서의 일부분으로 보면 다음과 같다.

(8) 겨울이위가次次減하야、日氣가ᄶᅡᆺᄶᅳᆺ하며、먼山에아지랑이가ᄭᅵ는날도잇소。이ᄯᅢ에개나리는봉우리가생겨서、四月에는、누른ᄭᅩᆺ치가지에가득히픠오。개나리ᄭᅩᆺ치질ᄯᅢ가되면、오랑캐ᄭᅩᆺ치ᄌᆞ저빗츠로곱게픠오。 -『普通學校 朝鮮語及漢文讀本』 卷二(1915), '第五課 여러가지ᄭᅩᆺ'-

(9) 우리 집 앞에는 작은 시내가 흘러가고、뒤에는 푸른 山이 솟아 잇소。마당에 잇는 살구나무는、해마다 봄이면、아름다운 꽃이 피오。 -『朝鮮語讀本』(1931) 卷二 '十 우리 집'-

위에서 보면, (8)의 1915년 간행된『普通學校 朝鮮語及漢文讀本』에서는 'ᄶᅡᆺᄶᅳᆺ, ᄭᅩᆺ' 등의 된시옷 표기가 나타나는데, (9)의 1931년 간행된『朝鮮語讀本』에서는 '꽃'으로 각자병서로 표기되었다. 여기서 전자는 ≪普通學校用諺文綴字法≫(1912)에 따르고, 후자는 ≪諺文綴字法≫(1930)에 따르는 것이다.

5.4. 한글 체제에서의 된소리 표기

[4.1.] 조선어학회의 ≪한글 마춤법 통일안≫(1933) 제1장 제1절 '字母의 數와 그 順序'에서 한글 자모를 기본 24자로 하였는데, 여기에는 된소리 표기와 관련되는 자모가 포함되지 않았고 '附記'에서 기본 자모를 '어울러서 적는' 방법으로 따로 정하였다.

> [附記] 前記의 字母로 적을수가 없는 소리는 두개 以上의 字母를 어울러서 적기로 한다.

여기서 '어울러서 적는' 자모로는 모음자 열하나 외에 자음자로서 'ㄲ, ㄸ, ㅃ, ㅆ, ㅉ'의 다섯의 각자병서를 제시하고 있다. 이것은 자음의 된소리에 대해 각자병서로 표기함을 의미하며, 이들 각자병서의 이름을 각각 '쌍기역, 쌍디귿, 쌍비읍, 쌍시옷, 쌍지읒'으로 정하였다. 이러한 각자병서의 된소리 표기는 앞에서 전개되었던 ≪國文研究議定案≫(1909)과 ≪諺文綴字法≫(1930)과 맥을 같이 하며, 음의 이치로 보아 된소리는 거듭소리(重音)이므로 쌍서(雙書)로 표기해야 옳다는 주시경(1914)의 견해를 수용한 것이기도 하다.

그리고 특별히 된소리로 표기되어야 하는 것에 대해서는 第三項에서 다음과 같이 규정하였다.

> 第三項 한 單語 안에서 아무 뜻이 없는 두 音節 사이에서 나는 된소리는 모두 아래 音節의 첫 소리를 된소리로 적는다. (甲을 取하고 乙을 버린다.) 例 甲/乙
> 아빠/압바 오빠/옵바 어깨/엇개 토끼/톳기 새끼/샛기 깨끗하다/

깻긋하다 어뗘하다/엇더하다 어찌하다/엇지하다 여쭙다/엿
줍다 나부끼다/나붓기다 아끼다/앗기다 브끄럽다/붓그럽다
거꾸루/것구루

즉, 한 단어 내부의 두 음절 사이에서 특별한 의미 없이 된소리가
나면 뒤에 오는 음절의 첫소리를 된소리로 적는다는 것('아빠/*압바,
새끼/*샛기, 나부끼다/*나붓기다')이다.

아울러 당시 동아일보에서 펴냈던 ≪新綴字便覽≫(1933)에서도 된
소리를 각자병서로 표기하도록 하였다.

五. 두 音節 사이에 된소리(硬音)로 나는 말들은 그것에 각기 語源의
   뜻이 없음에 限하여는 다 같은 닿소리(子音)으로 連記함. 新/舊
   ㅅ바침이 ㄱㄷㅂㅅㅈ等 첫소리와 슴하든 것
   가깝다(近)/갓갑다 이따금(間或)/잇다금 예쁘다(美)/엣브다 어
   찌(何)/엇지
   ㅅ바침이 ㄴ 첫소리와 슴하든 것
   만나다/맛나다 건느다/것느다
   ㄹ바침이 ㄴ 첫소리와 슴하든 것
   달라다/달나다 굴레/굴네 빨래/빨내 훌륭하다/훌늉하다 갈릴
   리/갈릴니

六. 된시옷이라 하는 ㅅㄱㅅㄷㅅㅂㅆ等은 ㄲㄸㅃㅉ等으로 고치어 씀. 新/舊
   까지(토)/ㅅ가지 때(時)/ㅅ재 빠르다(速)/ㅅ바르다 짜다(織)/ㅅ자다

즉, 위에서 五항은 어원상의 의미 없이(특별한 까닭 없이) 된소리로
나는 것은 된소리로 적는다는 것이다. 그런데 여기서는 이른바 'ㅅ'받

침이 'ㄴ' 첫소리와 합하던 것('만나다/*맛나다, 건느다/*것느다')과 'ㄹ'바침이 'ㄴ' 첫소리와 합하던 것('달라다/*달나다, 빨래/*빨내') 등이 된소리되기의 범위에 포함된 것이 특이하다.17 그리고 六항은 된소리는 과거의 된시옷이 아니라 각자병서로 쓴다는 것('때/*째, 빠르다/*싸르다')을 의미한다.

4.2. ≪한글 마춤법 통일안≫(1933)에서 규정한 된소리의 각자병서 표기에 대해서 반대하는 의견도 적지 않았다(앞의 2.2.1절 1.3항 참조). 이와 관련하여 박승빈(1936:6-7)의 비판을 보면 다음과 같다.

① 音理上 硬音을 發聲音(父音) 둘이 合한 것으로 觀察함은 不當하다.
② 硬音符號(ㅅ)를 否認하는 結果로는 各立한 硬音調의 境遇에 記寫할 길이 없게 된다. (예로 '旗ㅅ대, 燈ㅅ대, 장ㅅ군'의 語音)
③ 歷史的 記寫를 全然 無視하고 硬音을 記寫하든 字形을 廢棄하고 硬音이 안인 짠音의 字形인 雙書를 쓰려다가 그것을 硬音으로 使用하랴 함은 無理한 措處이다.
④ 雙書의 字形은 實用上에서도 甚히 不便이 만타.

위에서 ①은 주시경(1014)에서 언급한 된소리가 發聲音(父音), 즉 자음의 중복이라는 견해에 대해 적절치 않음을 피력한 것이다. 그리고 ②는 이른바 사이시옷 표기와 관련되는 것으로, '旗ㅅ대, 燈ㅅ대, 장ㅅ군'에서처럼 사이시옷을 두 어근 사이에 표기하게 되면 'ㅅ'이 된소리

---

17 그런데 이 규정에서는 한자음의 경우 'ㄴ'이 'ㄹ'로 변하는 설측음화('허락(許諾)/허낙, 기렴(記念)/*기념')를 다루기도 하였다(다음의 9.3절 3.2항 참조).

표기의 의미를 지니게 되는데, 이것을 각자병서로 표기할 수 없게 된다는 것이다.18 ③은 근대 국어 시기를 거쳐 역사적으로 이어온 이른바 된시옷 표기 방법과 다르다는 것이며, ④는 사용상의 불편함을 거론한 것이다.19

결국 박승빈(1936)의 주장은 ㅅ계 합용병서로 된소리를 표기하자는 것이었다. 이러한 주장은 1950년대에 '현행 철자법의 폐지와 舊式 記音法의 사용'이라는 훈령에서 비롯된 한글 파동(波動)과 그에 따르는 ≪한글 簡素化 方案≫(1954)에서도 이어졌다. 광복 이후의 한글 표기법은 한글학회의 ≪통일안(일부 개정)≫(1946)을 따르는 것이었는데, 결국 형태적 표기법을 수용함으로써 난해하므로 좀 더 쉽게 정하자는 것이었다(앞의 3.2절 2.2항 참조).

이 당시의 ≪한글 簡素化 方案≫(1954)를 따르는 정경해의 '한글 마춤법 개정안'(1954)에서는 다음과 같이 된소리 표기를 이전의 된시옷으로 환언하는 내용을 각론 제一장에 규정하였다.

제一장 된소리는 된시옷으로 적는다.
까치, 꿈, 딸기, 뜰, 빨리, 뿔, 쌈지, 쑥, 짤브, 쪽
[해설] 제一장 된소리는 훈민정음 제정당초부터 최근까지 례외 업시 된시옷으로 써오던 것이다. 통일안에서 ㄲㄸㅃㅆㅉ를 된소리

---

18 박승빈(1936)에서는 사이시옷을 '나뭇ㅅ가지, 등ㅅ불'처럼 두 어근 사이에 표기하는 것(음절식)으로 주장하였다. 그러나 현행 ≪한글 맞춤법≫(1988)에서는 사이시옷을 모음으로 끝난 앞 어근 끝 음절의 받침으로 적도록 규정하고 있다(다음의 8.3절 3.7항 참조).
19 이에 대해 된소리의 각자병서 표기를 주장하는 입장에서는 신명균(1933)과 최현배(1933ㄴ), 김윤경(1934) 등에서 다시 반박하는 견해를 제시한다(앞의 2.2.1절 1.3항 참조).

로 쓰는 것은 훈민정음의 원의에 어긋나는 일이다. 원래 쌍서는 탁음(全濁音)으로 제정한 글자다. 그런즉 ㄲㄸㅃㅆㅉ는 맛당이 다음과 같은 외래어 탁음 표기에 충당할 것이다.

Glass ㄲ라스 Gum 꼬무 Diamond 따이아몬뜨 Dema 떼마
Bravo 뿌라뽀 Baby 뻬삐 Jazz 째쯔 German 짜아맨

  위의 규정과 해설에서 보면, 전통적으로 써 오던 된시옷으로 된소리를 표기하고, 각자병서는 외래어의 탁음(유성음)을 표기하는 데 사용하면 된다는 것이다.

  당시 대한어문연구회의 「한글簡素化方案에 對한 建議書」(1954)에서도 다음과 같이 된소리 표기에 대해 동일한 취지의 논지를 주장하였다.

  "된소리(現行綴字法에서 ㄲㄸㅃㅆㅉ로 적는 우리말의 소리)는 訓民正音 制定當時부터 이것을 ㄲㄸㅃㅆㅉ로 저근 일은 한번도 업서씀니다.(모든 古書를 實地調査하여 주시기 바랍니다) 同時에 ㄲㄸㅃㅆㅉ等字는 濁音字로 制定된것이 文獻에 明白하며 싸라서 ㄲㄸㅃㅆㅉ等字는 外來語인 漢字 濁音 表記에 盛用되엇던 것입니다. 한글 統一案에서 ㄲㄸㅃㅆㅉ를 된소리 글자로 轉用한 것은 卑俗한 着眼과 一時的인 好奇心에 起因한 것으로서 容認치 못할 잘못입니다. 그 結果 訓民正音은 濁音字 엄는 不具의 文字가 되고 마라씀니다. 또 한편에서 外來語音의 G D B V Z J 가튼 濁音字를 ㄲㄸㅃㅆㅉ로 表記하여 濁音을 硬音으로 指導하는 過誤를 犯하고 이쓰니 ─ 濁音과 硬音을 分間치 못하는 音癡를 만들고 이쓰니 두려운 일임니다. 싸라서 된소리는 ㅅ ㅼ ㅽ ㅆ ㅼ로, 濁音은 ㄲ ㄸ ㅃ ㅆ ㅉ로 記錄하는 原狀態로 도라가야 한다고 생각 되는 바임니다."

한편, 이와 관련하여 정경해(1975:28)의 '마춤법 修正案'에서는 다음과 같이 된소리 표기를 위한 부호의 사용을 제안하기도 하였다.

第2項 된소리는 基本母音의 왼쪽에 된 소리표(´)를 더하여 적는다.
　　例 : ´가치(鵲), ´굼(夢), ´달(女息), ´도(又), ´바르오(速), ´불(角),
　　　　´사흐오(積), ´소오(射), ´자오(組), ´조츠오(逐)

이것은 전통적인 된시옷(ㅅ)에 대하여 새로운 부호 (´)로 표기한다는 것으로, 지석영의 「新訂國文」(1905)에서의 논의와도 관련된다(앞의 5장 각주 15) 참조).

전통적인 표기법을 존중하고 한글 표기를 좀 더 쉽게 하려는 취지로 마련되었던 국어국문학회의 ≪國語正書法案≫(1971)에서는 된소리의 각자병서 표기를 채택하였다.[20] 다만 여기서는 글자의 이름이 '쌍기윽, 쌍디읃, 쌍비읍, 쌍시읏, 쌍지읒'으로 되었다.

제3항 한낱말 안의 두음절(音節) 사이에서 아무 뜻이 업시 나는 된소
　　리는 아래음절의 첫 소리를 된소리로 적는다.
　　예 : 어깨　이따금　오빠　오싹하다　어찌

이것은 'ㄲ ㄸ ㅃ ㅆ ㅉ' 등의 각자병서로 표기하는 것이며, 결국 통일안의 표기와 동질적인 것이었다(앞의 3.3절 3.2항 참조).

---

20 이 부분에 대해 남광우(1976:272)에서는 역사적으로 볼 때 된소리는 ㅅ계 합용병서로 표하는 것이 옳으나, 이미 익어진 대로 각자병서를 수용하는 것이라 하였다.

4.3. ≪한글 마춤법 통일안≫(1933)의 각자병서 된소리 표기는 일부의 반대에 부딪히기도 했지만, 크게 비판 받지 않고 정착된 것으로 보인다. 오늘날 국어의 된소리에 대한 음운론적 처리는 여러 의견의 차이를 보이고 있다. 다만 문자에 의한 규범적 표기는 일반적으로 여러 가능성 중에서 공인되는 것으로 정한다는 관점에서 각자병서의 된소리 표기가 수용되고 있는 것으로 이해된다.21

각자병서의 된소리 표기는 결과적으로 적절한 결정이었다고 할 수 있다. 그것은 이희승안병희(1989:35)의 해석에 따라 보면, 전통적으로 된소리 표기에 사용되던 이른바 '된ㅅ'은 단순히 어떤 음을 된소리로 만드는 작용만을 가진 것이 아니라 그에 딸린 다른 소리나 기능 또는 의미를 지녔을 것인데, 된소리로 발음되는 것을 단순히 '된ㅅ'을 사용하여 표기한다는 것은 적절하지 않기 때문이다. 따라서 된소리로 발음되는 음운은 따로 글자가 없는 이상 동일한 글자를 중첩하여 표기하는 것이 합리적일 것이다.

이러한 관점에 따라 현행 ≪한글 맞춤법≫(1988)에서는 '제2장 자모'에서 한글 표기에 사용되는 자모의 수와 순서, 이름을 정하면서, 된소리는 기본 스물넉 자로써 적을 수 없는 소리의 하나로 보아 '두 개 이상의 자모를 어울러서 적는' 것으로 하고 그 이름과 순서를 다음과 같이 규정하였다.

ㄲ(쌍기역), ㄸ(쌍디귿), ㅃ(쌍비읍), ㅆ(쌍시옷), ㅉ(쌍지읒)

---

21 이기문(1983)에서는 된소리를 합용병서로 쓰자는 주장은 종래의 관습을 존중하자는 것 외에는 아무런 근거를 발견할 수 없다고 한다.

이것은 된소리를 전통적인 논의되어 오던 된소리 표기를 이른바 된
시옷으로 한다는 것을 버리고 전면적으로 각자병서로 표기함을 의미
한다.

5.5. 된소리되기 현상과 된소리 표기

된소리되기 현상이 국어 표기법에 포함된 것은 조선어학회의 ≪한
글 마춤법 통일안≫(1933)에서 비롯되는 실제적인 국어 표기 규정이
마련되면서부터이며, 그 정신은 현행 ≪한글 맞춤법≫(1988)에로 이
어졌다.22 이들에서는 국어 표기법을 문자와 음운, 형태로 나누어 항
목별로 세밀히 규정하고 있는데, 이것은 형태소 내부와 파생어 또는
합성어 형성의 경우와 같이 음운과 형태의 경우에 해당한다.23

5.5.1. 형태소 내부에서의 된소리 표기

[1.1.] 형태소 내부에서의 된소리되기 현상의 표기와 관련하여
≪한글 마춤법 통일안≫(1933) 제3항에서 '한 單語 안에서 아무 뜻이
없는 두 音節 사이에서 나는 된소리는 모두 아래 音節의 첫 소리를 된
소리로 적는다.'고 규정하였다. 이것은 한 형태소 내부에서의 된소리
되기와 관련되는 것으로 특별한 이유 없이 (즉, 국어의 음운 변동 규칙

---

22 된소리되기 현상에 대해서는 ≪표준 발음법≫(1988)의 제6장을 참조할 수 있다.
23 합성어 형성에서의 된소리 표기는 다음 8장의 사이시옷 표기와 관련되어 여기서 다루
    지 않는다.

이 적용되지 않는 조건에서) 된소리로 나는 것은 소리대로 된소리로 쓴다는 것을 의미한다. 여기서 제시된 예는 다음과 같다.

> (10) ㄱ. 아빠, 오빠, 어깨, 토끼, 새끼, 깨끗하다, 어떠하다, 어찌하
> 다, 여쭙다, 나부끼다, 아끼다, 부끄럽다, 거꾸로
> ㄴ. 압바, 옵바, 엇개, 톳기, 샛기, 깻긋하다, 엇더하다, 엇지하
> 다, 엿줍다, 나붓기다, 앗기다, 붓글업다, 것구루

위에서 (10-ㄱ)처럼 된소리로 표기하고 (10-ㄴ)은 버린다는 것이다. 다만, 여기서 제시된 예는 모음 사이에서 나는 된소리의 경우로 한정되어 있다.[24] 이에 대해 박승빈(1936:10-11)에서는 위 (10)에서 제시된 예들이 모두 두 음절 사이에서 나는 된소리로 확정할 근거가 없다고 하면서 비판을 하였다. 예를 들어 '나부끼다'는 '나붓나붓'의 '나붓'과 ('출렁거리다'의 '거리'와 같은) '기'가 결합하여 '나붓-기-다'로 구성되었기 때문에 '나부끼다'보다는 '나붓기다'가 원형에 가까워 적절하다는 것이다.

《한글 마춤법 통일안》(1933)의 1차 수정안인 《통일안(고친판)》(1937)에서는 제3항의 된소리되기에 관한 표기 규정에서 기본적인 정신은 변하지 않았으나, 해당되는 예를 자모순에 따라 재배열하거나 추가하여 제시한 것이 특징이다. 여기서 제시된 예는 다음과 같다.

> (11) 어깨(肩), 거꾸로(倒), 깨끗하다(潔), 부끄럽다(恥), 새끼(雛), 토

---

24 유성자음 뒤에서의 된소리 표기에 관한 것은 《한글 맞춤법》(1988)에 이르러서 추가되었다.

끼(兎), 아끼다(惜), 이따금(往往), 어떠하다(如何), 으뜸(元), 아빠(父), 오빠(男兄), 기쁘다(喜), 부썩(突進貌), 해쓱하다(蒼白), 소쩍새(杜鵑), 여쭈다(稟), 어찌(何)

이것은 이후의≪통일안(새판)≫(1940)과 ≪통일안(일부 개정)≫(1946), ≪통일안(한글판)≫(1948), ≪통일안(용어 수정판)≫(1958)에 그대로 수용되었다.

그런데 한글학회의 ≪한글 맞춤법≫(1980)에서는 제2항의 본문에서 앞선 규정을 수용하면서 '다만 'ㄱ, ㅂ' 받침 뒤에서 나는 된소리는, 같은 소리마디나 같은 첫소리가 겹쳐 나는 소리가 아니면 된소리로 적는다.'는 예외 조항을 추가하였다. 이와 관련되는 예는 다음과 같다.

(12) 꼭대기, 국수, 딱지, 색시, 갑자기, 껍데기, 덥석, 몹시, 법석

이것은 현행 규정으로 이어지는데, 현행 ≪한글 맞춤법≫(1988) 제5항의 예외 규정에서도 '같은 음절이나 비슷한 음절이 겹쳐 나는 경우가 아니면' 된소리로 적지 않도록 되어 있다.

1.2. 현행 ≪한글 맞춤법≫(1988)에서 형태소 내부에서의 된소리에 관한 것은 제3장 '소리에 관한 것'의 제5항에 '한 단어 안에서 뚜렷한 까닭 없이 나는 된소리는 다음 음절의 첫소리를 된소리로 적는다.'고 규정하고 있다. 여기서 '한 단어 안'은 한 형태소의 내부를 뜻하며, '뚜렷한 까닭 없이'는 국어의 음운 변동의 규칙성이 적용되지 못함을 뜻한다. 여기서 제시된 예는 다음과 같다.

(13) ㄱ. 소쩍새, 어깨, 오빠, 으뜸, 아끼다, 기쁘다, 깨끗하다, 어떠
        하다, 해쓱하다, 가끔, 거꾸로, 부썩, 어찌, 이따금
     ㄴ. 산뜻하다, 잔뜩, 살짝, 훨씬, 담뿍, 움찔, 몽땅, 엉뚱하다

위에서 (13-ㄱ)은 두 모음 사이에서 나는 된소리의 예로, 국어에서
두 모음 사이에서는 일반적으로 무성자음이 유성음화되는데, 한 형태
소 내부의 두 모음 사이에서 된소리로 나는 경우에는 그대로 표기한다
는 것이다. 또한 (13-ㄴ)은 유성자음 'ㄴ, ㄹ, ㅁ, ㅇ' 받침 뒤에서 나
는 된소리에 해당하는 것으로, 이들은 유성자음 뒤의 무성자음이 유성
음화되지 않고 된소리로 발음되는 현상에 바탕을 둔다. 여기서 위
(13-ㄱ)은 《한글 마춤법 통일안》(1933) 이후 줄곧 이어져 온 것인
데, (13-ㄴ)은 현행 《한글 맞춤법》(1988)에서 새롭게 추가된 것이
라는 데 특징이 있다.

또한 현행 《한글 맞춤법》(1988) 제5항의 된소리 표기에는 예외가
있어서 '다만, 'ㄱ, ㅂ' 받침 뒤에서 나는 된소리는, 같은 음절이나 비
슷한 음절이 겹쳐 나는 경우가 아니면 된소리로 적지 아니한다.'고 규
정하고 있다. 그 예를 보면 다음과 같다.

(14) ㄱ. 국수, 깍두기, 딱지, 색시, 싹둑(-싹둑), 법석, 갑자기, 몹시
     ㄴ. 꼭꼭, 싹싹, 딱딱, 쓱쓱하다, 쌉쌀하다, 짭짤하다

위에서 (14-ㄱ)은 국어에서 파열음('ㄱ, ㄷ, ㅂ') 받침 뒤의 무성자
음은 된소리로 발음되는 음운 현상을 따라 당연히 된소리로 발음되기
때문에 된소리로 표기하지 않는다는 것이다. 이에 비해서 (14-ㄴ)은
'같은 음절이나 비슷한 음절이 겹쳐 나는 경우'에 해당되어 'ㄱ, ㅂ' 받

침 뒤에서 된소리로 표기되는 예들이다.

이와 같은 형태소 내부에서의 된소리 표기는 된소리로 발음되는 것이 음운 현상으로 설명될 수 있는 부분은 구태여 된소리로 표기하지 않는다는 관점으로 이해된다. 즉, 가급적 된소리 표기를 제한하는 취지를 내포하고 있는 것이다.

5.5.2. 파생어 형성에서의 된소리 표기

[2.1.] 파생어 형성과 관련하여 어근에 자음으로 시작되는 접미사가 붙을 때 된소리되기 현상이 나타나는 경우가 있다. 이에 대해 ≪한글 마춤법 통일안≫(1933)은 제16항에서 '名詞나 語幹의 아래에 닿소리로 첫 소리를 삼는 音節이 붙어서 他詞로 變하거나 본 뜻만이 變할적에는 그 名詞나 語幹의 原形을 바꾸지 아니한다.'고 하여 원칙적으로 어근의 원형을 밝혀 적는 것으로 규정하였다.

그런데 이것은 어근과 접미사의 원형을 모두 밝혀 적음으로써 된소리로 발음되는 접미사를 된소리로 적지 않게 되어 표기가 현실의 발음과 달라지게 된다. 여기서 제시된 예를 보면 다음과 같다.

(15) ㄱ. 옮기다, 굵직하다, 넓적하다, 얽둑얽둑하다, 얽죽얽죽하다
　　　ㄴ. 얽죽얽죽하다, 갉작갉작하다, 멀숙하다, 널직하다, 말숙하다

위에서 (15-ㄱ)은 어근과 접미사의 원형을 밝혀 적는 것인데, (15-ㄴ)은 예외적으로 어근은 어원적 원형을 밝혀 적지 않되 접미사는 원형을 밝혀 적는 것이다. 즉, '굵직하다, 넓적하다' 등은 어원을 밝혀

표기하고 '멀숙하다, 널직하다, 말숙하다' 등은 어근의 어원을 밝히지 않는 표기 방식을 채택하였으나, 접미사는 원형을 밝혀 된소리로 표기하지 않도록 한 것이다. 따라서 여기에서는 접미사에서 된소리 표기가 나타나지 않았던 것이다.

그런데 ≪통일안(고친판)≫(1937)에서는 '附記'를 두어 어원을 밝혀 표기하지 않는 것을 '덧받침의 끝소리가 따로 아니 나는것'과 '語源이 分明하지 아니한것'으로 구분하였다. 그리고 다음과 같이 예를 제시하는데, 일부의 예는 추가되거나 바뀐 것도 있다.

(16) 갉작갉작하다, 굵다랗다, 긁적긁적하다, 깊숙하다, 넓적하다, 높다랗다, 늙수그레하다, 뜯적뜯적하다, 갉죽갉죽하다, 얽죽얽죽하다, 엎드리다, 엎지르다, 읊조리다

(17) ㄱ. 골막하다, 널다랗다, 널직하다, 떨떨하다, 말끔하다, 말쑥하다, 말짱하다, 실쭉하다, 실큼하다, 할짝할짝하다, 얄팍하다, 골병, 골탕, 실증, 올무,

ㄴ. 납작하다, 따작짜작하다, 멀끔하다, 멀쑥하다, 멀쩡하다

위에서 (16)은 어원적 원형을 밝혀 적는 것이고, (17)은 원형을 밝히어 적지 않는 것이다. 그리고 (17-ㄱ)은 '덧받침의 끝소리가 따로 아니 나는' 것의 예이고, (17-ㄴ)은 '어원이 분명하지 아니한' 것의 예이다. 그런데 여기에서도 ≪한글 마춤법 통일안≫(1933)에서처럼 어근의 원형을 밝혀 적는 문제만 고려하고 접미사의 표기에는 크게 관심을 두지 않은 것으로 보인다. 그것은 (17-ㄱ)의 '널다랗다, 널직하다'에서 접미사가 된소리로 표기되지 않았다는 점과 관련된다.

한편, 이후의 ≪통일안(새판)≫(1940)은 ≪통일안(고친판)≫(1937)

과 동일하다. 그런데 ≪통일안(일부 개정)≫(1946)은 ≪통일안(고친판)≫(1937)과 동일하지만, '널따랗다, 널찍하다' 등의 일부 예에서 된소리로 표기되는 것이 달랐다. 이후의 ≪통일안(한글판)≫(1948)과 ≪통일안(용어 수정판)≫(1958)은 ≪통일안(일부 개정)≫(1946)과 동일하다.

또한 ≪한글 맞춤법≫(1980)은 제34항에서 '줄기에 닿소리 뒷가지가 붙어서 된 것은 그 원형을 밝혀 적는다.'는 것을 원칙으로 하면서 일부의 예에서 소리대로 적는 것으로 규정하는데, 이도 역시 기본적으로는 ≪통일안(일부 개정)≫(1946)과 동일하나 일부에 대해 특별히 설명하고 있는 점이 다르다. 여기서 소리대로 적는 것으로 제시된 예를 보면 다음과 같다.

(18) ㄱ. 골막하다, 떨떨하다, 말끔하다, 말쑥하다, 말짱하다, 실쭉
      하다, 실큼하다, 얄팍하다, 할짝할짝하다
   ㄴ. 널따랗다, 널찍하다
   ㄷ. 납작하다, 따짝따짝하다, 멀끔하다, 멀쑥하다, 멀쩡하다

위 (18)은 소리대로 적는 예에 해당하는데, (18-ㄱ)은 겹받침에서 끝소리가 발음되지 않는 것이고 (18-ㄷ)은 어원이 분명하지 않은 것에 해당한다. 특히 여기서는 (18-ㄴ)을 별도로 제시하였는데, 이에 대해서는 종래에 이 말들은 '넓다'에서 파생된 것으로 보고 (18-ㄱ)에 해당하는 것으로 처리했으나 그 뜻으로 보아 '너르다'에서 파생된 것으로 처리하여 따로 제시한다고 하였다.[25]

---

25 그런데 현행 ≪한글 맞춤법≫(1988)에서는 이 부분을 따로 다루지 않는다.

현행 ≪한글 맞춤법≫(1988)에서 자음으로 시작되는 접미사의 된소리 표기와 관련해서는 '제4장 형태에 관한 것' 중의 하나로 제21항에서 기술하고 있는데, 그 내용은 명사나 용언의 어간이 어근이 되고 여기에 자음으로 시작되는 접미사가 붙으면 원칙적으로 소리와 관계 없이 어근과 접미사의 원형을 밝혀 적는 것으로 규정하고 있다. 이것은 ≪한글 마춤법 통일안≫(1933) 이후 줄곧 이어져 오는 것이기도 하다.

그런데 예외적으로 '겹받침의 끝소리가 드러나지 아니하는 것'과 '어원이 분명하지 아니하거나 본뜻에서 멀어진 것'은 소리대로 적는다고 하였는데, 이것은 ≪통일안(고친판)≫(1937) 이후 적용되어 온 것이다. 이 예외 규정의 경우 겹받침 중에서 뒤엣것이 발음되는 경우에는 원형을 밝혀 적고 앞엣것만 발음되는 경우에는 소리대로 적음을 의미한다.26

(19) ㄱ. (넓-적하다) [넙쩌카다] : '넓적하다'
ㄴ. (넓-다랗다) [널따라타] : '널따랗다'

위 (19)에서 기본 형태는 어근과 접미사가 결합한 '넓-적하다'와 '넓-다랗다'로 어근 끝 음절이 동질적인 형식으로 구성되었지만, 표기는 각각 '넓적하다'와 '널따랗다'로 달라진다. 즉, (19-ㄱ)은 원형을 밝혀 적고 (19-ㄴ)은 소리대로 적는 것인데, 이것은 어근의 겹받침 중에서 어느 것으로 발음되는가에 따르는 것이다.27 현행 ≪한글 맞춤법≫

---

26 이러한 발음 현상에 대해서는 현행 ≪표준 발음법≫(1988) 제10항과 제11항에 기술되어 있다.

(1988)에서 접미사가 된소리로 표기되는 예로 다음과 같은 것이 제시되어 있다(앞의 예문 (18-ㄴ) 참조).

(20) 할짝거리다, 널따랗다, 널찍하다, 말끔하다, 말쑥하다, 말짱하
다, 실쭉하다, 얄따랗다, 짤따랗다

위 (20)은 어근 형태 '핥-, 넓-, 맑-, 싫-, 얇-, 짧-' 등에서 겹받침 중에 앞엣것만 발음되므로 소리대로 적음으로써 된소리가 표기에 반영되는 것이다. 이것은 ≪통일안(일부 개정)≫(1946)과 같은 것이며, ≪한글 맞춤법≫(1980)에서의 추가 해석은 수용되지 않은 것이다.

[2.3.] 현행 ≪한글 맞춤법≫(1988)에서는 '형태에 관한 것'과 관련된 것으로 앞선 규정에서 다루지 않았던 몇 가지 된소리되기 현상과 관련되는 표기에 대해 추가적으로 규정하고 있다. 우선 파생어 형성에서 접미사의 된소리되기와 관련하여 현행 ≪한글 맞춤법≫(1988) 제54항에 기술되어 있는데, 여기서 제시된 예는 다음과 같다.

(21) ㄱ. 심부름꾼, 익살꾼, 일꾼, 장꾼, 지게꾼
ㄴ. 심부름군, 익살군, 일군, 장군, 제겟군
(22) ㄱ. 때깔, 설깔, 볼때기, 판자때기, 귀꿈치, 이마빼기, 코빼기
ㄴ. 땟갈, 성갈, 볼대기, 판잣대기, 뒷굼치, 이맛배기, 콧배기

이것은 된소리로 나는 접미사는 소리대로 된소리로 적음을 규정한

---

27 이와 관련한 문제는 연규동(1998:124-130)을 참조할 수 있다.

것으로, (21-ㄱ)과 (22-ㄱ)처럼 된소리로 표기하도록 되어 있다. 즉, 이들은 뒤따라오는 형태가 접미사기이기 때문에 사이시옷 표기와는 다르다는 것이다(다음의 7.3.2절 2.3항 참조).

여기에 추가하여 접미사에 관한 것은 아니지만, 된소리되기와 관련되는 형태의 표기를 다룬 부분이 있다. 현행 ≪한글 맞춤법≫(1988) 제53항은 어미에서의 된소리 표기에 대해 규정하고 있는데, 일부 어미에서 발음은 된소리로 나더라도 예사소리로 적는다는 것이다. 이에 관련되는 예의 일부를 보면 다음과 같다.

(23) ㄱ. -(으)ㄹ걸, -(으)ㄹ게, -(으)ㄹ세, -(으)ㄹ세라, -(으)ㄹ
　　　　지라도, -(으)ㄹ지언정
　　　ㄴ. -(으)ㄹ껄, -(으)ㄹ께, -(으)ㄹ쎄, -(으)ㄹ쎄라, -(으)ㄹ
　　　　찌라도, -(으)ㄹ찌언정

위에서 (23-ㄱ)처럼 예사소리로 쓰고 (23-ㄴ)의 된소리 표기를 수용하지 않는다는 것이다.28 즉, 된소리로 발음되더라도 이를 표기에 반영하지 않는다는 것으로, 이도 역시 가급적 된소리를 표기에 반영하는 것을 제한하려는 취지로 해석할 수 있다.

---

28 그런데 '-(으)ㄹ까, -(으)ㄹ꼬, -(스)ㅂ니까, -(으)리까, -(으)ㄹ쏘냐' 등의 일부 의문형어미는 된소리로 적는다. 이에 대해 『국어 어문 규정집』(대한교과서주식회사, 1988:103)에서는 '1957년 6월 30일 한글학회 총회에서 결정한, 통일안 보유(補遺)에서 그렇게 정해져서 이미 널리 익어져 쓰이는 형식이기 때문에 관용을 따른 것'이라고 하였다.

5.6. 정리

문자적인 면에서 접근하면, 훈민정음 제정 당시부터 된소리를 각자
병서 또는 합용병서 중 어느 것으로 표기했는가 하는 문제에 부딪히게
된다. 이것은 당시 문헌에서 각자병서와 합용병서에 대한 해설이 충분
하지 않기도 하거니와, 실제 문헌에서도 혼용되는 예들이 나타나서 어
느 하나로 특정되지 않는 성격을 띠기 때문이다. 또한 훈민정음 당시
의 문헌에서 병서자들이 고유어의 된소리와 어두 자음군을 표기한 것
으로 해석될 뿐만 아니라 한자음의 유성음 표기에 쓰인 예들이 나타나
는 것으로 볼 때, 두 형식의 문자(각자병서, 합용병서)로 세 유형의 소
리(고유어의 된소리, 어두 자음군, 한자음의 유성음)를 표기하는 결과
가 되어 문자와 소리(음운)가 1:1의 대응이 이루어지지 않은 것도 문제
가 되었다고 할 수 있다.

국어 표기에 대한 명문화된 규범이 없이 표류되어 왔던 15세기 이후
근대 국어 시기에 이르기까지의 비교적 긴 기간 동안에는 ㅅ계 합용병
서가 된소리를 표기하는 양상을 보였다. 그런데 개화기 이후 20세기
들어 활발했던 국문 또는 한글 철자법 논의에서는 국문연구소의 ≪國
文研究議定案≫(1909)으로부터 된소리의 각자병서 표기가 새롭게 조
명되었고, 결국 각자병서 표기가 현행 국어 표기 규정에서 정착되기에
이르렀다. 물론 이러한 과정에서 된소리를 전통적인 ㅅ계 합용병서(된
시옷)로 표기하는 규정이나 의견이 대두되기는 하였으나 대세를 바꾸
지는 못하였다. 그것은 된시옷이 단순한 된소리 표시의 기능만을 지니
는 것이 아니라 그에 딸린 다른 기능이나 의미를 지닌다고 볼 때 된소
리의 가치를 지닌 음운을 된시옷으로 표기하는 것이 부절적하고, 오히

려 된소리로 발음되는 음운은 동일한 글자를 중첩하여 표기하는 것이 합리적이라는 생각에 바탕을 둔 것이었다.

된소리되기는 단순히 음운론적 현상이라기보다는 형태·의미적 요인과도 관련되기 때문에 국어 표기 규정의 여러 곳에서 혼재되어 있는데, 《통일안》(1933) 이후의 규정에서는 형태소 내부와 파생어 또는 합성어 형성의 경우 중심으로 기술되었다. 형태소 내부의 경우 대체로 국어의 음운 변동의 규칙성이 적용되지 않는 조건에서 된소리가 날 때에는 그대로 된소리로 표기하는데, 현행 규정에서는 모음 사이뿐만 아니라 유성자음 뒤에까지 적용 범위가 넓어졌다. 파생어의 형성에서는 자음으로 시작되는 접미사가 붙는 경우 어근이 겹받침으로 되어 있고 그 중 앞엣것만 발음될 때 소리대로 적음으로써 된소리를 표기에 반영한다. 이도 역시 현행 규정에 이르러 적용 범위가 좀 더 넓어지고 표기 조건이 분명해졌다고 할 수 있다.

현대 국어에서는 된소리되기 현상이 매우 넓게 나타나기 때문에, 특정의 원리나 규칙으로 설명하기도 쉽지 않아서 표기 규정을 마련할 때 이를 어떻게 표기에 반영할 것인지의 문제가 제기되어 왔다. 특히 된소리에 대한 부정적인 이미지와 함께 표기법이 지니고 있는 보수성으로 인해 국어 표기 규정에서 된소리되기 현상을 표기에 반영하지 않으려는 경향이 존재하여 왔다고 할 수 있다.

받침은 음절 구성의 한 부분으로, 그 표기에서 초성에 쓰이는 자음자를 모두 쓸 것인지의 여부는 국어 표기법에서 가장 주목되는 문제 중의 하나였다. 그것은 받침의 확대 정도에 따라 형태의 기본형을 밝혀 쓸 수 있는 정도가 달라지며, 그것은 음소주의와 형태주의로 구분되는 표기법의 기본 원리와도 관련되기 때문이다. 이 장에서는 훈민정음 창제 이후로부터 다양하게 전개된 받침 표기의 변천 양상을 살피면서 관련한 문제를 다루어 보기로 한다.[1]

---

1 이 장은 우형식(1993ㄱ)을 수정·보완하여 이 책의 취지에 맞게 재구성한 것이다.

6.1. 훈민정음 체제에서의 받침 표기

[1.1.] 국어에서 받침(終聲)은 이른바 받침소리규칙에 의해 중화(neutralization)되는 현상이 있다. 이에 따라 받침 표기에서 형태의 기본형을 밝혀 쓸 것인지 아니면 소리가 달라진 변이 형태로 쓸 것인지의 문제가 발생하게 된다. 이것은 『訓民正音』(1446)에서도 例義의 '終聲復用初聲'과 終聲解의 '八字可足用'의 원칙으로 대립했는데, 그 후 국어 표기법의 가장 큰 과제로 대두되었다.

이와 관련하여 『訓民正音』(1446)의 終聲解 일부를 보면 다음과 같다.

> 終聲者 承初中而成字韻 如卽字終聲是ㄱ ㄱ居즈終而爲즉 … 所以ㅇㄴㅁ ㅇㄹ△六字爲平上去聲之終 而餘音爲入聲之終也 然ㄱㆁㄷㄴㅂㅁㅅㄹ八 字可足用也 如빗곶爲梨花 엿의갗爲狐皮 而ㅅ字可以通用 故只用ㅅ字

즉, ㄱㆁㄷㄴㅂㅁㅅㄹ의 여덟 자로 종성 표기를 할 수 있으며, 따라서 '빗곶'과 '엿의갗'에서 받침에 'ㅅ'자로 쓸 수 있다는 것이다. 그런데 당시 문헌에서는 대체로 이와 같은 8종성 표기를 따르지만, 주지하는 바와 같이 『龍飛御天歌』(1447)와 『月印千江之曲』(1447)의 경우에는 8종성 외에 'ㅈ, ㅊ, ㅌ, ㅍ, △' 등이 받침으로 쓰이기도 하였다.

16세기에 들어서도 8종성법의 전통은 그대로 이어졌다. 이와 관련하여 최세진의 『訓蒙字會』(1527)에서의 초성(初聲)의 분류를 보면 다음과 같다.

> 初聲終聲通用八字:ㄱ其役 ㄴ尼隱 ㄷ池末 ㄹ梨乙 ㅁ眉音 ㅂ非邑 ㅅ時衣
> ㆁ異凝

初聲獨用八字 : ㅋ箕 ㅌ治 ㅍ皮 ㅈ之 ㅊ齒 △而 ㅇ伊 ㅎ屎

위에서도 8종성의 원리가 지켜지고 있음을 보인다. 그러나 이것은 당시의 음운 변화를 고려하지 않은 것으로 이해된다. 그것은 16세기가 되면 종성에서의 'ㅅ'과 'ㄷ'이 중화되어 7종성 체계를 이루고(지춘수, 1986:51-54 참조), 'ㆁ'은 종성화되어(이익섭, 1992:151-152 참조) 초성에 쓰이지 않게 되었기 때문이다. 따라서 위의 8종성 체계는 현실 음과는 달리 15세기로부터 이어져 오는 표기법의 전통을 그대로 잇는 것이 된다.

17세기 이후에는 받침에서 'ㅅ'과 'ㄷ'의 중화(neutralization)에 의한 변별성의 상실이 표기에 반영됨으로써 'ㄱ, ㄴ, ㄹ, ㅁ, ㅂ, ㅅ, ㅇ'의 7종성으로 정착되었다.[2] 이것은 다음의 유희의 『諺文志』(1824)에 나타난 증언을 통해 그 당시의 현상을 이해할 수 있다(유창돈, 1958:128 참조).

今俗婦女諺文 以ㅅ代ㄷ 殊不知ㅅ未嘗爲終聲

즉, 당시에 받침에서 'ㄷ' 대신에 'ㅅ'이 쓰이고 있다는 것이다.

7종성법은 실제의 음운 현상으로 보면 종성에서 'ㅅ'과 'ㄷ'은 'ㄷ'으로 중화되는 것이었으나, 표기에서는 'ㄷ'과 'ㅅ'이 혼기(混記)되는 현상을 보이다가 점차 'ㅅ'으로 정착되었다. 그것은 'ㅅ'이 사이시옷이나

---

2 'ㄷ'받침의 'ㅅ'으로의 변화는 16세기 초 일부 어휘에서 시작되어 17세기 말에는 대부분 'ㄷ' 대신 'ㅅ'으로 표기되었으며, 18세기 중엽에는 'ㅅ'으로 정착되었다(이익섭, 1992:307-313; 김형철, 1997:36-37; 나찬연, 2020:20).

된시옷 등으로 표기에서 사용되는 폭이 넓었다는 점과 관련되는 것으로 보인다.3

1.2. 국어의 종성에는 이른바 겹받침(合用終聲, 語幹末子音群, 二重終聲, 둘받침)도 나타난다. 유창돈(1958:136)에서는 겹받침은 고유한 종성은 아니었는데 홑받침에 다른 자음이 개입되어 생긴 것으로 표의성과 관련된다고 하였다. 결과적으로 겹받침으로 인해 다양한 어휘의 분화를 구별하여 표기할 수 있게 되었다는 것이다.4

전통적으로 20세기 이전에 겹받침으로 나타났던 용례를 정리하면 다음과 같다.5

ㄱ계 : ㄳ('몫, 넋, 삯, 낛다')
ㅂ계 : ㅄ('값, 없다')
ㅅ계 : ㅺ('밨, 닭다, 묶다'), ㅼ('맜')
ㄴ계 : ㄵ('앉다, 엱다'), ㄶ('많다, 싫다')
ㄹ계 : ㄺ('흙, 기슭, 긁다, 넑다'), ㄻ('솖다, 젊다'), ㄼ('여듧, 밟다, 엷다'), ㄽ('곬, 옰'), ㄾ('훑다, 핥다'), ㄿ('앒, 읊다'), ㅀ('슳다, 잃다')

---

3 이러한 'ㅅ'의 특징에 대해 1950년대에는 '민족적 애용감'과 관련하여 해석하기도 하였다(다음의 6장 각주 30) 참조).
4 유창돈(1958:161)에서는 겹받침 형성에서 자음이 개입되는 조건을 선행 종성이 유성음 사이에서 음가가 변화할 때, 선행음으로 인하여 선행 자음에 음가 변화가 있을 때, 유성음 연발로 청각상(聽覺像)이 흐려질 때로 들었으며, 이런 경우 이를 방지하기 위해 자음이 개입하고 그에 따라 어사(語辭)의 분화가 동반된다고 하였다.
5 이것은 유창돈(1958)과 홍윤표(1986)을 중심으로 정리한 것인데, 해당 자료에는 더 많은 예가 제시되어 있다.

ㅁ계 : ㄻ('닮'), ㅻ('옳다')

위에서 보면 겹받침의 형성에 참여하는 선행 받침의 종류는 무성음 계열('ㄱ, ㅂ, ㅅ')과 유성음 계열('ㄴ, ㄹ, ㅁ')이 각각 셋으로 되어 있다. 그리고 전체적으로는 모두 15가지('ㄳ, ㅄ, ㅺ, ㅼ, ㅧ, ㄶ, ㄺ, ㄻ, ㄼ, ㄽ, ㄾ, ㄿ, ㅀ, ㅁ, ㅻ')가 제시된다.6 이들 중 가장 대표적으로 쓰였던 것은 'ㄺ, ㄻ, ㄼ' 등의 ㄹ계 겹받침 세 가지이며, 이들은 20세기 들어 7종성의 홑받침과 함께 대부분의 받침 표기 규정에 포함되었다.

6.2. 국문/언문 체제에서의 받침 표기

[2.1.] 갑오경장(1894) 이후 국문(國文)이 새롭게 인식되면서 이에 대한 표기법을 마련하려는 노력들이 있었다. 이봉운의 『국문정리』(1897)에서는 받침('종성')을 'ㄱ, ㄴ, ㄷ, ㄹ, ㅁ, ㅂ, ㅅ, ㅣ, ㅇ'으로 제시하고, 여기서 '종성'은 '붓침'을 의미한다고 하였다. 특히 '종성'의 'ㅣ'는 'ㅇ'와 같은 '후성'으로 '목에서 나오는 소리음'이라 하였는데, 이것은 전통적으로 내려오던 반절표(反切表)에서 처리되던 관행을 그대로 답습한 것으로 보인다(앞의 1.1절 1.3항 참조). 그리고 지석영의 「新訂國文」(1905)에서는 자음자의 경우 'ㄱ, ㄴ, ㄷ, ㄹ, ㅁ, ㅂ, ㅅ, ㅇ'을 '初終聲通用八字', 'ㅈ, ㅊ, ㅋ, ㅌ, ㅍ, ㅎ'을 '初聲獨用六字'라 하여 전통적인 8종성을 인정하였다.7

---

6 위에 제시된 겹받침은 20세기 이전 문헌에 나타나는 것을 총괄한 것으로, 시대에 따라서는 이들의 증감이 있을 수 있다.

구역 성서 표기에서는 받침이 'ㄱ, ㄴ, ㄹ, ㅁ, ㅂ, ㅅ, ㅇ'의 7종성으로 제한되었으며, 여기에 '흙, 싥, 여듧, 넓게'에서와 같이 겹받침으로 'ㄺ, ㄼ' 등이 쓰였다. 그리고 '빗치, 밧헤, 압희'에서와 같이 'ㅊ'은 'ㅅ-ㅊ', 'ㅌ'은 'ㅅ-ㅎ', 'ㅍ'은 'ㅂ-ㅎ'으로 표기되기도 하였다(앞의 1.4.2절 2.3항 참조).

한편, 한승곤의 『國語綴字捷徑』(1908)에서도 7종성법에 따랐으며,8 'ㄷ'받침은 'ㅅ'으로 표기되었다(앞의 1.3절 참조).

(1) ㄱ. 밋는, 씌듯기, 밧지못ㅎ엿다, 닷는다(閉), 굿다(堅)

ㄴ. 밋을만한, 밧아보다

(2) ㄱ. 늣지아니ㅎ다, 멋히, 멋시, 좃차가다(隨去)

ㄴ. 굿흐면, 굿흔, 굿치

ㄷ. 깁흔우물(深井), 놉흔

(3) ㄱ. 둙(鷄), 닑으면(讀)

ㄴ. 슯흐다(悲)

위에서 보면, (1-ㄱ)처럼 뒤에 자음이 올 때뿐만 아니라 (1-ㄴ)처럼 모음이 올 때에도 'ㄷ'받침이 'ㅅ'으로 분철되어 표기되었다. 그리고 (2-ㄱ, ㄴ)에서 '늦-, 몇, 좇-, 같-'으로 예상되는 어간 형태의 받침 'ㅈ, ㅊ, ㅌ'이 자음 앞에서는 'ㅅ'으로 표기되고, 모음 앞에서는 '좃차, 굿흐면'처럼 'ㅅ-ㅊ, ㅅ-ㅎ' 등으로 중철되어 표기되었다('갓치'의 경

---

7 이것은 최세진의 『訓蒙字會』(1527)에서 분류한 初聲獨用八字 'ㅋ, ㅌ, ㅍ, ㅈ, ㅊ, ㅿ, ㅇ, ㅎ' 중에서 'ㅿ, ㅇ'가 빠진 것이다.

8 『國語綴字捷徑』(1908)에서도 『국문정리』(1897)에서와 같이 'ㅣ'(重中聲)를 받침에 포함하였다.

우에는 구개음화된 형태로 쓰였다.) 그리고 (2-ㄷ)은 '깊'에서 받침 'ㅍ'이 모음 앞에서 'ㅂ-ㅎ'으로 표기된 것이고, (3)은 겹받침 표기의 예에 해당한다.

[2.2.] 1907년 설치된 국문연구소에서 다룬 十題에는 다섯 번째의 과제로 받침 표기에 관한 내용이 다음과 같이 포함되었다(앞의 2.2절 2.2항 참조).

五. 終聲의 ㄷㅅ二字用法及 ㅈㅊㅋㅌㅍㅎ六字도 終聲에 通用當否

즉, 받침에서 'ㄷ'과 'ㅅ'을 모두 쓸 것인지 아니면 'ㅅ'으로만 쓸 것인지, 그리고 'ㅈ, ㅊ, ㅋ, ㅌ, ㅍ, ㅎ'도 받침에서 사용할 것인지의 문제였다. 실제로 이 과제에 대해 의견을 제시한 위원들의 개별안을 보면 받침으로 표기할 수 있는 것에서 서로 다른 부분이 나타난다.

우선 ≪國文硏究議定案≫(1909)에서 각 위원들의 견해를 간단히 정리한 부분을 보면 다음과 같다.

"ㄷ字도近俗에는下六字와同히終聲에不用인바魚權周三(尹四)委員은通用이爲當ᄒ다ᄒ고李委員은常用活用備考三種에分ᄒ야此七字는活用에屬ᄒ고宋委員은適機應用ᄒ자ᄒ고李委員敏應은并히備考로存留ᄒ자ᄒ고池委員은必要가無ᄒ니留案ᄒ자홈"

즉, 어윤적, 권보상, 주시경, 윤돈구는 받침에서 'ㄷ'과 'ㅅ'의 통용이 마땅하다 하였고, 이능화는 자음을 상용(常用)과 활용(活用), 비고(備考)로 3분하고 그 중에 7자는 활용에 속하는 것으로 보았으며, 송기용은 적기응용(敵機應用)하자 하였고 이민응은 비고로 남겨 두자 하고 지석영은 필요가 없다고 하였다는 것이다. 결과적으로 이 과제에 대해 어윤적과 권보상, 주시경, 윤돈구는 찬성, 이능화와 송기용, 이민응은 유보, 지석영은 반대로 구분된다.

이것을 좀 더 자세히 보면 다음과 같다. 우선 위 과제에 대해 가장 적극적으로 찬성의 입장에 서 있었던 주시경은 '本音으로書ᄒ고自然흔 音里대로讀흠'의 관점에서 본음(本音)에 의한 형태의 고정 표기를 강조하였는데, 이에 따라 원칙적으로 모든 초성이 받침으로 쓰일 수 있다고 하였다. 그리고 'ㅅ, ㄷ'를 비롯하여, 'ㅌ, ㅈ, ㅊ, ㅍ, ㅎ'이 받침으로 쓰이는 예를 제시하였는데, 정리하여 보면 같다.[9]

(4) ㅅ : 빗(光), 맛(味), 뜻(意), 뭇(束), 곳(處), 그릇(器), 송곳(錐),
      이웃(隣)
    ㄷ : 닫(閉), 받(受), 믿(信), 쏟(注), 얻(得), 곧(直), 굳(堅)
(5) ㅌ : 뭍(陸), 흩(散), 븥(附), 엵(淺), 긑(同)
    ㅈ : 낮(午), 찾(尋), 맺(結), 찢(裂), 잊(忘), 젖(濕), 꾸짖(叱), 낮
      (低), 늦(晚)
    ㅊ : 좇(從), 쫓(逐)
    ㅍ : 잎(葉), 앞(前), 옆(側), 덮(履), 엎(顚倒), 높(高), 깊(深)
    ㅎ : 쌓(積), 낳(産), 땋(編), 좋(好)

---

9 여기에 제시된 것에는 'ㅋ'의 예가 없다(주시경의 〈國文研究案〉(1908) 참조). 한편, 주시경(1908:61)에서는, 주시경이 1896년 독립신문의 교정원으로 있으면서 國文同式會를 조직하여 표기법을 정리하려고 했는데, 이때에 국어에 'ㄷ, ㅌ, ㅈ, ㅊ, ㅍ, ㅎ, ㄲ, ㅄ, ㄵ, ㅀ' 등이 종성으로 발음되는 것을 발견하고 이것을 받침에 쓸 수 있음을 알았다고 하였다.

위에서 (4)는 'ㅅ'과 'ㄷ' 받침의 예이고, (5)는 'ㅌ, ㅈ, ㅊ, ㅍ, ㅎ' 받침의 예이다. 또한 주시경은 겹받침의 예로 ㄲ('깎, 볶'), ㄺ('닭, 흙'), ㄿ('여듦, 넓'), ㄽ('읋'), ㄻ('삶, 젊'), ㄶ('잃, 싫'), ㅀ('끊'), ㅄ ('없, 값'), ㄵ('앉, 얹'), ㄾ('핥'), ㄳ('삯')을 제시하기도 하였다.

어윤적은 '初聲諸字를皆用於終聲則品詞記法이盡然一致'한다고 하면서 '文法之精義眞諦'를 밝히기 위하여 모든 초성은 종성에도 써야 한다고 하였다. 즉, 모든 초성을 종성에 써서 체언이나 용언 어간의 기본형을 밝혀 표기하게 되면 품사(단어)의 본래 형태를 드러낼 수 있어서 문법의 본 모습을 기술할 수 있다는 것이었다. 그리고 권보상은 주시경의 견해에 따르는데, '理論上으로는更히容疑홀여지가無ㅎ나實際上行用에 困難'함이 있을 수 있다고 하여 이론상 타당하나 실제에는 어려움이 있을 것이라 하였다. 한편, 윤돈구는 모든 초성은 종성으로 쓸 수 있다는 원칙을 확인하고 이러한 적극적인 개혁을 강조하였다.

이능화는 初終聲字를 상용(常用: ㄱㄴㄹㅁㅂㅅㅇ)과 활용(活用: ㄷ ㅈㅊㅋㅌㅍㅎ), 비고(備考: ㅇㆁㅿㅱㅸㆄㅹㆅ及將造字)로 구분하면서, 상용은 '時俗習慣을從ㅎ나制限은勿홈', 활용은 '正音例義를依ㅎ야活套 로定홈'이라 하였으며, 비고는 이미 사라진 글자와 앞으로 장차 만들 글자가 포함된다고 하였다. 그리하여 문제가 되는 일곱 글자는 활용 (活用)에 해당된다고 하였다. 이러한 관점에서 송기용은 'ㄷ, ㅅ'은 주시경을 따라 본음(本音)을 따라 쓰되, 'ㅈㅊㅋㅌㅍㅎ'은 적기응용(敵機 應用)하자 하여 사용을 유보하였다. 그리고 이민응은 '終聲의ㄷㅈㅊㅋ ㅌㅍㅎ七字는備考로만存留ㅎ고ㅅ一字로用홈이可'하다고 하였다.

한편, 지석영은 종성에 'ㄷ'을 쓰는 것은 '事實上에必要가無'하고, 'ㅈ, ㅊ' 등을 쓰는 것은 '留案함이可'하다고 하였다. 그리고 '찾젖좇쫓

갇옅덮깊쌓좇等字를各其單音으로讀할時난찻젓좆쫏갓엇덥깁쌋좃으로 少無分別하니末流之弊가必然ㅈㅊㅌㅎ난ㅅ字와混用홀것이요ㅍㄴㅂ로混 用'할 것이라고 하면서 반대하였다.

결과적으로 이 문제에 대해 위원들의 논의 끝에 최종 방안으로 제시 된 ≪國文硏究議定案≫(1909)에서는 가(可)한 것으로 귀결되었다. 그 내용을 옮기면 다음과 같다.

"訓民正音에는初聲諸字를幷히終聲에復用ᄒ던것인데訓蒙字會에ㄱㄴㄷ ㄹㅁㅂㅅㅇ八字만初終聲에通用ᄒ고其餘諸字는初聲獨用으로區別ᄒ얏 으니此를推想컨딕梵文의八終聲例를倣ᄒ듯ᄒ나訓民正音例義와國語音에 違反ᄒ얏으니此는極大ᄒ謬誤로다 或은現行ᄒ는八字中ㄷ字도不用ᄒ고 七字만用ᄒ야도不成홀語가無ᄒ고不發홀音이無ᄒ다ᄒ나言語를記홈에 不規則과事物을名홈에無定義가滋甚ᄒ야文學의滅裂을枚述기不遑ᄒ니初 聲諸字를原則에依ᄒ야斷然通用홈이正當ᄒ도다"

위에서 보면, '初聲諸字를原則에의하여斷然通用홈이正當'하다고 하 여 원칙적으로는 모든 초성이 받침에 쓰일 수 있다는 것으로 해석될 수 있다. 따라서 받침 표기는 전통적으로 써 오던 'ㄱ, ㄴ, ㄹ, ㅁ, ㅂ, ㅅ, ㅇ'의 7종성 외에 'ㄷ, ㅈ, ㅊ, ㅋ, ㅌ, ㅍ, ㅎ'의 7가지가 더 늘어나 게 되었다. 이는 결국 8종성법에 쓰였던 'ㄷ'받침의 부활을 의미하는 것이며, 넓게 보면 모든 초성을 받침으로 표기할 수 있음을 뜻하는 것 이었다. 이러한 결정에는 주시경과 어윤적의 강력한 주장이 작용했을 것으로 보인다(이기문, 1970:109 참조).

2.3. 일제(日帝)에 의해 처음으로 나온 ≪普通學校用諺文綴字法≫ (1912)에서는 받침의 표기에 대해 직전에 있었던 국문연구소의 ≪國文研究議定案≫(1909)의 결정을 수용하지 않고 전통적인 7종성법에 따랐다. 여기서는 이에 대해 명시적으로 규정한 바는 없으나, 제시된 예를 통해 살펴보면 다음과 같다.

(6) ㄱ. 바덧소(受), 어덧소(得), 쓰덧소(攫引拔)

ㄴ. 저젓소(濕), 지젓소(吠), 느젓소(暮)

ㄷ. 꼿치/꼿츨(花), 숫치/숫츨(炭), 빗츨/빗체(色)

ㄹ. 갓흔/갓흘(同), 붓흔/붓흘(附)

ㅁ. 놉흔/놉흘(高), 갑흔/갑흘(報), 압히/압흔(前), 깁히(深)

ㅂ. 붉은빗, 삶어먹엇소, 갑슬, 삭슬

위에서 (6-ㄱ)은 'ㄷ', (6-ㄴ)은 'ㅈ'이 받침으로 쓰이지 않고 다음 모음으로 시작되는 어미에 연철됨을 보여 준다. (6-ㄷ, ㄹ, ㅁ)에서는 각각 받침에서 'ㅊ, ㅌ, ㅍ'이 뒤에 모음으로 시작되는 조사나 어미, 접미사 등이 뒤따라올 때 'ㅊ'은 'ㅅ-ㅊ', 'ㅌ'은 'ㅅ-ㅎ', 'ㅍ'은 'ㅂ-ㅎ' 등으로 이른바 해체 분석하여 표기되었다.[10] 그리고 (6-ㅂ)은 겹받침으로 역사적으로 써 오던 ㄹ계의 'ㄺ, ㄻ'은 사용하지만, 'ㅄ'('값')과 'ㄳ'('삯')은 불가함을 보여 준다.[11] 따라서 이러한 것으로 미루어 ≪普通

─────────

10 이에 대해 '모음 간 유기음 표기'(김상돈, 1991), '부분 중철' 또는 '분해 중철'(홍윤표, 1986; 신유식, 2000), '재음소화(rephonemicization)'(나찬연, 2020) 등으로 지칭하기도 하였다. 이것은 하나의 음소를 두 글자로 적는 방식으로, 받침에서 7종성법을 유지하면서 어간과 어미를 구별하면서 표의적 효과를 유도하려던 당시의 표기 경향이었다.

11 ≪普通學校用諺文綴字法≫(1912)에서는 'ㄻ'겹받침의 예는 찾을 수 없으나, 다음의 ≪

學校用諺文綴字法≫(1912)은 'ㄷ'과 'ㅈ, ㅊ, ㅌ, ㅍ' 등, 그리고 겹받침이 제약된 전통적인 표음적 표기를 바탕으로 하는 것이었다 할 수 있다.

일제에 의한 두 번째 표기 규정인 ≪普通學校用諺文綴字法大要≫(1921)에서의 받침 표기는 八항에 비교적 명시적으로 제시하였다. 이것을 간략히 정리하면 다음과 같다.

八. 終聲(밧침)에關하야는

(甲)	(乙)
곳(處), 곳을 / 엇는다(得), 어들	곧, 곧을 / 얻는다, 얻을
돕는다(助), 도을	돕는다, 돕을
숫(炭), 숫치	숯, 숯이
낫(晝), 낫에 / 짓는다(吠), 지즐	낮, 낮에 / 짖는다, 짖을
꼿(花), 꼿치	꽃, 꽃이
밧(田), 밧헤 / 갓다(似), 갓흘	밭, 밭에 / 같다, 같을
닙(葉), 닙흔 / 깁다(深), 깁흘	닢, 닢을 / 깊다, 깊을
나(齡), 나히	낳, 낳이
닥는다(修), 닥글	닦는다, 닦을
갑(價), 갑스로 / 업다(無), 업슬	값, 값으로 / 없다, 없을
삭(雇賃), 삭시	삯, 삯이

甲乙어느綴字法에從할것인가자못重大한問題나乙號의諸例를採用할時는從來寬容되어오던ㄱㄴㄹㅁㅂㅅㅇ의終聲以外에오히려ㄷㅈㅊㅋㅌㅍㅎ의七箇終聲도許容하고、또二重終聲(둘밧침)도許容하지아니할수업시된다。이에對하야甲乙雙方의利害에關하야學問上實際敎授上으로부터各種의議論이생긴다。就中今日普通으로行하지아니하는終聲을새로採用하는可否、또此等終聲의發音如何、及此를採用한境遇에對한實地敎授上의

諺文綴字法≫(1930)을 통하여 이것이 포함되었음을 알 수 있다.

難易에關하야는아직硏究를要할점이不小하다。要컨대甲乙兩說어느것
이든지相當한理由가잇서서直時黑白을決하기困難한故로本敎科書에對
하야는今後의決定을보기까지大體로從來의綴字法에從하야大略甲號에
準據하기로함。

위에서 보면, 'ㄷ, ㅈ, ㅊ, ㅋ, ㅌ, ㅍ, ㅎ'의 7가지와 '二重終聲(둘밧
침)' 등의 새로운 받침을 쓸 것인지의 여부에 대해 문제 제기가 있었
고, 결국 (甲)과 같이 쓰기로 정했다는 것이다. 그것은 (乙)과 같이 쓰
면 새로운 종성을 채용하는 것에 대한 가부(可否), 새로운 종성의 실제
발음 여하(如何), 교수상의 난이(難易) 등에 대해 더 연구해야 할 점이
있기 때문이었다는 것이다. 결과적으로는 앞선 ≪普通學校用諺文綴字法≫
(1912)의 규정에 일치되는 것이지만, 새로운 받침을 쓸 것인지의 여부
에 대해 논의가 있었음을 발견하게 되는데, 그것은 비록 표음적 표기
로 결정되었다 하더라도 표의적인 형태주의 표기에 대한 의식이 싹트
고 있었다는 사실을 알려 준다는 점에 의미가 있다.

일제에 의한 세 번째의 규정인 ≪諺文綴字法≫(1930)에서는 받침의
추가가 실현되었다. 여기서 받침에 관한 규정은 '各說' 十三항에 실려
있는데 간략히 인용하면 다음과 같다.[12]

十三. 終聲(바침)은 從來使用되든 ㄱㄴㄹㅁㅂㅅㅇ ㄺㄻㄼ以外에ㄷㄷㅈ
ㅊㅍㄲㅆㅈㄾㄿㅄ을加함。딸하서如下한은 甲號를準據하야씀。
(例) 甲/乙
얻다(得)/엇다 같다(似)/갓다 짖다(吠)/짓다 쫓다(追)/쫏다

---

12 예시는 기본형만을 甲/乙로 모아서 재정리하여 제시한다.

깊다(深)/깁다　묶다(束)/묵다　넋(魂)/넉　　앉다(坐)/안다
핥다(舐)/할타　읊다(詠)/읖다　값(價)/갑
조타(好)/좋다　만타(多)/많다　올타(可)/옳다

　즉, 위에서 제시된 바와 같이 종전의 10가지의 받침에 홑받침 5가지
('ㄷ, ㅌ, ㅈ, ㅊ, ㅍ')와 겹받침 6가지('ㄲ, ㄳ, ㄵ, ㄾ, ㄿ, ㅄ')를 추가
함으로써 받침의 종류가 21가지로 늘어나게 되었다.13 그런데 여기서
는 'ㅎ' 계열의 'ㅎ, ㄶ, ㅀ'은 쓰일 수 없음을 보여 준다.

　그리고 '備考一, 二'에서 이들의 발음 현상에 대해 '單終聲' 'ㄷ, ㅌ,
ㅈ, ㅊ, ㅍ' 뒤에 母音이 오면 '그音이明瞭히發音되는일이從來使用되던
單終聲과同하'고, 단독 또는 자음이 뒤따라오면 'ㄷㅌㅈㅊ은ㅅ과同하
고ㅍ은ㅂ과同樣의作用을'한다고 하였다. 즉, 새로 쓰이게 된 홑받침의
뒤에 모음이 올 때에는 본래의 음이 발음되고, 자음이 오는 경우에는
중화된다는 것이다. 그리고 '二重終聲'의 경우 'ㄲ, ㄳ, ㅄ, ㄵ, ㄾ, ㄿ'
뒤에 모음이 오면 종래의 'ㄺ, ㄻ, ㄼ'과 동일하게 하고, 단독 또는 자
음이 뒤따라오면 'ㄲ ㄳ ㅄ ㄵ ㄾ은ㄱㄱㅂㄴㄹ과同一히右半을分離시킨
單終聲과同樣의作用을하고ㄿ은ㅂ과同樣의作用을'하는 것으로 보았다.
즉, 뒤에 모음이 올 경우에는 분리되어 제 음가대로 발음되고, 자음이
오면 하나가 탈락한다(특히 'ㄿ'은 'ㄹ'이 탈락하고 'ㅍ'이 'ㅂ'으로 발
음됨)는 것이다. 그리고 備考三.은 새롭게 받침이 추가됨으로써 표기
형태가 달라진 어휘의 예를 제시하였다.14

13　그런데 [附記]에서 '업다'(無)는 '업다, 업서서'라고 쓰고 겹받침의 '없다, 없어서'라 쓰
　　지 않는다고 하였다.
14　실제 규정에서 제시된 예의 경우, 위 十三항의 예시를 제외하고 정리해 보면 '좃소
　　(好), 짚(藁), 얇다(薄), 깊이(深), 밭(田), 붙다(附), 낮(晝), 숯(炭), 밖(外)' 등을 들 수

여기서 당시 쓰이던 교과서『普通學校 朝鮮語讀本』卷二(1931)에서 실제로 ≪諺文綴字法≫(1930)에 따라 사용된 받침 표기의 예를 보면 다음과 같다.

(7) ㄱ. 해가 돋는다。 (20과 '단문')

　　ㄴ. 개가 짖는다。 (20과 '단문')

　　ㄷ. 낯을 씻고 잇소。 (19과 '단문')

　　ㄹ. 물이 앝다。 (20과 '단문')

　　ㅁ. 잎을 따고 잇소。 (19과 '단문')

(8) ㄱ. 연필을 깎는다。 (34과 '단문')

　　ㄴ. 삯을 받엇다。 (35과 '단문')

　　ㄷ. 교의에 앉는다。 (35과 '단문')

　　ㄹ. 닭이 밝다。 (33과 '단문')

　　ㅁ. 나물을 삶는다。 (33과 '단문')

　　ㅂ. 바다가 넓다。 (33과 '단문')

　　ㅅ. 글을 읊는다。 (34과 '단문')

　　ㅇ. 벼를 훑는다。 (34과 '단문')

　　ㅈ. 값이 싸다。 (35과 '단문')

(9) ㄱ. 약물에는 조코 조치 아니한 것이 잇스니 (14과 '약물')

　　ㄴ. 올치 꼭지를 안그럿구나。 (9과 '웃으운 이야기')

　　ㄷ. 아마 저 달을 보고 잇겟지。 (22과 '추석')

　　위에서 (7, 8)은 받침으로 쓰이는 용례를 별도의 단원으로 구성하여 제시한 것인데, 그것은 이 교과서에서 이러한 받침의 용례로 처음 사용되었기 때문인 것으로 보인다. 여기서 (7)은 'ㄷ, ㅈ, ㅊ, ㅌ, ㅍ'의

있으며, 여기서 '좃소'는 'ㅎ'받침이 쓰이지 않음을 보여 준다.

다섯 홑받침의 예이고, (8)은 'ㄲ, ㄳ, ㄵ, ㄺ, ㄻ, ㄼ, ㄿ, ㄾ, ㅄ'의 아홉 겹받침의 예에 해당한다. 그리고 (9)는 '조코/*좋고'에서 'ㅎ'과 '올치/*옳지'에서 'ㅀ', '잇겟지/*있겠지'에서 'ㅆ'이 사용되지 않았음을 보여 준다.

이러한 규정이 이루어지게 되었던 사정에 대해서는 김윤경(1932ㄷ)의 [解說]에 자세히 나타나 있다. 다음에 이것을 간단히 인용하기로 한다(김민수, 1973:724 참조).

"諺文은元來表音文字라할지라도朝鮮語本來의性質上, 全體에對하야徹底的으로이를發音대로綴할時는如何라고생각되는것이적지안음. 例컨대국난(國難), 아홉말(九斗), 사람이(人), 먹어라(食)와如한것도이를궁난, 아홉말, 사라미, 머거라와如히綴하는便이가장表音的이나, 從에도국난, 아홉말, 사람이, 먹어라와如히綴함은, 그綴字에觀念的表現을必要로하기때문이며, ...體言과助詞, 用言과活用部等의關係를明瞭히하야, 文法, 語法의整然을期하는等그得하는바가적지안은것이잇슴."

즉, 표음문자로서의 언문(諺文)의 특성에 따라 표음적인 것이 좋을 것이나 철저한 표음적 표기의 불가함과 관념적(觀念的)인 어원 표시의 필요성, 문법 정리의 명료성 등의 이유로 하여 형태주의 표기를 채택한다는 것이다.

그런데 당시 ≪諺文綴字法≫(1930)에서는 받침이 전면적으로 확대되지는 않았다.[15] 그렇더라도 이 규정은 받침의 확대를 통해 기본형을

---

15 다음 조선어학회의 ≪한글 마춤법 통일안≫(1933)과 비교해 보면, 홑받침 'ㅋ, ㅎ'과 겹받침 'ㄶ, ㅀ, ㄽ, ㅁ, ㅆ'의 7가지에서 차이가 있다. 김윤경(1932ㄷ)의 [解說]에서는 이에 대한 논의가 있었다고 하였는데, '發音의如何, 實際使用上의難易' 등에 관한 연구

밝혀 표기하는 방안을 반영하였으며, 이것은 조선어학회의 ≪한글 마춤법 통일안≫(1933)으로 이어지는 중간적 역할을 했다는 점에서 역사적 가치가 인정된다.[16]

6.3. 한글 체제에서의 받침 표기

[3.1.] 국문연구소의 ≪國文硏究議定案≫(1909) 이후 국어 표기법에 대해 일제가 주관하면서 1930년대까지 세 차례에 걸친 언문 철자법이 나왔다. 그러나 이 시기에 주시경 후학들이 대부분인 내국인들의 이른 바 철자법 운동이 심화되었다(앞의 2.2.1절 참조). 여기서는 ≪한글 마춤법 통일안≫(1933)이 마련되기까지 받침 표기에 관한 여러 견해들이 있었으며, 그 종류에서 다양한 양상을 보였다.

우선 1920년대까지의 문헌에 나타나는 몇몇의 개별적인 견해를 보면 다음과 같다.

이필수(1922), 『鮮文通解』, '終聲'

ㄱ ㄴ ㄷ ㄹ ㅁ ㅂ ㅅ ㅇ ㅈ ㅊ ㅌ ㅍ (12)

ㄲ ㄳ ㄵ ㄺ ㄻ ㄼ ㄾ ㄿ ㅀ ㅄ ㅆ (11)

안확(1923), 『修正朝鮮文法』, '밧팀(尾音)'

ㄱ ㄴ ㄹ ㅁ ㅂ ㅅ ㅇ(7) / ㄹㄱ ㄹㅁ ㄹㅂ (3)

의 여지가 있어서 이를 허용하지 않았다고 하였다.

16 실제로 ≪諺文綴字法≫(1930)의 규정에 당시의 많은 민간 학자들이 참여하였는데, 이들은 ≪한글 마춤법 통일안≫(1933)에서도 중요한 역할을 담당하였다(앞의 2.1.3절 3.1항 참조).

리필수(1923), 『정음문전』, '바침'

ㄱ ㄴ ㄷ ㄹ ㅁ ㅂ ㅅ ㅇ ㅈ ㅊ ㅌ ㅍ ㅎ (13)

ㄲ ㄳ ㄵ ㄶ ㄻ ㄺ ㄼ ㄾ ㄿ ㅀ ㅁㅎ ㅄ ㅆ (13)

이상춘(1925), 『朝鮮語文法』, '받힘'

ㄱ ㄴ ㄷ ㄹ ㅁ ㅂ ㅅ ㅇ ㅈ ㅊ ㅌ ㅍ ㅎ (13)

ㄲ ㄳ ㄵ ㄶ ㄺ ㄻ ㄼ ㄾ ㄿ ㅀ ㅁㅁ ㅄ ㅅㅈ ㅆ (14)

이완응(1929), 『中等敎科 朝鮮語文典』, '밧침'

ㄱ ㄴ ㄹ ㅁ ㅂ ㅅ ㅇ (7) / ㄹㄱ ㄹㅁ ㄹㅂ (3)

위에서 보듯, 이 당시의 받침 표기에 관한 견해는 용어에서도 '終聲, 밧팀(尾音), 바침, 받힘, 밧침' 등으로 다르듯이 상당히 복잡한 양상을 띤다. 일반적으로 보면, 안확(1923)과 이완응(1929)은 전통적인 7종 성법에 바탕을 두고 받침을 10가지(홑받침 7, 겹받침 3)로 제한하고 있어서 당시 시행되고 있던 「普通學校用諺文綴字法大要」(1921)에 따른 것임을 알 수 있다. 그런데 이필수(1922, 1923), 이상춘(1925)에서는 10받침 외에 상당수가 포함되어 있다.

이 시기에는 「普通學校用諺文綴字法大要」(1921)에서 비록 논의되었지만 시행되지 않았던 받침의 확대가 주요 관심의 대상이 되어 있었다. 따라서 위에서 보면, 전통적인 10받침 외에 홑받침 'ㄷ, ㅈ, ㅊ, ㅌ, ㅍ, ㅎ'과 겹받침 'ㄲ, ㄳ, ㄵ, ㄶ, ㄾ, ㄿ, ㅀ, ㅁㅁ, ㅁㅎ, ㅄ, ㅅㅈ, ㅆ' 등도 받침의 범주에 포함되었다. 그런데 받침의 추가와 관련하여 새로 추가될 수 있는 받침의 종류에 대한 견해가 일치하지 않았다.

이들에서 홑받침의 경우 차이가 나타나는 것은 격음(激音)의 받침 설정 여부였으며, 그 중에서도 가장 혼란이 되었던 것은 과거 문헌에서 받침으로 쓰이지 않았던 'ㅋ'과 'ㅎ'의 문제였다.[17] 위에서 보면, 같은 저자의 경우인 이필수(1922)와 리필수(1923), 그리고 이상춘(1925)에서는 'ㅋ'이 빠져 있으며, 이필수(1922)에서는 'ㅎ'도 빠져 있다.[18] 이들 모두에서 'ㅋ'은 역사적으로 받침으로 쓰인 예가 없었으며 현실음으로 실현되지도 않는다는 점에서 이를 받침의 범주에 포함하지 않았다. 그러나 'ㅎ'의 받침 문제에 관해서는 이견이 있었던 것으로 보인다.

이필수(1922:31)에서 보면, 'ㅎ'이 받침에서 실현될 수 없음을 다음과 같이 서술하였다.

"ㅎ는他音보다第一虛弱한音이라 … ㅎ音을分明히發치못하난故로朝鮮
人은ㅎ를發하기爲하야强作하나니"

즉, 'ㅎ'은 그 소리가 약해서 본래 소리를 나타내지 못하기 때문에 (이것을 '强作의 變作聲'이라고 하였다) 받침에 쓰일 수 없다는 것이다. 그러나 리필수(1923:33-34)에서는 설명 없이 'ㅎ'받침의 예를 다음과 같이 제시하였다.

(10) 쌓, 놓, 좋, 많, 앓, 옳, 잃, 앉

즉, 홑받침으로 'ㅎ'뿐만 아니라 'ㅎ'계 겹받침으로 'ㄶ, ㅀ, ㅄ'의 예를 제시한 것이다.

---

17 받침에서의 'ㅋ'과 'ㅎ'은 당시 철자법 운동의 주요 쟁점이기도 하였다(앞의 2.2.1절 참조).

18 이필수(1922:26-28)에서는 '여하한 음절(陰切, 자음)이든지 다 받침으로 使用되난 것으로 推測할지니라'고 하였으나, '現今 바침法에 對하야 誤書하난바 一二例를 下에 再示하노라'라 한 부분에서는 'ㅋ'과 'ㅎ'의 예가 제외되어 있다.

또한 이상춘(1925:11-12)에서도 訓民正音의 '終聲復用初聲'에 따라 '어떠하ㄴ字音이든지받힘으로쓰ㄹ수가있다'고 하면서 다음의 예를 보였다.

(11) ㄱ. 좋은그림, 깜앟던머리, 집어넣다, 잡았다가놓다
    ㄴ. 흝지몯하다, 끊지못하ㄴ다, 앓다가낳다, 옳든지긇든지

여기서도 홑받침 'ㅎ'과 겹받침 'ㄶ, ㅀ'의 예가 나타난다.

또한 이필수(1922, 1923)과 이상춘(1925)에서는 겹받침으로 'ㅆ'('있')을 추가하였으며, 리필수(1923)에서는 'ㅁㅎ'('앎'), 이상춘(1925)에서는 'ㄻ'('닮')과 'ㅅㄱ'('밖')을 제시하기도 하였다.[19]

[3.2.] 1930년대에 들어 받침 표기의 문제는 이른바 철자법 운동의 논쟁 과정에서 주요 쟁점의 하나가 되었다. 특히 논쟁의 대상이 된 것은 겹받침의 확대와 'ㅎ'받침의 문제였으며, 이를 두고 표의적 표기법의 관점에서 긍정적으로 수용하는 입장이었던 주시경의 후학들과 현실음을 강조하면서 반대의 입장을 보인 박승빈 등의 견해가 평행선을 이루며 대립하였다.

당시 문헌에서 보이는 것을 제시하면 다음과 같다.

박승빈(1931), 『朝鮮語學講義要旨』, '바팀'

ㄱ ㄴ ㄷ ㄹ ㅁ ㅂ ㅅ ㅇ ㅈ ㅊ ㅌ ㅍ (12)
ㄺ ㄻ ㄼ (3)

---

19 심지어 당시 이규영의 『現今朝鮮文典』(1920, 신문관: 31, 33)에서는 '굶어 가기, 어울이어야' 등에서처럼 'ㄽ'겹받침을 제시하기도 하였다. 그리고 이후 'ㅅㄱ'은 대체로 'ㄲ'으로 바뀌었다('뭇ㄱ다(束)〉묶다, 밧ㄱ(外)〉밖')(김중진, 1999:141-146).

심의린(1935), 『中等學校 朝鮮語文法』, '終聲'

ㄱ ㄴ ㄷ ㄹ ㅁ ㅂ ㅅ ㅇ ㅈ ㅊ ㅌ ㅍ (12)

ㄲ ㄳ ㄵ ㄼ ㄻ ㄼ ㄾ ㄿ ㅄ (9)

박승빈(1931)에서는 전통적인 7종성과 함께 홑받침 'ㄷ, ㅈ, ㅊ, ㅌ, ㅍ'과 겹받침 'ㄺ, ㄻ, ㄼ'은 받침에 쓰일 수 있다고 하였다. 심의린 (1935)에서는 겹받침의 경우 전통적인 'ㄺ, ㄻ, ㄼ'에 'ㄲ, ㄳ, ㄵ, ㄾ, ㄿ, ㅄ'을 더해 9가지가 되었는데, 이것은 당시의 ≪諺文綴字法≫ (1930)과 일치한다.[20] 이들에서는 모두 'ㅋ, ㅎ'이 빠져 있고, 겹받침 에서도 'ㅎ'계의 'ㄶ, ㅀ'과 'ㅆ' 등이 반영되지 않았다.

그런데 'ㅈ, ㅊ, ㅌ, ㅍ' 등이 받침으로 인정된다 하여도 형태의 기 본형이 항상 고정되는 것은 아니었다. 박승빈(1931:69-74)에서는 이 른바 '바팀의 餘音不發'에 의해 '本音'과 '代表音'으로 발음되는 것을 표 기하는 방법('記寫方法')을 다음과 같이 셋으로 제시하였다.

(12) ㄱ. 本音主義　　꽃이 꽃과　짚이 짚도

　　 ㄴ. 代表音主義　꼳이 꼳과　집이 집도

　　 ㄷ. 應用主義　　꽃이 꼳과　짚이 집도

즉, 위에서 (12-ㄱ)은 'ㅊ, ㅍ'이 받침에 고정되고, (12-ㄴ)은 대표 음인 'ㄷ, ㅂ'이 고정되어 표기되는데, (12-ㄱ)의 '꽃과, 짚도'와 (12-ㄴ)의 '꼳이, 집이'에서는 발음대로 표기되지 못하는 불편함이 있으므

---

[20] 이것은 심의린(1935)가 당시에 교과서로 쓰였던 것과 관련된다. 그런데 심의린 (1935:4)에는 '一部研究者間에는 'ㅋ ㅎ ㄶ ㅀ ㄲ ㅁ ㅆ'等終聲도 使用하나, 敎科書에는 許容치아니하얏다.'라고 하였다.

로, (12-ㄷ)이 '가장 進步된 方法으로 思料된다.'는 것이었다. 즉, 모음 앞에서는 '꽃, 짚'처럼 본음(本音)으로 표기하고, 자음 앞에서는 '꼳, 집'처럼 대표음(代表音)으로 표기하는 것이 가장 진보적이라는 것이다.

이러한 과정에서 특히 'ㅎ'받침의 가부(可否)에 관한 문제가 주요한 논쟁의 주제로 부각되었다. 이것은 당시 '可'를 주장하는 한글파와 '否'를 주장하는 정음파의 음리적(音理的) 해석의 차이에 따르는 것이었다. 박승빈(1927-8)에서는 'ㅎ'의 속성에 대해 서술하였는데, 주요한 부분을 보면 다음과 같다.

> "'ㅎ'는 訓民正音엣 聲音의 分類法에 依한 喉音의 一種인데 現今聲音學上의 分類法에 依한 摩擦音의 一種이라"

> "'ㅎ'는 母音과 母音 사이에서도 그 子音의 作用이 容易히 埋沒된다"

즉, 訓民正音 체계에서 보면 'ㅎ'은 후음(喉音)의 하나이며, 오늘날의 성음학에서 보면 마찰음(摩擦音)의 하나라는 것이다. 그런데 'ㅎ'은 소리가 너무 약하여 모음과 모음 사이에서도 자음으로서의 작용이 쉽게 사라진다는 것이다. 이렇게 음리상(音理上)으로 볼 때, 'ㅎ'은 형식상 자음이지만 본질에서는 다른 자음과 속성이 다르며, 따라서 받침으로 쓰일 수 없다고 하였다. 이것은 'ㅎ'받침 가부에 대한 논쟁의 시작이었으며, 박승빈(1932)에서는 같은 견해를 피력하였다.

이에 대해 최현배(1932)에서는 받침이 될 수 있는 것 모두 수용하면서 'ㅎ'도 역시 받침이 가능하다고 하였는데 이에 대해 고전적, 실제적, 과학적이라 하는 세 가지 근거를 들었다. 우선 고전적(古典的) 근거로 '모든 닿소리는 實際의 必要에 應하여 다 바침으로 쓰라 함이 訓民正音에서의 한글의 用法'이라고 하였다. 그리고 실제적 근거로 "낫'으로 적어왔지만 실제 口語의 말로서는 '낫(鎌), 낮(晝), 낯(顔), 낱(個), 낟(穀)'으로 다르'며, 과학적 근거로 성음학(聲音學)과 어법학(語法學)으로 타당하다는 것이었다.

또한 김윤경(1932ㄱ:26-27)에서는 받침에 대해 다음과 같이 서술하였다.

> "받힘은 월래 『훈민정음』(訓民正音)에 처음 소리를 다 쓰기로 된 것이지마는 중종(中宗)때 최세진(崔世珍)의 『훈몽자회』(訓蒙字會)에 ㄱㄴㄷㄹㅁㅂㅅㅇ 여덟만 받힘에 쓰기로 한뒤로 말의 소리와 본에 맞게 적을ㅅ수가 없이 되었음으로 말에 쓰이는 소리면 또는 외국 말의 소리를 적기에 필요하다면 어느 닿소리던지 다 받힘으로 씀. 가령 '먹(食, 墨), 잔(盃), 믿(信), 길(長, 道), 감(卷, 柿), 집(拾, 家), 공(毬), 벗(脫, 友), 낮(卑, 晝), 좇(從), 동녘(東方), 밭(促迫, 田), 짚(杖), 좋(好), 밖(外), 닭(鷄), 값(價), 삯(賃), 얹(載), 끓(沸), 끊(絶), 굶(飢), 밟(踏), 훑(摘取), 핥(舐), 읊(吟), 있(有), 겠(未來時制를 表하는 말), 었(過去時를 表하는 말)' … 들 따위와 같음."

즉, 'ㅎ'을 포함한 홑받침 14가지와 겹받침 'ㄲ'이 제외된 13가지의 예를 제시하였다.

이러한 대립이 깊어지자 동아일보에서는 1932년 11월 7일부터 9일까지 3일간 병서, 겹받침과 'ㅎ'받침, 어미 활용 등의 문제를 두고 찬반 토론회를 개최하였다(앞의 2.2.1절 1.4항 참조). 여기서 특히 'ㅎ'받침 문제에 관해서는 둘째날 정규창이 부정하는 주장을 하였고, 이희승이 긍정하는 주장을 하였다. 여기서 이들의 주장을 간략히 살피기로

한다.[21]

우선 정규창은 '후음은 성대의 작용만 잇지, 다른 긔간의 준비작용을 요치 아니하'는 것이라 하면서 'ㅎ'은 후두마찰음으로서 '언제든지 다들 수 업고, 길게만 내쏩는 것이기 때문에 바침될 수가 업'다고 하였다. 즉, 받침의 이른바 여음불발(餘音不發) 원칙에서 벗어난다는 것이다.[22] 그리고 『訓民正音』의 '終聲復用初聲'은 '초성은 전부 종성으로 갓다 써야 한다는 의미가 아니오, 종성을 쓰게 되면 초성에 쓰든 그 자를 쓰라는 말'이라고 해석하면서, 반드시 'ㅎ'이 받침에 쓰여야 하는 것은 아니라고 하였다.

이희승은 음리상(音理上), 어법상(語法上), 그리고 역사적 근거로 'ㅎ'받침이 타당함을 주장하였다. 우선 음리적으로 'ㅎ'은 '후두에서 발음되는 자음의 마찰음'으로, 'ㅎ'이 결합되면 기음(氣音)이 된다고 하면서, "ㅎ'은 모든 자음과 혼합하는 성질을 가졌'고 하였다. 즉, 'ㅎ+ㄱ(낳고)→ㅋ[나코]), ㅎ+ㄷ(낳다)→ㅌ[나타], ㅎ+ㅈ(낳지)→ㅊ[나치]'가 되고, 또한 'ㄱ+ㅎ→ㅋ, ㄷ+ㅎ→ㅌ, ㅂ+ㅎ→ㅍ, ㅈ+ㅎ→ㅊ'가 되어 'ㅎ'은 'ㅋ, ㅌ, ㅍ, ㅊ' 등에 섞여 존재하는 특이한 기능을 지닌다는 것이었다(이희승, 1938 참조).[23]

---

21 이에 대해서는 '사흘 동안 백열전을 계속한 한글 토론회 속긔록 -第二日 ㅎ바침 문제 -'(하동호, 1986ㄱ:294-305)과 이희승(1933, 1938), 정규창(1934ㄴ, 1938)을 참조할 수 있다.

22 정규창(1938)에서는 '朝鮮말의 바팀이란 原來가 音을 막는것이 任務인데 'ㅎ'라는 것은 입을 열고야 發하는 音인 故로 'ㅎ'와 바팀의 精神은 서루 矛盾되는 것'이라고 하였다.

23 'ㅎ'의 받침 표기와 '섞임소리'는 본래 주시경의 견해였다. 주시경(1914:)에서는 '닷소리의거듭하는일'에 따라 '짝거듭소리'와 '석임거듭소리, 덧거듭소리'로 나누었다(앞의 5장 각주 16) 참조). 그리고 여기서 '석임거듭소리'는 'ㅋ, ㅌ, ㅍ, ㅊ, ㅎ, ㅎ' 등과 같이 'ㅎ가어느닷소리와거듭하여나는것'으로 이것은 'ㅎ가석일만한바탕이' 되기 때문

어법상으로 보면, 어간과 어미의 결합에서 'ㅎ'받침이 있으면 이들을 구별하여 적음으로써 형태를 고정하여 표기할 수 있다는 것이었다.

(13) ㄱ. 낳거든 낳게 낳고 낳다 낳지
     ㄴ. 나커든 나케 나코 나타 나치
     ㄷ. 먹거든 먹게 먹고 먹다 막지

위 (13)에서 '낳(産)'과 '먹(食)'에 어미 '거든, 게, 고, 지'가 붙을 때, (13-ㄱ)처럼 표기하면 어간과 어미가 구별되며, (13-ㄷ)과 어미 형태가 동일하게 표기되어 형태가 고정됨으로써 문법상의 통일을 기할 수 있으며, 표음문자의 표의적 효과까지 기대할 수 있다고 보았다.[24] 이에 비해 (13-ㄴ)처럼 표기하면 이러한 효과가 드러나지 않는다는 것이었다.[25]

3.3. 이러한 논쟁의 과정에서 나타난 동아일보의 《新綴字便覽》(1933)에서는 받침과 관련하여 다음과 같이 규정하였다.[26]

七. 바침은 이때까지 使用하는 ㄱ ㄴ ㄹ ㅁ ㅂ ㅅ ㅇ ㄹㅣ ㄺ ㄻ 以外에
    ㄷ ㅈ ㅊ ㅋ ㅌ ㅍ ㅎ ㄲ ㄳ ㄵ ㄶ ㄺ ㄾ ㄿ ㅀ ㅁ ㅄ을 더 씀.

이라고 하였다.

24 이러한 해석은 1908년 제출한 어윤적의 '國文硏究案'에서도 나타난다(앞의 6.2절 2.2 항 참조).

25 이와 함께 이희승(1938)에서는 '終聲復用初聲'을 초성 글자 전부를 반드시 받침으로 써야 한다는 뜻이 아니라, 필요에 따라 받침으로 쓴다는 것을 의미한다고 하였다.

26 원본에서는 각각의 받침에 해당하는 예를 상당수 들고 있는데, 여기서는 둘씩 선정하여 기본형의 일부만을 新/舊로 다시 배열하여 제시한다.

ㄷ바침:	받다(受)/밧다	믿다(信)/밋다
ㅈ바침:	낮(晝)/낫	맞다(迎低)/맛다
ㅊ바침:	꽃(花)/꼿	좇다(從)/좃다
ㅋ바침:	부엌(廚)/부억	녘(方)/녁
ㅌ바침:	밭(田)/밧	같다(如)/갓다
ㅎ바침:	낳다(産)/낫타	놓다(放)/놋타
ㄲ바침:	밖(外)/밧	낚다(釣)/낙다
ㄳ바침:	넋(魂)/넉	몫(配分)목
ㄵ바침:	앉다(坐)/안다	얹다(加)/언다
ㄶ바침:	많다(多)/만타	귀찮다/귀찬타
ㄺ바침:	돍(碁)/돌	곬(脈路)/골
ㄾ바침:	핥다(舐)/할다	훑다(捋) 훌다
ㄿ바침:	읊다(詠)/읖다	
ㅀ바침:	끓다(沸)/끌타	닳다(耗)/달타
ㅄ바침:	값(價)/갑	없다(無)/업다

즉, 전통적으로 사용되던 10받침 외에 17가지(홑받침 7, 겹받침 10)를 추가한 것이다. 여기서 겹받침에 'ㅆ'이 포함되지 않았다.

한편, [備考]에서는 받침과 관련항 몇 가지 사항을 추가하였는데, 다음은 'ㅆ'받침을 추가하지 않은 까닭을 서술한 것이다.

[備考] (一) ㅆ바침은 아직 考慮할 點이 잇으므로 여기에 넣지 아니함.

즉, 'ㅆ'은 '아직 고려할 점이 있'어서 받침에 쓰지 않는 것으로 하였다는 것이다.[27]

---

27 이것은 아마도 'ㅆ'이 받침으로 쓰이는 예가 '있다, 겠, 었' 등으로 한정된다는 점과도

그리고 [備考] 二~五에서는 어간과 어미의 결합에서 받침과 관련하여 나타나는 음운 현상을 서술하였다. 즉, 어간과 어미를 구별하여 적는 것('얻고, 얻으니' 등), 모음조화에 따른 어미 선택('같아서, 먹어서' 등), 'ㅎ'의 격음화('좋고[조코], 좋다[조타]' 등), 구개음화('끝이[끄치], 밭이[바치]' 등)에 관한 것이었다.

조선어학회의 ≪한글 마춤법 통일안≫(1933)에서의 받침에 관한 규정은 '第四節 ㄷ 바침 소리'의 제6항과 '第五節 바침'의 제11항에 나타난다. 우선 6항을 보면 다음과 같다.

第六項 아무 까닭이 없이 ㄷ 바침으로 나는 말 가운대 ㄷ으로만 나는것이나 ㅅ으로도 나는것이나를 勿論하고 在來의 버릇을 따라 ㅅ으로 統一하야 적는다. (甲을 取하고 乙을 버린다) 甲/乙

例 (一). ㄷ으로만 나는 바침
(1) 副詞的 接頭語
짓밟다/진밟다 짓몰다/진몰다 덧붙이다/던붙이다 엇먹다/언먹다 빗나다/빈나다 헛되다/헌되다
(2) 冠形詞
옷/온 옛/옌 첫/천 핫/한
(3) 副詞
그릇/그른 무릇/무른 사뭇/사문 얼핏/얼핀 걸핏하면/걸하면 자칫하면/자친하면

관련이 있는 것으로 보인다. 동아일보에서는 1935년 11월 당시까지 'ㅎ'받침과 'ㅆ'받침을 수용하지 않았다고 한다(송주성, 1935; 한글학회, 1971:176 참조). 또한 안예리(2017:134-144)에서는 동아일보의 경우 ≪한글 마춤법 통일안≫(1933)이 제정된 후에도 'ㅆ'이 표기에 반영되지 않았으며, 1945년 12월 중간(重刊) 이후에 'ㅅ, ㅆ'이 혼기되다가 점차 'ㅆ'의 비중이 높아졌다고 하였다.

2. ㅅ으로도 나는 바침
따뜻하다/따뜯하다 빙긋빙긋/빙귿빙귿 반듯하다/반듣하다 잘못
하다/잘몯하다

이것은 'ㄷ'받침 소리를 'ㅅ'으로 적는 것을 규정한 것으로, 7종성법
에 따르는 일종의 역사적 표기법에 해당한다. 이에 대해 이희승(1938)
의 해석을 보면, 'ㄷ'받침과 'ㅅ'받침은 모음 앞에서는 각각 파열과 마
찰로 잘 구별되지만, 단독으로 발음할 때나 뒤에 자음이 연속될 때에
는 동일하게 폐쇄 상태가 된다고 하였다. 그리하여 음의 본질은 다르
지만 발음 습관상 동일한 결과를 나타내는 경우가 많아서 '이 두 소리
는 古來로 많이 混同되어 畢竟은 'ㄷ'받침을 폐지하고 'ㅅ'으로 統一하
기까지 이르고 만 것'이라고 하였다.
그리고 제11항은 다음과 같이 기술하였다.

第一一項 ㄷ ㅈ ㅊ ㅋ ㅌ ㅍ ㅎ ㄲ ㅆ ㄳ ㄵ ㄶ ㄺ ㄿ ㄾ ㅀ ㄻ ㅄ의
열 여덟 바침을 더 쓰기로 한다.

즉, 전통적으로 쓰여 오던 10가지 받침('ㄱ, ㄴ, ㄹ, ㅁ, ㅂ, ㅅ, ㅇ,
ㄺ, ㄻ, ㄼ')에 18가지 받침을 더 쓴다는 것으로 결국 받침의 종류는
28가지가 되는 것이었다. 이는 《諺文綴字法》(1930)의 21가지에 비해
7가지가 더 늘어난 것으로, 《한글 마춤법 통일안》(1933)에 제시된
예의 일부를 보이면 다음과 같다.

ㄷ바침 걷다(捲) 곧다(直) 굳다(固) 낟(穀) 닫다(閉) 돋다(昇) 뜯다(摘)
ㅈ바침 갖다(備) 꽂다(揷) 궂다(凶) 꾸짖다(叱) 낮(晝) 낮다(低)

ㅊ바침 갗(皮膚) 꽃(花) 낯(顔) 닻(錨) 돛(帆) 몇(幾) 빛(光) 숯(炭)

ㅋ바침 녘(方) 부엌(廚)

ㅌ바침 같다(如) 겉(表) 곁(傍) 끝(末) 낱(個) 돝(猪) 맡다(任) 뭍(陸)

ㅍ바침 갚다(報) 깊다(深) 높다(高) 늪(沼) 덮다(蓋) 무릎(膝) 섶(薪)

ㅎ바침 낳다(産) 넣다(入) 놓다(放) 닿다(接) 땋다(辮) 빻다(碎)

ㄲ바침 깎다(削) 꺾다(折) 낚다(釣) 묶다(束) 밖(外) 볶다(炒)

ㅆ바침 겠다(未來) 았다(過去) 었다(過去) 있다(有)

ㄳ바침 넋(魄) 몫(配分) 삯(賃) 섟(결)

ㄵ바침 끼얹다(撒) 앉다(坐) 얹다(置上)

ㄶ바침 끊다(訂) 괜찮다 귀찮다 끊다(絶) 많다(多) 언짢다 점잖다

ㄺ바침 곬(向方) 돍(碁) 읽(代償)

ㅀ바침 곯다(未滿) 꿇다(跪) 뚫다(穿) 싫다(厭) 앓다(病) 옳다(可)

ㄾ바침 핥다(舐) 훑다

ㄿ바침 읊다(詠)

ㄻ바침 굶(穴) 낢(木)

ㅄ바침 값(價) 가엾다(憐) 실없다(不實) 없다(無)

이것은 국어 표기 규정에서 받침의 종류가 가장 많은 것이었다.

이희승(1933)에서는 訓民正音 당시의 '終聲複用初聲'을 필요에 따라 초성 글자를 받침에 쓸 수 있음을 의미하는 것으로 해석하면서, '글을 바르게 쓰고, 文法的 體系와 組織을 科學的으로 合理的으로 整理하려면 從來에 쓰던' 받침만으로는 불가능하여 확대하였다는 것이다. 그리고 확대된 받침 중에서 특히 'ㅎ'받침에 대해 상세히 설명하였는데, 이것은 앞선 철자법 논쟁에서 피력했던 견해와도 상통하는 것이었다. 즉, 'ㅎ'은 다른 자음과 섞일 수 있는 특질이 있는데, 따라서 앞 또는 뒤에서 'ㄱ, ㄷ, ㅂ, ㅈ' 등을 만나면 'ㅋ, ㅌ, ㅍ, ㅊ' 등으로 발음된다는

것이었다. 예를 들어, '좋-고, 좋-다, 좋-지' 등이 각각 '[조코], [조타], [조치]' 등으로 발음되지만, 여기 'ㅋ, ㅌ, ㅊ'에는 'ㅎ'이 섞여 있으며 이것을 표기에 반영하게 된다는 것이었다.

이렇게 받침이 확대됨으로써 체언과 조사, 어간과 어미가 구분되었으며, '어형(語形)이 고정화(固定化)되고 (다른 모든 받침을 가진 말들과) 문법적 통일이 확실히 서게'(이희승, 1959:182) 되었다고 하였는데, 즉 문자의 시각적 특성을 고려하여 형태의 원형이 밝혀 표기됨으로써 독서의 능률을 기할 수 있다는 것이었다.

이후 ≪통일안(고친판)≫(1937)에서는 다음과 같이 용어를 '바침'에서 '받침'으로 수정하고, '在來에 쓰던 받침 以外에'를 추가하였으며, '쓰기로 한다'를 '쓴다'로 수정하였다.

　　第一一項 在來에 쓰던 받침 以外에, ㄷ ㅈ ㅊ ㅋ ㅌ ㅍ ㅎ ㄲ ㅆ ㄳ
　　ㄵ ㄶ ㄺ ㄻ ㄿ ㅀ ㅰ ㅄ의 열 여덟 바침을 더 쓴다.

그리고 'ㅰ'받침의 예에서 '굶'은 '구멍'의 비표준어, '낢'은 '나무'의 비표준어라 하였으며, ≪통일안(새판)≫(1940)에서는 'ㅰ'받침의 예 '굶'은 '구멍'의 옛말, '낢'은 '나무'의 옛말이라 하였다. 그런데 한글학회의 ≪한글 맞춤법≫(1980)에서는 받침에 관한 규정은 본문에 들어 있지 않고 '붙임'의 한 항목([1] 받침의 보기)으로 처리하였으며, 'ㅰ'을 제외한 27가지 받침의 용례를 제시하였다.

　3.4. 광복 후 1950년대의 이른바 한글 파동으로 나타난 ≪한글 簡素化 方案≫(1954)은 받침을 전통적인 10가지로 제한하는 것이었다.[28] 이 방안의 '原賾利益篇'의 '簡素化 三個條' 중 첫 번째를 보면 다음과 같

다(문교부, 1954; 한글학회, 1971:347-353 참조).

"바침은 끗소리에서 발음되는 것에 한하여 사용한다. 따라서 종래
사용하던 바침 가운데 ㄱ ㄴ ㄹ ㅁ ㅂ ㅅ ㅇ ㄺ ㄼ ㄻ 등 十개만을
허용한다. 다만, 바침으로 사용될 때의 'ㅅ'의 음가는 'ㄷ'의 음가를
가지는 것으로 하고 'ㄷ'은 바침으로는 아니 쓴다."

즉, 실제 발음되는 것을 받침으로 사용하며, 여기에는 전통적인 10
가지만이 대상이 될 수 있다는 것이다. 그리고 'ㅅ'받침은 'ㄷ'으로 발
음되는 것으로 하고, 'ㄷ'은 받침에서 사용하지 않는다는 것이다.

또한 당시 ≪통일안≫에 따라 쓰이고 있던 받침들이 각각 10가지로
어떻게 수렴되는지에 대해 각각의 용례를 제시하였다.[29]

1. (ㄷ바침을 ㅅ으로) 捲것다/걷다 信밋다/믿다 問뭇다/묻다
2. (ㅈ바침을 ㅅ으로) 低낫다/낮다 結맷다/맺다 忘잇다/잊다 晝낫/낮
3. (ㅊ바침을 ㅅ으로) 從(좃다/좇다 逐쫏다/쫓다 花꼿/꽃
4. (ㅌ바침을 ㅅ으로) 同갓다/같다 付붓다/붙다 田밧/밭 底밋/밑
5. (ㅆ바침을 ㅅ으로) 未來겟다/겠따 過去앗다/았다 有잇다/있다
6. (ㅋ바침을 ㄱ으로) 頃녁/녘 廚부억/부엌
7. (ㄲ바침을 ㄱ으로) 削각다/깎다 束묵다/묶다 外박/밖
8. (ㄳ바침을 ㄱ으로) 魄넉/넋 配分목/몫 賃삭/삯

---

28 ≪한글 簡素化 方案≫(1954)의 모태가 되었던 정경해의 ≪한글 마춤법 개정안≫(1954)
에서는 '바침'이라 하여 'ㄱ, ㄴ, ㄹ, ㅁ, ㅂ, ㅅ, ㅇ'를 제시하였다. 이것은 전통적인
7종성을 인정하는 것이며, 겹받침 'ㄺ, ㄻ, ㄼ'마저도 쓰지 말자는 것이었다(앞의 3.2
절 2.2항 참조).
29 여기서 용례는 원문의 일부를 대상으로 하여 '간이화 안/현행'의 대립으로 제시한다.

9. (ㅍ바침을 ㅂ으로)   高놉다/높다 欲십다/싶다 膝무릅/무릎 前압/앞

10. (ㅄ바침을 ㅂ으로)   價갑/값 憐가엽다/가엾다 不實실업다/실없다

11. (ㄵ바침을 ㄴ으로)   坐안다/앉다 載언다/얹다

12. (ㄶ바침을 ㄴ으로)   批끈타/끊다 絶끈타/끊다 多만타/많다

13. (ㄽ바침을 ㄹ로)   向方골/곬 碁돌/돐

14. (ㅀ바침을 ㄹ로)   膜꿀타/꿇다 穿뚤타/뚫다 可올타/옳다

15. (ㄾ바침을 ㄹ로)   舐할다/핥다 挾扱홀다/훑다

16. (ㅎ바침의 폐용)   産나타/낳다 入너타/넣다

    즉, ≪통일안≫의 28받침 중에서 열다섯은 대표음으로 바꾸고
'ㅎ'은 쓰지 않다는 것이었다. 그런데 여기서는 ≪통일안≫에서 제
시된 'ㄻ'('낡')과 'ㄿ'('읊다')은 바뀌거나 폐용되는 16가지에 포함되지
않았다.

    그리고 이렇게 받침을 제한하였을 때의 이익에 대해 다음과 같이 서
술하였다(원문대로 인용한다).

    (1) 바침을 가려 쓰기에 일일이 망설이지 안케 되므로 기사(記寫)에
        잇서서 능률과 정확을 기할 수 잇다.
    (2) 현재 사용되고 잇는 활자(活字) 중 三九七개를 주려 쓸 수 잇게
        되어 인쇄 능률을 증진시킬 것이다.
    (3) 최근 논의되고 잇는 문자의 기계화(機械化) 곳 한글 타자기(打字
        機)를 … 간편하게 만들고 또 신속한 타자를 가능케 한다.
    (4) 치음(齒音)의 대표로 바침에 'ㅅ'을 쓰게 되므로 그 자형(字形)이
        민족의 전통적 미감(民族의 傳統的 美感)에 알맞는 것이 된다.[30]

---

[30] 이와 관련하여 'ㅅ'바침을 'ㄷ' 음가로 쓰는 이유'에서 '경음도 마침내 된'ㅅ'으로 쓰게
    되엇다. 한 자모가 이러트시 두루 쓰이며, 또 이러트시 사랑 밧게 된 일은 우리 정음

(5) 무엇보다도 아동이나 성인문맹(成人文盲)이 쉽게 배우고 편리하
   게 사용할 수 잇게 된다.

결국 이것은 결국 전통적인 표기법으로 되돌아가는 것이며, 그동안
지속적으로 확대되어 오던 형태주의로부터 다시 표음적인 음소주의로
회귀하는 것을 의미한다.

이렇게 받침을 제한하는 것에 대해 '理由篇'의 '간이화의 이유'에서
여섯 항목으로 밝혔는데, 이것을 중복을 피하여 간단히 요약하면 다음
과 같다(문교부, 1954; 김민수, 1973:795-797 참조).

첫째, 종성에서 소리나는 것이 10개로 제한된다.
둘째, 『訓民正音』의 8종성법과 『訓蒙字會』의 初聲終聲通用八字, 그리
   고 7종성법의 역사적 변천에 일치한다.
셋째, 역사적으로 'ㅈ, ㅊ, ㅌ, ㅍ' 등은 종성에서 쓰이는 예가 극히
   드물었다.
넷째, 문자의 음운 표기 기능에 충실함으로써 쓰기 쉽고 외우기 쉬
   운 표기법을 마련할 수 있다.

즉, 국어 표기법의 역사적인 측면이나 음소와 문자의 대응 관계로
볼 때 받침을 제한하는 것이 타당하다는 것이다.

이 방안은 이른바 한글 파동이 끝나면서 폐기되기에 이른다(앞의
3.2절 2.3항 참조). 그러나 여기서 역사적으로 내려오던 표음적 표기

표기사상(正音表記史上) 아주 드문 일이라 할 수 잇스며 오랜 역사적 전통이 되엇다고
하여도 과언이 아니다.'라고 하면서 '역사적이며, 민족적 애용감(愛用感)을 살리는' 뜻
이 있다고 하였다.

의 전통이 다시 부활하였다는 점에 그 의의를 부여할 수 있다.

3.5. 1970년대에 들어오면서 받침 표기에 절충적인 제안들이 나타
나기도 하였다. 그 예를 보면 다음과 같다.

　南廣祐(1970), 『現代國語國字의 諸問題』
　　　ㄱ ㄴ ㄷ ㄹ ㅁ ㅂ ㅅ ㅇ ㅈ ㅊ ㅌ ㅍ (12)
　　　ㄺ ㄻ ㄼ (3)

　鄭暻海(1975), 『國文法原理修正論』, '바침'
　　　ㄱ ㄴ ㄷ ㄹ ㅁ ㅂ ㅅ ㅇ ㅈ ㅊ ㅌ ㅍ (12)

위의 공통점은 홑받침에서 'ㅋ, ㅎ'이 제한된다는 점이다. 또한 겹받
침도 전통적인 3가지로 제한하거나 아예 없앴다는 점이 특징이다. 이
들은 전통적인 10받침과 28가지로 늘어난 ≪통일안≫ 사이의 중간에
서는 절충안이라고 평가되기도 한다.

구체적으로 보면, 남광우(1970:56-59)에서는 역사적으로 'ㅋ, ㅎ,
ㄲ, ㄶ, ㄵ, ㄾ, ㅀ, ㄻ, ㅆ' 등은 전혀 쓰인 일이 없으며, 역사적으로
쓰인 일이 있더라도 그 빈도가 매우 낮았다는 점과 함께, 한자어 표기
에는 'ㄱ, ㄴ, ㄹ, ㅁ, ㅂ, ㅇ' 6가지이고 외래어 표기에는 여기에 'ㅅ'
을 더하여 7가지뿐이라는 점 등을 들면서 재래의 8종성과 연결하여 위
와 같이 15가지로 하자는 것이었다. 그리고 정경해(1975)에서는 앞의
정경해(1954ㄴ)에 비해 받침의 종류가 늘어난 것이지만, 'ㅋ, ㅎ'과 겹
받침을 모두 제한하자고 하였다. 이에 대해 정경해(1975:287-291)에
서는 겹받침은 그것이 쓰이는 단어의 수가 적으며(체언 20개, 용언 60

개 정도), 'ㅋ'은 발음되지도 않고 역사적으로 쓰인 적도 없고, 'ㅎ'받침은 역사적으로 쓰인 적이 없다는 점을 이유로 들었다.

이러한 견해는 국어국문학회의 ≪國語正書法案≫(1971)에 반영되었는데, 여기서는 'ㄷ'받침과 관련하여 다음과 같이 규정하였다.

[제6항] 아무 까닭업시 'ㄷ'바침소리로 나는 말과 'ㄹ'의 촉음(促音)
으로 'ㄷ'소리로 나는 말은 'ㅅ'바침으로 적는다. 예 :
1) 예로부터 'ㅅ'바침으로 적던 말
덧저고리 빗나가다 엇먹다 엿보다 웃어른 짓밟다
뭇(衆) 옛(昔) 첫(初) 헛(虛)
그릇(誤) 무릇 사뭇 얼핏 자칫
따뜻하다 반듯하다 빙긋빙긋하다 잘못하다
2) 'ㄹ'소리 촉음된 복합어
풋소 홋이불 홋바침 숫가락 섯달 이튿날 며칫날

그런데 본문에서 "ㄹ'의 촉음(促音)으로 'ㄷ' 소리로 나는 말' 부분은 당시의 ≪통일안≫과는 다른 내용이었다.

한편, ≪國語正書法案≫(1971)에서는 받침을 15가지로 제한하였다.

[제12항] 바침은 15바침 한도 안에서 쓰기로 한다.
1) 종래에 쓰던 15바침을 그대로 쓴다.
ㄱ ㄴ ㄷ ㄹ ㅁ ㅂ ㅅ ㅇ ㅈ ㅊ ㅌ ㅍ ㄺ ㄻ ㄼ
2) 종래에 쓰던 ㅋ ㅎ ㄲ ㄳ ㄵ ㄶ ㄽ ㄿ ㅀ ㅄ ㅆ 바침은
다음과 가치 적는다. 예: ( )안것은 버린다.
ㅋ 부억(부엌) 녁(녘)
ㅎ 노타 노흐니⟨'노으니' 허용⟩ (놓다, 놓으니)

조타 조흐니〈'조으니' 허용〉 (좋다 좋으니)

ㄲ 박 박기(밖 밖이)

　 석다 석그니 (섞다 섞으니)

ㄳ 삭 삭시 (삯 삯이)

ㄵ 언다 언즈니 (앉다 앉으니)

ㄶ 끈타 끈흐니 (끊다 끊으니)

ㄼ 돌 돌시 (돐 돐이)

ㄿ 읍다 을프니 (읊다 읊으니)

ㄾ 할다 할트니 (핥다 핥으니)

ㅀ 꿀타 꿀흐니〈'꾸르니' 허용〉 (꿇다 꿇으니)

ㄻ 남기 남근 (낡이 낡은)

ㅄ 갑 갑시 (값 값이)

　 업다 업스니 (없다 없으니) / 시름업시 (시름없이)

ㅆ 잇다 잇스니 (있다 있으니)

　 하겟다 하겟스니 (하겠다 하겠으니)

　

당시 학회의 기록에 따르면, 연구위원회에서는 받침 표기에 관하여 7받침(ㄱㄴㄹㅁㅂㅅㅇ), 12받침(ㄱㄴㄷㄹㅁㅂㅅㅇㅈㅌㅍ), 15받침(ㄱㄴㄷㄹㅁㅂㅅㅇㅈㅌㅍㄺㄻㄼ), 18받침(ㄱㄴㄷㄹ ㅁㅂㅅㅇㅈㅌㅍㄺㄻㄼㄲㄳㅄ), 22받침(ㄱㄴㄷㄹㅁㅂㅅㅇㅈ ㅌㅍㄺㄻㄼㄲㄳㅄㄽㄵㄾㄿ) 등 여러 안이 제기되었는데, 그 중에서 '표음문자의 본질과 표의성의 장점을 살리는 대전제하에 당시 통용되던 맞춤법의 난삽성을 지양하고 사용 빈도가 적은 받침을 제거하되 전통성은 존중되어야 하는 게 좋다.'고 판단하여 15받침 안으로 결정하였다고 한다(국어국문학회 편, 1983:131-134 참조).[31]

3.6. 현행 ≪한글 맞춤법≫(1988)의 'ㄷ'받침 소리와 관련한 규정은 다음과 같다.

제7항 'ㄷ'소리로 나는 받침 중에서 'ㄷ'으로 적을 근거가 없는 것은 'ㅅ'으로 적는다.
덧저고리 돗자리 엇셈 웃어른 핫옷 무릇 사뭇 얼핏 자칫하면 뭇(衆) 옛 첫 헛

이것은 본래 'ㄷ'받침을 가지지 않은 형태가 'ㄷ'받침으로 소리날 때 'ㅅ'으로 적는다는 것인데, 앞선 규정에서부터 적용되어 온 것이다. 이는 표기법의 보수성으로 인하여 역사적으로 관용화된 것에 대해 현실적인 표기에서 그대로 인정함을 뜻한다. 그리고 'ㄷ'으로 적을 근거가 없는 것은 본래 해당 형태가 'ㄷ'받침을 가지지 않은 것을 말하며, 따라서 ≪國語正書法案≫(1971)에서 "ㄹ'소리 촉음된 복합어'라 하였던 '풋소, 홋이불, 숫가락, 섯달, 이틋날' 등은 'ㄷ'으로 적을 근거가 있는 것이므로 'ㄷ'받침으로 적게 되었다.

그런데 현행 ≪한글 맞춤법≫(1988)에서는 받침 표기에 관한 항목을 따로 설정하지 않았다.[32] 다만 여기서 제시된 받침의 종류는 '제4장 형태에 관한 것' 항목 중에서 제14항의 체언과 조사, 제15항의 어간

31 이에 대하여 남광우(1976:278-281)의 해설에서 그 이유를 자세히 서술하였다. 일부를 보면, 훈민정음의 8종성 정신, 현실 발음의 7종성 체계, 외래어(7받침)와 한자어(6받침) 표기에서의 받침 제한, 기계화에 대한 기여 등이었다. 그리고 'ㄷ'은 임진란 이후 실용되었고, 'ㅈ, ㅊ, ㅌ, ㅍ'는 『龍飛御天歌』(1447) 등에서 쓰인 예가 있으며, 'ㄺ, ㄻ, ㄼ'은 오랜 기간 쓰인 것으로 전통성을 살릴 필요가 있다는 등의 이유를 들었다.

32 한글학회의 ≪한글 맞춤법≫(1980)은 받침 관련 규정이 본문에는 없으나 '부록'에 받침의 종류와 관련 형태의 목록을 예시하였다.

과 어미를 구별하여 적는 원칙 밑에 제시된 예를 통해 알아 볼 수 있다. 이를 근거로 받침의 종류에 따라 그 예를 정리하여 제시하면 다음과 같다.

홑받침	용례		겹받침	용례	
	체언	용언		체언	용언
ㄱ	떡	먹다	ㄲ	밖	깎다
ㄴ	손	신다	ㄳ	넋	–
ㄷ	–	믿다	ㄵ	–	앉다
ㄹ	팔	울다	ㄶ	–	많다
ㅁ	밤	넘다	ㄺ	흙	늙다
ㅂ	집	입다	ㄻ	삶	젊다
ㅅ	옷	웃다	ㄼ	여덟	넓다
ㅇ	콩	–	ㄽ	곬	–
ㅈ	낮	찾다	ㄾ	–	훑다
ㅊ	꽃	좇다	ㄿ	–	읊다
ㅋ	—33	–	ㅀ	–	옳다
ㅌ	밭	같다	ㅄ	값	없다
ㅍ	앞	높다	ㅆ	–	있다
ㅎ	–	좋다			

위에서 전체적으로 보면, 홑받침 14, 겹받침 13, 모두 27가지의 용례가 제시되었는데, 이것은 ≪한글 마춤법 통일안≫(1933)의 28가지에서 'ㅁ'이 빠진 것이며, 한글학회의 ≪한글 맞춤법≫(1980)의 경우와 일치한다. 그리고 받침의 종류에서 보면, 체언과 용언의 어간에 쓰이는 것에서 서로 차이가 있는데, 'ㄱ, ㄴ, ㄹ, ㅁ, ㅂ, ㅅ, ㅈ, ㅊ, ㅌ, ㅍ, ㄲ, ㄺ, ㄻ, ㄼ, ㅄ' 등은 체언과 용언의 어간에 두루 나타나며,

---

33 여기에는 받침 'ㅋ'의 예가 없으나 이것이 쓰이지 않는 것은 아니다. 실제로 ≪표준어 규정≫(1988)에는 '부엌, 녘'의 예가 제시되어 있다.

'ㄷ, ㅎ, ㄵ, ㄶ, ㄾ, ㄿ, ㅀ, ㅆ' 등은 체언에 쓰이지 않고, 'ㅇ, ㄳ, ㄺ' 등은 용언의 어간에 쓰이지 않는 것이다.

6.4. 정리

앞에서는 받침 표기의 변천을 개관해 보았다. 받침은 국어 음절 구성을 3분하여 이해하였던 훈민정음 당시부터 표기상의 문제가 제기된 것이었다. 당시에는 終聲複用初聲과 八終聲可足用으로 표현되었으나 이것은 이후 받침 표기의 원리와 관련하여 표기 방법을 규정하는 데 작용하였다. 특히 7종성법에 따른 'ㄱ, ㄴ, ㄹ, ㅁ, ㅂ, ㅅ, ㅇ'의 일곱 홑받침과 'ㄺ, ㄻ, ㄼ'의 세 겹받침으로 구성되는 10받침 체계는 19세기까지 이어지는 전통적인 표기법의 근간이 되었다.

19세기 말 국문 정리와 함께 받침 문제도 표기법의 주요 문제로 대두하였다. 특히 전통적인 표기 외에 終聲複用初聲의 원리를 수용하여 모든 초성을 종성에 쓴다는 새로운 견해가 나타났고, 이것은 국문연구소의 ≪國文硏究議定案≫(1909)에서 수용되었다. 그리하여 이후 받침 표기의 문제는 전통적인 10받침 체계의 표음적인 음소주의 표기 원리와 가능한 모든 초성을 종성에 쓴다는 표의적인 형태주의 표기 원리로 나뉘어 여러 차례 굴곡을 거치게 되었다.

이에 대해 의미 있는 기관에 의해 제정되어 실제로 시행되기도 했던 표기 규정들의 경우를 모아, 홑받침과 겹받침으로 나누어 그 종류와 수를 함께 보이면 다음과 같다.

구분		≪綴字法≫(1912)	≪綴字法≫(1930)	≪便覽≫(1933)	≪통일안≫(1933)	≪簡素化≫(1954)	≪正書法≫(1971)	≪맞춤법≫(1980)	≪맞춤법≫(1988)
홑받침	ㄱ	O	O	O	O	O	O	O	O
	ㄴ	O	O	O	O	O	O	O	O
	ㄷ		O	O	O		O	O	O
	ㄹ	O	O	O	O	O	O	O	O
	ㅁ	O	O	O	O	O	O	O	O
	ㅂ	O	O	O	O	O	O	O	O
	ㅅ	O	O	O	O	O	O	O	O
	ㅇ	O	O	O	O	O	O	O	O
	ㅈ		O	O	O		O	O	O
	ㅊ		O	O	O		O	O	O
	ㅋ			O	O			O	O
	ㅌ		O	O	O		O	O	O
	ㅍ		O	O	O		O	O	O
	ㅎ			O	O			O	O
겹받침	ㄲ		O	O	O			O	O
	ㄳ		O	O	O			O	O
	ㄵ		O	O	O			O	O
	ㄶ			O	O			O	O
	ㄺ	O	O	O	O	O	O	O	O
	ㄻ	O	O	O	O	O	O	O	O
	ㄼ	O	O	O	O	O	O	O	O
	ㄽ			O	O			O	O
	ㄾ		O	O	O			O	O
	ㄿ		O	O	O			O	O
	ㅀ			O	O			O	O
	ㅁ			O	O				
	ㅄ		O	O	O			O	O
	ㅆ				O			O	O
종류 수		10	21	27	28	10	15	27	27

위에서 보듯, 홑받침은 ≪普通學校用諺文綴字法≫(1912)과 ≪한글 簡易化 方案≫(1954)에서와 같이 전통적인 'ㄱ, ㄴ, ㄹ, ㅁ, ㅂ, ㅅ, ㅇ'의

7가지로 제한하는 방안과 ≪新綴字便覽≫(1933)과 ≪한글 마춤법 통일안≫(1933), ≪한글 맞춤법≫(1980), ≪한글 맞춤법≫(1988)에서와 같이 전통적인 받침에 'ㄷ, ㅈ, ㅊ, ㅋ, ㅌ, ㅍ, ㅎ'을 더하여 쓰는 방안, 그리고 ≪諺文綴字法≫(1930)과 ≪國語正書法案≫(1971)에서처럼 후자에서 'ㅋ, ㅎ'를 제외하는 방안으로 나뉜다. 겹받침은 전통적인 'ㄺ, ㄻ, ㄼ'의 셋으로 제한하는 방안과 'ㄲ, ㄳ, ㄵ, ㄶ, ㄺ, ㄻ, ㄼ, ㄽ, ㄾ, ㄿ, ㅀ, ㅄ, ㅁㄱ, ㅆ'을 모두 포함하는 방안, 그리고 후자에서 'ㄶ, ㄽ, ㅀ, ㅁㄱ, ㅆ'을 제외하거나 'ㅆ' 또는 'ㅁㄱ'을 제외하는 방안 등으로 구분된다.

받침 표기의 전개 양상을 보면, 1910년대에는 ≪普通學校用諺文綴字法≫(1912)에서 전통적인 7종성으로 제한되었으나 ≪普通學校用諺文綴字法大要≫(1921)와 ≪諺文綴字法≫(1930)을 거치면서 점차 가능한 모든 자음을 사용하는 방안으로 바뀌었으며, 결국 ≪한글 마춤법 통일안≫(1933)에서 28받침으로까지 확대되었다. 그리고 이것은 ≪한글 簡易化方案≫(1954)의 전통적 표기로의 회귀나 ≪國語正書法案≫(1971)의 절충적 표기, ≪한글 맞춤법≫(1980)의 'ㅁㄱ' 삭제 등 일종의 조정 과정을 거치면서 현행 ≪한글 맞춤법≫(1988)의 27받침 체계로 정리되었다.

받침은 음절을 구성하는 단위로서 음운 변동 작용이 빈번히 일어나는 요소이면서 형태를 구성하는 요소라는 점에서 보면, 받침의 제한과 확대는 대상이 되는 형태를 표기하는 데 크게 영향을 미친다. 즉, 받침의 확대는 형태의 원형을 밝혀 표기할 수 있는 기회가 확대되는 것이기도 하다. 그러나 받침의 확대는 기억에 부담이 되고 일반인들이 어렵다는 인상을 지닌다는 점에 문제가 제기될 수 있다. 그리하여 현행 ≪한글 맞춤법≫(1988)의 받침 표기 규정과 관련하여 받침의 종류가 많다는 견해도 가능할 것이다. 그러나 이것은 다른 측면에서 보면, 형태의 원형을 구별할 수 있게 한다는 점(형태의 고정, 의미부와 형태부의 구별 등)에서 효율적인 면을 지니는 것이기도 하다. 따라서 앞서 많은 논란이 있었던 받침의 제한이나 확대보다는 주어진 체제를 어떻게 효과적으로 운용할 것인가의 문제에 대해 고민해야 할 것으로 보인다.

사이시옷 표기는 국어 표기법에서 제기되는 어려운 문제 중의 하나에 속한다.[1] 사이시옷 현상 자체가 음운론적인 면과 함께 형태론적인 면을 포함하고 있으며, 실현되는 양상도 불규칙적이고 자의적이기 때문인데, 사이시옷의 표기 문제는 그 영향에서 벗어날 수 없다.

이 장에서는 사이시옷 표기 규정의 역사적 변천에 대해 다루는데, 사이시옷의 본질에 관한 것보다는 그 표기가 어떻게 바뀌어 왔는지에 중점을 둘 것이다. 또한 20세기의 표기법에 초점을 두되, 표기법의 역사성에 비추어 이를 더 자세히 이해한다는 측면에서 훈민정음 창제 당시로부터 이어지는 사이시옷 표기에 관해서도 간략히 다루기로 한다.[2]

---

[1] 용어상으로는 '사이ㅅ'(김윤경, 1932ㄴ; 우민섭, 1983), '사잇소리'(박종희 외, 2010), '사이시옷'(김중진, 1999) 등이 있으나, 여기서는 '사이시옷'으로 부르기로 한다.
[2] 이 장은 우형식(1993ㄴ)을 수정·보완하여 이 책의 취지에 맞게 재구성한 것이다.

7.1. 훈민정음 체제에서의 사이시옷 표기

7.1.1. 사이시옷 표기의 조건

□1.1.□ 사이시옷은 훈민정음 창제 초기에서부터 널리 분포되어 표기에 적용되었다.[3] 여기서 『龍飛御天歌』(1447)와 언해본 『訓民正音』(1459) 등의 경우에서 나타나는 사이시옷의 표기를 보이면 다음과 같다.

	『龍飛御天歌』(1447)	언해본 『訓民正音』(1459)
ㄱ	兒ㄱ쁘디(8), 平生ㄱ뜯(12), 遮陽ㄱ세쥐(88)	洪ㄱ字, 穰ㄱ字, 乃終ㄱ소리
ㄷ	몃間ㄷ지븨(110)	君ㄷ字, 呑ㄷ字
ㅂ	사룷쁘디리잇가(15)	覃ㅂ字, 侵ㅂ字
ㅸ		虯ㅸ字, 斗ㅸ字, 漂ㅸ字
ㆆ	先考ㆆ뜯(12), 하놇쁘들(86)	快ㆆ字, 那ㆆ字, 步ㆆ字, 彌ㆆ字, 慈ㆆ字, 邪ㆆ字, 虛ㆆ字, 閭ㆆ字
ㅅ	狄人ㅅ서리예(4), 西水ㅅㄱ싀(6), 아바님ㅅ뒤헤(28), 흔 잿ㅅ신돌(31), 셔봀긔벼를(35), 하놇벼리(50), 나랏小民을(52), 東都앳도즈기(59), ㄱ롨ㄱ(68), 녜넷글(86), 믈 우흿대버틀(87), 솘바올(89), 모맷病(102), 님긊德(118)	나랏말ㅆ미, 우리나랏常談애, 엄쏘리, 혀쏘리, 입시울쏘리, 니쏘리, 가온딧소리, 혓그티, 웃닛머리예, 齒頭ㅅ소리예, 正齒ㅅ소리, 목소리 옛字는
ㅿ	ㄱ샛움흘(5), 英主ㅿ알픽(16), 오 눐나래(16,56,76), 後ㅿ날(26), 님 긊마ㅿ미(39), 百步앳여름(63), 바룴우희(83), 나랏일훔(85), 눖 므를(91), 우흿龍이(100), 太子ㅿ位(101)	

위에서 보면, 訓民正音 창제 당시의 문헌인 『龍飛御天歌』(1447)와 언해본 『訓民正音』(1459)에서는 사이시옷이 여러 형태로 표기되었음을

───────────

3 이와 관련하여 이른 시기 김윤경(1932ㄷ)과 정현규(1932)에서도 정리된 바 있다.

보여 준다. 우선 사이시옷으로 쓰인 문자(기호)를 모두 정리해 보면 두 문헌에서 'ㄱ, ㄷ, ㅂ, ㆆ, ㅅ'은 서로 중첩되고, 'ㅿ'은 『龍飛御天歌』 (1447)에, 'ㅸ'은 언해본 『訓民正音』(1457)에만 나타나는데, 종합하면 'ㄱ, ㄷ, ㅂ, ㅸ, ㆆ, ㅅ, ㅿ'의 7가지가 된다.

[1.2.] 앞에서 보인 『龍飛御天歌』(1447)와 언해본 『訓民正音』(1459) 에 나타나는 사이시옷 표기는 선행음과의 관계에서 분포가 고정되는 특징이 있다. 즉, 선행음은 불청불탁음(不淸不濁音)인 'ㆁ, ㄴ, ㅁ, ㅇ, ㄹ, ㅿ'의 6가지가 되는데, 그 선행음에 따라 뒤에 오는 사이시옷의 표 기가 한정된다. 특히 'ㆁ:ㄱ, ㄴ:ㄷ, ㅁ:ㅂ, ㅇ:ㆆ'의 대응은 철저한 것 이어서 이러한 대응이 어긋나는 경우가 거의 없을 정도이다.[4] 이것은 牙, 舌, 脣, 喉音의 동일 계열로 '不淸不濁:全淸'(다시 말하면, '유성음: 무성음')의 대응을 보이는 것이기도 하다.[5]

이에 대해서는 해례본 『訓民正音』(1446) 終聲解에 나타나는 종성(終 聲)의 완급(緩急)의 이론으로 설명된다.

> 聲有緩急之殊 故平上去其終聲不類入聲之促急 不淸不濁之字 其聲不厲 故用 於終則宜於平上去 全淸次淸全濁之字 其聲爲厲 故用於終則宜於入 所以ㆁ ㄴㅁㅇㄹㅿ六字爲平上去聲之終 而餘皆爲入聲之終也
>
> 五音之緩急 亦各自爲對 如牙之ㆁ與ㄱ爲對 而ㆁ促呼則變爲ㄱ而急ㄱ舒出則

---

4 그러나 'ㆆ'은 'ㄹ'뒤에 나타나기도 했다('하ᄚᆞᆮ').
5 여기서 무성음은 비유기성(非有氣性)을 띤 'ㄱ, ㄷ, ㅂ'으로 한정된다. 그리고 'ㅇ'의 경 우는 모음으로 끝나는 한자의 종성에 'ㅇ'소리가 있다고 인식하여 '快(쾡), 那(낭)'처럼 표기했으므로, 'ㅇ'과 동일 계열의 무성음 'ㆆ'을 사이시옷으로 표기하였다.

變爲ㆁ而緩 舌之ㄴㄷ 脣之ㅁㅂ 齒之ㅿㅅ 喉之ㅇㆆ其緩急相對 亦猶是也

즉, 終聲에서 不淸不濁의 'ㆁ, ㄴ, ㅁ, ㅇ, ㄹ, ㅿ'은 그 소리가 '不厲'
하여 平上去聲이 되고 入聲은 못 되는데, 이들은 '緩急'의 대응으로 각
각 'ㄱ, ㄷ, ㅂ, ㆆ, ( ), ㅅ'을 갖는다는 것이다. 이것을 완급(緩急)의
짝으로 대응시켜 보면 다음과 같이 된다.

구분	牙音	舌音	脣音	喉音	半舌音	半齒音
완(緩)	ㆁ	ㄴ	ㅁ	ㅇ	ㄹ	ㅿ
급(急)	ㄱ	ㄷ	ㅂ	ㆆ	( )	ㅅ

위에서 보면, 오음(五音) 중에서 牙音(ㆁ:ㄱ), 舌音(ㄴ:ㄷ), 脣音(ㅁ:
ㅂ), 喉音(ㅇ:ㆆ)은 不淸不濁音에 대해 全淸音이 분명한 대응의 짝으로
제시되어 있다. 이들은 당시 한자음에서 종성으로 발음되던 것들이다.
그런데 齒音은 'ㅿ:ㅅ'으로 半齒音의 'ㅿ'에 대해 全淸齒音 'ㅅ'이 대응되
고, 半舌音 'ㄹ'에 대한 '急'의 대응은 빈칸으로 되어 있다. (이것은 'ㅭ'
로 표기되는 이른바 '以影補來'에 의해 보완된다.) 'ㅿ'와 'ㄹ'은 당시
한자음에서 종성으로 발음되지 않던 것들이다. 이것은 당시의 한자음
종성에 대한 완급(緩急)의 짝은 철저한 것이었으나,[6] 고유어에 관해서
는 그렇지 못했음을 보이는 것으로 해석된다.
　이러한 사정에서 보면 『龍飛御天歌』(1447)와 언해본 『訓民正音』(1459)
에 나타나는 사이시옷 표기는 음운론적 조건의 분포를 기준으로 크게
두 부류로 나누어 이해할 수 있다. 즉, 사이시옷으로서의 'ㄱ, ㄷ, ㅂ,

---

6 언해본 『訓民正音』(1459)에만 사이시옷으로 나타나는 'ㅱ'에 대한 'ㅸ'의 대응은 한자음
　에서만 나타난다('斗ㅸ字').

'ㆆ'은 선행음이 각각 'ㅇ, ㄴ, ㅁ, ㅇ'으로 고정되는 데 반해서, 사이시 옷으로서의 'ㅅ, ㅿ'은 선행음이 고정되지 못하여 자못 복잡한 양상을 띠었던 것이다. 전자의 경우는 그 예가 분명히 구별되므로 제외하고, 후자 'ㅅ, ㅿ'의 경우를 선행음에 따라 나누어 보면 다음과 같다.

(1) ㄱ. 狄人ㅅ서리예(龍, 4), 野人ㅅ서리예(龍, 4)
    ㄴ. 셔봀긔벼를(龍, 35), 하놄벼리(龍, 50), 긼ㄱ새(龍, 58)
    ㄷ. ㄱ룴ㄱ(龍, 68), 어마닚山陵을(龍, 93)
    ㄹ. 西水ㅅㄱ싀(龍, 6), 흔잣ㅅ신돌(龍, 31), 노ᄅ샛바올(龍, 44)
(2) ㄱ. 눖므를(龍, 91)
    ㄴ. 오놄나래(龍, 16), 바룴우희(龍, 83), 하놄마ᅀ 물(龍, 85)
    ㄷ. 님긊마ᅀ미(龍, 39), 님긊말(龍, 98)
    ㄹ. ㄱ샛움흘(龍, 5), 後ㅿ날(龍, 26), 우횟龍(龍, 100)

위 (1, 2)에서 보면 『龍飛御天歌』(1447)에서 나타나는 사이시옷으로 서의 'ㅅ'과 'ㅿ'은 선행음이 'ㄴ, ㄹ, ㅁ' 등의 자음과 함께 모음일 경우 에도 분포하고 있음을 알 수 있다. 이것은 선행음이 하나로 고정되지 않아 분포상에서 이들이 가장 넓게 쓰였음을 보이는 것이기도 하다.
   그런데 'ㆆ'은 『龍飛御天歌』(1447)에서 보면 선행음이 'ㅇ'뿐만 아니 라 'ㄹ'일 경우에도 쓰여, 'ㅇ:ㆆ'의 대응만으로 나타나지는 않는다.

(3) ㄱ. 先考ㆆ뜯(龍, 12)
    ㄴ. 하놄ㅳ디시니(龍, 4), 하놄ㅳ들(龍, 99)

위에서 (3-ㄴ)은 완급(緩急)의 짝에서 'ㄹ'에 대응되는 음이 없어서 나타나는 빈칸을 이른바 이영보래(以影補來)의 원리에 의해 'ㅭ'으로 보충하였으므로 이에 이끌리는 표기였다고 설명된다. 또한 'ㆆ'이 'ㄹ' 다음에서 사이시옷으로 쓰이는 경우는 그 선행어가 '하늘'일 때로 제약되므로 이것은 엄밀한 의미에서 음운론적이라기보다는 형태론적 조건에 의한 것이라 할 수 있다.7

[1.3.] 사이시옷으로 널리 나타났던 'ㅅ'과 'ㅿ'의 분포상 차이가 있는데, 이는 선행음보다 후행음에서 찾을 수 있다.8 그것은 일반적으로 'ㅅ'은 후행음이 무성자음일 때, 'ㅿ'은 유성자음 또는 모음일 때 나타난다는 점이다. 이들이 나타나는 분포를 후행음에 따라 구별하여 제시해 보면 다음과 같다.

(4) ㄱ. 西水ㅅ᠊ᄀᆞ싀(龍,6), 셔븘긔벼를(龍,35)
　　ㄴ. 아바닚뒤헤(龍,28), 東都앳도ᄌᆞ기(龍,58), 님긊德(龍,118)
　　ㄷ. 노ᄛ 샛바오리실씨(龍,44), 하ᄂᆞᆳ벼리(龍,50), 모맷病(龍,102)
　　ㄹ. 狄人ㅅ서리예(龍,4), 나랏小民을(龍,52), 니쏘리(訓)
　　ㅁ. 鴨江앳將軍氣를(龍,39), 아바닚梓宮을(龍,93)
　　ㅂ. 楚國앳天子氣를(龍,39)
(5) ㄱ. 오ᄂᆞᆳ나래(龍,16), 後ㅿ날(龍,26), 峻阪앳놀을(龍,65)
　　ㄴ. 님긊마ᅀᆞ미(龍,39), 天子ㅿ마ᅀᆞ 물(龍,85), ᄂᆞᆫㅁ를(龍,91)
　　ㄷ. 안행움흘(龍,5), 英主ㅿ알ᄑᆡ(龍,16), 太子ㅿ位(龍,101)

---

7 그러나 'ㄹ' 다음의 사이시옷은 'ㆆ'으로만 한정되지 않고 (1-ㄴ)처럼 'ㅅ'으로 나타나거나, (2-ㄴ)처럼 'ㅿ'으로 나타나기도 한다.
8 이 구분은 앞에 제시한 『龍飛御天歌』(1447)와 언해본 『訓民正音』(1459)에 나타나는 것으로 한정하기로 한다.

위에서 보면, (4)에서 사이시옷 'ㅅ'의 후행음은 'ㄱ, ㄷ, ㅂ, ㅅ, ㅈ, ㅊ' 등의 무성자음이고, (5)에서 사이시옷 'ㅿ'의 후행음은 'ㄴ, ㅁ' 등의 유성자음(정확히는 鼻子音)과 모음으로 서로 구별된다.

결국 사이시옷으로서의 'ㅅ'과 'ㅿ'의 분포 차이는 선행음과 후행음의 조건에 따라 다음과 같이 정리된다.

사이시옷	선행음	후행음
ㅅ	ㄴ, ㄹ, ㅁ, 모음	ㄱ, ㄷ, ㅂ, ㅅ, ㅈ, ㅊ
ㅿ	ㄴ, ㄹ, ㅁ, 모음	ㄴ, ㅁ, 모음

위에서 보면 'ㅅ'은 선행음이 유성음이고 후행음이 무성음인 반면, 'ㅿ'은 선·후행음이 모두 유성음인 경우에 나타나는 것이 된다.

그런데 이러한 무성음과 유성음의 구별이 초기 문헌에서도 항상 적용되지는 않았던 것으로 보인다. 다음과 같이 때로는 사이시옷 'ㅅ'의 후행음에 'ㄴ, ㅁ' 등의 유성자음(鼻子音)도 나타나기 때문이다.

(6) ㄱ. 中國소리옛니쏘리는(訓), 웃니(訓), 아랫니(訓)
    ㄴ. 나랏말ㅆ미(訓), 닛므유메(訓), 닛머리예(訓)

위 (6)의 예는 'ㅿ'의 자리에 'ㅅ'이 표기될 수 있음을 뜻하는 것으로, 언해본『訓民正音』(1459)에서 나타난 예들이다. 따라서 사이시옷으로서의 'ㅅ'과 'ㅿ'의 표기는『龍飛御天歌』(1447)의 경우 그 구별이 명확했으나, 언해본『訓民正音』(1459)에 이르러서는 'ㅿ'이 쓰일 자리에 'ㅅ'이 쓰여 'ㅅ'으로의 표기가 확대되었다고 할 수 있다.

1.4. 위에서 살핀 바와 같이 훈민정음 초기 문헌에서 사이시옷 표

기 형태는 점차 'ㅅ'으로 단일화된다. 이렇게 사이시옷을 'ㅅ'으로 단일화하여 표기하는 원칙은 해례본 『訓民正音』(1446)에서 엿볼 수 있다.

빗곶爲梨花 엿의갗爲狐皮 而ㅅ字可以通用 故只用ㅅ字　－終聲解－

終聲二字三字合用 如諺語홁爲土 낛爲釣 둛빼爲酉時之類 其合用並書 自在
而右 初中終三聲皆同 文與諺雜用則有因字音而補以中終聲者 如孔子ㅣ魯ㅅ
사룸之類　－合字解－

위에서 終聲解는 8종성법(八終聲法)의 원칙을 설명하는 것이나 제시된 예 중에서 '빗곶'의 'ㅅ'은 사이시옷에 해당된다. 그리고 合字解는 합용종성(合用終聲, 겹받침)에 해당되는 것으로 '둛빼, 魯ㅅ사룸'의 'ㅅ'도 사이시옷에 해당된다. 여기서 특별히 사이시옷의 용법을 들어 설명하는 것은 없으나 제시된 모든 예에서 'ㅅ'만을 사용함으로써 사이시옷 표기가 'ㅅ'으로 단일화됨을 암시해 준다(이기문, 1978 참조).[9]

그리고 훈민정음 창제 초기의 사이시옷 표기는 임의적이어서 동일한 환경에서 사이시옷의 표기가 나타나는 경우와 그렇지 못한 경우가 존재한다(이기문, 1978 참조).

　(7) ㄱ. 法王ㅅ아두리라(釋譜, 13:15) : 淨飯王아두님(釋譜, 6:17)
　　　ㄴ. 님굼말(龍, 97) : 님금말(月曲, 38)
　　　ㄷ. 바룴우희(龍, 82) : 하늘우희(龍, 83)
　　　ㄹ. 夫人ㅅ뜯들(月曲, 235) : 아바님뜨디시니(月曲, 48)

---

9 그러나 이 당시에는 아직 'ㅅ'으로의 단일화가 완전하지 못하여 『龍飛御天歌』(1447)나 언해본 『訓民正音』(1459)에서처럼 'ㄱ, ㄷ, ㅂ, ㆆ' 등이 여전히 사이시옷으로 나타나기도 하였다.

위 (7)에서 사이시옷이 표기된 것과 그렇지 않은 것이 서로 대응된다.

사이시옷 표기의 임의성은 16세기 들어와서 더욱 두드러지게 나타난다. 그것은 국어의 표기법이 일정한 규정도 없이 표류(漂流)했다는 특징과 관련하여 이해할 수 있는 성질이기도 하지만, 국어에서의 사이시옷 표기를 정확히 하기가 그만큼 어려웠음을 보여 주는 것이기도 하다(이현규, 1982; 우민섭, 1983 참조).

7.1.2. 사이시옷의 표기 위치와 기능

2.1. 훈민정음 시기에 사이시옷의 표기 위치는 일반 받침의 'ㅅ'과 마찬가지로 후행어의 첫음절이 자음으로 시작되는 경우에는 선행어의 끝음절의 받침에 놓이는 것이 원칙이었다.[10] 그런데 일반 받침의 'ㅅ'과는 달리 사이시옷은 후행어가 모음으로 시작되는 것이더라도 연철이 아니라 분철로 나타나며('나랑일훔'(龍,5)), 한자 다음에도 표기되었다('英主△알픽'(龍,16), '後△날'(龍,26)).

사이시옷은 합성어를 이루는 것에 나타나므로 두 어근 사이에 놓이는 것이 원칙이지만, 실제로는 어근만이 아닌 어절과 어절 사이에서 나타나기도 했다('楚國앳天子氣를'(龍,39)). 그렇더라도 사이시옷의 위치가 선행어와 후행어의 사이에 들어간다는 점에서는 변화가 없다. 그런데 사이시옷이 선·후행어의 사이에 들어간다 해도 훈민정음의 음절 단위의 모아쓰기 방식(音節式 合字法)에 따라 선행어의 끝음절과 후행어의 첫음절, 또는 그 두 음절 사이 등으로 표기 위치가 달리 나타났

---

10 이것은 언해본 『訓民正音』(1459)의 '빗곶, 듨깨'에서 나타나는 사이시옷의 표기 위치로도 알 수 있다.

다. 이러한 특성에 의해 허웅(1955:38-39)에서는 사이시옷의 표기 위치를 다음의 의 세 가지로 제시하였다.

① 웃말이 순우리말일 때는, 웃말의 받침으로 쓴다.
② 웃말이 漢字語이어서, 받침으로 쓸수 없을 때는, 두말 사이에 둔다.
③ 아랫말이 순우리말일 때는, 때로는 아랫말의 첫소리를 된소리로 表記하는 일이 흔히 있다.

이것은 각각 받침형(--型), 음절형(音節型), 병서형(竝書型)으로 불러 구분할 수 있다.[11] 즉, 받침형은 사이시옷이 선행어의 끝음절 받침에('우리나랏소리',『訓民正音』), 병서형은 후행어의 첫음절에 ㅅ계 합용병서 또는 각자병서처럼 표기되는 것('니쏘리',『訓民正音』)을 말한다. 그리고 음절형은 사이시옷이 선행어의 끝음절과 후행어의 첫음절 사이에 마치 한 음절처럼 표기되는 것('正齒ㅅ소리',『訓民正音』)을 지칭한다. 이것을 구체적인 예로 더 보이면 다음과 같다.

(8) ㄱ. 하눓쁘들(龍, 86), 혼잣ㅅ신들(龍, 31), 셔붊긔벼를(龍, 35), 눖
     므를(龍, 91), 사룹쁘디리잇가(龍, 15)
   ㄴ. 뮈ㄱ쁘디(龍, 8), 몃間ㄷ지븨(龍, 110), 先考ㅎ쁟(龍, 12), 東海
     ㅅ マ ㅅ(龍, 6), 太子ㅿ位(龍, 101)
   ㄷ. 엄쏘리, 혀쏘리, 입시울쏘리, 니쏘리(訓)

위에서 (8-ㄱ)은 받침형, (8-ㄴ)은 음절형, (8-ㄷ)은 병서형으로 표기된 것이다. 그러나 『訓民正音』(1446) 終聲解의 예시('빗곳, 돍뻬')

---

11 '받침형'과 '병서형'이라는 용어는 이익섭(1992:179)에서도 쓰였다.

와 같이 (8-ㄱ)의 표기 위치가 실제의 표기에서 가장 많이 나타났다. 그리고 (8-ㄴ)은 선행어가 한자어일 때, (8-ㄷ)은 '쓰'의 경우에 한정되어 쓰였다.

<u>2.2.</u> 이후 19세기 초 전통적인 문자 체계에 따른 해석에서 표기법과 관련하여 서술하였던 정동유의 『晝永編』(1804)과 유희의 『諺文志』(1824)에서는 사이시옷을 종성 같으나 종성이 아니라고 하면서 이것의 기능도 함께 서술하고 있다.

먼저 당시 사이시옷에 대한 최초의 언급으로 평가되는 정동유(1804)의 견해를 최현배(1940:387-388)의 해석으로 인용하면 다음과 같다.

> "조선말에 사이시옷(ㅅ)은 받침으로 쓰힌 것 같으나, 그 實은 받침이 아니다. 보기하면(例를 들면) '귓속'(耳內), '아홉섬'(九石)의 ㅅ은 '귀'와 '속', '아홉'과 '섬'을 이어낼 적에 두 말의 사이에 저절로 한 影音(卽 ㆆ이니, 곧 소리끊는 現象)이 생긴 것이요, ㅅ이 終聲이 된 것은 아니다. 그러므로, '귀'가 '귓'이 안 되면 '속'이 '쏙'으로 되고, '아홉'이 '아홊'이 안 되면 '섬'이 '썸'으로 上下를 떠나서 中間에 한 자리를 차지하기(보기:귀ㅅ속)도 한다."

위에서 정동유(1804)는 사이시옷을 음운론적 측면에서 '소리끊는 現象'(즉, 絶音現象)으로 서술하였다. 그것은 사이시옷의 기능을 '두 말 사이에 저절로 들어가는 影音(ㆆ)'으로 파악하고 있음을 통해서 알 수 있다. 또한 사이시옷의 표기 위치가 받침형('귓속, 아홉섬'), 병서형('귀쏙, 아홉썸'), 음절형('귀ㅅ속, 아홉ㅅ섬')의 세 가지가 있을 수 있다고 하였다.

다음으로 유희(1824)의 견해를 유창돈(1958:128)의 해석으로 인용하면 다음과 같다.[12]

"今俗에 婦女子들이 쓰고 있는 諺文을 보면 ㄷ終聲 代身에 ㅅ終聲을 쓰고 있는데 그것은 ㅅ終聲은 終聲이 아니라 두 語彙를 連結하는 데 쓰이는 말(즉, 사이시옷)임을 모르고 쓰는 것이다. 가령 『四聲通解』를 보면 蓬을 풀이하는데 '빅ㅅ돈'이라 하였는바 이는 '빅안에 있는 돈자리'라는 뜻이다. 그런데 舟는 '빅'라 풀이되지만 '빗'은 아니요, 席은 '돈'은 되지만 '쏟'은 되지 않는다. 다만 두 말의 뜻을 이을 때에 스스로 一個의 ㅅ흡이 自生하므로 씀에는 응당 세 개의 글자 자리를 차지하게 된다."

위에서 유희(1824)는 사이시옷을 '두 어휘를 연결하는' 뜻으로 '스스로 自生'하는 것으로 서술하였다. 이것은 사이시옷이 두 어휘가 합성하는 경우에 스스로 나타나는 것이면서도 뜻을 갖는다 하여, 형태론적인 측면에서 사이시옷이 하나의 형태소임을 인정한 것으로 해석된다.[13]

---

12 원문은 다음과 같다.
  '今俗婦女子諺文 以ㅅ代ㄷ殊不知ㅅ未嘗爲終聲 所以用於聯兩語者也 如通解 釋蓬云빅ㅅ돈 謂舟之席也 舟釋빅也 非빗也 席釋돈也 非쏟也 但以聯意而自生 出一個ㅅ흡'
13 이에 대해 김석득(1983:156)에서는 접요사(infix) 형태소임을 인정한 것으로 해석하였다.

7.2. 국문/언문 체제에서의 사이시옷 표기

[2.1] 사이시옷 표기와 관련하여 일제(日帝) 강점기가 되어서 명문화된 규정으로 나타났다. 즉, 일제의 두 번째 규정인 ≪普通學校用諺文綴字法大要≫(1921)의 제14항에는 사이시옷에 관한 최초의 명문화된 규정이 담겨 있다. 그 전문을 옮기면 다음과 같다.

> 一四. 二語가슴하야複合語를이루되、그사이에促音現象이생길時는일
> ㅅ군等과如히二語의中間에ㅅ을揷入하려고하는자잇스나、本書
> 에對하야는各各境遇에依하야ㅅ을上語의末에、又는下語의初에
> 附하기로함。
> [例] (1) 동짓달(冬至月) 열쨋달(第十月)
>   (2) 외양깐(廐) 모짜리(苗圃) 긔쌀(旗脚)

위에서는 사이시옷이 표기되는 조건과 그 위치를 명시하고 있다. 우선 사이시옷의 표기 조건은 두 어휘가 결합하여 복합어(합성어)를 이룰 때 그 사이에서 촉음 현상이 일어날 경우로, 이는 형태론적 측면과 함께 음운론적 현상을 함께 고려한 것이 된다. 사이시옷의 표기 위치는 음절형('二語의中間')을 배제하고, 받침형('上語의末')과 병서형('下語의初')을 채택했다.14 위에 제시된 [例]의 (1)은 받침형, (2)는 병서형에 해당한다.

그러나 받침형과 병서형을 채택했더라도, 위에서는 이들의 구별이 명확하지 못하다. [例] (1)의 받침형은 선행어의 끝음절이 받침이 없을

---

14 병서형을 채택한 것은 ≪普通學校用諺文綴字法大要≫(1921)에서 된소리 표기를 ㅅ계 합용병서('ㅺ, ㅼ, ㅽ, ㅼ, ㅾ')를 채택했기 때문이다(앞의 5.3절 3.3항 참조).

경우라고 추측되나, (2)는 그 조건을 규명하기 어렵다. 왜냐하면 '외양 깐'은 선행어의 끝음절이 받침이 있고, '모짜리, 긔쌀'은 받침이 없는 데도 모두 병서형으로 표기되어 있기 때문이다. 다시 말하면, 받침형과 병서형이 음운론적 조건으로 구별되지 못하므로 여기 제시되지 않은 다른 예들을 표기할 경우 혼란이 일어나게 된다는 것이다.

2.2. 일제의 세 번째 규정인 《諺文綴字法》(1930)에서는 사이시옷 표기를 5항에서 다음과 같이 개정하였다.

> 五. 二語가合하야複合語를形成하고其間에促音現象이生할째는如左히書함.
> (一) 上語가中聲으로終할째는上語의終聲으로'ㅅ'을附함.
> [例] 동짓달(冬至月) 담뱃대(煙管) 못자리(苗代)
> (二) 上語가終聲으로終할째는다른말(語)과混同하기쉬운境遇에限하여中間에'ㅅ'을씀.
> [例] 장ㅅ군(市場人) .... 장군(將軍)과混同하기쉬움.
> 문ㅅ자(文字) .... 문자(文字、熟語의뜻)와混同하기쉬움.
> 附記 本文의境遇漢字로써쓴째에는中間其他에'ㅅ'을쓰지안흠.

위에서 사이시옷의 표기 조건은 앞의 《普通學校用諺文綴字法大要》 (1921)와 동일하게 복합어(합성어)의 형성과 촉음 현상에 두고 있다. 그러나 그 표기 위치는 받침형과 음절형으로 다르다.[15] 그뿐만 아니라 두 가지 표기 위치의 구별을 받침의 유무로 명확히 하고 있음도 특징이다.

---

15 병서형을 버리고 음절형을 채택한 것은 《諺文綴字法》(1930)이 된소리 표기를 ㅅ계 합용병서가 아닌 각자병서('ㄲ, ㄸ, ㅃ, ㅆ, ㅉ')로 한 것과 관련된다(앞의 5.3절 3.3항 참조).

그러나 (二)의 내용을 통해 볼 때, 음절형은 그 표기의 조건이 '장군[장꾼]-市場人'과 '장군[장군]-將軍'처럼 '다른말(語)과混同하기쉬운境遇에限하여' 쓰는 것이므로, 표기의 범위가 상당히 제약되어 있음을 알 수 있다.[16] 그러나 이 경우도 그 표기 여부를 결정하는 데에는 꽤 어려운 점이 있다. 그것은 어느 한 어휘를 표기할 때 의미를 고려해야 한다는 부담이 있으며, 국어에서 자음은 모음과는 달리 홀로 하나의 음절을 이루지 못하는데 사이시옷을 한 음절 단위로 분리하여 쓰는 것은 적절하지 않기 때문이다.

역사적으로 보면, 음절형 표기는 15세기에 선행어가 한자일 경우 쓰였던 것이기는 하다(앞의 7.1.2절 2.1항 참조). 이것은 사이시옷을 선행어 또는 후행어의 어느 한 부분에 표기할 수 없는 경우에 하나의 편법으로 쓰인 것이라 할 수 있다. 그런데 위의 규정에서는 [附記]에서 한자일 경우 사이시옷을 표기하지 않기로 함으로써 15세기의 표기법과는 다른 양상을 띤다.

7.3. 한글 체제에서의 사이시옷 표기

사이시옷의 표기 문제는 조선어학회의 ≪한글 마춤법 통일안≫

---

16 위 규정에 대한 김윤경(1932ㄷ)의 해설을 옮기면 다음과 같다.
"[解說] (一)의境遇는'ㅅ'의音이가장顯著히發音되는것으로써, 이를表記함에, 一律로上語末에附하야이의統一을圖하며(二)와如히上語가終聲으로終한境遇는(一)의境遇만큼顯著하지안을뿐아니라, 이를省略하야도, 二個子音이重하는關係上, 自然히輕微한'ㅅ'의音을生하는傾向이잇는고로, 이것에는中間'ㅅ'을省略하고, 오직他語와混同하기쉬운것에限하야, 意味의混同을避하기爲하야表記하기로한것임."

(1933)에서부터 현행 ≪한글 맞춤법≫(1988)에 이르기까지에도 표기 조건과 위치의 문제에서 많은 곡절을 겪었다.

7.3.1. ≪통일안≫ 규정의 검토

[1.1.] 1920년대 조선어학회에서는 철자법 개정을 위한 여러 노력이 있었으며, 여기서 정현규(1932)와 김윤경(1932ㄴ)에서와 같이 사이시옷과 관련한 논의도 있었다. 그런데 실제로 당시 사이시옷이 표기 규정에 반영된 것은 동아일보의 ≪新綴字便覽≫(1933)에서였다. 그 내용을 보면 다음과 같다.

> 十三. 複合된 이름씨(名詞) 사이에서 되게 나는 소리는 아례와 같이 씀.
> 우에 말 끝이 홀소리(母音)인 경우에는 ㅅ바침을 붙임. 新/舊
> 잇몸/이ㅅ몸 곳집(庫)/고ㅅ집 촛불(燭火)/초ㅅ불 못자리(苗板)/
> 모ㅅ자리 담뱃대(煙竹)/담배ㅅ대 낚싯대(釣竿)/낚시ㅅ대 기왓
> 장(瓦)/기와ㅅ장
> 우에 말 끝이 닿소리(子音)인 경우에는 빼어버림. 新/舊
> 손가락(指)/손ㅅ가락 믈결(波)/믈ㅅ결 봄바람(春風)/봄ㅅ바람
> 콩가루(豆粉)/콩ㅅ가루 할수잇다/할ㅅ수잇다
> [備考] 아례와 같은 말들은 두 말이 서로 混同됨을 避하기 위하
> 야 각기 달리 씀.
> 例 시가(時價)   대수(代數)   장군(將軍)   문자(文字 곳 熟語)
>   싯가(市價)   댓수(代의 數) 장꾼(市場人) 문짜(文字)

이것은 복합 명사에서 된소리되기가 나타날 때 선행 어근이 모음으로 끝날 때 'ㅅ'을 받침으로 적는다는 것으로, 병서형을 폐하고 받침형

을 수용한 것이다('잇몸/*이ㅅ몸, 담뱃대/*담배ㅅ대, 손가락/*손ㅅ가락'). 그리고 [備考]에서는 일부 한자어의 경우를 구별하기 위한 표기(사이시옷을 넣거나 된소리로 표기하는 것)의 예를 제시하였다. 따라서 '시가(時價)'와 '싯가(市價)', '대수(代數)'와 '댓수(代의 數)'는 사이시옷의 표기 여부에 따라 다른 어휘가 된다.

[1.2.] 조선어학회의 ≪한글 마춤법 통일안≫(1933)에서 규정된 사이시옷의 표기는 다음과 같이 제30항에 제시되어 있다.

> 第三十項 複合名詞 사이에서 나는 사이 ㅅ은 홀소리 아래에서 날 적에는 우의 홀소리에 ㅅ을 받치고, 닿소리와 닿소리 사이에서는 도모지 적지 아니한다.
> 例: 홀소리 밑
>   뒷간 곳집 나룻배 담뱃대 잇몸 깃발

위에서는 사이시옷의 표기 조건과 위치를 정하고 있다. 즉, 표기 조건은 '複合名詞 사이와 홀소리 아래에서 나는 사이 ㅅ' 현상이고, 표기 위치는 받침형이라는 것이다. 그런데 위의 규정은 例에서 보면 후행음이 'ㄱ('뒷간'), ㄷ('담뱃대'), ㅂ('깃발'), ㅈ('곳집')'의 무성음과 'ㅁ('잇몸')'의 유성음이 제시되어 있다. 전자는 일제(日帝)의 표기 규정에서부터 문제 삼아 오던 것이나, 후자와 같은 비자음(鼻子音) 앞에서의 표기는 15세기에 존재하던 것으로 이 규정에서 새로이 포함된 것이다(앞의 7.1절 1.3항 참조).

표기 위치에서 보면, 받침형만이 채택되어 있다. 이것은 전통적인 세 가지 표기 방식 중에서 음절형과 병서형을 버린 것을 의미하는데,

병서형은 이미 된소리를 각자병서로 쓰도록 규정한 《諺文綴字法》(1930)에서도 폐지된 것이었다. 음절형은 자음이 홀로 음절을 구성한다는 점에서 올바른 표기라 할 수 없으므로, 이의 폐지도 타당한 것이었다고 할 수 있다.

1차 수정안인 《통일안(고친판)》(1937)은 사이시옷 표기에 관해 달라진 것은 없고 예가 자세히 제시되어 있다.[17]

> 第三十項 複合名詞 사이에서 나는 "사이 ㅅ"소리는 홀소리 아래에서 날 적에는, 위의 홀소리에 "ㅅ"을 받치고, 닿소리와 닿소리 사이에서는 도무지 적지 아니한다.
>
> 例: 홀소리 밑
>
> 뒷간(厠間) 귓결(耳便) 콧날(鼻線) 뒷내(後川) 담뱃대(煙竹)
>
> 콧등(鼻背) 잇몸(齒齦) 냇물(川水) 깃발(旗旒) 나뭇배(載木船)
>
> 잇새(齒間) 빗소리(雨聲) 기왓장(瓦便) 곳집(倉庫)
>
> 닿소리 밑
>
> 문간(門間) 물결(波紋) 칼날(刀刃) 앞내(前川) 견양대(見樣木)
>
> 손등(手背) 알몸(裸體) 강물(江水) 글발(字跡) 소금배(載鹽船)
>
> 발새(趾間) 총소리(銃聲) 구들장(埃石) 움집(土幕)

위에서는 사이시옷의 표기 조건이나 표기 위치에서 앞선 규정과 차이가 없으나 예시를 모음 뒤와 자음 뒤로 구분하고 더 많은 것을 제시하였다는 점에서 차이가 있다.

음운론적 조건에서 보면, 앞선 규정의 '잇몸' 외에 '콧날, 뒷내, 냇

---

17 1차 수정안인 《통일안(고친판)》(1937)은 원안인 《통일안》(1933)과 사이시옷의 표기에 관해서는 원칙적으로 동일했다.

물' 등이 추가되었는데, 이것은 후행어가 'ㅁ' 외에 'ㄴ'으로 시작되는
것일 때도 사이시옷을 쓴다는 것을 의미한다.[18] 그러나 여기서는 '나
뭇잎, 뒷일' 등과 같이 후행어가 'ㅣ' 모음으로 시작되는 경우에 대한
예가 들어 있지는 않다.

[1.3.] 2차 수정안인 ≪통일안(새판)≫(1940)에서는 사이시옷 표기
와 관련하여 대폭적인 개정이 있었다. 그 내용은 제30항에 다음과 같
이 제시되어 있다.

> 第三十項 複合名詞의 사이에서 위ㅅ 말의 끝소리가 홀소리나 ㄴ, ㄹ,
> ㅁ, ㅇ인 때에 "사이 ㅅ"소리가 나는것과, 아래ㅅ 말의 첫소리가
> "야, 여, 요, 유, 이"인 때에 다시 ㅁ蓋音化한 ㄴ이나 ㄹ소리가 나는
> 것은 모두 中間에 "ㅅ"을 놓아 표기한다. 例:
> (一) "사이 ㅅ"소리가 나는것
>   뒤ㅅ간(厠間) 문ㅅ간(門間) 코ㅅ날(鼻線) 코ㅅ등(鼻背)
>   손ㅅ등(手背) 이ㅅ몸(齒은) 초ㅅ불(燭火) 등ㅅ불(燈火)
>   이ㅅ새(齒間) 발ㅅ새(趾間) 고ㅅ집(倉庫) 움ㅅ집(土幕)
> [附記一] ㄹ끝소리나 ㄹ語尾를 가진 語幹과 다른 體言과 어울리어
> 한 名詞로 익은것도 "사이 ㅅ"소리가 나는것은 本項의 規定을 準
> 用한다. 例:
> (1) 들ㅅ것(擔架) 물ㅅ것(蚤蝎類) 굴ㅅ대(轉軸) 들ㅅ돌(力技石)
>   물ㅅ부리(煙嘴) 들ㅅ손(擧柄) 들ㅅ숨(吸息) 들ㅅ장지(掛障子)
>   날ㅅ짐승(飛禽)

---

18 위의 '닿소리 밑'과 관련한 예 중에서 '칼날, 앞내, 알몸, 강물' 등이 포함되어 있음도
특이하다.

(2) 디딜ㅅ방아(足舂) 쥘ㅅ부채(摺扇) 쥘ㅅ손(把所) 날ㅅ숨(呼息)
설ㅅ주(門柱) 길ㅅ짐승(走獸)

[附記二] 위ㅅ 말의 끝소리가 ㄱ ㄷ ㅂ ㅅ ㅈ ㅊ ㅋ ㅌ ㅍ들로 되었거나, 아래ㅅ 말의 첫소리가 ㄲ ㄸ ㅃ ㅆ ㅉ ㅊ ㅋ ㅌ ㅍ들로 되어, 中間에 "ㅅ"을 놓지 아니하여도 소리에 다름이 없는것은 "ㅅ"을 놓지 아니한다. 例:

(1) 박속(匏內) 맏자제(昆胤) 입김(口氣) 갓집(冠入) 낮잠(晝寢)
꽃술(花蕊) 부엌간(廚間) 낟돈(小錢) 앞발(前足)

(2) 봄꿈(春夢) 벌떼(蜂群) 산뽕(山桑) 솔씨(松種) 콩짜개(豆片)
귀청(耳膜) 배코칼(蘿刀) 머리털(頭髮) 쉬파리(大蠅)

(二) "사이 ㅅ"소리와 다시 口蓋音化한 ㄴ이나 ㄹ소리가 나는것

채ㅅ열(鞭穗) 아래ㅅ이(下齒) 대ㅅ잎(竹葉) 베개ㅅ잇(枕衣)

가ㅅ양(冠緣) 물ㅅ약(水藥) 잣ㅅ엿(栢飴) 콩ㅅ엿(豆飴)

담ㅅ요(毯褥) 놋ㅅ요강(鍮溺器) 편ㅅ윷(便楲) 밤ㅅ윷(小柶)

속ㅅ잎(裏葉) 논ㅅ일(畓事) 들ㅅ일(野事) 밤ㅅ이슬(夜露)

겹ㅅ이불(袷衾) 옷ㅅ임자(衣主) 공ㅅ일(徒勞) 낮ㅅ일(晝事)

꽃ㅅ잎(花葉) 부엌ㅅ일(廚事) 밭ㅅ이랑(田畦) 앞ㅅ이마(前額)

위에서는 비교적 자세히 길게 서술되어 있으나, 이도 역시 표기 조건과 표기 위치의 측면에서 분석할 수 있다.

우선 표기 조건에서 보면, '複合名詞'라는 형태론적 조건은 앞선 규정과 동일하나 음운론적 조건을 비교적 자세히 제시하였다. 즉, 여기서의 음운론적 조건은 '사이 ㅅ'이 나타나는 경우와 '口蓋音化한 ㄴ이나 ㄹ'이 첨가되는 경우의 둘로 나뉜다. 그리고 '사이 ㅅ'이 나타나는 것은 선행어의 끝음절이 모음이거나 유성자음('ㄴ, ㄹ, ㅁ, ㅇ')일 때 후행의 첫소리 'ㄱ, ㄷ, ㅂ, ㅅ, ㅈ,' 등이 된소리가 되는 경우이고, 구

개음화된 'ㄴ'이나 'ㄹ'이 첨가되는 것은 후행어의 첫음절이 'ㅣ' 또는 'ㅣ'선행 이중모음('ㅑ, ㅕ, ㅛ, ㅠ')일 경우에 해당한다.

특히 [附記 一]을 보면 형태론적 조건에서 '어간+명사'로 형성된 합성명사의 경우 어간의 끝음절이 받침이 'ㄹ'일 때 후행어가 된소리로 나는 것은 사이시옷을 쓴다는 것도 또 다른 특징이다. 이것은 위 규정의 이전과 이후에 어디에서도 없었다. 그리고 구개음화와 관련된 부분은 《한글 마춤법 통일안》(1933)을 비롯한 종전의 규정에는 없었던 것으로 위에서 처음으로 추가된 것이었다.[19]

또한 [附記 二]를 보면 '사이 ㅅ'이 나타나는 경우 선행어의 끝음절이 'ㄱ, ㄷ, ㅂ' 등의 폐쇄음이어서 후행어의 첫음절에서 당연히 된소리되기 현상이 나타날 때('박속[박쏙], 낱돈[낟똔]'), 그리고 후행어의 첫소리가 'ㄲ, ㄸ, ㅃ, ㅆ, ㅉ'의 된소리이거나 'ㅊ, ㅋ, ㅌ, ㅍ'의 거센소리일 때에도 사이시옷은 표기하지 않는다. 이들은 사이시옷을 표기하지 않아도 국어의 음운 현상에 따라 된소리나 거센소리 그대로 발음되기 때문이다.

이렇게 보면 위의 규정은 사이시옷의 표기 범위가 상당히 확대되었음을 알 수 있다. 그것은 합성명사를 이루는 경우 선행어의 끝음절의 음운 조건과 관계없이 후행어의 첫소리에서 된소리되기 현상이나 'ㄴ, ㄹ' 첨가 현상이 일어나면 사이시옷을 적도록 하였기 때문이다. 특히 관형형어미 'ㄹ'은 뒤에 오는 예사소리는 당연히 된소리로 바뀌기 때문에 특별히 사이시옷을 표기할 필요가 없는 것까지도 표기 대상에 포

---

19 그런데 위의 구개음화와 관련되는 (二)는 《통일안(고친판)》(1937)에서 28항의 품사 합성과 관련되는 부분에서 제시되었는데, 《통일안(새판)》(1940)에서는 30항 사이시옷 항목으로 옮긴 것이다.

함하였다.

표기 위치에서 보면, 음절형만을 채택하였다는 점이 특징이다. 즉, 선행어 끝음절의 받침 유무에 관계 없이 모두 음절형으로 두 말 사이에 'ㅅ'을 쓴다는 것이다. 이것은 ≪통일안≫(1933)과 ≪통일안(고친판)≫(1937)이 고수한 받침형을 전면적으로 폐지하는 것이었다. 이렇게 된 이유는 위 규정에서 사이시옷의 표기 조건이 선행어 끝음절의 받침 유무와 관계가 없으므로, 받침이 있는 경우의 표기를 위해 취해진 것으로 보인다. 만약 선행어의 끝음절에 받침이 있을 때 사이시옷을 받쳐 적으면, '뭀간, 밦새, 옮집, 듨불, 잤엿, 솧잎, 꽃잎, 부웏일, 밠이랑, 앉이마' 등과 같이 'ㄳ, ㄻ, ㅀ, ㄺ, ㅊ, ㄺ, ㅀ, ㄿ' 등의 실제 존재하지 않는 겹받침이 나타나게 될 뿐만 아니라, 'ㄳ, ㅄ, ㅆ' 등의 겹받침은 존재하더라도 '솞(속), 겂(겹), 잤(잣)' 등으로 쓰여 기본형이 고정되어 표기되지 못하게 된다. 이것은 불필요한 겹받침의 남용으로 문자의 기계화나 해독의 어려움을 초래하게 될 것이므로, 음절형을 선택하였던 것으로 해석된다.

1.4. 3차 수정안인 ≪통일안(일부 개정)≫(1946)에서 사이시옷 표기는 주요한 개정 항목이었다. 개정된 내용은 다음과 같다(예시 간단히).

第三十項을 아래와 같이 고침.
　複合 名詞나 複合 名詞에 準할 만한 말에서 두 말 사이에 된소리가 나거나 또는 다시 ㅁ蓋音化한 ㄴ이나 ㄹ소리가 나는 것은, 위말의 끝소리가 홀소리인 경우는 ㅅ을 받치어 적고, 닿소리인 경우는 이를 表示하지 아니한다. 例:
　　(一) 윗 말 끝이 홀소리인 것

(1) 냇가(川邊) 콧날(鼻線) 콧등(鼻背) 잇몸(齒齦) 촛불(燭火)

(2) 잇과(理科) 갓법(加法) 홋수(戶數) 섯자(書字)

(3) 챗열(鞭穗) 아랫이(下齒) 댓잎(竹葉) 베갯잇(枕衣)

(二)윗 말 끝이 닿소리인 것

(1) 길가(路邊) 손등(手背) 등불(燈火) 발새(趾間) 움집(土幕) 들
것(擔軸) 굴대(轉軸) 들보(架樑) 쥘손(把所) 길짐승(走獸)

(2) 상과(商科) 감법(減法) 권수(卷數) 한자(漢字)

(3) 집일(家事) 물약(水藥) 쌀엿(米飴) 맹장염(盲腸炎) 관절염(關節炎)

위에서는 사이시옷 표기의 형태론적 조건을 '複合 名詞나 複合 名詞
에 準할 말'로 함으로써 합성명사에 준하는 것도 포함시켜 한자어까지
도 해당되는 것으로 처리하였다. 그리고 음운론적 조건은 앞서의 ≪통
일안(새판)≫(1940)에 비해 상당히 간소화하였으며, 표기 위치는 모음
일 경우에만 쓰는 것으로 하여 받침형만으로 제한하였다.

여기서 음운론적 조건은 선행어의 끝음절이 받침이 없는 경우로,
이때 후행어의 첫소리가 된소리로 되거나('냇가, 콧등' 등), 'ㄴ' 또는
'ㄹ'음이 첨가되는 경우('챗열, 아랫이' 등)이다. 이것은 후행어의 첫소
리가 본래 거센소리('ㅊ, ㅋ, ㅌ, ㅍ, ㅎ')나 된소리('ㄲ, ㄸ, ㅃ, ㅆ,
ㅉ')일 경우에는 사이시옷이 표기되지 않음을 의미한다.[20] 그리고 'ㄹ'
이 첨가되는 것은 후행어의 첫소리가 'ㅣ' 또는 'ㅣ' 선행 이중모음일
경우에 해당된다. 특히 한자어로 된 합성명사에서도 '複合 名詞에 準'
하는 것으로 보아 그 음운론적 조건이 충족되면 사이시옷을 쓰도록 하
였다('잇과, 갓법' 등).

---

20 이것은 앞의 ≪통일안(새판)≫(1940)에서는 자세히 서술하면서 예를 들었던 것인데,
이 규정에서는 명문화하지 않고 내포된 의미로 처리한 것으로 보인다.

위 규정은 음운론적 조건의 범위를 선행어의 끝음절이 모음일 때 (즉, 받침이 없을 때)로 축소하였다는 점과 함께 특히 한자어에도 사이시옷을 표기하도록 한 데 특징이 있다. 한자어의 사이시옷 문제는 앞선 규정에는 특별히 명문화된 바가 없었다. 위에서는 특별히 설명하지 않고 예만을 제시하고 있지만, 한자어의 사이시옷 표기 문제를 최초로 개별 항목으로 다루고 있다는 점에서 의의가 있다.

7.3.2. 현행 규정의 성립

[2.1.] ≪통일안(일부 개정)≫(1946)의 사이시옷 표기 규정은 이후 한글학회의 일련의 표기 규정에 계속 이어졌다. ≪통일안(한글판)≫ (1948)은 내용에는 변화가 없고 용어만을 한글로 바꾸었고, ≪통일안 (용어 수정판)≫(1958)은 '복합 명사'를 '겹이름씨'로, '구개음화'를 '입천장 소리되기' 등으로 용어를 순수 고유어로 바꾸었다.

그런데 한글학회의 ≪한글 맞춤법≫(1980)은 표현상에서 다름이 있다. 이것을 옮겨 적으면 다음과 같다(예시 간단히).

제27항 겹이름씨나 또는 겹이름씨에 준할 만한 말*의 두 말 사이에서 된소리가 나는 것은, 앞 말의 끝소리가 홀소리인 경우는 'ㅅ'을 받치어 적고, 닿소리인 경우는 이를 표시하지 아니한다. 뒷말의 첫소리가 'ㅣ, ㅣ(반홀소리), ㄴ, ㅁ'일 적에, 'ㄴ(ㄴㄴ)'이나 'ㅁ'소리가 덧날 경우에도 이에 따른다.
1. 앞 말 끝이 홀소리인 것
  (1) 냇가 마룻바닥 콧등 촛불 전셋집
  (2) 갓법(加法) 잇과(理科) 섯자(書字) 홋수(號數)

(3) 농삿일 댓잎 뒷날 뒷일 베갯잇 잇몸 챗열 콧날

2. 앞 말 끝이 닿소리인 것

(1) 굴대 길가 길짐승 들것 들보 등불 발샅 손등 움집 쥘손

(2) 감법(減法) 권수(卷數) 관절염(關節炎) 맹장염(盲腸染)

(3) 물약 쌀엿 좀약 집일

다만, 다음과 같은 말은 소리대로 적는다.**

가랑니 금니 덧니 머릿니 버드렁니 사랑니 송곳니

*각주 25) : 한자말은 대개 겹이름씨에 준한 말이다.

**각주 26) : '이'로 적으면 임자자리토씨와 혼동될 우려가 있
    기 때문이다.

위에서 형태론적 조건은 종전의 ≪통일안(일부 개정)≫(1946)과 다름이 없으나(한자어에서 합성명사에 준한 것으로 보아 사이시옷을 표기한다는 점도 전의 규정과 동일하다.), 음운론적 조건은 이른바 '구개음화된 ㄴ이나 ㄹ' 대신에 'ㄴ(ㄴ)이나 ㅁ 소리가 덧날 경우'로 바꾸었다는 점에서 차이가 있다. 그러므로 후행어의 첫소리가 구개음화가 된다고 하였던 '뒷날, 잇몸, 콧날' 등이 'ㄴ' 첨가 현상에 포함되었다. 그리고 ≪통일안(새판)≫(1940)에서 '어간+명사'형의 합성명사 어간의 'ㄹ' 다음에 사이시옷을 표기하기로 했던 것을 폐지한 예를 구체적으로 제시하기도 하였다('굴대/*굴ㅅ대, 들것/*들ㅅ것, 쥘손/*쥘ㅅ손' 등). 또한 현실음을 반영하는 항목이 나타나기도 하는데, 이를 테면 '다만'의 예외 항목에 제시된 '이(齒, 蝨)'가 후행어로 나타나는 합성명사의 경우 소리나는 대로 쓰도록 한 것이다('가랑니, 금니, 덧니, 머릿니' 등).[21]

2.2. 국어국문학회에서 제시한 ≪國語正書法案≫(1971)은 한자어의 경우에서 당시 ≪통일안≫의 표기 규정과는 다른 내용을 담고 있다. 사이시옷과 관련되는 부분을 옮기면 다음과 같다.

> 제20항 복합명사나 또는 복합명사에 준할만한 말에서 두 말 사이에 된소리가 나거나, 또는 구개음화된 ㄴ이나 ㄹ소리가 나는 것은, 윗말의 끝소리가 모음일 경우는 ㅅ을 바쳐적고, 자음일 경우는 이를 표시하지 안는다. 예:
> 1) 윗말 끝이 모음인 것
>   (1) 냇가, 콧날, 콧등, 잇몸, 촛불
>   (2) 뒷일, 댓잎, 베갯잇
> 다만, 한자말의 경우는 ㅅ을 바쳐적지 안는다.
> 이과(理科), 가법(加法), 호수(戶數), 서자(書字)
> 2) 윗말 끝이 자음인 것
>   (1) 길가(路邊), 손등, 등불, 쥘손, 길짐승
>   (2) 집일, 물약, 쌀엿, 맹장염, 관절염
>   (3) 상과(商科), 감법(減法), 권수(卷數), 한자(漢字)

위에서는 사이시옷 표기의 형태론적 조건이나 음운론적 조건, 그리고 표기 위치 등이 앞의 ≪통일안(일부 개정)≫(1946)과 동일하다. 여기서 다른 점은 '다만'의 예외 규정으로 제시된 부분으로, 한자어의 경우에는 사이시옷을 받쳐 적지 않는다는 것이다('이과/*잇과, 가법/*갓법, 호수/*홋수, 서자/*섯자' 등). 다시 말하면 ≪통일안(일부 개정)

---

21 이 부분은 각주에서 '이'로 적으면 주격조사와 혼동될 우려가 있다고 하였다. 그리고 이것은 현행 ≪한글 맞춤법≫(1988)에서는 제27항 [붙임 3]의 합성어 항목에 제시하였다.

≫(1946)에서 한자어의 경우 음운론적 조건에서 사이시옷을 표기해야 하는 현상이 나타날 때 언제나 표기하기로 했는데, 이를 전면적으로 폐지하는 것이었다. 따라서 위의 규정은 한자의 사용을 전제로 한 것임을 알 수 있다.[22]

[2.3.] 현행 ≪한글 맞춤법≫(1988)에서 사이시옷의 표기는 상당 부분 한글학회의 ≪한글 맞춤법≫(1980)과 유사하지만, 좀 더 체계적으로 규정하고자 하였다. 그 내용을 보이면 다음과 같다(예시 간단히).

제30항 사이시옷은 다음과 같은 경우에 받치어 적는다.
    1. 순 우리말로 된 합성어로서 앞말이 모음으로 끝난 경우
    (1) 뒷말의 첫소리가 된소리로 나는 것
      고랫재 귓밥 나룻배 나뭇가지 냇가 댓가지 뒷갈망돌
    (2) 뒷말의 첫소리 'ㄴ, ㅁ' 앞에서 'ㄴ' 소리가 덧나는 것
      멧나물 아랫니 텃마당 아랫마을 뒷머리 잇몸 깻묵
    (3) 뒷말의 첫소리 모음 앞에서 'ㄴㄴ' 소리가 덧나는 것
      도리깻열 뒷윷 두렛일 뒷일 뒷입맛 베갯잇 욧잇 깻잎
    2. 순 우리말과 한자어로 된 합성어로서 앞말이 모음으로 끝난
      경우
    (1) 뒷말의 첫소리가 된소리로 나는 것
      귓병 머릿방 뱃병 봇둑 사잣밥 샛강 아랫방 자릿세
    (2) 뒷말의 첫소리 'ㄴ, ㅁ' 앞에서 'ㄴ' 소리가 덧나는 것
      곗날 제삿날 훗날 툇마루 양칫물

---

22 ≪國語正書法案≫(1971)이 한자 사용을 전제로 한다는 것은 받침을 제한하는 것에서도 찾아볼 수 있다(앞의 6.3절 3.5항 참조).

(3) 뒷말의 첫소리 모음 앞에서 'ㄴㄴ' 소리가 덧나는 것

　가욋일 사삿일 예삿일 훗일

3. 두 음절로 된 다음의 한자어

　곳간(庫間) 셋방(貰房) 숫자(數字) 찻간(車間) 툇간(退間)

　횟수(回數)

　위에서는 사이시옷이 표기되는 조건을 형태론적인 측면에서 사이시옷을 이루는 어근이 고유어인가 한자어인가에 따라 이원화하고, 다시 음운론적인 측면에서 된소리되기, 'ㄴ' 소리 첨가, 'ㄴㄴ' 소리 첨가로 세분하였다는 점에서 앞선 규정들과 구별된다. 표기 위치에서는 받침형만을 채택하였는데, 그것은 음운론적 조건을 선행어의 끝음절이 받침이 없는 경우로 한정하는 것과 관련된다.

　형태론적 조건은 합성어(실제 제시된 예를 보면 합성명사)를 이루는 어근에 고유어가 포함되는 경우로 한정하였다. 즉, 합성명사를 이루는 어근 중에 어느 하나라도 고유어일 경우이면 사이시옷을 표기한다는 것이다. 이것은 고유어의 경우 음운론적 조건을 만족하면 사이시옷의 표기에 제한을 두지 않는다는 것으로 해석할 수 있다.

　그리고 원칙적으로는 한자어끼리 결합된 합성명사에서는 사이시옷이 쓰이지 않는데, 현실음에서 사이시옷이 두드러지는 6개의 2음절 한자어만은 예외로 하였다. 그러나 위에 제시된 6개의 한자어 외에도 상당수의 한자가 어근이 되어 합성명사를 이룰 때 사이시옷 현상이 두드러지는 경우가 있다는 점에서, 이렇게 6개로 한정해야 하는 기준이 무엇인지가 분명치 못하다는 문제가 있다.

　음운론적 조건은 선행어의 끝음절이 받침이 없는 경우라는 점에서는 한글학회의 규정과 다름이 없다. 그런데 후행어의 첫소리의 음운조

건은 된소리되기 현상과 'ㄴ' 소리 첨가 현상('ㄴ, ㅁ' 앞에서), 'ㄴㄴ' 소리 첨가 현상(모음 앞에서)의 셋으로 해석한다.('ㅁ' 소리의 첨가는 적용되지 않았다.) 여기서 된소리되기 현상은 후행어의 첫소리가 된소리이거나('개똥, 보리쌀, 허리띠'), 거센소리일 때('개펄, 배탈, 허리춤')에는 사이시옷을 표기하지 않는다는 뜻이 내포된 것으로 해석되고, 'ㄴ' 소리 첨가와 'ㄴㄴ' 소리 첨가는 구분되며, 특히 'ㄴㄴ' 소리 첨가에서 모음은 실제로 'ㅣ' 또는 'ㅣ'선행 이중모음으로 한정된다.

7.4. 사이시옷 현상과 표기의 문제

[4.1.] 사이시옷 표기는 그 본질인 사이시옷 현상에 대한 올바른 규명이 선결되어야 표기 조건과 범위를 규정할 수 있을 것이다. 이 문제에 관해서는 전통적으로 된소리되기나 유성음화의 방지 등의 음운론적인 기능과 합성명사의 표지라는 형태론적인 기능뿐만 아니라 속격 표지 또는 관형의 형태소라는 통사론적 기능까지도 논의된 바 있다.[23] 그리고 근래에 들어 사이시옷 현상이 일어나는 의미론적 조건을 발견하려는 노력이 있었으며, 생성음운론적인 해석도 다양하게 전개되기도 했다(임홍빈, 1981; 전철웅, 1990, 엄태수, 2007; 양순임, 2011 참조).

사이시옷 현상은 음운론적 속성을 지닌 것이면서도 형태 사이에서

---

23 Ramstedt(1939:48~49)에서는 '훗날, 윗집'의 'ㅅ'을 'short genitive'라 하였고, 이희승(1955)에서는 사이시옷을 '삽요어(음)' 즉 'infix'로 처리하였다. 심재기(1979:119)에서는 관형격 형태소라 하였으며, 고영근·구본관(2008:255)에서는 '나뭇잎, 바닷가, 시냇물' 등의 단어를 '통사 구성의 어휘화'로 보았다.

일어나는 문제이므로 형태론적이며 의미론적인 속성도 지닌다. 또한 형태의 결합은 문장 구성의 한 단위(통사 단위)가 되는 것이므로 통사론적 분석의 대상이 될 수도 있다. 그러므로 이에 대한 온전한 설명은 지극히 어려운 것임에 틀림 없다.

또한 사이시옷 현상이 일어나는 조건은 불규칙적이고 자의적이어서 결합하는 형태의 종류나 결합의 양상에 따라 귀납적으로 일정한 규칙을 설정하기 어렵다는 문제도 지적된다.

(9) ㄱ. 기와집, 초가집, 거미집, 제비집
ㄴ. 판잣집, 아랫집, 대폿집, 처갓집, 잔칫집

위 (9)는 '집'이 후행어로 올 때의 사이시옷 현상을 살핀 것으로, (9-ㄱ)에서는 없고 (9-ㄴ)에서는 나타난다.[24] 이것은 음운론적 조건으로 설명할 수 없는, 형태론적 조건에 의한 불규칙적 양상을 보이는 것이다. 여기서 두 형태 사이의 의미론적 관계에서 (9-ㄴ)의 경우를 분간해 보일 수는 있을 것이나,[25] 의미의 차이는 언제나 애매한 것이며 그 구별도 일반화될 수 없다는 문제가 남는다.

표기법에서 보면, 사이시옷은 새로운 부호를 사용하지 않고 'ㅅ'으로 쓴다. 이렇게 'ㅅ'으로 쓰는 것은 역사적 전통을 따르는 것으로, 표

---

[24] 여기에 제시되는 예 중에서 '초가집, 처갓집'은 동일한 의미를 지닌 한자어('家')와 고유어('집')가 반복된 구성에 해당된다.

[25] 선행어의 후행어에 대한 관계에서 나타나는 의미론적인 측면에서 보면, '판잣집'의 '판자'는 수단을, '아랫집'의 '아래'는 장소를, '대폿집'의 '대포'는 대상을('대포를 파는 집'의 뜻이므로), '처갓집'의 '처가'는 주체를('처가(처)가 있는 집'의 뜻이므로) 나타내는 것으로 구분될 수 있을 것이다(임홍빈, 1981 참조).

기법의 역사성을 반영하는 역사주의적 원리에 해당한다.[26] 그런데 여기에는 새로운 부호를 창안하여 사용하려 할 때의 부작용도 고려된 것으로 해석된다. 왜냐하면 새로운 부호를 창안하기도 어렵거니와, 그리되면 특정한 용법에 쓰이는 부호로 인해 글자의 수가 늘어나고 체계를 세우기 어려울 뿐만 아니라 기억에 부담이 되기 때문이다. 그러나 이것은 문자 'ㅅ'이 본래의 자기의 음가를 반영하지 않는, 일종의 간접 문자(indirect graphy)로 사용되는 것이기 때문에 혼동의 여지도 있다. 또한 '일 음운 일 문자'(one letter per phoneme)의 대응을 절대적 원리로 간주하는 음소주의 표기 원리의 관점에서는 옳지 못한 것이기도 하다.

4.2. 사이시옷의 음운 현상을 표기에 반영할 때 사이시옷의 표기 여부에 대한 판단은 개별적일 수 있다는 점과 그 적용 범위를 어디까지로 보는가의 한계 문제가 제기될 수 있다. 이것은 특히 한자어에서 문제가 드러난다(이동석, 2011; 연규동, 2014; 최형용, 2020 참조).
한자어에서 사이시옷을 받쳐 적으면 어원이 다른 한자어 사이의 발음상 또는 의미상의 구별이 쉽게 이루어질 수 있다는 장점이 있다. 이 점을 한자어에도 사이시옷 표기를 적용하였던 ≪통일안(일부 개정)≫(1946)의 예를 통해 간단히 살펴보기로 한다.

(10) ㄱ. 이과(二科) : 잇과(理科)

---

26 이것은 15세기에 다양하게 표기되던 사이시옷이 'ㅅ'으로 단일화되었다는 역사적 사실과 함께 7종성법에서 'ㄷ'받침 소리를 'ㅅ'으로 적었던 점과도 관련된다. 또한 'ㅅ'은 이른바 된시옷 표기에서도 사용되었다(김중진, 1999:131 참조).

ㄴ. 호수(湖水) : 홋수(戶數, 號數)

ㄷ. 서자(庶子) : 섯자(書字)

위 (10-ㄱ)에서 한자어 '二科'와 '理科'의 '二'와 '理'는 서로 발음이 다르지 아니하지만, '科'와 결합하여 합성어를 이루면 발음이 달라진다. 따라서 달라진 발음대로 사이시옷을 받쳐 적으면 두 어휘 사이의 차이('이과'와 '잇과')를 시각적으로 쉽게 구별할 수 있다. (10-ㄴ, ㄷ)의 경우도 마찬가지이다('호수'와 '홋수', '서자'와 '섯자'). 결국 한자어에서의 사이시옷 표기는 한자어를 한자로 쓰지 아니하고 한글로 쓰는 데에서 그 유용성을 찾을 수 있게 된다. 왜냐하면 한자어의 경우 사이시옷을 씀으로써 그 형태를 구별할 수 있기 때문이다.[27]

그러나 한자어에서의 사이시옷 표기에 문제가 있다. 특히 한자어는 어원적인 면에서 표의문자에서 온 것이어서 표기상 그 형태가 고정되는데, 여기에 사이시옷을 받쳐 적으면 본래의 형태가 바뀌게 된다는 점이 지적된다. 예를 들어 '理科'를 위의 규정처럼 '잇과'로 적고 '理由'를 '이유'로 적으면, 동일한 한자 '理'가 '이, 잇'의 두 모양으로 표기되어 그 형태가 고정되지 못하게 된다.

또한 동일 한자어도 사이시옷 현상이 규칙적으로 나타나는 것은 아니어서 한자를 통해 사이시옷의 실현 여부를 찾기가 쉽지 않다.

(11) ㄱ. 지점(地點) : 초점(촛점, 焦點)

ㄴ. 사법(司法) : 사법(삿법, 私法)

---

27 그러나 한자어에 사이시옷을 표기한다 해서 모든 경우에 구별이 가능한 것은 아니다. 예를 들어 (11-ㄴ)의 '홋수'는 '戶數'와 '號數'의 두 한자어에 해당되기 때문이다.

위 (11)에서 한자어 '점(點), 법(法)'은 동일한 음운론적 조건에서 선행어에 따라 사이시옷 현상이 달리 실현된다. 또한 이들에서는 선·후행어 사이의 의미적 관계를 분간해 내기는 쉽지 않아 보인다.

특히 현실음에서는 사이시옷 현상이 나타나는 한자어가 상당히 많아서 이들을 모두 사이시옷을 받쳐 적을 때 초래될 수 있는 혼란도 무시하기 어렵다. 현실음을 그대로 반영한다면, 예를 들어 '科'의 경우, '齒科, 醫科, 內科, 小兒科, 國語科' 등이 모두 '칫과, 읫과, 냇과, 소앗과, 국엇과'로 쓰여야 한다. 또한 '法'은 '稅法(셋법), 國際法(국젯법), 書法(섯법)' 등으로, '權'은 '利權(잇권), 拒否權(거붓권)' 등으로 쓰이게 된다.

이러한 점을 고려하여 현행 ≪한글 맞춤법≫(1988)에서는 일종의 절충적 관점에서 한자어 표기에서 6개의 어휘에만 사이시옷을 제한적으로 반영하도록 규정하였을 것이다. 그러나 이 경우에 어떤 조건에서 사이시옷 표기 여부를 정해야 하는지의 문제는 쉽게 설명할 수 없다는 한계가 있다.

7.5. 정리

⟦5.1.⟧ 국어 표기법사에서 볼 때 사이시옷의 문제는 매우 복잡한 것임에 틀림 없는데, 그것은 사이시옷 현상 자체의 불규칙적이고 자의적인 속성에서 비롯되는 것이라 할 수 있다.

15세기 訓民正音 창제 초기의 사이시옷 표기는 비교적 철저히 정제된 것이었다. 여기서는 종성에서의 완급(緩急)의 대응에 의한 'ㆁ:ㄱ, ㄴ:ㄷ, ㅁ:ㅂ, ㅇ:ㆆ'의 구별은 자못 분명한 것이었고, 'ㅅ'과 'ㅿ'의 구별도 후행음의 음운적 조건에 따라 구별되었다. 그러나 특히 고유어의 표기에서 'ㅅ'과 'ㅿ'의 구별은 명확한 것이 못 되었고, 그 중에서 'ㅅ' 만이 남아 15세기 후반기에 이르러 사이시옷의 형태가 'ㅅ'으로 단일화되었다. 그리고 사이시옷의 표기 위치는 선행어의 끝음절 받침으로 쓰이는 것이 원칙이었다. 그러나 선행어가 한자일 경우에는 음절형으로, 후행어의 첫소리가 ㅅ계 합용병서를 이룰 수 있는 경우에는 병서형으로도 나타났다.

5.2. 20세기 들어 사이시옷과 관련되는 규정은 일제 강점기의 이른바 언문 철자법에서부터 나타났다. 이 문제는 현행 ≪한글 맞춤법≫(1988)에 이르기까지 표기 조건과 표기 위치에서 상당한 변화를 겪기도 하였고, 특히 한자어에서의 사이시옷 표기 문제는 아직도 해결하기 어려운 것으로 남아 있기도 하다. 앞에서 논의한 바를 바탕으로 하여, ≪普通學校用諺文綴字法大要≫(1921)로부터 현행 ≪한글 맞춤법≫(1988)까지의 사이시옷 표기 규정을 표기 조건과 위치를 기준으로 간략히 대비하면 다음과 같다.

규범	표기 조건		표기 위치
	형태론적 조건	음운론적 조건	
≪普通學校用諺文綴字法大要≫(1921)	複合語	促音現象	받침형 병서형
≪諺文綴字法≫(1930)	複合語	促音現象	받침형 음절형
≪통일안≫(1933)	복합명사	사이 ㅅ 소리 (모음 아래)	받침형
≪통일안(새판)≫(1940)	복합명사	사이 ㅅ 소리(모음이나 'ㄴ, ㄹ, ㅁ, ㅇ' 아래) 구개음화한 'ㄴ, ㄹ'	음절형

≪통일안(일부 개정)≫(1946)	복합명사, 복합명사에 준할 만한 말(한자어 포함)	된소리(모음 아래) 구개음화한 'ㄴ, ㄹ'	받침형
≪國語正書法案≫ (1971)	복합명사, 복합명사에 준할 만한 말(한자어 제외)	된소리(모음 아래) 구개음화한 'ㄴ, ㄹ'	받침형
≪한글 맞춤법≫ (1980)	겹이름씨, 겹이름씨에 준할 만한 말(한자어 포함)	된소리(모음 아래) 'ㄴ, ㅁ'의 첨가 현상	받침형
≪한글 맞춤법≫ (1988)	순 우리말 또는 순 우리말과 한자어로 된 합성어 (순한자어 6개로 제한)	된소리(모음 아래) 'ㄴ, ㄴㄴ'의 첨가 현상	받침형

표기 위치에서 보면, 일제의 언문 철자법에서는 받침형과 병서형, 음절형 등이 혼용되다가 ≪한글 마춤법 통일안≫(1933)에서 받침형만으로 한정되었는데, ≪통일안(새판)≫(1940)에서 음절형만으로 바뀌었다가 ≪통일안(일부 개정)≫(1946)에서 다시 받침형으로 회귀하여 지금까지 쓰이고 있다.

실상 받침형과 음절형의 차이는 표기 조건과도 관련되는 것이었다. 사이시옷의 표기를 선행어의 끝음절이 모음일 때로 한정하면 받침형이 채택되고, 모음뿐만 아니라 'ㄴ, ㄹ, ㅁ, ㅇ' 등의 유성자음까지(때로는 ≪통일안(새판)≫(1940)처럼 무성자음까지도) 포함하면 음절형이 채택되었다. 그것은 'ㄴ, ㄹ, ㅁ, ㅇ' 등의 유성자음 다음에 사이시옷을 받침형으로 표기하면, 'ㄳ, ㄻ, ㅀ' 등의 새로운 겹받침을 만들어 써야 하는 부담이 있기 때문인 것으로 보인다. 그러나 하나의 자음이 한 음절을 형성할 수 없는 국어의 특징으로 보면, 음절형을 폐지하고 받침형으로 사이시옷을 표기하는 것은 온당한 귀결인 것으로 보인다.

사이시옷의 표기 조건은 점차 세분되면서 체계화되어 왔다는 특징을 들 수 있다. 먼저 형태론적 조건은 ≪한글 마춤법 통일안≫(1933)의 '複合名詞'로부터 ≪통일안(일부 개정)≫(1946)의 '複合 名詞나 複合 名詞에 準할 말'로 확대되었는데, 여기서 '複合 名詞에 準할 말'은 결국 한자어를 지칭하는 것으로 한자어에서의 사이시옷 표기 문제가 대두되었다.

한자어에서의 사이시옷 표기는 ≪통일안(일부 개정)≫(1946) 이후 ≪한글 맞춤법≫(1980)까지의 경우는 전면적인 표기를 특징으로 하는 것이었다. 따라서 이것은 고유어와 한자어의 구별을 두지 않고 사이시옷 표기의 음운론적 조건이 만족되면 모두 표기하는 것을 뜻하는 것으로 한글 전용론과 관련되는 것이었다. 이에 대해서 국어국문학회의 ≪國語正書法案≫(1971)은 한자어에서의 사이시옷 표기를 전면적으로 폐지하여 한글학회의 규정과 대립되는 견해를 보였는데, 이것은 한자 사용을 전제로 한 것이었다. 그런데 현행 ≪한글 맞춤법≫(1988)은 한자어가 고유어 어근과 결합된 합성어는 전면적으로 사이시옷을 표기하되, 한자어끼리 결합된 것은 2음절의 한자어 6개로 제한하여 절충적인 입장을 취하였다. 그러나 이 경우도 사이시옷의 표기 한계가 불분명하다는 문제는 여전히 남아 있다.

사이시옷 표기의 음운론적 조건도 점차 확대 또는 세분되는 경향을 보였다. ≪한글 마춤법 통일안≫(1933)에서는 선행어의 끝음절이 모음일 경우만으로 한정하였는데, ≪통일안(새판)≫(1940))에서는 'ㄴ, ㄹ, ㅁ, ㅇ' 등의 유성자음과 'ㅁ蓋音化한 ㄴ이나 ㄹ'의 첨가 현상까지도 포함하였다. 그러나 후자의 경우 유성자음의 조건은 ≪통일안(일부 개정)≫(1946) 이후 사라지고, 그 대신 후행어의 첫소리가 'ㄴ, ㅁ'일 때 'ㄴ, ㅁ'이 첨가되는 현상이 주목을 받았다. 이에 대한 해석에서는 ≪통일안(새판)≫(1940) 이후 된소리 현상의 하나로 보다가 ≪한글 맞춤법≫(1980)에 이르러 'ㅣ' 또는 'ㅣ'선행 이중모음 앞에서의 'ㄴ, ㄹ' 첨가 현상의 하나로 처리하였는데, 현행 ≪한글 맞춤법≫(1988)에서는 이들을 각각 독립적으로 보아 모음일 경우, 'ㄴ, ㅁ' 앞에서의 'ㄴ' 첨가, 모음 앞에서의 'ㄴㄴ' 첨가의 세 가지로 세분하기에 이르렀다.

사이시옷과 관련된 표기는 일제의 《普通學校用諺文綴字法大要》(1921)에서 처음 다룬 이후 현행 《한글 맞춤법》(1988)에 이르기까지 표기 조건에서 상당한 변화를 겪었으며, 특히 한자어에서의 사이시옷 표기 문제는 아직도 해결하기 어려운 것으로 남아 있기도 하다. 그 과정에서 사이시옷 표기는 사이시옷 현상의 본질에 대한 연구 성과를 바탕으로 더욱 세분화되고 체계적인 방향으로 정착되어 왔다고 할 수 있다.

제8장 띄어쓰기

글을 읽을 때 문장을 명확하게 이해하도록 하기 위해 일정 단위마다 끊어 읽는 구두법(punctuation)이 존재한다. 이 구두법이 쓰기에 반영된 것이 구두점(punctuation mark)이며, 이것은 문자의 보조 수단으로서 사이 띄우기와 기호 사용하기로 구분된다.[1] 띄어쓰기는 구두점의 하나로 개념적 단위가 되는 언어 형태(일반적으로는 단어)를 구분하여 그 사이에 빈칸을 두는 단어 사이 띄우기(word spacing)를 의미한다.

띄어쓰기는 읽기에서의 능률을 높이기 위한 효과적인 표기 수단이지만, 교착적 성격이 강한 국어의 경우 실제로 띄어쓰기를 적용하기는

---

1 기호로서의 구두점에는 쉼표나 따옴표 등과 같이 문장 안에 쓰이는 것과 마침표나 물음표 등과 같이 문장 끝에 쓰이는 것이 있다(영어학사전, 1990:1001-2; 국어국문학사전, 1980:107-8). 국어의 표기 규정에서는 이에 대해 '문장 부호'라 하며 1988년에 한글 맞춤법과 함께 제정된 것을 새롭게 구성하여 2015년부터 시행하고 있다(http://www.korean.go.kr, '한글 맞춤법(문화체육관광부고시 제2017-12호)' 참조).

쉽지 않으며, 또한 음소문자이면서 음절 단위로 표기하는 한글의 특성에서 띄어쓰기의 어려움도 생각할 수 있다. 이 장에서는 국어의 표기 규정에서 띄어쓰기의 변천 과정을 정리하기로 한다.2 구체적으로는 한글 표기에서 대두되었던 띄어쓰기 문제에 대해 개관하면서 ≪한글 마춤법 통일안≫(1933)으로부터 현행 ≪한글 맞춤법≫(1988)에 이르기까지 표기 규정에 나타났던 띄어쓰기 관련 항목들을 세세히 살펴본다(서종학, 1996; 최용기, 2003; 박천홍, 2011; 양명희, 2013 참조).

8.1. ≪통일안≫ 이전의 띄어쓰기

[1.1.] 해례본 『訓民正音』(1446)이나 『龍飛御天歌』(1447)와 같은 15세기 문헌에서는 권점(圈點, 고리점)이 나타나기도 했는데, 이것은 문장의 종결 부분에 표기되는 우권점(右圈點)과 문장 중간의 쉬는 부분에 표기되는 중권점(中圈點)으로 구분된다(민현식, 1999:246 참조). 이들은 각각 전자는 마침표, 후자는 쉼표로서 오늘날의 문장 부호에 대응하는 것으로, ≪한글 맞춤법≫(1988)의 문장 부호 규정에도 포함되었다. 그러나 이들은 엄밀한 의미에서 사이 띄우기로서의 띄어쓰기라고 할 수는 없다.3 그리고 전통적으로 대두법(擡頭法)이 있었는데, 이것은

---

2 이 장은 우형식(2017ㄴ)을 이 책의 취지에 맞게 수정·보완하여 재구성한 것이다.

3 리의도(1983)와 민현식(1995ㄱ, 1999)에서는 띄어쓰기의 범주를 넓게 보아 구두점 찍기와 토 달기, 사이 띄우기의 세 가지로 구분하였다. 여기서 토 달기는 중국 고전을 국어로 읽을 때 국어의 어순과 의미에 맞게 끊어 읽으면서 끊는 단위마다 구결을 다는 것에서 비롯된 것이다. 그러나 구두점 찍기나 토 달기는 띄어쓰기의 의식이 들어 있는 선구적인 방식이기는 하나, 오늘날 논의되는 본격적인 의미로서의 띄어쓰기(사이 띄우기)와는 구별된다.

지위가 높은 대상을 지칭할 때 경의를 나타내기 위하여 한 글자를 올려 쓰거나 줄을 바꾸어 쓰는 것을 말한다(앞의 1.4.1절 1.1항 참조).

1.2. 국어에서 근대적인 의미의 띄어쓰기는 19세기 말 서양인 선교사들이 집필했던 학습서나 번역 성서에서 시도되었다. 우선 학습서의 경우를 보면, 회화문의 대역에서 영어의 단어에 대응하여 한국어 단어를 배열하는 과정에서 나타났다.

(1) 닉 되션 말 보이고쟈 한다

    ne doeshun mal bo-ighogia handa

    I Corean words (to) learn want.
(2) I want to learn Korean, engage me a teacher.

    닉 조선 말 빅 오려 ᄒᆞ니 나랄 션싱 쳥 ᄒᆞ여 주소

    ne dsoshun mal be oriu hani naral shiunseng chiung hayu dsooso

    I Corean words learn want; me teacher engage give.
(3) 뎌 편지 내 집에 보내오

    chye p'yenchi nai chipei ponaio

    that letter my house sed

    (Send that letter to my house.)

위에서 (1)은 Ross(1877:6)의 예로 '한국어 문장-로마자 음역-영어 어휘 대역'의 순으로 행을 바꾸어 3단 구성의 형식으로 배열한 것이고, (2)는 Ross(1882)의 'lesson 1'에서 제시된 예로 '영어 문장-한국어 문장-로마자 음역-영어 어휘 대역'의 4단 구성으로 제시한 것이다. (3)은 Scott(1887:90-91)의 경우 연습(exercise)에서 제시된 것으로, '한국어 문장-로마자 음역-영어 어휘 대역-영어 문장'의 4단

구성을 활용하였다. 이렇게 행을 바꾸어 배열한 것은 한국어 문장의 발음과 의미를 쉽게 익힐 수 있도록 위함인 것으로 이해되는데, 여기서 한글로 표기된 문장에서 단어 사이의 빈칸 띄우기(word division; spacing)로서의 띄어쓰기가 반영되었다.4

한편, Underwood(1890:172-173)에서는 본문의 용례 표기에서 한글로 된 한국어 문장과 영어 문장을 좌우로 배열하였다.

> (4) 바룸이 불 스록 불이   The more the wind blows
>   니러나오.   the greater the fire.
> (5) 이 붓치는 김셔방을   Give this fan to Mr. Kim.
>   주라고 흐오.

위 (4, 5)는 한글 표기의 문장과 대역문이 행을 바꾸어 표기된 것이 아니라 좌우로 배열되었다는 점에서, 한글로 표기된 문장에 진정한 의미의 띄어쓰기가 반영된 것이라 할 수 있다.

번역 성서에서의 띄어쓰기는 『바울이 갈라대인의게 흔 편지·야곱의 공번된 편지』(1897)와 『베드로 젼셔·베드로후셔』(1897)에서 나타나기 시작하였는데(최태영, 1990ㄴ 참조), 일부의 자료를 보면 다음과 같다(민현식, 1999:174 참조).

> (6) 바울 수도는 사룸이 보낸 이도 아니오 사룸이 세운 이도 아니오
>   예스 크리스토와 그 죽은 가온딕셔 다시 살니신 아버지 하느님

---

4 이에 대해 Ross(1877)의 회화문 등에 나타나는 띄어쓰기는 영역문의 띄어쓰기에 맞춰 국문을 배열하는 과정에서 나타난 것이고 문법성에는 관심이 없었다고 평가하기도 하였다(이기문, 1989 참조).

이 세우신 수도ㅣ라 ─『바울이 갈라대인의게 흔 편지』(1897)─

한편, 이응호(1975:279)에서는 1898년 발간된 번역 성서에 띄어쓰기가 반영되었다고 하였는데, 이것은 마태복음 5장 1절부터 7절까지의 예로 보면 다음과 같다.

(7) 예수ㅣ 뭇사름을 보시고 산에 올나가 안지시니 뎨즈들이 나아오거늘 입을 열어 ᄀ르쳐 ᄀᆯ᷎샤ᄃᆡ ᄆᆞᆷ으로 가난흔이는 복 잇는 쟈로다 텬국이 뎌희거심이오 이통ᄒᆞᄂᆞᆫ이는 복 잇는 쟈로다 뎌희가 위로 흠을 밧을 거심이오 온유 흔이는 복 잇는 쟈로다 뎌희가 ᄯᅡ흘 ᄎ지 홀 거심이오 의를 ᄉᆞ모 ᄒᆞᄂᆞᆫ 거슬 주리고 목마른 것 ᄀᆞᆺ치 ᄒᆞᄂᆞᆫ이는 복 잇는 쟈로다 뎌의가 비 부를 거심이오 자비 ᄒᆞᄂᆞᆫ이는 복 잇는 쟈로다 ᄌᆞ비흠을 엇을 거심이오

이후 1900년대 들어 한글 번역 성서에서는 띄어쓰기가 이어졌다(앞의 1.4.2절 2.2항 참조).

내국인에 의한 띄어쓰기는 서양인의 성서 번역에 앞서는 〈독립신문〉(1896)에서 비롯되었다(하동호 편, 1985:1-3 참조).

"우리 신문이 한문은 아니 쓰고 다만 국문토로만 쓰는 거슨 샹하귀쳔이 다 보게 홈이라 또 국문을 이러케 귀절을 쎄여 쓴즉 아모라도 이 신문 보기가 쉽고 신문 속에 잇는 말을 자세이 알어 보게 홈이라"
─〈독립신문〉 뎨일호(1896), '논설'─

위에서 보면, 띄어쓰기의 목적이 읽기의 편리를 도모하는 데 있다

는 것이다(앞의 1.1절 1.2항 참조).

당시 내국인에 의한 띄어쓰기는 〈독립신문〉(1896) 이후 한글 전용을 채택한 〈협성회회보〉(1898)와 〈미일신문〉(1898), 〈뎨국신문〉(1898)에서도 수용되었다(이응호, 1975;249; 최태영, 1998 참조). 그러나 〈한성순보〉(1883) 등과 같이 국한문혼용의 경우에는 띄어쓰기가 나타나지 않았는데, 이것은 당시 내국인에 의한 띄어쓰기가 서양어 표기의 영향을 받았으며 한글 전용과도 밀접히 관련되었음을 보여 주는 것이라 할 수 있다(신창순, 2003:542 참조).

1.3. 20세기 들어 국문 표기 문제를 논의했던 국문연구소의 ≪國文硏究議定案≫(1909)에서는 십제(十題) 중 열 번째에 철자법에 관한 과제가 있었다(앞의 1.2.2절 2.2항 참조). 그런데 여기서 철자법은 오늘날의 개념과는 달리 초성과 중성, 종성의 합자(合字)에 대한 것을 의미하였으며, 따라서 띄어쓰기는 논의의 대상이 되지 않았다.

또한 일제 강점기의 세 차례(1912, 1921, 1930)에 걸친 언문 철자법에서도 띄어쓰기에 관해 명시적으로 규정하지 않았다(앞의 2.1절 참조). 그것은 가나(假名)와 함께 훈독 한자를 씀으로써 띄어쓰기가 크게 필요하지 않은 일본어의 영향을 받았기 때문인 것으로 이해된다.

1.4. 조선어학회에서는 당시의 경향에 따라 한글 철자법 제정에 관한 논의를 이어갔는데, 여기서 띄어쓰기의 문제가 거론되었다. 당시 '철자 특집'으로 기획된 『한글』 제3호에 게재된 신명균(1932)에서는 띄어쓰기의 필요성을 다음과 같이 언급하였다.

"읽기를 쉽게 하는 대에 가장 긴요한 것은 낱글자(單字)를 세우는 일이니, 낱글자를 세우는 대에는, 낱말마다 떼어서 적는 것보다 더 必要한 것은 없다. 글을 떼어서 적으면, 글이 읽기만 쉬울뿐 아니라, 따라서 '아버지가 방에 들어 간다'를 '아버지 가방에 들어간다'로와 같이 잘못 읽는 弊端도 없게 될 것이다."

즉, 단어별로 띄어쓰기를 하면 읽기 쉬울 뿐만 아니라 의미적으로 중의성도 해소될 수 있다는 것이다.

띄어쓰기가 국어 표기 규정에 반영되기는 동아일보의 ≪新綴字便覽≫(1933)에서 나타난다. 여기서는 띄어쓰기에 관해 다음과 같이 규정하였다.

十七. 한개의 낱말(單語)이나 또 낱말에 토를 붙여서 한 덩이를 만들고 매 덩이마다 따루따루 떼어 씀.
　　동아일보는 조선민족의 표현기관이다.
　　본보는 一천九백十九년 四월 一일에 창간한 것이다.
　　올 四월 一일부터 본보는 十三단제를 실행하고, 전 지면을 모두 신철자법으로 쓰기로 한다

위에서 '동아일보'는 낱말이고 '는'은 토인데 붙여 쓰고, 낱말과 토의 결합형인 '동아일보는'과 '조선민족의', '표현기관이다'는 각각 띄어 쓴다는 것이다. 이것은 어절별 띄어쓰기에 부합하는 것이라 할 수 있다.

8.2. ≪통일안≫의 띄어쓰기

근대적 의미에서 띄어쓰기가 국어 표기 규정의 한 부분으로 명문화된 것은 조선어학회의 ≪한글 마춤법 통일안≫(1933)에 이르러서이다.5 이것은 이후 여러 차례에 걸쳐 개정과 수정이 이어졌는데, 띄어쓰기와 관련하여서는 ≪통일안(일부 개정)≫(1946)에서 개정이 있었고, ≪한글 맞춤법≫(1980)에서 다시 수정되었다. 이들 규정에서 띄어쓰기에 관한 것은 총론에서 일반 원칙을 제시하고 각론에서 세부 항목으로 나누어 기술하는 방식을 택했다. 이 절에서는 통일안에서 다루어졌던 띄어쓰기에 관한 규정의 변천 양상을 중심으로 살피기로 한다.6

8.2.1. 총론과 각론의 구성

통일안은 총론과 각론으로 구성되는데, 총론에서 띄어쓰기의 일반 원칙을 규정한다. 그리하여 ≪한글 마춤법 통일안≫(1933)에서 띄어쓰기에 대한 원칙이 처음으로 명문화되고, 다음에 이어지는 규정에도 포함되어 왔다. 여기서의 내용은 기본적으로 단어별 띄어쓰기에 해당하는데, 크게 다음의 두 가지로 구분된다.

---

5 따라서 국어에서 띄어쓰기의 역사를 명문화된 규범으로서의 성격을 기준으로 나누어 본다면, 이것이 하나의 기점이 될 수 있다. 그리하여 민현식(1999:166)에서는 ≪한글 마춤법 통일안≫(1933)을 기준으로 이전의 무규범기와 이후의 규범기로 구분하였고, 안병섭(2000)에서도 이를 기준으로 이전의 혼란기와 이후의 정착기로 구분하였다.
6 여기서는 통일안의 여러 규정의 명칭을 각각 ≪통일안≫(1933)과 ≪통일안(고친판)≫(1937), ≪통일안(새판)≫(1940), ≪통일안(일부 개정)≫(1946), ≪통일안(한글판)≫(1948), ≪통일안(용어 수정판)≫(1958) 등으로 줄여 표현하기로 한다(앞의 3.1절 1.1 항 참조).

三. 文章의 各 單語는 띄어 쓰되, 토는 그 웃 말에 붙여 쓴다.
  -≪한글 마춤법 통일안≫(1933)-

2. 각 낱말은 띄어 씀을 원칙으로 한다. -≪한글 맞춤법≫(1980)-

위에서 보면, ≪한글 마춤법 통일안≫(1933)에서는 단어별 띄어쓰기를 원칙으로 하고 있음을 보여 준다.7 그런데 단어별 띄어쓰기를 하나의 규정으로서는 분명할 수는 있으나 형태적으로 교착적 성격을 지닌 국어에서 단어의 경계가 불분명하다는 점에서 이후 논의가 분분하게 된다.8 이후에도 ≪통일안≫(1933)에서 규정한 단어별 띄어쓰기의 기본 원칙에는 변화가 없었으며, 단지 표현상에서 일부 달라졌다.9 한편, ≪한글 맞춤법≫(1980)에서는 위에서와 같이 매우 단순하게 표현되어 있는데, 뒷부분은 각론과 중복되는 것으로 보아 총론에서 삭제한 것으로 이해된다.

통일안에서 띄어쓰기와 관련되는 각론은 ≪통일안(일부 개정)≫

---

7 이에 대한 당시의 해설을 보면 다음과 같다(『한글』 18호, 1934 참조).
  "한 文章은 여러개의 單語가 모이어서 되는것이다. 그런데 單語는 띄어 쓰지 아니하고 길게 연해쓰면, 첫재 같은 소리의 말로 뜻이 混同되기 쉽고, 또 讀書 能率이 매우 줄어질것이다. 띄어 쓰는대도 한가지 표준을 세워야 할것인즉, 한 單語를 標準으로 하고 그 從屬되는 토는 웃 말에 붙여 쓰는것이 가장 표준하기 좋다는것이다. 세상에는 띄어 쓰는것을 그다지 대수롭지않게 생각하나, 이 마춤법에서는 이것을 가장 重要히 친다."
8 실제로 통일안의 각 규정에서 보면, ≪통일안≫(1933)과 ≪통일안(용어 수정판)≫(1958), ≪한글 맞춤법≫(1980)에서는 '띄어쓰기'로 표기하고, ≪통일안(고친판)≫(1937)과 ≪통일안(새판)≫(1940), ≪통일안(한글판)≫(1948)에서는 '띄어 쓰기'로 표기하기도 하였다. 또한 동사로 쓸 때에도 다른 규정에서는 모두 '띄어 쓰되'로 표기했는데, ≪통일안(용어 수정판)≫(1958)에서는 '띄어쓰되'로 표기하기도 했다.
9 예를 들어, ≪통일안(새판)≫(1937)에서는 '토는 그 우ㅅ말에 붙이어 쓴다.'고 하거나, ≪통일안(한글판)≫(1948)에서는 '토는 그 윗 말에 붙이어 쓴다.'와 같이 사이시옷 표기의 개정에 따라 일부 표현('웃 말, 우ㅅ말, 윗 말')이 달라졌다(앞의 7.3절 참조).

(1946)과 ≪한글 맞춤법≫(1980)에서 크게 달라지는데, 이를 기준으로 나누어 살필 수 있다. 이것을 항목별로 정리해 보면 다음과 같다.

≪통일안≫(1933)~≪통일안(새판)≫(1940)	≪통일안(일부 개정)≫(1946)~≪통일안(용어수정판)≫(1958)	≪한글 맞춤법≫(1980)
61항 단어별 띄어쓰기 • 명사-토 • 어간-어미 • 부사-토	61항 단어별 띄어쓰기 • 명사-토 • 어간-어미 • 부사-토 • 붙여 쓰기 허용	50항 단어별 띄어쓰기 • 명사-토 • 어간-어미 • 부사-토
62항 보조용언	—	—
63항 의존명사	—	—
64항 명수사	—	—
65항 수(십진법)	62항 수(십진법)	51항 수(십진법)
—	63항 고유명사	52항 성-이름
—	—	53항 붙여 쓰기 허용

위에서 보면, ≪통일안≫(1933)에서는 띄어쓰기와 관련하여 하나의 장(제7장)에서 5개 항으로 나누어 규정하였는데, 주요 내용은 띄어쓰기의 기준을 단어로 하면서 띄어 쓸 것과 붙여 쓸 것을 구체화한 것이었다. 이에 따라 단어별 띄어쓰기에서 조사와 어미를 붙여 쓰는 문제와 함께 본용언과 보조용언, 수식어와 의존명사, 수량어와 수량명사를 띄어 쓰는 문제, 그리고 수의 경우 십진법에 따라 띄어 쓰는 문제 등을 다루었다. ≪통일안≫(1933)의 띄어쓰기 규정은 ≪통일안(고친판)≫(1937)과 ≪통일안(새판)≫(1940)에서 주요 내용의 변화가 없었으며, 다만 예시에서 일부 수정하거나 추가하는 정도이었다.

그런데 ≪통일안(일부 개정)≫(1946)에서는 띄어쓰기와 관련한 부분을 1개 장(제7장)에서 3개 항으로 줄였으며, 그 내용에서 상당한 변화가 나타났다. 즉, 앞의 규정에서 본용언과 보조용언, 수식어와 의존명사, 수량어와 수량명사(단위명사)를 띄어 쓰는 문제를 삭제하였는데, 단어별 띄어쓰기의 원칙에서 보면 이들은 당연히 띄어 쓰는 대상이 되기 때문인 것으로 이해된다. 여기서는 오히려 이들에 대한 붙여쓰기를 허용하는데, 이것은 띄어 씀이 원칙이나 붙여 씀을 허용하는 것으로 이후에도 논란이 되었던 것이기도 하다. 특히 ≪통일안(일부 개정)≫(1946)에서는 고유명사의 표기에 관한 내용이 추가되었는데, 여기에는 성과 이름을 띄어 쓰는 것이 포함되어 있다. 그리고 ≪통일안(한글판)≫(1948)과 ≪통일안(용어 수정판)≫(1958)은 일부 용어와 용례에서 차이가 보일 뿐 기본적인 내용은 ≪통일안(일부 개정)≫(1946)과 동일하다.

한편, ≪한글 맞춤법≫(1980)은 띄어쓰기와 관련하여 1개 장(제5장) 4개 항으로 구성되어 앞의 규정과 차이가 있다. 즉, 이전의 단어별 띄어쓰기에서 제시되었던 붙여 쓰기 허용의 예를 별도의 항목으로 기술하였던 것이다. 그것은 붙여 쓰기의 허용이 표기상의 융통성을 인정한다는 점에서 긍정적이기는 하지만, 실제 활용에서는 많은 논란이 있었기 때문에 하나의 항목으로 묶었던 것으로 이해된다.

8.2.2. 항목별 검토

통일안에서 띄어쓰기와 관련한 규정은 ≪통일안≫(1933) 이후 ≪통일안(일부 개정)≫(1946)과 ≪한글 맞춤법≫(1980)에서 많은 변화가 있었다. 이를 기준으로 통일안의 띄어쓰기에 관한 구체적인 내용을 앞에서와 같이 세 시기로 나누어 살피기로 한다.

2.1. ≪통일안≫(1933)에서는 단어별 띄어쓰기에 관해 총론의 기술을 반복하여 '單語는 각각 띄어 쓰되, 토는 웃 말에 붙여 쓴다.'고 하면서 다음을 예시한다.

(8) ㄱ. 사람은, 밥으로만, 악아, 애꾸눈아
 ㄴ. 가면서 노래한다, 먹어 보아라, 갖고, 밎고, 했으니
 ㄷ. 퍽은, 늘이야, 잘이야

위에서 (8-ㄱ)은 '名詞와 토', (8-ㄴ)은 '用言의 語幹과 語尾', 그리고 (8-ㄷ)은 '副詞와 토' 사이에서 붙여 쓰는 예로 제시된 것이다.10 이것은 토(즉, 조사와 어미)는 모두 문법적 기능을 표현하는 형태이므로 앞말에 붙여 씀으로써 결국 띄어쓰기의 단위가 어절이 됨을 의미하는 것인데,11 이후 이어지는 표기 규정은 이를 따랐다.

보조용언과 관련되는 것으로, ≪통일안≫(1933)은 '補助의 뜻을 가진 用言은 그 우의 用言에 붙여 쓴다.'고 하면서 관련되는 예를 제시한다. 특히 여기서는 보조용언 구성과 구분되는 동사의 연속 구성은 띄어 씀을 예시하였다.

---

10 이것은 ≪통일안(고친판)≫(1937)에서 (8)의 '잘이야'가 '잘만'으로 수정되고 '그다지도'가 추가되었으며, ≪통일안(새판)≫(1940)에서는 '먹어 보아라'가 '살피어 보아라'로 수정되었다.

11 이에 대한 당시의 해설을 보면 다음과 같다(『한글』 18호, 1934 참조).
 "우리가 대체 토라고 생각하는것은 어떤이는 모두 씨(品詞)로 삼고, 어떤이는 그중의 한 부분만 곧 이름씨(名詞) 밑에 關係된것만 씨(品詞)로 삼는다. 그러나 토 自體가 獨立性이 없는것은 이름씨(名詞) 밑에 있는것이나 풀이씨(說明語=用言) 밑에 있는것이나 다 一般이다. 조선말의 토란것은 말의 職能을 나타내는 語法的 關係를 말함이므로, 關係된 그 웃 말에 붙여 쓰는것이 正當한 것이다."

(9) ㄱ. 열어보다, 잡아보다, 보아오다, 견뎌내다

　　ㄴ. 집어 버리다, 열어 보다

위에서 (9-ㄱ)은 보조용언 구성의 예이고, (9-ㄴ)은 동사 연속 구
성의 예이다.[12] 즉, 보조용언은 형태적으로는 독립적이지만 의미적으
로 보조하는 기능을 지니므로 앞말에 붙여 쓴다는 것이다.[13]

의존명사의 경우, ≪통일안≫(1933)은 '그 웃 말에 붙여 적는다.'고
하면서 예를 제시하였는데, ≪통일안(고친판)≫(1937)에서는 '獨立으
로 쓰이지 아니하는 말들', 즉 통사적으로 의존적이라는 해석이 추가
되었으며, 예를 일부 수정하여 하나로 묶어 보면 다음과 같다.

(10) ㄱ. 갈바를, 할수가, 없는줄은, 될터이다, 가는이

　　　ㄴ. 하는대로, 될성싶은, 될듯한, 하는체

(11) 그것, 하는것, 갈데, 갈바, 할수, 있는줄, 될터, 그이, 가는이,

　　　그대로, 하는대로

위 (10)은 ≪통일안≫(1933)의 예로, 의존명사는 앞 (9)의 보조용언
과 마찬가지로 형태적으로는 단어라 할 수 있으나 그것이 지닌 통사적
의존성과 의미적 보조 기능을 강조하여 앞말에 붙여 쓴다는 것이다.[14]

---

12 ≪고친판≫(1937)에서는 '먹어버린다(食了)'의 예가 추가되고 각각의 예에 대해 '試開,
　試捕, 看來, 能忍' 등으로 한역이 추가되었다. ≪새판≫(1940)은 ≪고친판≫(1937)과
　동일하며, 다만 '견뎌내다'의 한역이 '堪耐'로 수정되었다.

13 이에 대한 당시의 해설을 보면 다음과 같다(『한글』 18호, 1934 참조).
　　"(보조용언은) 形式으로 보아서는 獨立한 풀이씨(用言)가 되나, 그 뜻으로는 그 웃 말
　　의 뜻을 도우려고 붙어 쓰이는데에 지나지 아니하므로 이런것은 모두 관계된 웃 말
　　에 붙여 쓴다."

그리고 (11)은 ≪통일안(고친판)≫(1937)의 예로, '그것, 하는것'과 같이 용언의 관형형 외에 관형사와 결합하는 예를 추가하면서 보완한 것으로 보인다. ≪통일안(새판)≫(1940)은 ≪통일안(고친판)≫(1937)과 동일하다.

단위명사의 경우를 보면 다음과 같다.

　(12) ㄱ. 한채, 두자루, 붓 닷동, 한개, 네사람

　　　　ㄴ. 집 한채, 붓 두자루, 나무 닷동, 참외 한개, 삯군 네사람

위에서 (12-ㄱ)은 ≪통일안≫(1933)에서는 '命數詞는 그 웃 말에 붙여 쓰기로 한다.'고 하면서 제시한 것이다. 이것은 이른바 단위명사를 '不完全한 명사'로 보아 앞 (10)의 의존명사와 동등하게 해석한 것으로 이해된다.15 이에 대해 ≪통일안(고친판)≫(1937)에서는 (12-ㄴ)과 같이 수량 대상의 명사를 포함하여 예시를 보완하였으며, 이것은 ≪통일안(새판)≫(1940)에서도 달라지지 않았다.

수 표기의 경우, ≪통일안≫(1933)은 '數를 우리글로 적을적에는 十進法에 依하야 띄어 쓴다.'고 하면서 다음의 예를 제시하였다.

　(13) 일만 삼천 구백 오십 팔

---

14 이에 대한 당시의 해설을 보면 다음과 같다(『한글』 18호, 1934 참조).
　　"'바, 수, 줄, 터, 이'의 말들은 形式으로 보아서는 名詞와 같이 되었으나, 獨立으로 쓰이는 뜻이 없고, 그 우에 있는 附加語에 붙어서 쓰이므로 따루 띄어 쓰지 못한다."
15 이에 대한 당시의 해설을 보면 다음과 같다(『한글』 18호, 1934 참조).
　　"不完全한 名詞는 제 홀로는 쓰이지 못하고, 數冠形詞가 붙어야 쓰인다."

이것은 국어에서 수사가 십(十)을 단위로 단어가 구성된다고 해석한 것이다.[16] 이도 역시 ≪통일안(고친판)≫(1937)과 ≪통일안(새판)≫ (1940)에서 그대로 유지되었다.

2.2. ≪통일안(일부 개정)≫(1946)에서는 단어별 띄어쓰기를 원칙으로 하였으나, 앞의 ≪통일안≫(1933)과는 상당히 다른 양상으로 규정하였다. 특히 ≪통일안(일부 개정)≫(1946)에서는 ≪통일안≫(1933)에서 규정한 본용언과 보조용언, 수식어와 의존명사, 수량어와 단위명사를 띄어 쓰도록 하는 조항을 삭제하였다. 그것은 보조용언이나 의존명사, 단위명사는 그 자체로 단어이므로 단어별 띄어쓰기의 원칙에서 볼 때 구태여 기술할 필요가 없는 것으로 보았기 때문인 것으로 이해된다.

≪통일안(일부 개정)≫(1946)에서는 우선 띄어쓰기의 단위를 단어로 하는 원칙에다가 예외적으로 '但, 文章의 앞뒤 關係에 의하여 特別히 必要한 경우에는 單語를 適當히 붙이어 씀을 許容한다.'고 하면서 다음과 같이 예시하였다.

(14) 이 곳 저 곳/이곳 저곳, 제 이십 일 항/제 이십 일항, 열 술 밥/열 술 방, 좀 더 큰 이 새 나라/좀더 큰 이 새나라, 병 술 집/병술 집

위 (14)는 원칙적으로 '이 곳 저 곳'처럼 단어별로 띄어 쓰되 '이곳

---

16 이에 대한 당시의 해설을 보면 다음과 같다(『한글』18호, 1934 참조).
"조선말의 數詞는 十進이 됨에 따라 새 이름이 생기었으니, 즉 열스물 설흔 … 아흔 들과 같은것이다. 이것을 보아도 十進法에 의지하여 單語를 삼는것이 옳다."

저곳'처럼 붙여 씀을 허용하는 예에 해당한다. 이것은 단어별 띄어쓰기를 원칙으로 하는 국어의 표기 규정에서 최초로 예외적으로 붙여 쓰기를 허용하는 것이었다. 그런데 이렇게 붙여 쓰기를 허용하는 것은 띄어쓰기에 융통성을 부여한다고 할 수 있으나, 한편으로는 이후 이어졌던 혼란의 불씨를 제공하였다는 비판을 받기도 하였다.

또한 ≪통일안(일부 개정)≫(1946)은 고유명사의 표기에 관한 내용을 새롭게 추가한 것이 특이한데, 이와 관련하여 '둘 以上 單語로 이룬 固有 名詞는 그 各 單語를 띄어 쓴다.'고 하면서 다음의 예를 제시하였다.

(15) 이 순신, 경기 도, 삼국 사기, 덕수 공립 국민 학교

이것은 성명에서 성과 이름, 행정구역명에서 '도, 시, 군' 등의 단위도 하나의 단어가 됨을 의미하는 것으로, 단어별 띄어쓰기를 충실히 반영한 것이라 할 수 있다. 또한 이들은 '덕수 공립 국민 학교'와 같이 명사 결합형 고유명사도 구성 형태가 각각 단어이므로 단어별 띄어쓰기가 적용된다고 해석하였던 것으로 이해된다.[17]

2.3. 통일안의 마지막 규정인 ≪한글 맞춤법≫(1980)은 단어별 띄어쓰기와 관련하여, '낱말은 각각 띄어 쓰되, 토씨와 '이다'는 앞말에 붙여 쓴다.'고 하면서 용언의 어간과 어미에 관한 것을 제외하고 조사와 함께 '이다'를 별도의 형태로 추가하였음이 특징이다. 이와 관련한 예는 다음과 같다.

---

17 특히 이와 관련하여 성명과 함께 여러 단어의 결합으로 구성되는 고유명사에 대한 띄어쓰기 문제는 이후에도 많은 논란을 불러 일으켰다.

(16) ㄱ. 가기도, 밝기도, 즐겁기만, 오지는, 울고만, 있다고

　　　ㄴ. 저것이 남산이다, 이 꽃이 무궁화입니다

위에서 (16-ㄱ)은 '풀이씨와 토씨'의 예이고, (16-ㄴ)은 '임자씨와 '이다''의 예에 해당한다. 이것은 '이다'가 다른 조사와 구별되는 특징 (서술성)을 지니고 있어서 추가한 것으로 이해된다.

붙여 쓰기의 허용과 관련하여, ≪한글 맞춤법≫(1980)에서는 ≪통 일안(일부 개정)≫(1946) 이후 단어 유형별 표기 규정에 붙어 있던 것 을 독립된 항으로 묶고, 각각의 예를 항목별로 구분하여 제시한 것이 특징이다.

(17) ㄱ. 이곳, 저곳, 이분, 저분

　　　ㄴ. 더욱더, 좀더, 더더욱

　　　ㄷ. 사람사람(이), 모두모두, 몰래몰래, 서로서로

　　　ㄹ. 거절당하다, 공부시키다

　　　ㅁ. 서울특별시, 경기도, 전라북도, 인천시, 낙동강, 설악산, 용산역

　　　ㅂ. 1979년, 제25항, 8시 50분

위에서 (17-ㄱ)은 '매김씨+이름씨', (17-ㄴ)은 '어찌씨+어찌씨', (17-ㄷ)은 '되풀이된 말씨', (17-ㄹ)은 '이름씨+움직씨', (17-ㅁ)은 '땅이름에 붙은 행정 구역 단위 및 뒷가지처럼 쓰이는 말', (17-ㅂ)은 '숫자와 어울리는 앞뒤의 말'로 붙여 쓰기가 허용되는 예에 해당한 다.[18]

특히 고유명사와 관련하여, ≪통일안(일부 개정)≫(1946) 이후 한

항목으로 묶여 있던 것을 지명(행정구역명)과 인명으로 구분하여 규정하고 있는데, 위 (17-ㅁ)은 지명에 관련되는 것이고 인명에 대해서는 항을 달리하여 '성과 이름은 띄어 쓴다.'고 하면서 다음과 같이 예시하였다.

(18) 이 순신, 황보 인

위 (18)과 같이 성과 이름을 띄어 쓰는 것은 ≪통일안(일부 개정)≫(1946)에서부터 이어온 것이지만, ≪한글 맞춤법≫(1980)에서는 독립된 항으로 하여 이 부분을 강조하였음이 특징이라 할 수 있다.

8.2.3. ≪통일안≫ 띄어쓰기 규정의 특징

통일안의 여러 규정들은 용어나 표현은 조금씩 달라도 '단어(낱말)는 각각 띄어 쓰되'와 같이 단어별 띄어쓰기에 철저했던 것으로 보인다.[19] 이러한 단어별 띄어쓰기의 원칙은 세부적으로 보면 단어의 범위에 대한 문제, 즉 의존성을 띠는 형태들을 단어로 인정하여 띄어 쓸 것인지의 문제가 대두되었다. 여기서 나타난 것이 조사와 어미, 보조

---

18 이러한 붙여 쓰기의 허용은 광복 후의 정부안에서 세밀하게 재조명되었다. 특히 (17-ㄷ, ㄹ)은 합성이나 파생에 의해 형성된 단어의 표기와 관련되는 문제이기도 하다.
19 한편, 국어국문학회의 ≪國語正書法案≫(1971)은 총론에서 '국어정서법은 우리말을 표음문자의 본질과 표의성의 장점을 조화시켜 적는 것을 원칙으로 한다.'고 하면서, 띄어쓰기에 대해 '고유명사는 붙여쓰고 그 밖의 것은 어절(語節) 단위로 띄어쓰는 것을 원칙으로 하되, 복합적인 성격을 띤 말은 사전에 오르고 안 오름을 가리지 안코 부쳐쓰기로 한다.'고 규정하였다.

용언과 의존명사, 단위명사, 명사 결합형 고유명사, 그리고 수 표기에 관한 것이었는데, 이것을 통일안의 각 규정으로 보면 다음과 같다.[20]

항목		≪통일안≫(1933)~ ≪통일안(새판)≫ (1940)	≪통일안(일부 개정)≫(1946)~≪통 일안(용어수정판)≫ (1958)	≪한글 맞춤법≫ (1980)
단어별 띄어쓰기		적용	적용	적용
조사, 어미		붙여 쓰기	붙여 쓰기	붙여 쓰기
보조용언				
의존명사			―	―
단위명사				
고유 명사	지명 등	―	띄어쓰기	띄어쓰기 (붙여 쓰기 허용)
	성과 이름			띄어쓰기
수 표기		십진법	십진법	십진법

조사는 의존적인 형태이지만 단어로 인정하는 견해에서 보면 따로 규정하지 않을 수 없었을 것이다. 따라서 이에 대해서는 '토는 웃(앞) 말에 붙여 쓴다.'는 내용이 ≪통일안≫(1933) 이후 모든 규정에 포함되었다. 한편, 어미는 조사에 비해 단어성이 일찍 부정되었기 때문에 초기 규정에는 예시된 바 있으나, 이후로 가면서 삭제되었다.

통사적인 의존성을 지닌 보조용언과 의존명사는 ≪통일안≫(1933)을 비롯한 초기 규정에서는 조사와 같이 단어로 인정하면서도 붙여 쓰도록 명시적으로 기술하였으나, ≪통일안(일부 개정)≫(1946) 이후 이에 대한 기술이 삭제되었다. 그것은 단어별 띄어쓰기의 기준에서 보면

---

20 그런데 통일안 각론의 항목들은 형태적으로 교착성을 띠는 국어의 복잡한 양상을 담기에는 너무 적었다고 할 수 있다.

보조용언과 의존명사가 비록 통사적으로는 의존성을 띤다 하더라도 형태적으로 하나의 단어로서의 성격을 지니고 있기 때문에 구태여 따로 기술할 필요가 없었을 것으로 이해된다. 따라서 이들은 단어이므로 띄어 쓰지만 때로는 지나친 띄어쓰기가 오히려 이해에 장애가 되는 것이어서 붙여 씀을 제한적으로 허용하는 것을 추가했던 것으로 보인다. 의존명사 중에서도 이른바 단위성 의존명사(여기서는 '命數詞')는 따로 다루기도 하였으나, 전반적으로는 의존명사의 성격과 다르지 않았다.

한편, 철저한 단어별 띄어쓰기는 고유명사 표기에도 반영되었는데, ≪통일안(일부 개정)≫(1946) 이후 이에 대한 세부적인 규정이 나타났다. 여기서 제시된 것은 지명(행정구역명)과 인명에 관한 것으로, 초기에는 단어별 띄어쓰기 원칙을 지켰으나 이후로 가면서 지명의 경우 붙여 씀을 허용하였다. 그러나 인명은 성과 이름을 띄어 쓰도록 하였음이 특이하다. 그리고 수는 ≪통일안≫(1933) 이후 모든 규정에서 십진법에 따라 띄어 쓰도록 하였는데, 이것은 오늘날 ≪한글 맞춤법≫(1988)이 만(萬) 단위로 띄어 쓰는 것과 구별된다.

8.3. 정부안의 띄어쓰기

광복 이후 교육을 비롯한 사회적 요구에서 국어 표기에 대한 세밀한 검토가 요구되었고, 이에 따라 정부 기관에서는 띄어쓰기와 관련하여 지침 또는 규정을 마련하였다. 이와 관련된 것으로, ≪한글 띄어쓰기≫(1949)는 문교부에서 당시 통용되고 있던 통일안의 띄어쓰기 규정을 명확히 하기 위해 제정한 세칙으로, 당시 간행된 교과서에 적용되었다

(김민수, 1973:779-86 수록 참조). 그리고 《교정 편람》(1964)은 문교부의 내규로 되어 있던 것으로, 당시 한글 전용을 위한 준비의 하나로 표기 방법을 재조정하는 것에 대한 보고서인 《한글 전용 편람》(1969)에 실려 있다. 또한 《한글 맞춤법》(1988)은 당시 문교부 산하 국어연구소에서 주관하여 확정·고시한 것으로 현행 규정에 해당한다.21 이 절에서는 정부안에서 다루어진 띄어쓰기에 관한 규정을 중심으로 살피기로 한다.

8.3.1. 총론과 각론의 구성

띄어쓰기의 일반 원칙과 관련하여, 《한글 띄어쓰기》(1949)의 '총측'(총칙)과 《교정 편람》(1964)의 '원칙', 그리고 《한글 맞춤법》(1988)의 '총칙'에서 각각 다음과 같이 제시하였다.

낱말(單語)은 각각 띄어 쓴다. 토는 웃말에 붙여 쓴다.
                         -《한글 띄어쓰기》(1949)-

단어는 띄어 쓰되, 조사는 윗말에 붙여 쓴다.
                         -《교정 편람》(1964)-

문장의 각 단어는 띄어 씀을 원칙으로 한다.
                         -《한글 맞춤법》(1988)-

위에서 《한글 띄어쓰기》(1949)의 '총측'과 《교정 편람》(1964)의

---

21 현행 《한글 맞춤법》(1988)의 띄어쓰기도 일부 수정이 있었다(http://www.korean.go.kr, '한글 맞춤법(문화체육관광부고시 제2017-12호)' 참조).

'원칙'에서는 당시의 통일안과 비교하여 내용상의 변화는 없다. 따라서 이들 규정에서는 띄어쓰기의 기본 원칙은 당시의 통일안을 따르되, 그에 대한 세부 규정을 마련한 것으로 해석된다. 그리고 현행 ≪한글 맞춤법≫(1988)의 '총칙'에서는 단어별 띄어쓰기의 일반 원칙을 제시하였다.

각론의 경우, ≪한글 띄어쓰기≫(1949)의 '세측'(세칙)은 모두 18개 항목으로 되어 있으며, ≪교정 편람≫(1964)는 '그 실례'에서 모두 10개 항목으로 나누어 띄어쓰기에 대해 서술하면서 예시하였다. 그리고 ≪한글 맞춤법≫(1988)은 1개 장(제5장)에서 10개 항으로 나누어 규정하는데, 이들에서 기술된 것을 항목별로 정리하면 다음과 같다.[22]

≪한글 띄어쓰기≫ (1949)	≪교정 편람≫ (1964)	≪한글 맞춤법≫ (1988)
—	조사(1)	조사(41항)
—	어미처럼 굳어진 숙어(2)	—
매인이름씨(1)	불완전명사(3)	의존 명사(42항)
—	—	접속 또는 열거하는 말(45항)
도움풀이씨(5)	보조 용언(5)	보조 용언(47항)
셈낱씨(8)	명수사(4)	단위 명사(43항)
수(십진법)(7)	수(십진법)(10)	수(만 단위)(44항)
홀이름씨(9), 홀이름씨에 딸린 두루이름씨(10)	고유 명사와 술어(9)	성명(48항)
		성명 이외의 고유 명사(49항)
술어(11)		전문 용어(50항)

---

22 제시된 항목에서 용어는 원문에 표기된 대로 쓴다. 그리고 ( ) 안의 숫자는 각 규정에서 제시된 항목의 순서를 의미한다.

끝가지(2,4,6), 어찌꼴 끝가지(3)	파생어(7)	—
겹씨(12,13,14,16,18)	복합어(6)	—
말의 거듭(15,17)	첩어 또는 준첩어(8)	
—	—	붙여 쓰기 허용(46항)

위에서 보면, 통일안에서 다루어지던 의존명사와 보조용언, 수 표기, 단위명사, 고유명사, 전문용어 등을 모두에서 다루고 있다. 그러나 일부 항목은 규정에 따라 차이가 있는데, 특히 ≪한글 띄어쓰기≫(1949)와 ≪교정 편람≫(1964)은 파생어와 합성어에 관련된 항목에 많은 부분이 할애되어 있다. 그것은 이 두 가지가 띄어쓰기에 대한 일반적인 규정이라기보다는 당시 통일안에 대한 세칙에 해당되었기 때문인 것으로 이해된다.

그런데 현행 ≪한글 맞춤법≫(1988)은 비교적 간단히 규정되어 있던 당시의 통일안에다가 ≪한글 띄어쓰기≫(1949)와 ≪교정 편람≫(1964)이 담고 있는 다양한 예시들을 수용한 것이라 할 수 있다. 그것은 접속 또는 열거하는 말과 단음절 단어의 붙여 쓰기를 허용하는 부분에 대해 별도의 항으로 규정하고 있음을 통해서도 알 수 있다.

8.3.2. 항목별 검토

2.1. 정부안 중에서 ≪한글 띄어쓰기≫(1949)와 ≪교정 편람≫(1964)은 하나의 독립된 규정이라기보다는 당시 통용되던 통일안에 대한 세부 지침의 성격을 띠는 것이어서 이들은 묶어서 살필 수 있다. 우선 조사의 표기와 관련하여, ≪한글 띄어쓰기≫(1949)에서는 별도의 기술이 없는데, ≪교정 편람≫(1964)는 체언이나 부사에 붙는 조사

를 붙여 쓰는 것으로 규정하였다.

(19) ㄱ. 부산까지, 공부커녕, 사람마다
   ㄴ. 멋대로/될 수 있는 대로
   ㄷ. 이만큼/먹을 만큼(분량, 정도)/문학 형식이니만큼, 문학 형
      식인만큼(이유)

위에서 (19-ㄱ)은 체언에 조사를 붙여 쓰는 일반 원칙의 예이고,23
(19-ㄴ)의 '대로'와 (19-ㄷ)의 '만큼'은 동일한 형식이 다른 기능을 나
타낼 때 띄어쓰기가 다름을 보여 주는 예이다. 즉, (19-ㄷ)에서 '만큼'
은 조사로 붙여 쓰는데('이만큼'), '어미에 붙는 것은 불완전 명사로 보
고 띄어 쓴다.'고 하였으며(먹을 만큼'), '어미에 잇달리는 '만큼'이라
도 이유를 나타낼 때에는 붙여 쓴다.'는 것이다('문학 형식이니만큼,
문학 형식인만큼').

어미의 표기와 관련하여, 《한글 띄어쓰기》(1949)에서는 별도의
기술이 없다. 그런데 《교정 편람》(1964)에서는 '용언에서 어미는 붙
여 쓰는 것이 원칙이지만, 어미처럼 굳어 버린 숙어는 붙여 쓴다.'고
규정하였다. 특히 어미의 경우 형태의 일부가 의존명사와 구별되는 경
우가 있는데, 이에 대해 추가로 서술하였다.

(20) 비가 오기에망정이지, 배운 것은 없을망정, 가다뿐이냐, 그 꼴
   을 볼작시면

---

23 그런데 여기에 조사의 예로 '먹기는커녕'과 '일인즉슨, 학생치고서, 아이서껀'에서 '커
  녕, 인즉슨, 치고서, 서껀' 등의 예도 포함되어 있다.

(21) ㄱ. 금강산에 가 본바 과연 절경이더군. ['았(었, 였)더니'의 뜻]

　　ㄴ. 어머님의 생신이온바, 많이 오셔서 ['-인데'의 뜻]

　　ㄷ. 생각하는 바가 같다. (방법, 일)

위에서 (20)의 '-기에망정이지, -을망정'과 '-다뿐이냐', '-ㄹ작시면'을 각각 하나의 굳어진 어미 형태로 처리하여 한 덩어리로 붙여 쓴다는 것이다.24 그리고 (21)의 '바'가 어미의 일부로 쓰이는 것(21-ㄱ, ㄴ)과 의존명사로 쓰이는 것(21-ㄷ)을 제시하면서, 후자의 경우 띄어쓰는 것으로 하였다.

의존명사의 표기와 관련하여, ≪한글 띄어쓰기≫(1949)에서는 띄어쓰도록 하였는데, 특히 의존명사의 목록과 함께 접미사로 처리하여 붙여 쓰는 예를 제시하였다.25

(22) 것, 바, 이, 분, 님, 자, 데, 데, 판, 적, 동안, 무렵, 즈음, 수, 지, 줄, 때문, 따름, 터, 탓

(23) ㄱ. 나는 나대로 하겠다./될 수 있는대로 빨리 가자.

　　ㄴ. 나뿐만 아니라 모두 그리 했다./나는 나대로 할뿐이다.

　　ㄷ. 이만큼 말해 둔다./사과가 먹을만큼 익었다.

---

24 여기에는 다음과 같은 '데, 지'의 예가 포함되었다.

　(1) ㄱ. 키는 큰데, 힘이 없다. ('이다. 그런데'의 뜻)

　　　ㄴ. 아픈 데 먹는 약이다, 일할 데가 있어야지……. (처소와 경우)

　(2) ㄱ. 누구인지 아니? (막연한 의문)

　　　ㄴ. 떠난 지 닷새가 되었다. (어떤 동작으로부터 지금까지 동안)

위에서 '바'와 '데'가 (1, 2-ㄱ)에서는 어미의 일부로 쓰이는 것이고, (1, 2-ㄴ)에서는 의존명사로 쓰이는 것이다.

25 그런데 원문에서는 의존명사가 아니라 '이름씨(名詞) 따위'로 되어 있는데, 이것은 관련되는 예가 모두 의존적인 성격을 띠지 않기 때문인 것으로 보인다.

위에서 (22)는 의존명사의 목록이고, (23)의 '대로, 뿐, 만큼'은 이 목록에 포함되지 않은 접미사이기 때문에 항상 붙여 쓴다는 것이다. 그러나 (23)의 예에서 이들이 어떻게 하여 접미사로 설명될 수 있는지 이해하기 어렵다.

이에 비해서 ≪교정 편람≫(1964)에서는 의존명사를 앞말과 띄어 쓰지만, 동일한 형태가 기능을 달리하는 경우에 대해 유의하도록 하였다.

(24) 열 사람 가량, 되 가웃, 어린이 나름대로의, 있는 척
(25) ㄱ. 이것뿐이다./할 뿐
　　ㄴ. 우리들/감, 배, 포도 들은 과일이다.

위에서 보듯, 의존명사는 (24)에서처럼 앞말과 띄어 쓰는 것이 원칙이지만, (25)의 '뿐'과 '들'처럼 접미사로 쓰일 때에는 붙여 씀에 유의해야 한다는 것이다. 즉, '뿐'은 체언에 붙는 것은 접미사이고 용언에 붙는 것은 의존명사이며(25-ㄱ), '들'은 복수 표시의 접미사와 열거하는 말의 의존명사(25-ㄴ)로 구분된다는 것이다. 이 부분은 앞의 (23-ㄴ)에서처럼 '뿐'을 접미사로만 보는 ≪한글 띄어쓰기≫(1949)와 해석이 다르며, 또한 (25-ㄴ)의 열거하는 말이 포함된 것이 다르다.26

보조용언의 경우, ≪한글 띄어쓰기≫(1949)에서 본용언과 보조용언을 띄어 쓰도록 하였는데, 관형사형어미 뒤에 오는 형태에 대해서는 '용언에 붙어서 부사형을 이루는 접미사'로 보아 붙여 쓰는 것을 원칙으로 하면서 보조용언으로 보아 띄어 씀도 허용한 것이 특징이다.27

---

26 열거하는 말의 띄어쓰기에 관한 것은 현행 ≪한글 맞춤법≫(1988)에서 다시 규정된다.
27 한편, 다음의 예에서 밑줄친 부분은 접미사로 보고 붙여 쓰도록 되어 있다.

(26) 달이 돋아 온다, 이것을 먹어 보아라.

(27) ㄱ. 웃을번 하였다/웃을 번하였다, 아는체 하였다/아는 체하였다

ㄴ. 구경할만 하다/구경할 만하다, 그럴듯 하다/그럴 듯하다

위 (26)에서처럼 본용언과 보조용언을 띄어 쓰는데, (27)의 경우에는 붙여 쓰는 것이 원칙이나 띄어 씀도 허용하는 것이다.[28] 그러나 이도 역시 '번, 체, 만, …' 등이 어떻게 부사형 접미사로 처리될 수 있는지 이해하기 어렵다.

이에 비해서 ≪교정 편람≫(1964)에서는 보조용언의 경우 띄어 씀을 원칙으로 하면서, 다음과 같이 보조 용언의 범위를 넓게 잡는다.

(28) ㄱ. 일러 바친다, 썩어 빠지다, 먹고 싶어하다, 좋은가 보다

ㄴ. 할 만하다, 죽을 뻔하였다, 잘난 척하다, 살아난 듯싶다,
일이 될 성싶다

(29) 불이 꺼져 간다/걸어가다, 논을 갈아 놓다/내려놓다, 읽어 보
아라/우러러보다

위 (28-ㄱ)에서는 '일러 바치다'와 '먹고 싶어하다'의 경우 본용언과 보조용언의 구성으로 보아 띄어 쓰는데, (28-ㄴ)에서는 관형사형 뒤에 오는 '만하다, 듯싶다' 등도 보조용언으로 보아 접미사로 처리했던 ≪한글 띄어쓰기≫(1949)와 달리 해석한 것이다(앞의 예문 (27) 참

'이루어진다, 밝아진다, 놀아댄다, 사다가 준다, 높직하다, 먹음직하다'

28 ≪한글 띄어쓰기≫(1949)에서는 접미사로 제시된 예가 많은데, 상당 부분은 해석에 문제가 있는 것으로 보인다. 다음의 밑줄 친 부분이 이에 해당한다. '무거울가, 곯다싶이, 거만한지, 할뿐더러, 갈수록, 없을망정, 죽을지언정, 동쪽, 왼편, 이분, 그것'

조). 그리고 (29)에서처럼 동일 형태가 보조용언으로 쓰이는 경우('꺼 저 가다, 갈아 놓다' 등)와 합성어를 이루는 경우('걸어가다' 내려놓다' 등)를 구별하여 예를 제시하였다.

단위명사의 경우, ≪한글 띄어쓰기≫(1949)에서는 '홀로서는 쓰이 지 않는' 것은 붙여 쓰고 '홀로 설 수 있는 말'은 띄어 쓰도록 구분하였 다. 이것은 전자가 의존성을 띠는 것이고 후자는 자립명사로서 단위 표지로 쓰이는 것을 의미한다.

(30) ㄱ. 일년, 일과, 한번, 한벌(옷), 한채(집), 한가지(종류), 한개,
       한말(斗), 육원, 오전
     ㄴ. 한 해, 한 달, 한 사람, 한 마디, 한 줄기, 한 송이, 한 그루,
       한 조각, 한 토막

위에서 (30-ㄱ)은 '년, 과, 번' 등이 의존적이어서 붙여 쓰는 것이 고, (30-ㄴ)은 '해, 달, 사람' 등이 자립적이어서 띄어 쓰는 것이다. 이에 비해서 ≪교정 편람≫(1964)는 단위명사의 경우 의존성과 자 립성의 구분 없이 앞말과 띄어 쓰는 것으로 하였는데, 특히 동일 형태 의 표기에 차이가 있음에 유의하도록 하였다.

(31) 두 개, 한 바람의 새끼, 열 밤 자고, 술 한 잔에, 북어 한 쾌
(32) ㄱ. 1 개월, 1 시간, 1 년간, 1 분간, 1 일간, 1 개년
     ㄴ. 10여 일 간, 36여 년 간

즉, 단위명사는 (31)처럼 띄어 쓰는 것이 원칙이지만, (32)의 '간'과 같이 동일 형태가 여러 기능으로 쓰일 때에는 구별하여야 한다는 것이

다. 특히 (32-ㄱ)에서 숫자 다음의 '개년, 년간' 등은 그 말을 한 단위로 하여 앞말에서 띄어 쓰는데, (32-ㄴ)과 같이 접미사 '여(餘)'가 들어가면 '년 간, 분 간' 등처럼 '간'을 의존명사로 해석하여 앞말과 띄어 쓴다는 것이다.

수(數) 표기와 관련하여 ≪한글 띄어쓰기≫(1949)와 ≪교정 편람≫(1964)은 십진법에 따라 띄어 쓰는 것으로 하였다.

(33) ㄱ. 사천 이백 팔십 이, 제 삼십 오
　　　ㄴ. 일천 구백 육십 이

위에서 (33-ㄱ)은 ≪한글 띄어쓰기≫(1949)의 예이고, (33-ㄴ)은 ≪교정 편람≫(1964)의 예이다. 특히 ≪한글 띄어쓰기≫(1949)에서는 '제 삼십 오'와 같이 '차례'를 나타내는 말 '제(第)'도 띄어 쓴다고 하였다.

고유명사 표기와 관련하여, ≪한글 띄어쓰기≫(1949)에서는 이른바 '홀이름씨'(고유명사)는 붙여 쓰도록 하여 성과 이름을 붙여 쓰는데, 뒤에 오는 보통명사는 띄어 쓰도록 하였다. 이에 비해서 ≪교정 편람≫(1964)은 사람의 성과 이름 사이는 띄어 쓰는데, 이름에 '전(傳)'이 붙을 때는 달라진다고 한 점이 특이하다. 그리고 여러 개의 단어로 이루어진 고유명사의 표기에서도 서로 다른 점이 있다.

(34) ㄱ. 이순신, 안창호
　　　ㄴ. 이순신 장군, 한창호 선생님, 세종 대왕, 당 나라, 중국 말
(35) ㄱ. 구양 수 남궁 벽, 이 광수
　　　ㄴ. 홍길동전, 심청전, 유관순전/순국 소녀 유 관순 전

ㄷ. 세종 대왕, 이 준 열사, 곽 재우 장군
(36) ㄱ. 대한민국, 서울시, 경상북도, 부산항, 도룡섬
ㄴ. 대한 민국, 경제 기획원, 교육 과정, 농업 협동 조합

위에서 (34)는 ≪한글 띄어쓰기≫(1949)에서 제시된 예로, 특히
(34-ㄱ)의 성과 이름을 붙여 쓰는 것은 당시의 통일안과도 다른 내용
으로 주목된다. 그런데 ≪교정 편람≫(1964)에서는 (35-ㄱ)처럼 성과
이름을 띄어 쓰는 것을 원칙으로 하면서, (35-ㄴ)에서처럼 '전(傳)'이
붙어 책 이름이 될 때는 성과 이름을 붙여 쓰지만('유관순전'), 이름 앞
에 꾸미는 말이 올 때에는 이름을 띄어 쓰고 '전'을 띄어 쓰는 것('순국
소녀 유 관순 전')으로 하였다. 또한 ≪한글 띄어쓰기≫(1949)에서는
(36-ㄱ)에서처럼 여러 개의 단어로 이루어진 고유명사의 경우 붙여
쓰는데, ≪교정 편람≫(1964)에서는 (36-ㄴ)에서처럼 띄어 쓰는 것을
원칙으로 하였다.

전문용어와 관련하여, ≪한글 띄어쓰기≫(1949)에서는 '한 술어(術
語)로 쓰이는 말'은 붙여 쓴다고 하였는데, ≪교정 편람≫(1964)는 원
칙적으로 붙여 쓰지만 띄어 써야 하는 경우도 있다고 하였다.

(37) ㄱ. 사람대이름씨, 농지개혁법, 약속어음, 노동조합,
민족자결주의, 정당방위
ㄴ. 사과나무, 이른봄애호랑나비, 양치식물, 원생동물,
조선호박, 긴알락콩
(38) ㄱ. 거울놀이, 물놀이/비누 방울 놀이
ㄴ. 노래부르기/아름다운 노래 부르기,
채소가꾸기/여름 채소 가꾸기

ㄷ. 손짚고 엎드려 다리굽히기, 두팔들어 가슴절하기,
    목 뒤로굽히기

위에서 (37)은 전문용어의 경우 붙여 쓰는 것으로, (37-ㄱ)은 ≪한 글 띄어쓰기≫(1949)의 예이고 (37-ㄴ)은 ≪교정 편람≫(1964)의 예 이다. 그리고 (38)은 ≪교정 편람≫(1964)에서 붙여 쓰는 것과 띄어 쓰는 것을 구분하는 예에 해당한다.29

합성어와 관련하여, ≪한글 띄어쓰기≫(1949)와 ≪교정 편람≫ (1964) 모두 어근과 어근을 붙여 쓰는데, 단어별 띄어쓰기의 원리를 반영하여 비교적 세밀하게 규정한 것이 특징이다.30 특히 ≪교정 편람≫ (1964)는 첩어는 중첩되는 말을 붙여 쓰지만 용언의 부사형일 경우에 는 붙여 쓰지 않는다고 하였다.

(39) ㄱ. 두고두고, 높디높은, 차디찬, 예쁘디예쁜
     ㄴ. 곱게 곱게, 높고 높은. 싸고 싼, 흘러 흘러

위에서 (39-ㄱ)은 중첩된 것으로 붙여 쓰는데, (39-ㄴ)은 '-게, - 고, -어' 등의 부사형으로 이어진 것으로 띄어 쓴다는 것이다.

파생어와 관련하여, ≪교정 편람≫(1964)은 접사와 어근을 붙여 쓰 도록 하였으며, 특히 접두사가 관형사나 그 밖의 다른 형식으로 쓰이

---

29 위 (38-ㄱ)에서 '놀이'와 (38-ㄴ)에서 '말끝이 '기'로 끝나는 말'은 하나의 개념을 뜻 하는 경우 앞말에 붙여 쓰는데, 앞말이 두 개 이상의 단어로 되어 있으며 띄어 썼을 때 두 말에 걸리게 되면 띄어 쓰는 예에 해당한다. 그리고 (38-ㄷ)은 여러 구절로 된 경우에는 동작이나 작업의 단계를 기준으로 하여 붙여 쓰는 예에 해당한다.
30 이 부분은 단어 형성에 관한 형태론적인 것으로 여기서 상세히 다루지 않기로 한다.

는 경우와의 구별을 크게 다루었다.

   (40) ㄱ. 대만원/대 체육 대회, 매시간/매 회계 연도,
         별걱정/별 이상스러운 소리
      ㄴ. 본남편/본 국민 학교 교과서, 신학문/신 교육 과정,
         전학년/전 국회 위원
   (41) ㄱ. 새 학교/새댁, 새봄, 새색시, 새싹, 새아기, 새해, 새서방
      ㄴ. 첫 나무/첫가을, 첫날밤, 첫걸음, 첫눈, 첫돌, 첫사랑, 첫인상
      ㄷ. 한 가지/한가운데, 한길, 한고비, 한겨울, 한동안, 한숨,
         한밤중, 한집안
      ㄹ. 맨 처음/맨손, 맨주먹, 맨대가리, 맨입

  위에서 (40)은 동일 현태가 접두사와 관형사로 쓰이는 경우 띄어쓰기가 달라지는 것으로, '대(大), 매(每), 별(別), 본(本), 신(新), 전(前)' 등이 접두사와 관형사로 쓰이는 예로 제시된 것이다. (41)은 동일 형태가 접두사와 그 밖의 다른 형식으로 쓰이는 경우의 예에 해당한다.[31]

  한편, ≪교정 편람≫(1964)에서는 접미사의 경우에도 매우 상세히 다루었다.

   (42) ㄱ. 북해, 경기도, 전라 북도
      ㄴ. 타이완 섬, 리오그란데 강
   (43) ㄱ. 이가, 김씨/이 군, 성 양, 김 공, 박 옹

---

[31] 특히 '한'의 경우 '두 번'에 대응되는 '한 번'은 띄어 쓰고, 그 외의 막연한 '一次, 一但'의 뜻일 경우에는 붙여 쓴다'고 하였다. 그리고 (41-ㄹ)에서 '온통, 더할 수 없이 가장'의 뜻으로 해석되는 '맨'은 관형사이므로 띄어 쓰고, '비다[空]'의 뜻으로 해석되는 '맨'은 접두사이므로 붙여 쓰는 것으로 분명히 구분하였다.

ㄴ. 이 인승 씨, 이 승희 양, 투팔스카 양

(44) 이야기하다/재미있는 이야기 하시오,
    공부하다/한글 공부 하기가 재미있다

위에서 (42)는 지명이나 행정구역명에서 고유명사는 고유어와 외국어로 구분하여 표기한다고 하여, 고유어는 (42-ㄱ)처럼 붙여 쓰고 외국어는 (42-ㄴ)처럼 띄어 쓴다.32 또한 성명에 붙는 것으로, (43)에서처럼 성에 붙는 '가, 씨'는 붙여 쓰고 '공, 군, 양, 옹'은 띄어 쓰며, 성명에 붙는 '씨, 양'은 띄어 쓴다. 그리고 (44)에서처럼 동사성을 띠는 것으로 '하다'가 붙을 수 있는 명사에 붙어 한 단어가 되는 것은 붙여 쓰지만 꾸미는 말이 앞에 올 때는 띄어 쓴다고 하였다.

[2.2.] 현행 《한글 맞춤법》(1988)은 정부가 공식적으로 확정하여 고시한 것이라는 점에서 당시 통일안의 시행 세칙의 성격을 띠었던 《한글 띄어쓰기》(1949)나 《교정 편람》(1964)과 구별된다. 《한글 맞춤법》(1988)에서 띄어쓰기와 관련된 규정은 10개 항으로 정리되어 있는데, 이것은 단어별 띄어쓰기를 원칙으로 하는 점은 앞의 여러 규정과 동일하지만 각론에서는 이 원칙을 절대적으로 지켜야 하는 경우와 붙여 쓰거나 붙여 쓰기가 허용되는 경우로 나뉜다.

우선 단어별 띄어쓰기의 원칙이 지켜지는 경우는 다음과 같다.

---

32 외국어도 글자체를 달리하면 붙여 쓰도록 하였다('타이완섬, 리오그란데강'). 그런데 이것은 외래어 표기법에서도 관련되는 규정이 있었다. 즉, 1986년의 외래어 표기법에서는 "해, 섬, 강, 산' 등이 외래어에 붙을 때에는 띄어 쓰고, 우리말에 붙을 때에는 붙여 쓴다.'고 하였는데, 2017년 고시된 규정에서는 삭제되었다(http://www.korean.go.kr. '외래어 표기법' 참조).

41항 조사는 그 앞말에 붙여 쓴다.

42항 의존 명사는 띄어 쓴다.

43항 단위를 나타내는 명사는 띄어 쓴다.

45항 두 말을 이어 주거나 열거할 적에 쓰이는 말들은 띄어 쓴다.

《한글 맞춤법》(1988)에서는 조사는 의존 형태이므로 앞말에 붙여 쓰도록 하였다. 그리고 의존명사와 단위명사, 이어 주거나 열거하는 말 등은 단어로 보아 띄어 쓰는 것으로 하였다.

(45) ㄱ. 아는 것이 힘이다, 나도 할 수 있다, 그가 떠난 지가 오래다.

　　 ㄴ. 한 개, 차 한 대, 금 서 돈, 조기 한 손, 북어 한 쾌

　　 ㄷ. 국장 겸 과장, 열 내지 스물, 청군 대 백군, 책상, 걸상 등이 있다.

(46) ㄱ. 두시 삼십분 오초, 제일과, 삼학년, 육층

　　 ㄴ. 1446년 10월 9일, 2대대, 16동 502호, 80원, 10개, 7미터

위에서 (45-ㄱ)은 의존명사, (45-ㄴ)은 단위명사, (45-ㄷ)은 접속 또는 열거의 기능을 지닌 접속부사나 의존명사로 띄어 쓰는 예에 해당한다.[33] 그런데 단위명사의 경우 (46)에서처럼 차례를 나타내거나 (46-ㄱ), 수량 표시가 아라비아 숫자로 된 경우(46-ㄴ)는 붙여 쓸 수 있도록 허용된다.[34]

한편, 《한글 맞춤법》(1988)은 원칙적으로 단어별 띄어쓰기를 따

---

33 열거의 기능을 지닌 의존명사는 《교정 편람》(1964)에서도 제시된 바 있다(앞의 예문 (25-ㄴ) 참조).

34 이것은 《교정 편람》(1964)에서의 규정과 달라진 것이다(앞의 예문 (32) 참조).

르지만 붙여 쓰거나 붙여 쓰기를 허용하는 경우도 있다.

> 47항 보조 용언은 띄어 씀을 원칙으로 하되, 경우에 따라 붙여 씀도
> 허용한다.
> 49항 성명 이외의 고유 명사는 단어별로 띄어 씀을 원칙으로 하되,
> 단위별로 띄어 쓸 수 있다.
> 50항 전문 용어는 단어별로 띄어 씀을 원칙으로 하되, 붙여 쓸 수
> 있다.
> 48항 성과 이름, 성과 호 등은 붙여 쓰고, 이에 덧붙는 호칭어 관직
> 명 등은 띄어 쓴다.
> 46항 단음절로 된 단어가 연이어 나타날 적에는 붙여 쓸 수 있다.
> 44항 수를 적을 적에는 '만(萬)' 단위로 띄어 쓴다.

보조용언의 경우, 띄어 씀을 원칙으로 하되 붙여 쓰기를 허용하였
는데, 허용되는 조건을 명시하였음이 특징이다.

> (47) ㄱ. 불이 꺼져 간다/꺼져간다,
> 그릇을 깨뜨려 버렸다/깨뜨려버렸다
> ㄴ. 비가 올 듯하다/올듯하다, 비가 올 성싶다/올성싶다.
> (48) ㄱ. 잘도 놀아만 나는구나! 책을 읽어도 보고…
> ㄴ. 네가 덤벼들어 보아라. 강물에 떠내려가 버렸다.
> ㄷ. 그가 올 듯도 하다. 잘난 체를 한다.

보조용언의 표기에서 (47)에서처럼 붙여 쓰기가 허용되는데, (48)
의 경우에는 붙여 쓰지 않는다.[35] 즉, 앞말에 조사가 붙어서 본용언과
보조용언이 분명히 구분되거나(48-ㄱ), 앞말이 합성 동사이어서 서술

어가 길어진 구성이 되는 경우(48-ㄴ)[36], 그리고 보조용언의 중간에 조사가 들어가서 어근이었던 '듯, 체' 등이 의존명사의 기능을 하는 경우(48-ㄷ)에는 보조용언을 띄어 쓰는 것이다.

고유명사와 전문용어는 단어별 띄어쓰기를 원칙으로 하면서 붙여 쓸 수 있음을 허용하였다.

(49) ㄱ. 대한 중학교/대한중학교,
　　　　한국 대학교 사범 대학/한국대학교 사범대학
　　ㄴ. 만성 골수성 백혈병/만성골수성백혈병,
　　　　중거리 탄도 유도탄/중거리탄도유도탄

특히 고유 명사의 경우 (49-ㄱ)에서처럼 단위별로 띄어 씀을 허용하였으며, 전문 용어의 경우 (49-ㄴ)에서처럼 하나의 개념을 나타내는 하나의 단어로 굳어진 것이므로 붙여 쓸 수 있도록 한 것이다.

성과 이름, 성과 호 등은 붙여 쓰고, 이에 덧붙는 호칭어, 관직명 등은 띄어 쓰도록 하였다.

(50) ㄱ. 김양수, 서화담, 채영신 씨, 최치원 선생,
　　　　충무공 이순신 장군
　　ㄴ. 남궁억/남궁 억, 독고준/독고 준,
　　　　황보지봉(皇甫芝峰)/황보 지봉

---

35 특히 ≪한글 띄어쓰기≫(1949)에서는 '듯'을 접미사로 해석하여, '올듯 하다'가 맞으나 '올 듯하다'로도 쓸 수 있다고 하였다(앞의 예문 (28) 참조).
36 2017년 고시된 규정에서는 '강물에 떠내려가 버렸다'가 '이런 기회는 다시없을 듯하다.'로 수정되었다.

국어에서 성(姓)은 보통명사의 성격을 띠고 이름(名)은 개별적인 고유명사이어서 별개의 단어로 설정될 수 있으나, 전통적으로 성과 이름을 붙여 써 온(한자로 된 이름의 경우) 관례에 따라 붙여 쓰기로 한 것이다.37 이에 따라 호(號)와 자(字)도 성과 붙여쓰는데, 두 음절로 된 성과 같은 경우(50-ㄴ), 성과 이름(또는 호)을 분명히 구분하기 위해서는 띄어 쓸 수 있도록 하였다.

특히 ≪한글 맞춤법≫(1988)에서는 단음절로 된 단어가 연이어 나타나는 경우 붙여 쓸 수 있다고 규정하였는데, 그 예는 다음과 같다.

(51) 그 때 그 곳/그때 그곳, 좀 더 큰 것/좀더 큰 것,
     이 말 저 말/이말 저말, 한 잎 두 잎/한잎 두잎

그러나 단음절의 단어라 하더라도 의미적인 관계가 자연스러운 경우, 즉 관형사와 명사, 부사와 부사가 이어질 때로 한정된다.38

한편, ≪한글 맞춤법≫(1988)은 수 표기는 앞의 규정들에서 십진법에 따라 띄어 쓰도록 한 것과는 달리 '만(萬)' 단위로 띄어 쓴다고 하였다.

(52) 십이억 삼천사백오십육만 칠천팔백구십팔/12억 3456만 7898

이것은 관습에 따라 만(萬) 단위로 띄어 쓰도록 규정한 것이다.39 그

---

37 성과 이름과 관련하여, 통일안에서는 이에 대해 최초로 규정한 ≪통일안(일부 개정)≫(1946) 이후 띄어 쓰는 것으로 규정되어 있었다. 이에 비해 정부안에서는 ≪한글 띄어쓰기≫(1949)에서 붙여 쓰다가 ≪교정 편람≫(1964)에서 띄어 쓰는 것으로 바뀌었다.
38 2017년 고시된 규정에서는 '그 때 그 곳/그때 그곳'은 삭제되었다.
39 수 표기와 관련하여, 통일안의 각론에서와 정부안 중 ≪한글 띄어쓰기≫(1949)와 ≪

러므로 '만, 억(億), 조(兆), 경(京), 해(垓), 자(秭)' 등의 단위별로 띄어
쓰게 되었다.

8.3.3. 정부안 띄어쓰기 규정의 특징

광복 이후 정부 기관이 주관하여 마련한 띄어쓰기에 대한 규정에는
≪한글 띄어쓰기≫(1949)와 ≪교정 편람≫(1964), ≪한글 맞춤법≫
(1988)이 있다. 이 중에서 앞의 둘은 원칙적으로는 당시의 통일안을
바탕으로 하고 이를 운용하기 위한 세칙의 성격을 띠고 있어서 많은
예를 제시하면서 세부적으로 규정한 점이 특징이다. 그리고 ≪한글 맞
춤법≫(1988)은 당시 통일안이 띄어쓰기에 대해 일반적인 원칙을 수
용하고 실제 활용에서는 나타난 세부적인 문제들을 수렴하여 포괄적
으로 규정한 것으로 이해된다.[40]

정부안에서 기술하고 있는 띄어쓰기도 각각의 규정에 따라 많은 부
분에서 차이가 있다. 이러한 차이를 모두 반영하기는 어려우나, 일반
적인 측면에서 정리하면 다음과 같다.

구분	≪한글 띄어쓰기≫ (1949)	≪교정 편람≫ (1964)	≪한글 맞춤법≫ (1988)
조사	—	붙여 쓰기	붙여 쓰기
어미			—
의존명사	띄어쓰기	띄어쓰기	띄어쓰기

접속 또는 열거하는 말		—		
단위명사		붙여 쓰기 (의존적) 띄어쓰기 (자립적)		띄어쓰기 (붙여 쓰기 허용)
보조용언		띄어쓰기		
수 표기		십진법	십진법	'만(萬)' 단위
고 유 명사	성과 이름	붙여 쓰기	띄어쓰기 (붙여 쓰기 허용)	붙여 쓰기
	성명 이외			띄어쓰기 (붙여 쓰기 허용)
전문 용어		띄어쓰기 (붙여 쓰기 허용)		띄어쓰기 (붙여 쓰기 허용)
합성어		붙여 쓰기	붙여 쓰기	—
파생어				—
단음절 단어 연속체		—	—	띄어쓰기 (붙여 쓰기 허용)

정부안에서 조사와 어미는 붙여 쓰도록 하였지만, '만큼, 뿐'의 경우와 같이 조사와 의존명사나 '바, 데, 지'와 같이 어미와 의존명사 사이의 형태의 식별이 어려웠다.

의존명사의 경우에는 띄어쓰기를 원칙적으로 지켰으나 '듯, 체, 만'의 경우처럼 접미사와의 형태 구분이 문제로 대두하였다. 특히 접속부사나 열거의 기능을 지닌 의존명사에 대한 띄어쓰기 의식이 나타나면서 《한글 맞춤법》(1988)에서는 독립된 항으로 규정되기에 이르렀다. 그리고 단위명사의 경우 의존성 여부에 따라 붙여 쓰는 것과 띄어 쓰는 것으로 구분하였다가 모두 띄어 쓰도록 하였는데, 《한글 맞춤법》(1988)에서는 띄어 쓰는 것이 원칙이지만 차례를 나타내는 경우 등과 같은 일정한 조건에서는 붙여 쓰는 것을 허용하였다.

보조용언은 본용언과 띄어 쓰는 것이 지켜졌는데, '듯, 체, 만' 등을 보조용언의 어근을 접미사로 처리하여 붙여 쓰기도 하였다. 그리고 이것은 《한글 맞춤법》(1988)에 이르러 보조용언은 띄어 쓰는 것이 원칙이지만, 일정한 조건에서는 붙여 쓸 수 있도록 허용하게 되었다. 그리고 수 표기는 전통적으로 유지해 오던 십진법에 따른 띄어쓰기가 ≪한 글 맞춤법≫(1988)에 이르러 '만(萬)' 단위에 따라 띄어 쓰는 것으로 규 정하였다.

성과 이름은 붙여 쓰도록 하였다가, 띄어 쓰는 것을 원칙으로 하되 '유관순전'과 같은 특별한 표기에서 붙여 쓰는 것을 허용하였는데, ≪ 한글 맞춤법≫(1988)에 이르러 붙여 쓰기로 정착되었다. 성명 이외의 고유명사나 전문용어의 경우 초기에는 붙여 쓰기를 원칙으로 하였으 나, 띄어쓰기와 붙여 쓰기를 상호 허용하는 양상도 보였으며, ≪한글 맞춤법≫(1988)에서는 띄어 쓰는 것을 원칙으로 하면서 붙여 쓰기를 허용하는 방향으로 정리되었다.

전반적으로 보면, 정부안은 당시 통일안의 성격에 따라 ≪한글 띄 어쓰기≫(1949)의 붙여 쓰기 중심으로부터 ≪교정 편람≫(1964)의 띄 어쓰기 중심으로 달라졌다가, ≪한글 맞춤법≫(1988)에 이르러 띄어 쓰기를 원칙으로 하고 붙여 쓰기를 허용하는 방향으로 정리되었다고 할 수 있다.[41] 이러한 현상은 ≪한글 맞춤법≫(1988)에서 단음절 단어 연속체의 경우 띄어 쓰는 것이 원칙이나 붙여 쓸 수 있도록 허용하는 항목에서도 찾아볼 수 있다.

한편, ≪한글 띄어쓰기≫(1949)와 ≪교정 편람≫(1964)에서는 합성 어와 파생어에 관련되는 부분이 많은데, 그것은 단어의 경계를 어떻게 설정하는지에 해당하는 지극히 현실적인 문제였기 때문으로 보인다. 즉, 어근과 단어의 구별이나 접사와 단어의 구별 등이 국어 표기에서

---

[41] 이것은 당시 통일안과 관련해 보면, ≪한글 띄어쓰기≫(1949)는 붙여 쓰기가 두루 적 용되던 초기의 통일안을 바탕으로 한 것에 비해서, ≪교정 편람≫(1964)은 점차 띄어 쓰기가 확대되었던 당시의 경향을 반영하였다고 할 수 있다.

현실적인 과제가 되었던 것이다. 그러나 이러한 문제는 언어 형태에 대한 매우 개별적인 해석과 관련되는 것이어서 일반적인 표기 규정보다는 사전 편찬 등에서 다루어질 것으로 보인다.

8.4. 정리

20세기 들어 마련된 국어의 표기 규정에서 띄어쓰기는 ≪한글 마춤법 통일안≫(1933)으로부터 ≪한글 맞춤법≫(1980)에 이르는 통일안과 ≪한글 띄어쓰기≫(1949)로부터 현행 ≪한글 맞춤법≫(1988)에 이르는 정부안에서 모두 다루어졌다. 띄어쓰기와 관련하여 통일안은 총론에서 일반 원칙을 제시하고 각론에서 세부 항목으로 나누어 규정하였는데, 처음 제정된 이후 두 차례의 개정 또는 수정이 있었다. 그리고 정부안은 당시의 통일안을 운용하기 위한 세칙의 성격을 띠면서 띄어쓰기와 관련한 문제를 세부적으로 다루었는데, 결국 ≪한글 맞춤법≫(1988)에서 통일안의 일반적인 원칙과 정부안의 세부적인 문제들을 수렴하여 포괄적으로 규정하기에 이르렀다.

대부분의 표기 규정들은 처음부터 단어별 띄어쓰기의 원칙에 충실했다. 그것은 단어가 형태적으로나 의미적으로 독립적인 속성을 지니고 있기 때문에 띄어쓰기가 읽기의 효과를 지향한다는 점에서 타당한 것이라 할 수 있다. 그런데 실제로 국어의 표기에서 단어를 어떻게 설정하는가에 따라 띄어쓰기는 다양한 양상으로 나타났다. 특히 국어가 형태적으로 교착성을 띠는 언어라는 점과 함께 이를 표기하는 문자인 한글은 음소문자이면서 음절 단위로 표기한다는 점에서 띄어쓰기의 어려움을 더하게 하였다.

국어 표기에서 단어별 띄어쓰기는 ≪한글 마춤법 통일안≫(1933)으로부터 현행 ≪한글 맞춤법≫(1988)에 이르기까지 기본적인 원칙으로 일관되게 적용되어 왔으나, 이를 적용하는 데서 의존성을 띠는 형태들을 띄어 쓸 것인지의 문제가 대두되었다. 이와 관련하여 조사와 어미 등 형태적으로 의존적인 것은 앞말에 붙여 쓰게 되었는데, 이에 따라 띄어쓰기의 단위가 어절형으로 정착되었다. 그런데 문제는 통사적으로 의존적인 의존명사와 단위명사, 의존용언을 띄어 쓸 것인지의 문제는 쉽게 결론 지을 수 없는 것이었다. 여기에 더하여 성과 이름의 표기와 함께 명사 결합형의 고유명사나 전문용어, 수 표기에 관한 것 등에도 여러 표기 방식이 시도되었다.

통사적인 의존성을 지닌 의존명사와 단위명사, 보조용언은 ≪한글 마춤법 통일안≫(1933)을 비롯한 초기 규정에서는 붙여 쓰도록 하였으나, 이들은 접속 부사나 열거의 기능을 지닌 의존명사와 함께 단어의 범주에 포함된다는 점에서 띄어 쓰는 쪽으로 바뀌었다. 그러나 지나친 띄어쓰기가 오히려 내용의 이해에 장애가 되므로 점차 붙여 씀을 제한적으로 허용하기에 이르는데, 여기서는 허용의 조건이 명시되어야 한다는 부담이 대두되었다. 성과 이름을 비롯한 고유명사의 표기에서도 초기 규정에서는 붙여 쓰도록 하였으나, 단어별 띄어쓰기의 원칙을 반영하여 띄어 쓰다가 1960년대 이후 점차 붙여 쓰거나 붙여 씀을 허용하게 되었다. 그리고 수 표기는 ≪통일안≫(1933) 이후 모든 규정에서 십진법에 따라 띄어 쓰였는데, 이것은 현행 ≪한글 맞춤법≫(1988)이 만(萬) 단위로 띄어 쓰도록 하는 것과는 다른 것이었다.

전반적으로 보면, 국어 표기 규정에서 띄어쓰기는 ≪통일안≫(19

33)을 비롯한 초기 규정에서는 붙여 쓰기가 일반적으로 적용되었다면, 광복 후에는 띄어 쓰는 것이 확산되었다가 띄어쓰기를 원칙으로 하고 붙여 쓰기를 허용하는 방향으로 바뀌어 왔다고 할 수 있다. 이러한 관점에서 현행 ≪한글 맞춤법≫(1988)에서는 단어별 띄어쓰기가 원칙이나 특정 조건에서는 붙여 쓸 수 있도록 허용하였다.

제9장 음운 현상의 표기

언어는 시간의 흐름에 따라 달라지는 것이 당연하다. 따라서 표기 대상이 되는 음성언어에서 일어나는 현상은 어떤 방식으로든 문자에 의한 표기에 영향을 준다. 국어에는 음절과 음절, 또는 형태와 형태의 결합에서 다양한 음운 현상이 존재한다. 이와 관련하여 앞에서는 아래아(4장), 된소리(5장), 받침(6장), 사이시옷(7장) 등의 음운 현상과 관련한 문제를 표기 규정을 중심으로 살폈다. 이 장에서는 구개음화와 두음법칙, 단모음화, 원순모음화, 전설모음화 등 앞에서 다루지 못한 일부 음운 현상의 표기와 관련한 규정의 변천 과정을 정리해 보기로 한다.[1]

---

1 이 장에서는 각 규정의 본문을 중심으로 서술하기로 한다.

9.1. 음운 현상과 표기의 문제

〔1.1.〕 언어에서 표기와 관련되는 음운 현상에는 합류나 분기 등의 음운 체계상의 변화와 함께, 교체, 탈락, 첨가, 축약, 연음 등이 예상 되는데, 이들을 서술할 경우에는 통상 공시적인 음운 변동(phonologi cal variation)과 통시적인 음운 변화(phonological change)로 구분 하며, 전자는 '→'로 표시하고 후자는 '〉'로 표시한다. 국어에서 표기 규정이 명문화되는 경우에는 음운 변동과 관련된 부분이 구체적으로 반영되어 왔다(허웅, 1988; 민현식, 1995ㄴ; 송미영, 2019 참조).

국어에서 표기 대상이 되는 발음은 현실음을 바탕으로 한다. 그것 은 현행 ≪한글 맞춤법≫(1988)에서 보면, 제1장의 '표준어를 소리대 로 적되, 어법에 맞도록' 적는 것과 관련된다. 즉, 한글은 표음문자이 므로 소리대로 적는 것은 당연하겠지만, 표기 대상이 되는 발화는 원 칙적으로 현실음에 기반한 표준어가 된다는 것이다. 그런데 '어법에 맞도록' 적는 것은 기본형(원형)을 전제로 하는 것이어서 표준 발음과 항상 일치하지는 않는다. 그리하여 경우에 따라서는 현실음에 따른 형 태와 기본형 중 어느 것을 표기 대상으로 할 것인지의 문제가 남는다.[2]

또한 언어의 표기에는 문자언어의 보수성과 격식성의 문제가 제기 될 수 있다. 즉, 문자언어는 잘 바뀌지 않으려는 경향이 있으며 격식 을 차려 의고적으로 표현하는 경향이 있어서, 발음의 변화가 문자 표 기에 그때그때 반영되지 않게 된다.

---

2 이것은 표기 원리에서 이른바 음소주의와 형태주의의 문제와 관련된다(앞의 3.5절 5.1 항 참조).

1.2. 국어의 표기에는 한자어 문제도 포함된다.[3] 한글과 한자는 본질적으로 다른 것이기도 하거니와 한자어는 오랜 세월 동안 고유어와 공존하면서 본래의 음에서 달라진 경우가 발생하였다. 따라서 한자어를 한자로 쓰면 문제가 없겠으나, 그것을 한글로 표기할 때 본음과 변동된 음이 공존하는 경우 문제가 된다. 특히 속음(俗音)은 한자음에서 이른바 '현실에서 통용되나 표준으로 인정되지 않는 음'(강창석, 2005)을 이르는 것으로, 어디까지를 표기에 반영할 것인지의 문제가 있다. 일반화해서 보면, 한자어의 표기는 자전(字典)에서 기술할 문제라는 점에서도 표기 규정에서 다루는 것이 적절한지 의문이 제기되기도 한다.

표기 규정의 역사에서 보면, 고유어와 한자어에서의 문제를 구분하여 다루는가 아니면 통합적으로 다루는가의 차이가 있었다. 일제의 언문 철자법의 경우 앞의 두 차례 규정에서는 고유어와 한자어를 구분하여 이원적으로 표기하는 것을 원칙으로 하였는데, 세 번째 ≪諺文綴字法≫(1930)에서는 이러한 구분을 없앴다. 예를 들어, ≪普通學校用諺文綴字法≫(1912)과 ≪普通學校用諺文綴字法大要≫(1921)에서는 '純粹朝鮮語에對하야는' 'ㆍ'자를 사용하지 않고 한자어에서는 사용하도록 하였는데, 그것은 한자어의 경우 '그韻을紊亂히할憂慮가잇씀으로써'라고 하였다(앞의 2.1절 참조).

동아일보의 ≪新綴字便覽≫(1933)에서는 유형별로 정리되지는 않았으나, 여러 음운 현상에 대해 각각의 항으로 표기 방법을 규정하기도 하였다. 그리고 한자어와 관련한 문제는 하나의 항에 모아 하위 항목으로 구분하여 처리하였다(앞의 2.2.2절 2.2항 참조).

---

3 한자어의 표기와 관련하여 신창순(1992:187-343), 강창석(2005), 연규동(2014), 권인한(2019). 유현경 외(2022) 등을 참조할 수 있다.

한자어의 표기와 관련한 문제가 구체적으로 드러난 것은 조선어학회의 《한글 마춤법 통일안》(1933)에서부터였다(앞의 2.3.1절 1.2항 참조). 이후 《통일안(고친판)》(1937)과 《통일안(새판)》(1940)에서 일부 수정하였으며, 《통일안(일부 개정)》(1946), 《통일안(한글판)》(1948), 《통일안(용어 수정판)》(1958)에서는 내용상 수정이 없었다. 그런데 《한글 맞춤법》(1980)에서는 고유어와 한자어를 통합하는 새로운 모습으로 정리하였으며, 이러한 방식은 현행 《한글 맞춤법》(1988)으로 이어졌다.

 1.3. 조선어학회의 《한글 마춤법 통일안》(1933)에서는 음운 현상과 관련한 표기에 대해 장과 절, 항으로 구분하여 구체적으로 규정하였다. 그리고 고유어와 한자어를 구분하였는데, 고유어는 제2장의 '聲音에 關한것', 한자어는 제4장 '漢字語' 부분에서 해당 항목을 찾을 수 있다. 이것을 목차로 정리하면 다음과 같다.

第二章　聲音에 關한것	第四章　漢字語
제1절 된소리	제1절 홀소리만을 變記할것
제2절 舌側音 ㄹ	제2절 닿소리만을 變記할것
제3절 口蓋音化	제3절 닿소리와 홀소리를 함께 變記할것
제4절 ㄷ바침 소리	제4절 俗音

우선, 제2장에서는 고유어와 관련되는 된소리와 설측음 'ㄹ', 구개음화, 'ㄷ'받침 소리에 관해 규정하였다. 된소리의 경우, 한 단어 안에서 아무 뜻이 없는 두 음절 사이에서 나는 된소리는 모두 아래 음절의 첫소리를 된소리로 적는다는 것('아빠/*압바, 오빠/*옵바, 어깨/*엇개, 토끼/*톳기')이고, 설측음은 'ㄹㄴ'으로 적던 것을 'ㄹㄹ'로 적는다

는 것(걸레/*걸네, 날린다/*날닌다, 흘러/*흘너)이었다.[4]

그리고 구개음화는 'ㄷ, ㅌ'으로 끝난 말 아래에 종속적 관계를 가진 '이'나 '히'가 올 적에는 그 'ㄷ, ㅌ'이 구개음화되는 것을 표기에 반영하지 않는다는 것('밭이/*바치, 굳이/*구지, 걷히다/*거치다')이며, 'ㄷ바침 소리'는 아무 까닭이 없이 'ㄷ'받침으로 나는 말은 'ㅅ'으로 적는다는 것('짓밟다/*진밟다, 옷/*온, 옛/*옌, 그릇/*그른, 따뜻하다/*따뜯하다')이었다.

한편, 4장의 한자어와 관련해서는 항목을 따라 매우 자세히 규정하였다. 일반적인 측면에서 '漢字音은 現在의 標準 發音을 쫓아서 表記함으로써 原則을 삼'아서 '從來의 漢字 字典에 規定된 字音을' 고치는데, 이것을 변기(變記)되는 소리에 따라 자음과 모음, 자모음 모두로 구분하여 규정하였다.

모음의 경우, 'ㆍ'자는 폐지하고, 'ㅅ, ㅈ, ㅊ' 뒤에서는 단모음 'ㅏ, ㅓ, ㅗ, ㅜ'로 적는다는 것('사회(社會)/*샤회, 장안(長安)/*쟝안, 처자(妻子)/*쳐즈')과 '계, 례, 몌, 폐, 혜'는 본음대로 적되 '셰, 제, 체'의 'ㅖ'는 'ㅔ'로 적는다는 것('계수(桂樹)/*게슈, 혜택(惠澤)/*혜택, 세계(世界)/*셰계, 제도(制度)/*졔도, 체류(滯留)/*쳬류') 등을 비롯하여, 'ㅈ, ㅊ, ㅅ' 뒤에서 'ㅡ'는 본음대로 적는 것('슬하(膝下), 증인(證人)')을 원칙으로 하고, 'ㅁ, ㅂ, ㅍ' 뒤에서 'ㅡ'는 'ㅜ'로 적는 것으로 원칙을 삼는다는 것('묵화(墨畵)/*믁화, 북극(北極)/*븍극, 품질(品質)/*픔질') 등에 대해 규정하였다. 그리고 여기에 '의, 희'의 모음은 본음대로 적는 것('의원(醫員), 주의(主義), 희망(希望)')을 원칙으로 하고, 'ㅢ,

---

4 *표는 잘못된 표기의 예를 뜻한다(이하 동일).

빅, 싀, 칰' 등은 '기, 비, 시, 치'로 적으며('기차(汽車)/*긔챠, 시탄(柴炭)/*싀탄'), '쉬, 취'는 '쉬, 취'로 적는다는 것('쉬려(淬礪)/*쉬려, 취객(醉客)/*취긱') 등이 포함되었다.

자음의 경우, 두음법칙의 세 유형, 즉, 'ㄴ→ㅇ'('여자(女子)/*녀자, 이토(泥土)/*니토')과 'ㄹ→ㅇ'('양심(良心)/*량심, 역사(歷史)/*력사), 'ㄹ→ㄴ'('낙원(樂園)/*락원, 내일(來日)/*래일')을 다루었고, 자음과 모음 모두 바뀌는 것으로는 '뎌>저'('저급(低級)/*뎌급'), '텨>처'('천지(天地)/*텬지') 등을 포함하였다.

<u>1.4.</u> 한글학회의 ≪한글 맞춤법≫(1980)에서는 상당히 다른 모습으로 정리하였다. 여기서는 우선 고유어와 한자어의 구별을 두드러지지 않으며, 특히 한자어와 관련한 부분을 축소하였다.

음운 현상과 관련하여서는 제2장 '소리'에서 다루었으며, 그 내용은 된소리되기의 표기 문제와 구개음화, 모음, 두음 법칙을 대상으로 하였다. 그리고 한자어 문제는 제3장 '말본'의 '제4절 임자말 만들기'에서 규정하였는데, 기본은 '한자말을 한 글자마다를 한 형태소로 보고 그 원형을 밝히어 적는다.'는 것이었으며, 현실음을 따라 적는다는 것이었다.

그런데 현행 ≪한글 맞춤법≫(1988)에서는 '제3장 소리에 관한 것'에서 음운 변동에 관련한 항목을 규정하였으며, 한자 속음(俗音)에 관해서는 '제6장 그 밖의 것'에서 하나의 항목으로 규정하였다.

제3장 소리에 관한 것
　　제1절 된소리

　　　제2절 구개음화

　　　제3절 'ㄷ' 소리 받침

　　　제4절 모음

　　　제5절 두음 법칙

　　　제6절 겹쳐 나는 소리

　　제6장 그 밖의 것

　　　　(한자음은 발음에 따라 표기)

　이것은 한글학회의 ≪한글 맞춤법≫(1980)에 비해 3장의 소리에 관한 것에서는 제6절에서 '한 단어 안에서 같은 음절이나 비슷한 음절이 겹쳐 나는 부분은 같은 글자로 적는다.'고 하여 겹쳐 나는 소리에 관한 것을 추가하였고, 6장에서 한자음의 경우 '본음으로도 나고 속음으로도 나는 것은 그 소리에 따라 적는다.'고 하여 더 단순하게 규정하였다.

　이와 같이 음운 현상이 표기 규정에 반영되었는데, 특히 한자음과 관련한 부분은 점차 축소되는 과정으로 전개되었다고 할 수 있다. 그것은 많은 부분에서 한자음과 관련한 음운 현상이 일반화되었으며, 따라서 그와 관련되는 규정은 이미 표음적으로 굳어진 현실을 반영하지 못하고 사문화(死文化)되었기 때문이다.

9.2. 구개음화의 표기

　2.1. 국어에서 구개음화는 'ㄷ, ㄱ, ㅎ'이 각각 'ㅈ, ㅈ, ㅅ'으로 바뀌는 것을 지칭하는데, 넓은 의미에서는 'ㄴ, ㄹ, ㅅ'에서의 변이음이 실현되는 것을 포함하기도 한다. 이것을 유형에 따라 정리하면 다음과

같다(김주필, 1999 참조).

① 'ㄷ, ㅌ, ㄸ'이 'ㅣ'나 'ㅣ' 선행 이중모음 앞에서 'ㅈ, ㅊ, ㅉ' 음으로 변한다.
  ('굳이→구지, 밭이→바치, 됴타(好)〉좋다, 텬디(天地)〉천지')
② 'ㄴ, ㄹ'이 'ㅣ'나 'ㅣ' 선행 이중모음 앞에서 구개음화한 'ㄴ, ㄹ' 음으로 변한다. ('하느냐, 저녁, 걸래, 멀리')
③ 'ㅅ, ㅆ'이 'ㅣ'나 'ㅣ' 선행 이중모음 앞에서 구개음화한 'ㅅ, ㅆ' 음으로 변한다.
④ 'ㄱ, ㅋ'이 'ㅣ'나 'ㅣ' 선행 이중모음 앞에서 'ㅈ, ㅊ' 음으로 변한다. ('길→질, 키(箕)→치')
⑤ 'ㅎ'이 'ㅣ'나 'ㅣ' 선행 이중모음 앞에서 'ㅅ' 음으로 변한다.
  ('힘→심, 흉년(凶年)→슝년')

이 중에서 국어에서 구개음화의 가장 대표적인 현상은 ①에 해당한다.[5] 여기서는 'ㄷ, ㅌ'와 'ㅈ, ㅊ'는 별개의 음소에 해당하는 것이어서 '됴타〉좋다'나 '텬디〉천지'와 같이 어형이 달라지는(재구조화되는) 경우도 있다. 이에 비해서 ②와 ③은 음소의 차이가 아니라 변이음의 관계에 해당하는데, ②는 치조음 [n]이 구개음 [ɲ]으로 변하는 것으로, ③은 [s]가 [ʃ]로 바뀌는 것으로 해석된다.

그리고 ④와 ⑤는 일부 방언에서 나타나는데, ④는 어두에서 'ㄱ'이 'ㅈ'으로 바뀌는 것('길→질, 기름→지름, 길다→질다, 끼다→찌다')이

---

5 현행 ≪표준 발음법≫(1988) 제17항에서는 '굳이[구지], 곧이듣다[고지듣따], 밭이[바치]' 등과 같이 '받침 'ㄷ, ㅌ(ㄾ)'이 조사나 접미사의 모음 'ㅣ'와 결합되는 경우에는, [ㅈ, ㅊ]으로 바꾸어서 뒤 음절 첫소리로 옮겨 발음한다.'고 규정하였다.

고, ⑤는 'ㅎ'이 'ㅅ[ʃ]으로 바뀌는 것('힘→심, 형→셩, 흉→슝')에 해당한다. 그런데 평안 방언에서는 아무런 구개음화도 일어나지 않는다. 그래서 '둏디 않다(좋지 않다), 구디(굳이), 무티다(묻히다), 텬디(天地)'와 같이 발음하며, '니(齒), 니블(이불), 녀름(여름)'에서와 같이 'ㄴ'도 어두에서 구개음화되지 않고 남아 있다.

구개음화는 15세기 비어두에서 발생하여 근대 국어 시기에 어두에서도 나타난 것으로 해석하는데, 일반적으로 다음과 같은 유희의 『諺文志』(1824)의 글을 근거로 하여 대체로 17세기 말에서 18세기 초 사이에 구개음화가 형성되었을 것으로 본다(허웅, 1965; 이기문, 1972 참조).

"如東俗댜뎌呼同쟈져 탸텨呼同챠쳐 不過以按頤之此難彼易也 今唯關西之人 呼天不與千同 呼地不與之同"

"又聞鄭丈言 其高祖昆弟 一名知和一名至和 當時未嘗疑呼 可見디지之混 未是久遠也"

즉, 당시 일반 사람들은 '댜뎌'를 '쟈져'로, '탸텨'를 '챠쳐'로 발음하는데, 이것은 안이(按頤, 턱을 안쪽으로 끌어 당김)로 발음할 때 설음(舌音)은 어렵고 치음(齒音)이 쉽기 때문이며, 당시 관서 지방 사람들만 '天(텬)'을 '千(쳔)'처럼 발음하지 않고 '地(디)'를 '至(지)'처럼 발음하지 않았다는 것이다. 이에 따르면 19세기 초에는 서북방언을 제외하고 구개음화가 일어났음을 알 수 있다.

그리고 유희는 그의 스승인 정동유(1744~1808)의 고조 생존 시(17세기 중엽)에는 형과 아우의 이름이 각각 '知和(디화)'와 '至和(지화)'이어서 혼동된다고 하였는데, 이것은 적어도 당시에는 아직 구개음화가 일어나지 않았음을 의미하는 것으로,6 이를 통해 구개음화는 17세기 후반 또는 18세기 초에 시작되었음을 알 수 있다.

한편, 한자음의 구개음화와 관련하여 같은 'ㄷ, ㅌ'라 하더라도 한어 성모(聲母)의 기원에 따라 구개음화의 적용에 차이를 보인다(권인한, 2019 참조). 즉, 설상음(舌上音) 자는 구개음화가 적용되어 표기되었는데('張쟝, 珍진, 楮져, 寵춍, 癡치, 場쟝, 呈졍, 知지' 등), 설두음(舌頭音) 자는 20세기 초반의 문헌에 이르기까지 'ㄷ, ㅌ'을 유지하였다('典뎐, 天텬, 鐵텰, 添텸, 敵뎍, 田뎐, 地디').

그런데 19세기 말에 들어서는 구개음화 현상의 표기에 혼란이 있었다. 이와 관련하여, '디키다/지키다, 됴타/조타, 됴흔/죠흔/조흔, 갓티/갓치, 데ᄌ/제자, 텬쥬/천주, 형뎨/형제' 등을 비롯한 많은 예가 보인다(정길남, 1994; 김동언, 2017 참조).

2.2. 구개음화 현상이 표기 규정에 적용된 것은 일제의 언문 철자법에서부터였다. 우선 총독부의 ≪普通學校用諺文綴字法≫(1912)에서는 다음과 같이 규정하였다.

三. 純粋朝鮮語에對하야는ㄷ行及ㅌ行은ㅏ列ㅓ列ㅗ列ㅜ列에만使用하고, 其他列에는ㅈ行及ㅊ行을使用함。

여기서 고유어(純粋朝鮮語)의 경우, 'ㄷ'은 'ㅏ, ㅓ, ㅗ, ㅜ' 앞에만

---

6 15세기에도 '디다(落)'와 '지다(負)', '디(地)'와 '지(止)', '텬(天)'과 '천(千)'은 서로 의미가 분화되었다.

올 수 있으나, 다른 모음 앞에서는 'ㅈ'로 표기한다는 것으로 해석된다. 즉, 고유어에서는 'ㄷ' 구개음화를 표기에 반영한다는 것이다. 그런데 구개음화를 표기에 반영하는 것은 고유어로 한정되었으며 한자어에는 적용하지 않았다. 따라서 고유어와 한자어의 표기가 이원화되는 현상을 초래하였다.

이와는 달리 ≪諺文綴字法≫(1930)에서는 다음과 같이 규정하였다.

二. 純粹한朝鮮語거나漢字音임을不問하고「댜쟈뎌·져·됴·죠·듀·쥬·디」가 「자·저·조·주·지」로發音되거나「탸·챠·텨·쳐·툐·쵸·튜·츄·티」가「차·처·초·추·치」로發音되거나「샤·셔·쇼·슈」가「사·서·소·수」로發音될째는表音的表記法을조차後者로一定하야左例號와가티書함. (例) 甲/乙[7]
절(寺)/덜 적당(適當)/덕당 죳소(好)/둇소 조사(調査)/됴사 짚(藥)/딥 지방(地方)/디방 장관(長官)/쟝관 가저왓다(持來)/가져왓다 정분(情分)/졍분 조롱(嘲弄)/죠롱 중(僧)/즁 주인(主人)/쥬인 황천(皇天)/황텬 촉루(髑髏)/툭루 착실(着實)/챡실 첫다(打)/쳣다 총주(塚主)/총쥬 춘풍(春風)/츈풍 하사(爲)/하샤 관사(官舍)/관샤 섬긴다(仕)/셤긴다 하서서(爲)/하셔서 선악(善惡)/션악 소(牛)/쇼 수산(水産)/슈샨 대소(大小)/대쇼

즉, 고유어와 한자어 구분 없이 'ㄷ, ㅌ'이 'ㅣ' 또는 'ㅣ' 선행 이중모음 앞에서 'ㅈ, ㅊ'로 되는 것(구개음화)과 'ㅈ, ㅊ, ㅅ' 뒤의 'ㅑ, ㅕ, ㅛ, ㅠ' 등의 이중모음이 'ㅏ, ㅓ, ㅗ, ㅜ' 등의 단모음으로 되는 것(단모음화)을 표기에 반영한다는 것이다(다음의 9.5절 5.3항 참조). 이것

---

7 원문에서 예시는 甲과 乙을 구분하여 세로로 배열하였으나, 여기서는 甲/乙이나 新/舊, ㄱ/ㄴ, 적기/소리 등과 같이 묶어 가로로 제시하기로 한다(이하 예시에서도 필요에 따라 동일한 방식을 적용한다).

은 고유어와 한자어를 분리하던 앞의 ≪普通學校用諺文綴字法≫(1912)와 달리 동일하게 처리하는 것이기도 하다.

[2.3.] 구개음화 현상의 표기와 관련하여 조선어학회의 ≪한글 마춤법 통일안≫(1933)에서는 고유어와 한자어를 동일한 관점에서 규정하였다. 그러나 이들을 항을 나누었는데, 고유어의 경우 '第三節 口蓋音化'에서 다음과 같이 규정하였다.

> 第五項 한글의 字母는 다 제 音價대로 읽음을 原則으로 한다. 따라서 '댜, 뎌, 됴, 듀, 디'를 '자, 저, 조, 주, 지'로, '탸, 텨, 툐, 튜, 티'를 '차, 처, 초, 추, 치'로 읽음을 認定하지 아니한다.
> [附記 一] ㄷ ㅌ으로 끝난 말 아래에 從屬的 關係를 가진 '이'나 '히'가 올적에 그 ㄷ ㅌ이 口蓋音化되는것을 例外로 認定한다. (甲을 取하고 乙을 버린다.) 例: 甲/乙
> 밭이/바치 굳이/구지 핥이다/할치다 걷히다/거치다 묻히다/무치다 닫히다/다치다
> [附記 二] ㄴ은 ㅣ(ㅑ ㅕ ㅛ ㅠ) 우에서 口蓋音化되는것을 認定한다. 例:
> 저녁 바구니 누구뇨 가더냐

즉, 한글 표기가 원칙적으로는 자모의 본래 음가에 따르는 것이어서 'ㄷ, ㅌ'이 'ㅣ'와 'ㅣ' 선행 이중모음 앞에서 'ㅈ, ㅊ'로 되고 단모음화되는 것을 독음에서는 인정하지 않는 것을 원칙으로 하였다. 그런데 [附記 一]에서는 'ㄷ, ㅌ'으로 끝난 말 아래에 종속적 관계를 가진 '이'나 '히'가 뒤따르는 형태·음운론적 조건에서는 발음상 구개음화를 인정하며, [附記 二]에서는 'ㅣ'나 'ㅣ' 선행 이중모음 앞에서 발음상 'ㄴ'의

구개음화를 인정하였다. 따라서 [附記]의 경우는 구개음화에 대해 형태의 경계에서 나타나는 현상에서는 발음상 인정하나 표기에는 반영하지 않음을 의미한다.[8]

한자어의 경우에는 '第四章 第三節 닿소리와 홀소리를 함께 變記할 것'에서 다음과 같이 규정하였다.

第四五項 '뎌 됴 듀 디 뎨'의 字音은 '저 조 주 지 제'로 적는다. (甲을 取하고 乙을 버린다.) 例: 甲/乙

저급(低級)/뎌급 전답(田畓)/뎐답 조수(鳥獸)/됴슈 조정(調停)/됴뎡 주광(紂纊)/듀광 지구(地球)/디구 제자(弟子)/뎨ㅈ 질탕(佚蕩)/딜탕

第四六項 '텨 툐 튜 톄'의 字音은 '처 초 추 체'로 적는다. (甲을 取하고 乙을 버린다.) 例: 甲/乙

천지(天地)/텬디 철도(鐵道)/텰도 청중(聽衆)/텽즁 초미(貂尾)/툐미 촉루(髑髏)/툑루 체재(體裁)/톄재

위에서는 한자어의 경우 'ㅣ'와 'ㅣ' 선행 이중모음 앞에서 'ㄷ〉ㅈ'과 'ㅌ〉ㅊ'으로 되고 모음은 단모음으로 바뀌었는데, 이러한 변화를 표기에 반영한다는 것이다. 이것은 모음과 자음 모두에서 변화가 나타나는 예에 해당한다.

국어국문학회의 ≪國語正書法案≫(1971)에서는 '제2장 성음(聲音)에 관한 것' 중 '제3절 구개음화'에서 다음과 같이 규정하였다.

---

8 송미영(2019)에서는 ≪한글 마춤법 통일안≫(1933)에서는 '구개음화'라는 음운 현상 용어의 언급, 형태소 경계의 구개음화 환경의 제시, 'ㄴ' 구개음화 현상의 추가 등으로 구체화하였다고 하였다.

제5항 '디 티'가 '지, 치'로 구개음화한 말은 소리대로 적는다. 예: ( )안
의 것을 버린다.

1) 명사: 땀바지(땀받이) 해도이(해돋이) 마당거지(마당걷이)
미다지(미닫이) 부침(붙임)

2) 부사: 구지(굳이) 고지(곧이) 가치(같이)

3) 피동사와 사동사: 가치다(갇히다) 다치다(닫히다) 고치다
(곧히다) 무치다(묻히다) 구치다(굳히다) 바치다(받히다)

[부침] 'ㄷ'바침 명사와 '이'(토나 접미사)의 사이에서 구개음화
되는 것은 바침을 부쳐서 적는다.

겉이, 겉이냐, 낱낱이 (이 부침 규정에 해당하는 명사는 '겉,
곁, 끝, 낱, 머리맡, 뭍, 밑, 바깥, 밭, 볕, 삳, …' 등이다)

이것은 명사나 부사, 동사(피동사와 사동사)가 파생되는 경우에는
표음적으로 적는다(즉, 구개음화를 표기에 반영한다)는 것인데, 당시
의 《통일안》과는 다른 것이었다.

한편, [부침]에서는 《통일안》과 동일한 맥락에서 명사 뒤의 '이'는
그것이 조사이든 접미사이든 모두 원형을 밝혀 적는다고 하였다. 또한
한자어와 관련하여 특별히 다루지는 않았는데, 그것은 당시에는 이미
한자어에서 구개음화가 실현된 형태로 굳어졌기 때문이다.

한편, 한글학회의 《한글 맞춤법》(1980)에서는 '제2장 소리' 중 '제
2절 입천장소리되기'에서 다음과 같이 규정하였다.

제4항 'ㄷ, ㅌ' 받침 뒤에 종속적 관계를 가진 '이'나 '히'가 올 적에는
그 'ㄷ, ㅌ'이 입천장소리 되는 것을 인정한다. 적기/소리
맏이/마지 끝이/ㄲ치 밑이/미치 밭이/바치 솥이/소치 팥이/파치
굳이/구지 같이/가치 낱낱이/난나치 삳삳이/사싸치 가을걷이/

가을거지 땀받이/땀바지 미닫이/미다지 여닫이/여다지 해돋이/
해도지 겨레붙이/겨레부치 벼훑이/벼훌치 쇠붙이/쇠부치 붙이
다/부치다 핥이다/할치다 걷히다/거치다 굳히다/구치다 닫히다/
다치다 묻히다/무치다

위에서는 종속적 관계를 가진 '이'나 '히'는 조사를 비롯하여 부사나
명사 형성의 접미사, 동사에 붙는 접미사 등이 뒤따라올 때, 앞선 ≪
통일안≫을 따라 발음에서는 구개음화 현상을 인정하지만 표기에는
반영하지 않는다는 것이다. 그리고 여기서는 고유어만 대상으로 하고
한자어는 제외하였는데, 그것은 한자어는 이미 구개음화와 단모음화
가 굳어진 형태로 쓰이는 것으로 보았기 때문이다.

 2.4. 현행 ≪한글 맞춤법≫(1988)에서는 '제3장 소리에 관한 것'
중 '제2절 구개음화'에서 다음과 같이 규정하였다.

제6항 'ㄷ, ㅌ' 받침 뒤에 종속적 관계를 가진 '-이(-)'나 '-히-'가
올 적에는 그 'ㄷ, ㅌ'이 'ㅈ, ㅊ'으로 소리 나더라도 'ㄷ, ㅌ'으로
적는다.(ㄱ을 취하고, ㄴ을 버림.) ㄱ/ㄴ
맏이/마지 핥이다/할치다 해돋이/해도지 걷히다/거치다 굳이/구
지 닫히다/다치다 같이/가치 묻히다/무치다 끝이/끄치

위에서는 구개음화가 일어나는 형태·음운론적 조건을 제시하고 발
음에서는 수용하지만 표기에서는 반영하지 않는다는 것으로, 한글학
회의 ≪한글 맞춤법≫(1980)과 동일하다. 그리고 고유어의 예만 제시
되었는데 그것은 이미 한자어에서 구개음화가 실현된 형태로 굳어졌
기 때문이다.

9.3. 설측음화의 표기

[3.1.] 설측음화는 설측음이 아닌 소리가 설측음인 'ㄹ'로 바뀌는 현상을 말하는데, 대표적인 것으로 'ㄴ'과 'ㄹ'이 인접할 때 'ㄴ'이 'ㄹ'로 바뀌는 것이 있다. 예를 들어, '설날, 달님, 칼날, 찰나(刹那)'에서는 'ㄹ-ㄴ'이 'ㄹ-ㄹ'로, '진리(眞理), 난로(煖爐), 신라(新羅)'에서는 'ㄴ-ㄹ'이 'ㄹ-ㄹ'로 바뀐다. 그리고 이들은 고유어와 한자어에서 모두 나타난다.[9]

이와 관련한 표기에서 보면, 15세기에 'ㄹㄹ'로 표기되던 것이 점차 'ㄹㄴ'과 혼기되는 현상을 보였는데, 이러한 현상은 17세기부터 간헐적으로 나타나다가 18세기 중반 이후 크게 확산되는 양상을 띠었다(김중진, 1999:146-152; 김성옥, 2017; 나찬연, 2020:21 참조).

[3.2.] 설측음화와 관련된 표기는 한자어와 연관하여 문제가 있었다. 우선 일제 총독부의 ≪諺文綴字法≫(1930)에서 다음과 같이 규정하였다.

> 七. 나行라行音의漢字音은歷史的綴字法을쓰나中聲으로긋나는音의下에서는나行音이라行音으로變하고라行音이나行音으로變하는境遇는表音的表記法에딸하甲號와가티씀. (例) 甲/乙
>
> (1) 회령(會寧)/회녕 야료(惹鬧)/야뇨

---

9 현행 ≪표준 발음법≫(1988) 제20항에서는 "'ㄴ'은 'ㄹ'의 앞이나 뒤에서 [ㄹ]로 발음한다.'고 규정하면서 다음의 예를 제시하였다.
　(1) 난로[날로], 신라[실라], 천리[철리], 광한루[광할루], 대관령[대괄령]
　(2) 칼날[칼랄], 물난리[물랄리], 줄넘기[줄럼끼], 할는지[할른지]

(2) 의논(議論)/의론

즉, 모음 뒤 음절의 첫소리에서 (1)과 같이 'ㄴ'이 'ㄹ'로 변하면 'ㄹ'로 쓰고, (2)와 같이 'ㄹ'이 'ㄴ'으로 변하면 'ㄴ'으로 쓴다는 것이다. 그리고 이것은 현실 발음을 표기에 반영하는 표음적인 성격을 지닌다고 하였다.

이후 동아일보의 ≪新綴字便覽≫(1933)에서는 한자어에서 'ㄴ'이 'ㄹ'로 변하는 것과 관련한 항목을 다음과 같이 규정하였다.

┼. ㄴ이 다른 글자 아례에서 ㄹ로 變하는 것. 新/舊
   허락(許諾)/허낙 개령(開寧)/개녕 회령(會寧)/회녕
   관렴(觀念)/관념

즉, 'ㄴ'이 'ㄹ'로 변하는 것은 변한 대로 쓴다는 것인데, 특히 제시된 예 중에서 '관렴/관념'은 어느 쪽인 적절한 표기인지에 대해 이견이 있었다.

3.3. 조선어학회의 ≪한글 마춤법 통일안≫(1933)에서는 설측음화와 관련하여 고유어와 한자어를 구분하여 규정하였다. 우선 고유어에 관한 것을 보면 다음과 같다.

第四項 在來에 舌側音 ㄹ을 ㄹㄴ으로 적던것을 ㄹㄹ로 적기로 한다.
   (甲을 取하고 乙을 버린다.) 例: 甲/乙
   걸레/걸네 날린다/날닌다 흘러/흘너 뺄리/뺄니 얼른/얼는

즉, 위에서 예시된 것처럼 '걸레, 날린다'로 표기하고 '걸네, 날닌다'
로 표기하지 않는다는 것이다.

그리고 한자어에 관해서는 제4장 '漢字語'의 제4절 '俗音'에서 다음
과 같이 규정하였다.

第四八項 두 홀소리 사이에서 (1) ㄴ이 ㄹ로만 나는 것은 ㄹ로 적고,
　　(2) ㄹ이 ㄴ으로만 나는 것은 ㄴ으로 적는다. (甲을 取하고 乙
　　을 버린다.) 例: 甲/乙
　(1) 허락(許諾)/허낙 대로(大怒)/대노 회령(會寧)/회녕
　(2) 의논(議論)/의론
第四九項 두 홀소리 사이에서 ㄴ이 ㄹ로도 나는 일이 있으되, 그것은
　　本音대로 적는다. (甲을 取하고 乙을 버린다.) 例: 甲/乙
　　기념(記念)/기렴 기능(技能)/기릉
第五十項 漢字音이 連發될적에 ㄴㄴ이 ㄹㄹ로도 나는 것은 本音을 原
　　則으로 하고, ㄹㄹ도 許容하되, ㄴㄹ로 적는다. (甲을 原則으로 하
　　고 乙을 許容한다.) 例: 甲/乙
　　관념(觀念)/관렴 곤난(困難)/곤란 안녕(安寧)/안령
　　본능(本能)/본릉 만년(萬年)/만련

위의 규정은 'ㄴ'의 설측음화에 대해 세 가지 항목으로 구분한 것이
다. 즉, 四八항은 순수 고유어처럼 익은말(熟語)로 된 것의 경우, 표음
에 따라 'ㄹ'로 나는 것은 'ㄹ'로 적고('허락/*허낙'), 'ㄴ'으로 나는 것
은 'ㄴ'으로 적는다는 것('의논/*의론')이다.[10] 그리고 四九항은 모음
사이의 'ㄴ'이 'ㄹ'로만 발음되는 것이 아니라 'ㄴ'으로도 발음되는 것

---

10 이것은 일반 한자어와는 달리 고유어처럼 처리하는 것이 편리하기 때문이다(이희승,
　1940 참조).

의 경우(이것에서 四八항과 구별된다), 원음을 따라 'ㄴ'으로 적는다는 것이다. 따라서 '기념'과 '기렴', '기능'과 '기릉'은 각각 두 가지 발음이 모두 가능하지만 'ㄴ'으로만 적는다는 것이다.

그런데 五十항은 좀 복잡하다. 즉, 한자음이 연속하여 발음될 때 'ㄴ ㄴ'이 고유어의 발음 습관에 따라 'ㄹㄹ'로도 발음되는 것의 경우, 본음('ㄴㄴ')으로 발음하는 것을 원칙으로 하여 그렇게 적고, 'ㄹㄹ'로의 발음을 허용하되 'ㄴㄹ'로 적도록 한다는 것이다. 이것은 고유어의 발음을 따라 변한 한자음의 경우 그 변한 음의 철자도 허용하되, 'ㄹㄹ'의 경우 모두가 아니라 뒤 음절의 첫소리만 변한 대로 적도록 허용한다는 것이었다. 이에 대해 이희승(1940)에서는 다음과 같이 해설하였다.

(1) 두 글자의 音을 다 變更시키는것보다, 한 글자의 音만 고치는 便이 이 字音의 混亂을 多少라도 防止하게 되는 것이요.

(2) 한 글자의 音만 고치자면 아랫 字의 첫소리만 'ㄹ'로 變更시키는 것이 옳으니, '산림'(山林) '문란'(紊亂)과 같은 다른 말에서도 'ㄴㄹ'의 'L'音을 훌륭히 나타내는 例가 있는 까닭이다.

즉, 'ㄴㄴ'이 'ㄹㄹ'로 바뀌는 것을 모두 표기에 반영하는 것보다 뒷소리만 허용하는 것이 혼란을 방지하고 다른 예에 비추어 타당하다는 것이다.

또한 국어국문학회의 ≪國語正書法案≫(1971)에서는 고유어의 경우 '제2절 설칙음'에서 다루고 한자어는 별도로 규정하였다.

제4항 한 낱말 안의 두 모음 사이에서 아무 뜻이 업시 거듭나는 설칙음은 'ㄹㄹ'로 적는다. 예:

알락달락 빨래 덜렁이 걸레 홀로 실룩실룩 얼른 빨리

제29항 두 모음 사이에서 'ㄴ'이 'ㄹ'로만 나는것은 'ㄹ'로 적고, 'ㄹ'
이 'ㄴ'으로만 나는 것은 'ㄴ'으로 적는다. 예 :

(1) 허락(許諾) 대로(大路) 의령(宜寧) 재령(載寧) 회령(會寧)
희로애락(喜怒哀樂)

(2) 의논(議論) 누누(屢屢)히

제30항 두 모음 사이에서 'ㄴ'이 'ㄹ'로도 나는 일이 잇스되 그것은
본음대로 적는다. 예 :

기념(紀念) 기능(技能) 미납(未納)

제31항 한자음이 이어날적에, 'ㄴㄴ'이 'ㄹㄹ'로 나는 것은 'ㄴㄹ'로
적는다. 예 :

관렴(觀念) 곤란(困難) 한란계(寒暖計)

이것은 앞의 ≪한글 마춤법 통일안≫(1933)과 대부분 같지만 31항에
서 차이가 있다. 즉, 한자어 '觀念'의 경우 전자에서는 '관념'과 '관렴'을
모두 인정하였는데, 후자에서는 '관렴'으로 표기하도록 한 것이다.

한편, 한글학회의 ≪한글 맞춤법≫(1980)에서는 다음과 같이 규정
하였다.

제31항 한자말의 두 홀소리 사이에서 'ㄴ'이 'ㄹ'로만 나는 것은 'ㄹ'
로 적고, 'ㄹ'이 'ㄴ'으로만 나는 것은 'ㄴ'으로 적는다.

(1) 허락(許諾) 회령(會寧) 대로(大怒)

(2) 내내년(來來年) 의논(議論)

[붙임] 다음과 같은 어찌씨도 이에 따른다. 누누(屢屢)이

제32항 한자음이 이어날 적에 'ㄴ, ㄴ'이 'ㄹ, ㄹ'로 나는 일이 있더라
도, 'ㄴ, ㄴ'으로 적는다.

관념(觀念) 만년(萬年) 반납(返納) 본능(本能) 안녕(安寧) 환난(患難)

다만, '르, ㄹ'로 굳어진 말은 'ㄴ, ㄹ'로 적는다.

곤란(困難) 논란(論難) 돈령부(敦寧府) 한라산(漢拏山)

한란계(寒暖計)

위에서 31항은 《한글 마춤법 통일안》(1933)의 四九항과 五十항을 축조하여 하나의 항목으로 규정한 것이다. 그리고 32항은 《한글 마춤법 통일안》(1933)에서 'ㄴㄴ'이 본음 외에 'ㄹㄹ'로 발음되는 것도 허용하고 'ㄴㄹ'로 적도록 하였으나, 여기서는 본음 'ㄴㄴ'으로 거의 굳어졌다고 보고 허용 부분을 삭제한 것에 해당한다.11

[3.4.] 현행 《한글 맞춤법》(1988)에서는 '제6장 그 밖의 것'에서 다음과 같이 규정하였다.12

제52항 한자어에서 본음으로도 나고 속음으로도 나는 것은 각각 그 소리에 따라 적는다.

(본음으로 나는 것)	(속음으로 나는 것)
승낙(承諾)	수락(受諾) 쾌락(快諾) 허락(許諾)
만난(萬難)	곤란(困難) 논란(論難)
안녕(安寧)	의령(宜寧) 회령(會寧)
분노(忿怒)	대로(大怒) 희로애락(喜怒哀樂)
토론(討論)	의논(議論)

11 특히 한자어 '觀念'의 경우를 보면, 《新綴字便覽》(1933)에서는 '관렴'으로, 《한글 마춤법 통일안》(1933)에서는 '관념/관렴'으로, 《國語正書法案》(1971)에서는 '관렴'으로, 《한글 맞춤법》(1980)에서는 '관념'으로 표기하는 것이 옳다고 하였다.

12 고유어와 관련되는 내용은 제시되지 않았는데, 그것은 사문화되었기 때문이다.

오륙십(五六十)	오뉴월 유월(六月)
목재(木材)	모과(木瓜)
십일(十日)	시방정토(十方淨土) 시왕(十王)
	시월(十月)
팔일(八日)	초파일(初八日)

　이것은 오늘날의 한자어 발음은 이미 굳어진 것이어서 일정한 기준을 제시하기보다는 발음에 따라 본음과 속음 그대로 표기에 반영함을 의미한다.13 따라서 여기서는 설측음화 현상만을 다룬 것이 아니라 한자어 표기의 일반적인 사항을 규정한 것이다(강창석, 2005; 유현경 외, 2022 참조).

9.4. 두음법칙의 표기

　4.1. 두음법칙(頭音法則)은 어두(語頭)에 특정한 음이 제약되는 현상으로, 국어에서는 음운 체계에 의한 것과 습관에 의한 것으로 구분된다. 음운 체계에 의한 것에는 자음군(子音群) 제약과 [ŋ]음 제약이 있다. 전자와 관련하여, 중세 국어에서는 한 음절의 첫소리에 오는 자음은 하나만 가능하여 'ㅂ, ㅅ, ㅄ'계의 합용 병서가 '뜯, 쑴, 때' 등처럼 어두에 쓰였으나 현대 국어에서는 모두 '뜯, 꿈, 때'로 되었다. 후자

---

13 이와 관련되는 것으로 다음의 예가 추가될 수 있다.
　'보리(菩提)/제공(提供) 도량(道場)/장소(場所) 보시(布施)/공포(公布) 모란(牡丹)/단심(丹心) 본댁(本宅), 시댁(媤宅)/자택(自宅) 통찰(洞察)/동굴(洞窟) 사탕(砂糖), 설탕(雪糖)/당분(糖分)'

는 중세 국어에서 [ŋ]음은 'ㆁ'자로 쓰였으나 이후 'ㅇ'으로 통합되었으며, 현대 국어에서 받침에서만 쓰이는 것과 관련된다.

습관상 제약되는 것에는 구개음 'ㄴ[ɲ]'과 유음 'ㄹ[r, l]'을 들 수 있다. 전자는 구개음 'ㄴ[ɲ]'이 'ㅣ'나 'ㅣ'선행 이중모음 'ㅑ, ㅕ, ㅛ, ㅠ, ㅖ' 앞에서 발음되지 않고 탈락되는 현상이다('여자/*녀자'). 후자의 경우 후행 모음에 따라 두 가지 양상을 띠는데, 하나는 'ㅏ, ㅓ, ㅗ, ㅜ, ㅡ, ㅐ, ㅚ'의 단모음이 후행하면 'ㄹ[r]'이 'ㄴ[n]'으로 바뀌는 것('낙원/*락원')이고, 다른 하나는 'ㅣ'모음이나 'ㅣ'선행 이중모음 'ㅑ, ㅕ, ㅛ, ㅠ, ㅖ'가 후행하면 'ㄹ[r]'이 탈락하는 것('양심/*량심')이다.

따라서 두음법칙은 특정한 어두 위치에서 'ㄹ'이나 'ㄴ'이 발음되지 못하는 현상으로 인해 표기가 제약되는 현상을 의미한다. 이러한 두음에서의 현상 중에서 음운 체계에 의한 것은 현실음에서 전혀 발음되지 않으므로, 현행의 '소리대로' 적는 표기 규정에서는 문제가 되지 않는다. 그런데 습관에 의한 것은 특히 한자어에서 일어나며 현실 발음에서 불가능한 것도 아니기 때문에,[14] 이들에 대한 표기를 어떻게 할 것인지 규정할 필요가 있게 된다(조규태, 1999; 김성옥, 2014; 송미영, 2019 참조).

---

14 중세 국어에서는 '녀느(他), 녀다(行), 녀름(夏), 뇨강(尿缸), 니(齒), 니기다(習)' 등과 같이 어두에서 'ㄴ'이 비교적 널리 나타났다. 오늘날에는 '녀석'이나 '남녀' 등의 일부 고유어에 남아 있기는 하지만, 문제가 되지 않아 두음법칙의 표기 문제는 주로 한자어에 한정되었다. 그리고 이것은 '뉴스(news), 니코틴(nicotine)'이나 '라디오(radio), 로켓(rocket), 류머티즘(rheumatism), 리더(leader)' 등의 외래어에서는 문제가 되지 않는다.

> **4.2.** 두음법칙과 관련한 표기 규정은 일제의 ≪普通學校用諺文綴字法大要≫(1921)에서 처음 나타나는데, 이것은 고유어에 해당하는 것과 한자어에 해당하는 것을 구분하여 규정하였다.

三. 純粹의 朝鮮語中에 語頭에잇는 니·녀 等은 이·여와 如히 發音함이 多하나他語의 下에 着하야 熟語를 成하는 境遇에는 ㄴ 音이 復活하게됨이 多한故로 此等은 全部 나·녀로 書하기로함.

(例) 녀름(夏) 녑(側) 녜(昔, 古) 닉을(熟) 닙을(着, 被) 니을(連, 續)
　　 니즐(忘) 닐어날(起) 님금(皇) 닙사귀(葉)

四. 漢字音의 頭音의 ㄹ인것은 發音의 如何를 不拘하고 恒常 ㄹ로 書함.

(例) 란초(蘭草) 룡산(龍山) 리익(利益) 릭일(來日)

위에서 三항은 어두 'ㄴ'음의 고유어와 관련되고, 四항은 어두 'ㄹ'음의 한자어와 관련된다. 그런데 이 규정에서는 표음주의를 추구하였으나(앞의 2.1.2절 2.2항 참조), 두음법칙의 경우 현실음을 표기에 반영하지 않고 원음대로 표기하도록 하였음('녀름/*여름, 님금/*임금, 란초/*난초, 릭일/*닉일')이 특징이다.

그리고 ≪諺文綴字法≫(1930)에서는 'ㅣ'와 'ㅣ' 선행 이중모음 앞에서 두음 'ㄴ'의 표기와 관련되는 것을 규정하였다.15

九. 純粹한 朝鮮語에 잇서서 境遇에 依하야 야나·여녀·요뇨·유뉴·이니·예녜와 가티 두가지로 發音하는것은 表音的 表記法에 쪼차 그대로두가

---

15 한편, 七항에서는 한자음의 경우 역사적 표기법을 따르지만 비어두의 'ㄴ, ㄹ'은 표음적 표기법에 따라 적는다고 하면서, '회녕, 야뇨'가 아니라 '회령(會寧), 야료(惹鬧)'가 맞고, '의론'이 아니라 '의논(議論)'이 적절하다고 하였다.

지로씀。但用言은야·여·요·유·이·예로一定함。

(例) 이(齒)/압니(前齒) 여우(狐)/암녀우(雌狐) 윷(擲柶)/편윷(分隊擲柶)

但書의例

　일어낫다(起)/막일어낫다(方起) 잇는(有)/갓잇는방(有笠室)

　얇다(薄)/좀얇다(稍薄)

[附記] 요(褥)는새요·솜뇨와가티요·뇨로發音되는以外에，中聲의앞
에서는보료(寶褥)와가티료로發音되는일이잇다。 이러한境遇에잇
서서도역시發音的發音의表記法을쌀하그대로씀。

　즉, 고유어에서 두음의 'ㄴ'이 발음되는 경우('냐, 녀, 뇨, 뉴, 니')와
발음되지 않는 경우('야, 여, 요, 유, 이')가 모두 존재할 때에는 발음
에 따라 적는다는 것이다. 결국은 어두에서는 후자와 같이 적고('이,
여우'), 접두사나 어근이 앞에 첨가되는 경우에는 비어두 위치가 되어
전자와 같이 적는 것('압니, 암녀우')이었는데. 용언의 경우에는 'ㄴ'이
탈락된 형태('일어낫다, 잇다')로 적는다고 하였다.

　그런데 한자어의 경우 위의 본문에 명시된 것은 없으나 앞선 ≪普通
學校用諺文綴字法大要≫(1921)와 마찬가지로 두음법칙이 적용되지 않
았다.16

　4.3. 동아일보의 ≪新綴字便覽≫(1933)에서는 한자어에서 'ㄹ→ㄴ'
과 ㄹ→ㅇ', 'ㄴ→ㅇ'과 관련한 항목을 규정하였다. 그런데 여기서는
한자어와 관련된 부분만 규정하였고, 고유어에 관한 언급은 없다.

---

16 그것은 이 규정에 따라 편찬된 『普通學校 朝鮮語讀本』卷二(1931)에서 '례절'(13과)의
　예로 이해할 수 있다.

七. ㄹ이 ㅏㅓㅗㅜㅡㅐㅚ 우에서 첫소리로 될 때에는 ㄴ으로 變함.

新/舊

낙원(樂園)/락원 내일(來日)/래일 뇌성(雷聲)/뢰성 노인(老人)/로인

八. ㄹ이 ㅑㅕㅛㅠㅣㅖ 우에서 첫소리로 될 때에는 다 ㅇ으로 變함.

新/舊

양심(良心)/양심 예의(禮儀)/례의 요리(料理)/료리 유학(留學)/류학

九. ㄴ이 ㅑㅕㅛㅠㅣ의 우에서 첫소리로 될 때에는 ㅇ으로 變함. 新/舊

여자(女子)/녀자 연세(年歲)/년세 이토(泥土)/니토 요령(搖鈴)/뇨령

위에서 보면, 한자어의 경우만을 다루었고, 고유어에 대한 명시적
인 규정은 없다. 이것은 고유어에도 두음법칙의 표기 문제를 다루었던
앞선 일제의 언문 철자법과 구별되는 부분이다.

조선어학회의 ≪한글 마춤법 통일안≫(1933)에서도 한자어의 두음
에서 'ㄴ→ㅇ'과 'ㄹ→ㅇ', 'ㄹ→ㄴ'으로 나타나는 현상을 규정하였다.
여기서도 고유어와 관련된 부분이 없는데, 일부 예와 함께 제시하면
다음과 같다.

第四二項 '냐 녀 뇨 뉴 니 녜'가 單語의 첫소리로 될적에는 그 發音을
　　　따라 '야 여 요 유 이 예'로 적는다. (甲을 取하고 乙을 버린다.)
　　　例: 甲/乙
　　　여자(女子)/녀자 요도(尿道)/뇨도 육혈(衄血)/뉵혈
　　　이토(泥土)/니토 예묘(禰廟)/녜묘
第四三項 '랴 려 료 류 리 례'의 字音이 頭音으로 올적에는 '야 여 요
　　　유 이 예'로 적는다. (甲을 取하고 乙을 버린다.) 例: 甲/乙
　　　양심(良心)/량심 역사(歷史)/력사 요리(料理)/료리
　　　유수(流水)/류슈 이화(李花)/리화 예의(禮義)/례의
第四四項 '라 로 루 르 래 뢰'의 字音이 頭音으로 올적에는 發音대로

'나 노 누 느 내 뇌'로 적는다. (甲을 取하고 乙을 버린다.) 例: 甲/
乙

낙원(樂園)/락원 노인(老人)/로인 누각(樓閣)/루각

능묘(陵墓)/릉묘 내일(來日)/래일 뇌성(雷聲)/뢰성

이것은 앞선 ≪新綴字便覽≫(1933)과 같이 두음법칙의 가장 기본적인 부분을 다루었으며, 특히 고유어의 두음법칙과 관련된 항목은 제외하였다. 이는 고유어에서는 '녀석' 등의 일부 예를 제외하고 두음 'ㄴ'이 'ㅇ'으로 바뀌는 변화가 나타났음을 의미한다(앞의 9장 각주 14) 참조).

국어국문학회의 ≪國語正書法案≫(1971)에서는 '제4장 한자말' 중에서 '제2절 자음(子音)만을 고쳐쓸것'에서 다음과 같이 규정하였다.

제26항 '냐, 녀, 뇨, 뉴, 니, 녜'는 소리나는대로 적는다. 예 :

  여자 요도(尿道) 유대(紐帶) 이토(泥土) 예묘(禰廟)

  남녀 당뇨(糖尿) 은익(隱匿) 운이동(雲泥洞)

제27항 '랴, 려, 료, 류, 리, 례'는 두음(頭音)에서는 소리나는대로, 그

  박게서는 본음대로 적되, 굳어진것은 굳어진대로 적는다. 예 :

  양심(良心) 역사(歷史) 요리(料理) 유수(流水) 이화(梨花) 예의(禮儀)

  개량(改良) 수력(水力) 재료(材料) 하류(下流) 도리(桃李) 혼례(婚禮)

제28항 '라, 로, 루, 르, 리, 래'는 두음(頭音)에서는 소리나는대로 그

  박게서는 본음대로 적는다. 예 :

  낙원(樂園) 노인(老人) 누각(樓閣) 능묘(陵墓) 내일(來日) 뇌성(雷

  聲) 쾌락(快樂) 부로(父老) 고루(高樓) 구릉(丘陵) 거래(去來) 지뢰

  (地雷)

이도 역시 ≪한글 마춤법 통일안≫(1933)과 마찬가지로 고유어를

제외하고 한자어에만 적용되는 현상으로 규정한 것이다.17

한편, 한글학회의 ≪한글 맞춤법≫(1980)에서는 '제2장 소리' 중 '제5절 머리소리 법칙'에서 다음과 같이 규정하였다(예시 간단히).

제10항 한자음의 '녀, 뇨, 뉴, 니'가 낱말의 첫머리에 올 적에는, 그 소리를 떠나 '여, 요, 유, 이'로 적고, 그 밖의 경우에는 본디 소리대로 적는다.
(1) 소리대로   여자(女子) 요도(尿道) 유대(紐帶) 이토(泥土)
(2) 본디 소리대로   남녀(男女) 당뇨(糖尿) 직뉴(織紐)

제11항 한자음의 '랴, 려, 료, 류, 리, 례'가 낱말의 첫머리에 올 적에는 '야, 여, 요, 유, 이, 예'로 적고, 그 밖의 경우에는 본디 소리대로 적는다.
(1) 소리대로 양심(良心) 역사(歷史) 이화(李花) 예의(禮儀)
(2) 본디 소리대로 개량(改良) 수력(水力) 행리(行李) 사례(射禮)
[붙임] 다음과 같은 말은 둘째 소리마디의 'ㄹ'이 준 것을 인정한다.
(1) 홀소리나 'ㄴ' 받침 뒤에 오는 '렬, 률'
    나열(羅列) 분열(分裂) 규율(規律) 비율(比率) 선율(旋律)
(2) 그 밖의 경우
    실연(失戀) 연연(戀戀) 유유상종(類類相從)

제12항 한자음의 '라, 로, 루, 르, 래, 뢰'가 낱말의 첫 머리에 올 적에는 소리대로 '나, 노, 누, 느, 내, 뇌'로 적고, 그 밖의 경우에는 본디 소리대로 적는다.
(1) 소리대로 낙원(樂園) 노인(老人) 내일(來日) 뇌성(雷聲)
(2) 본디 소리대로 극락(極樂) 연로(年老) 왕래(往來) 낙뢰(落雷)

---

17 26항의 '은익(隱匿), 운이동(雲泥洞)'에서는 비어두음에서 두음법칙이 적용되었음이 특이하다.

제13항 겹씨나 앞가지가 붙어서 된 낱말에서, 뒷 말이 완전히 독립
되어서 쓰이는 것은 머리소리 법칙을 따른다.
　　남존여비(男尊女卑) 신여성(新女性) 열역학(熱力學)
　　다만, 뒷가지와 뒷가지처럼 쓰이는 말은 본디 소리대로 적는다.*
　　　논설란(論說欄) 강수량(降水量) 추진력(推進力) 상견례(相見禮)
　　　시가론(詩歌論) 형태론(形態論) 급행료(急行料) 합격률(合格率)
　　　* '력'과 '료'는 뒷가지로 처리될 수 있으나, 나머지는 모두 뒷
　　　가지처럼 쓰이는 말이다.
제14항 안옹근이름씨는 머리소리 법칙에 따르지 않는 것을 특례로
인정한다.
　　냥(←兩) 냥쭝(←兩重) 년(年) 연도(年度) 리(里) 리(理) 년 ('여자'
　　의 낮은 말) 녀석 님(바느질에서 토막친 실을 세는 말) 닢

　여기서는 앞의 규정들에 비해 두음법칙이 적용되어 표기되는 용례
를 매우 자세히 다루었다. 특히 11항의 'ㄹ→ㅇ'의 변동에서 [붙임 1]은
한자음 '렬, 률'이 모음이나 'ㄴ'받침 뒤에서는 어두가 아닌 자리이지
만 마치 두음법칙이 적용되는 것처럼 '열, 율'로 적는다고 하였으며
('나열/*나렬, 분열/*분렬' 등), 13항에서는 합성어나 파생어 형성에
서 두음법칙의 적용 문제를 다루었다('남존여비/*남존녀비, 신여성/*
신녀성, 논설란/*논설난' 등). 또한 14항은 의존명사의 표기 문제를
묶어서 다루었다('냥/*양, 년/*연, 닢/*잎' 등).

　4.4. 현행 《한글 맞춤법》(1988)에서는 '제3장 소리에 관한 것'
중 '제5절 두음법칙'에서 다음과 같이 규정하였다(예시 간단히).

　제10항 한자음 '녀, 뇨, 뉴, 니'가 단어 첫머리에 올 적에는, 두음 법칙

에 따라 '여, 요, 유, 이'로 적는다.(ㄱ을 취하고, ㄴ을 버림.) ㄱ/ㄴ

여자(女子)/녀자 유대(紐帶)/뉴대 연세(年歲)/년세

다만, 다음과 같은 의존 명사에서는 '냐, 녀' 음을 인정한다.

냥(兩) 냥쭝(兩-) 년(年)(몇 년)

[붙임 1] 단어의 첫머리 이외의 경우에는 본음대로 적는다.

남녀(男女) 당뇨(糖尿) 결뉴(結紐) 은닉(隱匿)

[붙임 2] 접두사처럼 쓰이는 한자가 붙어서 된 말이나 합성어에서, 뒷말의 첫소리가 'ㄴ' 소리로 나더라도 두음 법칙에 따라 적는다.

신여성(新女性) 공염불(空念佛) 남존여비(男尊女卑)

[붙임 3] 둘 이상의 단어로 이루어진 고유 명사를 붙여 쓰는 경우에도 붙임 2에 준하여 적는다.

한국여자대학 대한요소비료회사

제11항 한자음 '랴, 려, 례, 료, 류, 리'가 단어의 첫머리에 올 적에는, 두음 법칙에 따라 '야, 여, 예, 요, 유, 이'로 적는다.(ㄱ을 취하고, ㄴ을 버림.) ㄱ/ㄴ

양심(良心)/량심 용궁(龍宮)/룡궁 역사(歷史)/력사

다만, 다음과 같은 의존 명사는 본음대로 적는다.

리(里): 몇 리냐? 리(理): 그럴 리가 없다.

[붙임 1] 단어의 첫머리 이외의 경우에는 본음대로 적는다.

개량(改良) 수력(水力) 사례(謝禮) 와룡(臥龍) 하류(下流)

다만, 모음이나 'ㄴ' 받침 뒤에 이어지는 '렬, 률'은 '열, 율'로 적는다.(ㄱ을 취하고, ㄴ을 버림.) ㄱ/ㄴ

나열(羅列)/나렬 규율(規律)/규률 분열(分裂)/분렬 선율(旋律)/선률

[붙임 2] 외자로 된 이름을 성에 붙여 쓸 경우에도 본음대로 적을 수 있다.

신립(申砬) 최린(崔麟) 채륜(蔡倫) 하륜(河崙)

[붙임 3] 준말에서 본음으로 소리 나는 것은 본음대로 적는다.

국련(국제 연합) 대한교련(대한교육연합회)

[붙임 4] 접두사처럼 쓰이는 한자가 붙어서 된 말이나 합성어에서, 뒷말의 첫소리가 'ㄴ' 또는 'ㄹ' 소리로 나더라도 두음 법칙에 따라 적는다.

역이용(逆利用) 연이율(年利率) 해외여행(海外旅行)

[붙임 5] 둘 이상의 단어로 이루어진 고유 명사를 붙여 쓰는 경우나 십진법에 따라 쓰는 수(數)도 붙임 4에 준하여 적는다.

서울여관 신흥이발관 육천육백육십육(六千六百六十六)

제12항 한자음 '라, 래, 로, 뢰, 루, 르'가 단어의 첫머리에 올 적에는, 두음 법칙에 따라 '나, 내, 노, 뇌, 누, 느'로 적는다.(ㄱ을 취하고, ㄴ을 버림.) ㄱ/ㄴ

낙원(樂園)/락원 내일(來日)/래일 노인(老人)/로인

[붙임 1] 단어의 첫머리 이외의 경우에는 본음대로 적는다.

쾌락(快樂) 극락(極樂) 거래(去來) 왕래(往來) 부로(父老)

낙뢰(落雷) 고루(高樓) 광한루(廣寒樓) 동구릉(東九陵)

[붙임 2] 접두사처럼 쓰이는 한자가 붙어서 된 단어는 뒷말을 두음 법칙에 따라 적는다.

내내월(來來月) 상노인(上老人) 비논리적(非論理的)

위에서는 'ㄴ→ㅇ'과 'ㄹ→ㅇ', 'ㄹ→ㄴ'의 두음법칙의 세 가지 측면을 다루면서,18 그와 함께 제기될 수 있는 내적인 문제들, 예를 들면 파생어나 합성어에서의 적용이나 의존명사의 경우, 때로는 외자 이름

---

18 두음법칙의 표기와 관련하여, 문교부(1988:46)에서는 '음소 문자인 한글은 원칙적으로 1자 1음(소)의 체계를 취하지만, 표의 문자인 한자의 경우는, 국어의 음운 구조에 따라 두 가지 형식을 취한 것'이라고 해설하였다.

이나 준말, 그리고 '렬, 률' 또는 '열, 율'로 표기가 구별되는 특별한 한자어가 결합되는 경우에 대해 세밀히 규정하였다.

이것은 앞의 한글학회의 ≪한글 맞춤법≫(1980)과 유사하나 두음법칙 현상의 세 가지 유형에 따라 처리하면서 그 용례를 좀 더 자세히 제시하였다. 즉, 전체적으로는 ≪한글 맞춤법≫(1980)에서 5개 항으로 된 것을 3개 항으로 묶어 규정하였는데, 부분적으로는 외자 이름을 성에 붙여 쓰는 경우 본음대로 적을 수 있으며, 준말에서 본음으로 소리 나는 경우 본음대로 적고, 둘 이상의 단어로 이루어진 고유 명사를 붙여 쓰거나 십진법에 따라 쓰는 수의 경우 두음법칙에 따라 적는 것 등을 추가하였다.

9.5. 단모음화의 표기

단모음화에는 'ㅢ'가 'ㅣ'로 변하거나 'ㅖ'가 'ㅔ'로 변한 경우 등이 언급될 수 있다. 특히 치찰음 뒤에 오는 'ㅣ' 선행 이중모음들에서도 단모음화되는 현상이 나타났는데, 이들은 현실 발음을 중시하는 방식으로 표기에 반영되었다.19

---

19 현행 ≪표준 발음법≫(1988) 제5항에서는 이중모음이 단모음으로 발음되는 경우를 다음과 같이 규정하였다.
   (1) 용언의 활용형에 나타나는 '져, 쪄, 쳐'는 [저, 쩌, 처]로 발음한다.
      가지어→가져[가저], 찌어→쪄[쩌], 다치어→다쳐[다처]
   (2) '예, 례' 이외의 'ㅖ'는 [ㅔ]로도 발음한다.
      계집[계집/게집], 메별[메별/메별](袂別), 개폐[개폐/개폐](開閉),
      혜택[혜택/헤택](惠澤), 지혜[지혜/지혜](智慧)
   (3) 자음을 첫소리로 가지고 있는 음절의 'ㅢ'는 [ㅣ]로 발음한다.

9.5.1. '늬'의 단모음화

[1.1.] '의'가 '이'로 변하는 것은 19세기 초에 발생하였는데, 이에 따라 자음 뒤의 이중모음 '늬'가 단모음 '이'로 바뀌게 되었다. 이것은 중설모음 'ㅡ'의 탈락으로 인한 것으로, 한자음 외에도 '마듸〉마디, 씌〉띠거긔〉거기, 드듸다〉디디다, 믭다〉밉다, 싁싁ᄒ다〉씩씩하다' 등에서와 같이 고유어에서도 널리 나타났다(유창돈, 1959). 그리고 '듸, 긔'에서 변동된 '디, 기'는 구개음화를 겪지 않았다(앞의 9.2절 2.1항 참조).

그런데 20세기 초에도 '늬' 모음이 그대로 표기에 반영되었는데, 예를 들어 『國語綴字捷徑』(1908)에는 '긔록ᄒ여, 여긔, 사긔(沙器), 등긔(登記), 이긔엿다(己勝), 어긔엿다(違)' 등의 표기 예가 나타나며(앞의 1.3.2절 2.1항 참조). 번역 성서에서도 '싀골, 긔도, 창셰긔' 등이 나타난다(앞의 1.4.2절 2.3항 참조).

[1.2.] '늬' 단모음화가 표기 규정에 반영된 것을 보면, 일제의 ≪諺文綴字法≫(1930)에서 복합적으로 규정한 바 있는데, '늬'의 경우에 해당되는 것을 보면 다음과 같다.[20]

三. 純粹한朝鮮語거나漢字音임을不問하고믜·븨·싀·칰·킈·픠가믜·비·시·치·키·피로發音될째는表音的表記法을조차甲號와가티書함. (例) 甲/乙 거믜(蜘蛛)/거미 비큰(憊困)/븨곤 나븨(蝶)/나비 시장(澌腸)/싀장 시르죽다(氣乏)/싀르죽다 치중병(輜重兵)/칙즁병 키(身長)/킈 핀

널리리, 닁큼, 무늬, 띄어쓰기, 씌어, 틔어, 희어, 희망, 유희

20 ≪諺文綴字法≫(1930)에서는 '늬'ㅣ'와 'ㅖ'ㅔ', 치찰음 뒤의 단모음화를 하나의 조항으로 묶어 규정하였다. (여기서는 '늬' 단모음화 부분만 옮긴다.)

다(開化)/핀다

위의 규정은 고유어와 한자어 구분 없이 'ㅁ, ㅂ, ㅅ, ㅈ, ㅋ, ㅍ' 뒤에서 'ㅢ〉ㅣ'의 단모음화 현상을 표기에 반영함을 규정한 것이다.

동아일보의 《新綴字便覽》(1933)에서는 'ㅢ'가 고유어와 한자어에서 초성에 자음과 결합되지 않음을 규정하였다.

　四. ㅢ는 ㄴㅇㅎ을 除한 外에 一般 닿소리(子音)와 合用함을 쓰지 아니
　　　함. 新/舊
　　　기운(氣)/긔운 마디(節)/마듸 나비(蝶)/나븨 시집(嫁)/싀집
　　　피다(發屑)/픠다
　三. ㅢ는 ㅇ ㅎ를 除한 外에는 다 쓰지 아니함. 新/舊
　　　기차(汽車)/긔차 시가(媤家)/싀가

위에서 四항은 주로 고유어 'ㄱ, ㅁ, ㄴ, ㅅ, ㅍ' 뒤에서에 관한 것이고, 三항은 'ㄱ, ㅅ' 뒤에서의 한자어와 관련되는 것으로, 'ㅢ'가 'ㅣ'로 바뀌어 표기됨을 규정한 것이다.

조선어학회의 《한글 마춤법 통일안》(1933)은 《新綴字便覽》(1933)과 달리 한자어에서 결합될 수 있는 자음을 제시하고, 일부 자음 뒤에서 'ㅢ'가 'ㅣ'로 바뀜을 규정하였다.

　第三九項 '의 희'의 字音은 本音대로 내는것을 原則으로 삼는다. 例:
　　　의원(醫員) 주의(主義) 희망(希望) 유희(遊戱)
　第四十項 '긔 븨 싀 츼'의 자음은 '기 비 시 치'로 적는다. (甲을 取하고
　　　乙을 버린다.) 例: 甲/乙
　　　기차(汽車)/긔챠 일기(日氣)/일긔 곤비(困憊)/곤븨 시탄(柴炭)/싀

탄 치중(輜重)/최중

즉, 'ᅴ' 앞에 자음이 없거나 'ㅎ'이 올 때에는 본음대로 발음하고 표기하며, 'ᅴ' 앞에 'ㄱ, ㅂ, ㅅ, ㅊ' 등의 자음이 오는 경우에는 바뀐 대로 'ㅣ'로 적는다는 것이다.21 즉, 표기에서 보면 전자는 본음대로 적고, 후자는 변동된 음으로 적는 것이다.22 특히 이들은 한자어와 관련되는 예만 제시되었다.

그런데 국어국문학회의 ≪國語正書法案≫(1971)에서는 '제4장 한자말'에서 특이하게도 '희'는 '히'로 적도록 하였다.

제25항 '의'는 본음대로 적고, '희'의 'ᅴ'는 'ㅣ'로 적는다.
예 : 의원 주의 히망 유히

이것은 조선어학회의 ≪한글 마춤법 통일안≫(1933)의 三九항과는 다른 것이다.

한글학회의 ≪한글 맞춤법≫(1980)에서는 '제4절 홀소리'에서 'ᅴ'로 적는 예를 '늬'의 경우까지 제시하였다('ㅖ'에 대해서는 다음의 9.5.2절 참조).

제7항 다음과 같은 말들의 겹홀소리는, 그 발음이 똑똑하지 않은 일

---

21 앞선 ≪新綴字便覽≫(1933)에서는 'ᅴ'로 적지 않는 경우, 즉 'ᅴ'가 'ㅣ'로 바뀐 예를 제시하였다면, 여기서는 본음에 따라 'ᅴ'로 적는 경우와 바뀐 음에 따라 'ᅴ' 대신 'ㅣ'로 적는 경우로 나누어 규정하였다.

22 이희승(1940)에 따르면, 이들은 표준 발음에 따라 정한 것이라 하였다. 예를 들어, 三九항의 경우 '의원(醫員)'을 '이원, 으원'으로, '희망'을 '허망, 흐망'으로 발음하는 경우도 있으나, 표준말에 따라 'ᅴ'로 정했다는 것이다.

이 있으나, '니'로 적는다.

닐리리 닝큼 무늬 보늬 하늬바람

여의다 의원(醫阮) 주의(主義) -의(토씨)

희다 너희 저희 희망(希望) 유희(遊戲)

위에서는 조선어학회의 ≪한글 마춤법 통일안≫(1933) 등의 앞선
규정과는 달리 한자어 외에 '닐리리, 여의다' 등 고유어의 예도 제시되
어 있음이 특이하다.

한편, 현행 ≪한글 맞춤법≫(1988)에서는 '니'로 적는 경우를 규정
하였다.

> 제9항 '의'나, 자음을 첫소리로 가지고 있는 음절의 '니'는 'ㅣ'로 소
> 리 나는 경우가 있더라도 '니'로 적는다.(ㄱ을 취하고, ㄴ을 버
> 림.) ㄱ/ㄴ
> 의의(意義)/의이 본의(本義)/본이 닝큼/닝큼 무늬[紋]/무니 보늬/
> 보니 하늬바람/하니바람 닐리리/닐리리 오늬/오니 띄어쓰기/띠
> 어쓰기 씌어/씨어 틔어/티어 희망(希望)/히망 희다/히다 유희(遊
> 戲)/유히

이것은 한글학회의 ≪한글 맞춤법≫(1980)과 다르지 않다. 문교부
(1988:45)의 해설에 따르면, 우선 '본의'는 [본의/본이]로 발음될 수
있으나 '니'와 'ㅣ'는 각기 다른 음소이기도 하거니와 표기법의 보수성
을 고려하여 본음인 '니'로 표기한다고 하였다. 그리고 '닐리리, 무늬'
의 경우 ≪표준 발음법≫(1988) 5항에 따라 [닐리리, 무니]로 발음되
지만 이때의 'ㄴ'은 구개음화하지 않은 [n]음에 해당되므로 전통에 따
라 '니'로 표기하며, '띄어쓰기'는 '띄어'가 '뜨이어'의 준말에 해당되므

로 원형을 따라 표기한다는 것이다.

9.5.2. 'ㅖ'의 단모음화

[2.1.] 'ㅖ'가 'ㅔ'로 단모음화되는 경우의 예는 치찰음 외에 더 확장
되는데, 이에 대한 규정도 마련되었다. 일제의 ≪諺文綴字法≫(1930)
에서 단모음화에 대해 복합적으로 규정한 바 있는데, 'ㅖ'의 경우에 해
당되는 것을 보면 다음과 같다(앞의 9장 각주 20) 참조).

> 三. 純粹한朝鮮語거나漢字音임을不問하고메·볘·켸·폐가메·베·케·페로發
>   音될째는表音的表記法을조차甲號와가티書함. (例) 甲/乙
>   련볘(連袂)/련메 켸(層)/케 폐지(廢止)/페지

위의 규정은 'ㅖ'가 'ㅔ'로 단모음화되는 현상을 고유어와 한자어 구
분 없이 표기에 반영함을 묶어 규정한 것이다(치찰음 부분은 다음의
9.5.3절 3.2항 참조).

동아일보의 ≪新綴字便覽≫(1933)에서는 다음과 같이 규정하였다.

> 三. ㅖ는 ㄴㄹㅇㅎ을 除한 外에 一般 닿소리(子音)와 合用함을 쓰지 아
>   니함. 新/舊
>   계집(女)/계집 제일(第一)/제일 세간(家什)/세간 체(飾)/체
>   케(層)/케 체면(體面)/테면
> 六. 계, 몌, 셰, 졔, 쳬, 폐, 혜等은 게, 메, 제, 세, 체, 페, 헤로 씀. 新/舊
>   계엄(戒嚴)/계엄 제도(制度)/제도 폐쇄(閉鎖)/페쇄
>   연몌(連袂)/연메 체류(滯留)/체류 혜택(惠澤)/헤택

위에서는 'ㅁ, ㄱ, ㅋ' 등의 자음 외에도 'ㅅ, ㅈ, ㅊ' 등의 치찰음 뒤에서 'ㅖ'를 'ㅔ'로 표기하는 것이다. 三항은 일반적인 것이고 六항은 한자어에 해당하는 것으로 보인다(다음의 9.5.3절 3.2항 참조).

그런데 조선어학회의 ≪한글 마춤법 통일안≫(1933)에서는 다음과 같이 규정하였다(해당 부분만 제시).

第三六項 '계, 례, 몌, 폐, 혜'는 本音대로 적고, '셰, 졔, 쳬'의 ㅖ는 ㅔ로 적는다. (甲을 取하고 乙을 버린다.) 例: 甲/乙
 (1) 계수(桂樹)/게슈 폐부(肺腑)/페부 혜택(惠澤)/헤택 연몌(連袂)/련메
 (2) 세계(世界)/셰계 제도(制度)/졔도 체류(滯留)/쳬류

위에서 (1)은 '계, 례, 몌, 폐, 혜'의 경우 'ㅖ'가 'ㅔ'로 단모음화되는 것을 표기에 반영하지 않는다는 것이며,23 (2)는 치찰음 뒤에서 단모음화의 표기와 관련되는 것이다(다음의 9.5.3절 3.2항 참조).

그런데 국어국문학회의 ≪國語正書法案≫(1971)에서는 한자어의 경우에서 단모음화를 반영하는 예를 확대하였다.

제23항 '례'는 본음대로 적고 '계, 몌, 폐, 혜'의 'ㅖ'는 'ㅔ'로 적는다.
 예 : 사례(謝禮) 예의(禮儀) 게수(桂樹) 세게(世界) 연메(連袂)
    페부(肺腑) 헤택(惠澤)

즉, '게수, 세게, 연메, 페부, 헤택' 등에서는 단모음으로 표기하고, '사례, 예의'에서는 이중모음으로 표기한다는 것이다.24

───────────

23 이에 대해 이희승(1940)은 발음 가능성을 표기의 기준으로 해설하였다.

그런데 한글학회의 ≪한글 맞춤법≫(1980)에서는 달라진다.

제7항 다음과 같은 말들의 겹홀소리는, 그 발음이 똑똑하지 않은 일
　　이 있으나, 'ㅖ'로 적는다.
　　계시다 계집 비계 핑계 오례쌀 으례 케케묵다 콩켸팥켸
　　계수(桂樹) 사례(謝禮) 연몌(聯袂) 폐부(肺腑) 혜택(惠澤)
　　[참고] 다음과 같은 한자말은 본디 소리를 따라 'ㅔ'로 적는다.
　　　게송(偈頌) 게시판(揭示板) 휴게실(休憩室)

이것은 'ㅖ'가 발음이 불분명하게 단모음으로 나는 경우가 있다 하
더라도 그대로 이중모음으로 적는다는 것으로 ≪國語正書法案≫(1971)
과는 구별되는 것이다. 다만 [참고]의 경우 한자의 본음을 따라 'ㅔ'로
쓴다.
　그리고 현행 ≪한글 맞춤법≫(1988)에서는 다음과 같이 규정하였다.

제8항 '계, 례, 몌, 폐, 혜'의 'ㅖ'는 'ㅔ'로 소리 나는 경우가 있더라
　　도 'ㅖ'로 적는다.(ㄱ을 취하고, ㄴ을 버림.) ㄱ/ㄴ
　　계수(桂樹)/게수 혜택(惠澤)/헤택 사례(謝禮)/사레 계집/게집　연
　　몌(連袂)/연메 핑계/핑게 폐품(廢品)/페품 계시다/게시다
　　다만, 다음 말은 본음대로 적는다.
　　　게송(偈頌) 게시판(揭示板) 휴게실(休憩室)

이것은 한글학회의 ≪한글 맞춤법≫(1980)와 비교하여 일부 표현에
서 차이가 있을 뿐 그 내용은 다르지 않다. 이것은 또한 역사주의 표기

---

24 이것은 앞선 ≪新綴字便覽≫(1933)과 유사하다.

로서의 의미를 지니며 표기법의 보수성과 관련된다.

　2.2.　앞에서 서술한 'ㅖ'가 'ㅔ'로 단모음화되는 현상에 대해 각 규정에서의 적용 여부를 몇 어휘로 비교해 보면 다음과 같다.

구분	桂樹	射禮	連袂	肺腑	惠澤
《新綴字便覽》(1933)	계수	사례	연메	폐부	혜택
《한글 마춤법 통일안》(1933)	계수	사례	연메	폐부	혜택
《國語正書法案》(1971)	계수	사례	연메	폐부	혜택
《한글 맞춤법》(1980)	계수	사례	연메	폐부	혜택
《한글 맞춤법》(1988)	계수	사례	연메	폐부	혜택

위에서 보면, 'ㄹ' 뒤에서는 모두 'ㅖ'로 쓰지만('사례'), 'ㄱ, ㅁ, ㅍ, ㅎ' 뒤에서는 표기 방법이 다른 부분('계수/계수, 연메/연메, 폐부/폐부, 혜택/혜택')이 나타난다.

9.5.3. 치찰음 뒤에서의 단모음화

　3.1.　18세기 초까지 치찰음 'ㅅ, ㅈ, ㅊ' 뒤에 반모음 'ㅣ'가 분포할 수 있었는데, 이후 '셤(島)〉섬, 져(筋)〉저'와 같이 'ㅣ'가 탈락되는 단모음화 현상이 나타났다. 이 경우 예를 들어 'ㅈ'은 본래 치조음([ts])이었기 때문에 '자, 저, 조, 주'와 '쟈, 져, 죠, 쥬'가 잘 구별되었지만, 이것이 구개음([tʃ])으로 바뀌면서 구별이 어렵게 되었고 그에 따라 '쟈, 져, 죠, 쥬'가 각각 '자, 저, 조, 주'로 쓰였다.[25]

그런데 근대 시기에도 치찰음 뒤에서의 단모음화 현상은 표기에 반

---

25 이것은 음운의 배열 방식이 변한 것으로, 음운 변화가 아닌 음성 변화에 속한다.

영되지 않았다. 그리하여 『國語綴字捷徑』(1908)에는 '감샤, 서리, 슈건, 쇼포' 등이나 '져고리, 가쟝, 장샤, 쥬일, 언제, 종각(鐘閣), 죽(粥)', 그리고 '챠(車), 쳡(妾), 쵸(燭), 츈절(春節), 츙신(忠臣), 탈취ㅎ다' 등의 표기가 나타나고(앞의 1.3.2절 2.1항 참조), 번역 성서에서도 '슈하, 션싱님, 쟝막, 디졉, 죵, 친쳑, 셔울, 슐 취흠' 등과 같은 예가 나타난다(앞의 1.4.2절 2.3항 참조).

이와 관련하여 최현배(1929:99-100)에서는 다음과 같이 서술하였다.

"'ㅑㅕㅛㅠ'가 'ㅅㄷㅈㅊㅌ'으로써 그 첫소리를 삼을 때에는 'ㅏㅗㅓㅜ'로 나나니: '샤회'(社會)를 '사회'로, '셔신'(書信)을 '서신', '쇼년'(少年)을 '소년', '슈토'(水土)를 '수토'라 하며, '그쟈'(者)를 '그자', '슈져'(箸)를 '수저', '죠선'을 '조선', '쥰비'(準備)를 '준비'라 하며, '뎐긔'(電氣)를 '전긔', '비됴'(飛鳥)를 '비조'라 하며, '텬하'(天下)를 '천하', '텰로'(鐵路)를 '철로'라 하며, '자동챠'(自動車)를 '자동차', '쳔대'(賤待)를 '천대', '쵸대'(招待)를 '초대', '츄슈'(秋收)를 '추수'라 하는 따위. (잡이) 우에 적은 보기는 다 漢字의 音으로 된 말이니, 純粹한 우리말에는 ㅅㅈㄷㅌㅊ을 첫소리로 삼은 ㅑㅕㅛㅠ가 거의 없다 할만하니라. 그러므로 漢字音으로아조 우리말이 되어버린(歸化한)것은 도로혀 익음소리로써 대중말(標準語)을 삼을만하다 하노라."

즉, 치찰음 'ㅅ, ㅈ, ㅊ'와 구개음화된 'ㄷ, ㅌ' 뒤에서 단모음 'ㅏ, ㅗ, ㅓ, ㅜ'로 나는 것이 표준어가 된다는 것이다.

$\boxed{3.2.}$ 치찰음 뒤에서의 단모음화 현상의 표기는 일찍부터 규정에 반영되었다. 우선 일제의 ≪普通學校用諺文綴字法≫(1912)에서는 다음과 같은 규정이 원용될 수 있다.

　四. 純粹朝鮮語로서從來 ㅏ·ㅑ·ㅓ·ㅕ·ㅗ·ㅛ·ㅜ·ㅠ兩字의書法이잇는것은
　　　ㅏ·ㅓ·ㅗ·ㅜ로一定함。
　　(例) 쉰(五十) 적다(小) 하야서(爲) 조흔(好)

즉, 'ㅅ, ㅈ'은 이중모음과 결합하여 쓰이지 않는다는 것인데, 이것은 고유어에 해당하고 한자어에는 적용되지 않는 이원적인 규정이었다.

이에 비해 ≪普通學校用諺文綴字法大要≫(1921)에서는 비교적 상세히 규정하였다.

　六. 純粹의朝鮮語에對하야는表音的表記法에從하야댜·뎌·됴·듀디·탸
　　　·텨·툐·튜·티를자·져·조·주지·챠·쳐·츄·치로書하고샤·셔·
　　　쇼·슈를사서·소수로書하고쟈져·죠·쥬를자·져·조·주로書함. (例)
　　　절(寺, 本來는뎔) 좃소(善, 本來는둇소) 질(落, 本來는딜) 소(牛,
　　　本來는쇼)
　七. 漢字音에對하야는歷史的表記法에從하야댜뎌·됴듀디·탸텨·툐·튜·티·
　　　샤셔·쇼·슈쟈져·죠·쥬等을그대로保存함. (例)
　　　뎡녕(丁寧) 텬디(天地) 샤례(謝禮) 죠석(朝夕)

위에서 六항은 고유어에서 단모음화가 적용되는 현상(구개음화 포함)을 표기에 반영함을 규정한 것이고, 七항은 이러한 규정이 한자어에서는 적용되지 않음을 의미한다.[26]

그러나 다음과 같이 ≪諺文綴字法≫(1930)에서는 이러한 이원적 규

정이 해소되었다(앞의 9장 각주 20) 참조).

三. 純粹한朝鮮語거나漢字音임을不問하고뎨·셰·졔·쳬가제·세·제·체로發
 音되고쇼는츄가취로發音될째는表音的表記法을조차甲號와가티書
 함。(例) 甲/乙
 제일(第一)/졔일 센다(老)/셴다 세금(稅金)/셰금 제조(製造)/졔
 조 체한다(滯)/쳬한다 체조(體操)/톄조 취미(趣味)/쥐미

위에서는 치찰음에 해당하는 자음 뒤에서 'ㅖ'가 'ㅔ'로 바뀌는 단모
음화 현상(구개음화 포함)을 표기에 반영함을 규정한 것이다. 그리고
여기에는 '쥐〉취'의 예도 포함되었다('쥐미〉취미').
 동아일보의 ≪新綴字便覽≫(1933)은 다음과 같이 규정하였다.

二. 必要한 境遇를 除한 外에는 ㄷㅅㅈㅊㅌ에 ㅑㅕㅛㅠ의 合用을 쓰지
 아니함. 新/舊
 좋다(好)/됴타 섬(島)/셤 중(僧)/즁 초(酸)/쵸 천하(天下)/텬하
 [備考] 省略하여 쓸 때에는 뎌, 셔, 져, 쳐, 텨에만 한하여 쓸 수
 있음.
 뎌뎌 마셔 가져 미쳐 버텨
二. ㅅㅈㅊㅌ에 ㅑㅕㅛㅠ의 合用함을 쓰지 아니함. 新/舊
 세상(世上)/셰상 주장(主張)/쥬장 추천(推薦)/츄천

위에서 치찰음 'ㅅ, ㅈ, ㅊ'과 구개음화된 'ㄷ, ㅌ' 뒤에서 단모음화
된 표기를 규정한 것이다. 그리고 앞의 二항은 일반적 규정이고, 뒤의

---

26 특히 七항의 경우 한자어에서 구개음화도 표기에 반영되지 않음을 보여 준다.

二항은 한자어에 적용되는 것(十六항의 하위 항목)으로 제한된다. 그리고 앞의 二항의 [備考]에는 용언 활용형의 축약에서 나타나는 형태가 포함되었다.

조선어학회의 《한글 마춤법 통일안》(1933)에서도 치찰음 뒤에서의 단모음화를 표기에 반영하도록 하였다.

> 第三五項 ㅅ ㅈ ㅊ을 첫소리로 삼는 ㅑ ㅕ ㅛ ㅠ를 ㅏ ㅓ ㅗ ㅜ로 적는다. (甲을 取하고 乙을 버린다.) 例: 甲/乙
> 　사회(社會)/샤회 서류(書類)/셔류 소년(少年)/쇼년 수석(水石)/슈석
> 　장안(長安)/쟝안 정중(鄭重)/졍즁 조선(朝鮮)/죠선 중심(中心)/즁심
> 　차륜(車輪)/챠륜 처자(妻子)/쳐자 초부(樵夫)/쵸부 추수(秋收)/츄슈
> 第三六項 '세, 제, 체'의 ㅖ는 ㅔ로 적는다. (甲을 取하고 乙을 버린다.) 例: 甲/乙
> 　(2) 세계(世界)/셰계 제도(制度)/졔도 체류(滯留)/쳬류
> 第四一項 '쉬 취'의 字音은 '쉬 취'로 적는다. (甲을 取하고 乙을 버린다.) 例: 甲/乙
> 　쉬려(淬礪)/쉬려 취객(醉客)/취긱　예외: 수연(晬宴) 쉬연

위에서 三五항은 치찰음 뒤의 단모음화 현상의 전형적인 것으로 현실음을 따라 표기한다는 것이다.[27] 그리고 三六항은 'ㅖ'가 'ㅔ'로 바뀌는 단모음화와 관련되며, 四一항에는 '쉬, 취'를 '쉬, 취'로 적는 것을

---

27 이희승(1940)의 이에 대한 해설에는 다음과 같은 부분이 있다(앞의 2.3.2절 3.2항 참조). "平安北道 地方에서는 純粹한 조선말이나 漢字音에 '샤…, 쟈…, 챠…' 等 音을 或 音價대로 發音하는 일이 있으나, 이것은 한地方의 局部的 現象이요, 全 朝鮮의 共通되는 事實이 아니다. 卽 이것은 方言的 現象에 지나지 못하는것이다. 이 方言的 現象을 가지고 漢字音의 '샤…, 쟈…, 챠…' 等 表記를 保存하자고 主張하는것은 標準語의 價値性, 重大性을 理解 못하는 所以라고 할수 밖에 없다."

별도로 규정하였다.[28]

이후 국어국문학회의 ≪國語正書法案≫(1971)과 한글학회의 ≪한글 맞춤법≫(1980), 현행 ≪한글 맞춤법≫(1988≫ 등에서는 이와 관련한 규정을 명시적으로 제시하지 않았다. 그것은 당시에 이미 이와 관련되는 음운 현상이 적용된 형태로 굳어져 쓰이게 되었고, 따라서 이와 관련한 표기 규정은 일종의 '사문화(死文化)된 규정'이 되었기 때문이다 (앞의 3.1절 1.4항, 3.3절 3.2항 참조).

9.6. 원순모음화와 전설모음화의 표기

9.6.1. 원순모음화

[1.1.] 원순모음화는 순음 'ㅁ, ㅂ, ㅍ, ㅃ'의 영향으로 'ㅡ'가 'ㅜ'로 바뀌는 현상을 말한다. 중세 국어의 '믈(水), 블(火), 플(草), 쓸(角)' 등이 근대 국어 시기에 '물, 불, 풀, 뿔' 등으로 원순모음화의 적용을 받았다(오종갑, 1987; 김상돈, 2000 참조).

원순모음화는 원순적 기능을 지닌 양순음에 의하여 비원순모음 'ㅡ'가 원순모음 'ㅜ'로 바뀐 것이므로 일종의 동화(同化)에 해당한다. 이와 관련되는 예에는 고유어에서 '므겁다(重), 므슨(何), 브리다(使), 쓸(角), 플다(解), 프르다(靑)'와 한자어에서 '믁(黙)〉묵, 븍(北)〉북, 픔(品)〉품' 등이 포함된다(유창돈, 1959 참조).

원순모음화가 나타나기 시작한 것은 16세기부터이고 18세기 들어

---

28 그런데 여기서 구개음화된 'ㄷ, ㅌ'는 별도의 항(45항, 46항)으로 규정하였다(앞의 9.2절 2.2항 참조).

널리 나타났다. 그런데 19세기에 간행된 교과서에서는 '믈/물, 블/불, 더브러/더부러'와 같이 이들이 혼기되는 양상을 보이기도 하지만, '아니흐물, 더흐물, 되믄, 나오믈, 하믈며, 므릇' 등과 같은 경우에서는 원순모음화가 표기에 반영되지 않았으며, 번역 성서에서도 '머믈너, 더브러' 등과 같이 원순모음화가 표기에 반영되지 않았다(정길남, 1994, 1997 참조).

[1.2.] 원순모음화와 관련한 표기 규정을 보면, 이 현상을 다룬 경우가 매우 제한적이며 내용도 비교적 단순하다. 우선 동아일보의 ≪新綴字便覽≫(1933)에서는 한자어에 대해 다음과 같이 규정하였다.

> 四. ㅁㅂㅍ이 첫소리인 때에 그 아례 ㅡ가 ㅜ로 變함. 新/舊
> 묵지(墨紙)/믁지 북방(北方)/븍방 품질(品質)/픔질

그리고 조선어학회의 ≪한글 마춤법 통일안≫(1933)에서는 다음과 같이 규정하였다.

> 第三八項 ㅁ ㅂ ㅍ으로 첫소리를 삼는 ㅡ를 가진 字音은 그 母音을 ㅜ로 내는 것으로 原則을 삼는다. (甲을 取하고 乙을 버린다.)
> 例: 甲/乙
> 묵화(墨畵)/믁화 북극(北極)/븍극 붕우(朋友)/븡우
> 품질(品質)/픔질

그런데 그 이후에는 사문화(死文化)되었으며, 따라서 이와 관련하여 명시적으로 규정하지 않았다.

9.6.2. 전설모음화

[2.1.] 전설모음화는 치찰음 'ㅅ, ㅈ, ㅊ' 뒤의 후설 비원순 고모음 '으'가 전설 고모음 '이'로 바뀌는 현상을 말한다. 'ㅡ'와 'ㅣ'가 같은 고모음으로 조음 위치가 인접해 있음으로 해서 'ㅅ, ㅈ, ㅊ' 초성에 쉽게 동화되어 'ㅣ'로 변하는 일종의 발음상의 이화(易化) 작용으로 해석된다(유창돈, 1959 참조). 관련되는 예를 보면, '스골〉시골, 슴겁다〉싱겁다, 금슬〉금실(琴瑟), 슳다〉싫다(厭)'나 '즛〉짓, 즘승>짐승, 편즙〉편집(編輯), 즐다〉질다(泥)', 그리고 '아츰〉아침, 츩〉칡, 법측〉법칙(法則)' 등을 들 수 있다.

이것은 19세기 초에 발생하여 비어두 음절에 적용되었는데, 이후에는 어두 음절까지 적용되었다. 그리하여 '아즉/아직, 오즉/오직, 일즉, 즘싱/짐싱, 안진, 츠지면, 질기는' 등에서와 같이 'ㅅ, ㅈ, ㅊ' 다음에서 후설고모음 'ㅡ'가 전설고모음 'ㅣ'로 바뀌거나 혼동이 일어났으며, 19세기 말 번역 성서에서도 '즘승, 사습일/스십일, 마즈막, 오직' 등에서와 같이 혼기된 양상으로 나타나는데, 대체로 20세기 들어서는 전설모음화가 정착되었다(정길남, 1997 참조).

[2.2.] 전설모음화와 관련한 표기 규정을 보면, 우선 동아일보의 ≪新綴字便覽≫(1933)에서는 한자어와 관련하여 다음과 같이 규정하였다.

五. ㅈㅊ이 첫소리인 때에 그 아례 ㅡ가 ㅣ로 變함. 新/舊
 즉시(卽時)/직시 규칙(規則)/규측

위에서는 한자어와 관련되는 것이며, '즉시'는 오히려 전설모음화가 반영되지 않은 것을 인정하였다.

조선어학회의 ≪한글 마춤법 통일안≫(1933)에서도 이것은 다음과 같이 규정하였다.

第三七項 ㅈ ㅊ ㅅ을 첫소리로 삼는 ─를 가진 字音은 그 本音대로 내는것을 原則으로 삼고, 特別한 境遇에 限하여 例外를 둔다. 例: 슬하(膝下) 습관(習慣) 승리(勝利) 즉시(卽時) 증인(證人) 증조(曾祖) 측량(測量) 층계(層階)
例外: 금실(琴瑟) 질책(叱責) 편집(編輯) 법칙(法則)

즉, 한자어에서 전설모음화가 적용되는 경우와 그렇지 않은 경우가 있는데, 이들은 본음을 원칙으로 하되 예외를 인정한다는 것이었다.

국어국문학회의 ≪國語正書法案≫(1971)에서는 다음과 같이 규정하였다.

제24항 'ㅅ, ㅈ, ㅊ,'를 첫소리로 삼은 'ㅡ'를 가진 자음(字音)은 그 본음대로 내는것을 원칙으로 삼고, 'ㅣ'음으로 굳어진것은 'ㅣ'로 적는다. 예 : 슬하 습관 승리 즉시 증인 증조
'ㅣ'음으로 굳어진 것 금실 질책 편집 친의(襯衣) 칙량 관칙 우칙(右側) 칙은(惻隱) 칙문(仄聞) 칭게

그런데 위에 제시된 예를 보면, '칙량, 관칙, 우칙, 칙은' 등에서 '칙'은 '측'으로 적고 '칭게'는 '층계'에 대응되는데, 이들은 오늘날의 표기와는 구별된다.

한글학회의 ≪한글 맞춤법≫(1980)에서는 다음과 같이 규정하였다.

제8항 'ㅅ, ㅈ, ㅊ'을 첫소리로 삼은 'ㅡ'를 가진 한자음은 그 본디
소리대로 적는 것을 원칙으로 한다.

슬하(膝下) 습관(習慣) 승리(勝利) 즉시(卽時) 증인(證人) 증조(曾
祖) 측량(測量) 층계(層階)

다만, 'ㅣ' 소리로 굳어진 것은 'ㅣ'로 적는다.

금실(琴瑟: 부부 사이) 법칙(法則) 질책(叱責) 친의(襯衣) 편집
(編輯)

이것은 조선어학회의 ≪한글 마춤법 통일안≫(1933)과 크게 다르지
않다.

한편, 현행 ≪한글 맞춤법≫(1988)에서는 전설모음화에 대한 것은
명문화된 규정에 포함되지 않았다. 그것은 이와 같은 음운 현상에 의
해 바뀐 형태는 이미 굳어진 것이어서 이와 관련되는 규정은 사문화
(死文化)되었기 때문이다.

9.7. 정리

앞에서는 구개음화와 설측음화, 두음법칙, 단모음화, 원순모음화,
전설모음화 등의 음운 현상이 표기 규정에 어떻게 반영되어 왔는지에
대해 관련 규정을 제시하면서 서술하였다. 음운 현상은 국어 표기 규
정에서 주요한 부분이 된다. 그리하여 표기 규정이 이루어진 초기부터
현행에 이르기까지 이 문제는 비교적 세밀히 다루어져 왔다.

우선 구개음화 현상은 일제의 언문 철자법에서부터 다루어졌으며,
처음에는 고유어에만 적용되다가 ≪諺文綴字法≫(1930)에서는 고유어

와 한자어에서 동일하게 적용되었다. 특히 구개음화는 '천지/*턴디(天地)'에서와 같이 단모음화와 함께 적용되기도 하였으며, 이후에는 한자어에서는 굳어진 현상으로 처리되고 현행 《한글 맞춤법》(1988)에서처럼 고유어의 경우 "ㄷ, ㅌ' 받침 뒤의 종속적 관계를 가진 '-이(-)'나 '-히-'가 올 적'으로 한정되기에 이르렀다.

설측음화는 인접한 'ㄴ'과 'ㄹ'의 관계에서 나타나는 것으로 《諺文綴字法》(1930)에서 반영되기 시작하였으며, 뒤로 갈수록 한자어에서 주목되었다. 특히 '관념/관렴(觀念)'의 경우에는 규정에 따라 표기가 달라지기도 하였는데, 현행 《한글 맞춤법》(1988)에서는 소리 나는 대로 본음 또는 속음을 따라 적는 것으로 규정하였다.

두음법칙은 한자어에서 나타나는 현상으로 《普通學校用諺文綴字法大要》(1921)에서 반영되기 시작하였다. 여기서 주목되었던 것은 두음에서의 'ㄴ→ㅇ'와 'ㄹ→ㅇ', 'ㄹ→ㄴ' 현상이었는데, 한글학회의 《한글 맞춤법》(1980)에서 파생어와 합성어의 문제까지 다루었고, 이를 수용한 현행 《한글 맞춤법》(1988)에서는 적용 범위에 대한 논의가 확대되었다.

단모음화는 'ㅢ'가 'ㅣ'로, 'ㅖ'가 'ㅔ'로 바뀌거나 치찰음 뒤에서 'ㅣ' 선행 이중모음이 단모음화되는 것이 대상이었다. 전자의 경우 '기차/*긔차(汽車)'나 '체면/*톄면(體面)'과 같이 오늘날에는 고려되지 않는 예들도 포함되었으나, 규정에 따라 '희망/히망(希望)'이나 '연메/연메(連袂)'와 같이 적절한 표기의 예가 다르기도 하였다. 특히 치찰음 뒤에서의 단모음화는 '사회/*샤회(社會)' 등과 같이 오늘날에는 음운 현상이 적용된 형태로 굳어진 것이어서 이와 관련한 규정은 사문화(死文化)되었다. 이러한 사문화로의 처리는 '북방/*븍방(北方)'과 같은 원순모음화와 '규칙/*규측(規則)'과 같은 전설모음화에서도 적용되었다.

음운 현상이 나타나면 현실음을 존중하는 표기 규정도 달라질 수밖에 없다. 국어 표기 규정의 전개에서 보면, 언어 현실에서 나타나는 음운 현상을 어떻게 수용하여 규정에 반영할 것인지가 문제가 되었다. 그 과정에서 이전에 주목되던 음운 현상 중 일정 부분은 오늘날에 와서는 당연한 것으로 수용되면서 해당 표기 규정이 사문화되기도 하였다.

참고문헌

강창석(2005), '한자어의 한글 표기에 대하여', 『국어학』 45, 국어학회, 243-274쪽.

고영근·구본관(2008), 『우리말 문법론』, 집문당.

郭安連(Clark, C. A.) 편(1918), 『長老教會史典彙集(쟝로교회ᄉ뎐휘집)』, 朝鮮耶蘇教書會.

국문연구소(1907), 〈國文硏究案〉, 國文硏究所, 『歷代』 ③-09, 탑출판사.

국문연구소(1909), 〈國文硏究議定案〉, 國文硏究所, 『歷代』 ③-10, 탑출판사.

국어국문학회 편(1983), 『국어국문학회 30년사』, 일조각.

국어국문학회(1971ㄱ), '국어정서법안(國語正書法案) 제안취지(提案趣旨) 해설(解說)', 『국어국문학』 52, 국어국문학회, 115-122쪽.

국어국문학회(1971ㄴ), '國語正書法案', 『국어국문학』 52, 국어국문학회, 144-145쪽.

국어연구소(1988), '한글 맞춤법 해설', 국어연구소.

권두연(2015), '근대 매체의 한글 가로 풀어쓰기의 실험', 『서강인문논총』 42, 서강대 인문과학연구소, 5-35쪽.

권인한(2019), '한국한자음의 역사', 『국어사 연구 I』(국어사대계간행원위원회), 태학사, 247-336쪽.

김동소(2009), 아래아(ㆍ) 문제를 다시 생각함, 『국어학연구론총』 4, 택민국학연구원, 79-117쪽.

김동언(2017), '한글 성경 자료의 표기와 음운 연구사', 『국어사연구』 24, 국어사학회, 41-78쪽.

김동인(1934), '한글의 支持와 修正', 〈조선중앙일보〉(1934. 8. 14.-24.), 하동호 편(1986ㄱ), 485-502쪽.

김두봉(1916), 『조선말본』, 신문관, 『歷代』 ①-22, 탑출판사.

김문창(1980), '정서법 수정안의 문제점', 『어문연구』 8-1/2, 한국어문교육연구회, 70-74쪽.

김민수(1953), '각자병서 음가론', 『국어국문학』 4, 국어국문학회, 4-12쪽.

김민수(1955), '합용병서 음가론', 『국어국문학』 13, 국어국문학회, 10-44쪽.

김민수(1963), '"신정국문"에 관한 연구 —특히 "이으"합음과 아래아를 문제로 하여-', 『아세아연구』 6-1, 고려대 아세아문제연구소, 205-247쪽.

김민수(1973), 『국어정책론』, 탑출판사.

김민수(1980), 『신국어학사』 -전정판-, 일조각.

김민수(1983). '한글 파동', 『국어국문학회 30년사』(국어국문학회 편), 일조각, 40-57쪽.

김민수(1986), '한승곤 〈國語綴字捷徑〉 해설', 『歷代』 ③-08, 탑출판사.

김민수(1987), '국어 표기법 논쟁사', 『국어생활』 9, 국어 연구소, 6-14쪽.

김민수·하동호·고영근 편(1977-1986), 『歷代韓國文法大系』, 탑출판사.

김병제(1933), '맞훔법의 異說에 對하야', 〈조선중앙일보〉(1933.8.17-9.18.), 하동호 편(1986ㄱ), 400-420쪽.

김병제(1934), '한글 統一案批判에 對한 若干의 檢討와 答辯', 〈조선중앙일보〉(1934. 9. 13.-10. 14.), 하동호 편(1986ㄱ), 503-535쪽.

김상돈(1991), '모음간의 유기음 표기에 대하여' 『우암어문논집』 1, 부산외국어대학교 국어국문학과, 7-19쪽.

김상돈(2000), '근대국어의 원순모음화에 대하여', 『우암어문논집』 10, 부산외국어대학교 국어국문학과, 27-36쪽.

김석득(1983/2009), 『우리말 연구사』, 정음문화사.

김선기(1932), '철자법 원리', 『한글』 3, 조선어학회, 114-120쪽.

김선기(1933ㄱ), '경음의 본질', 『한글』 9, 조선어학회, 29-34쪽.

김선기(1933ㄴ), '한글 마춤법 統一案의 文化史的 意義', 『신동아』 3-12, 하동호 편(1986ㄴ), 탑출판사, 520-522쪽.

김성옥(2014), '두음법칙의 표기에 대한 고찰', 『한국언어문학』 88, 한국언어문학회, 5-27쪽.

김성옥(2017), '근대국어의 ㄹㄹ~ㄹㄴ형에 대한 유형별 분석 ―중세국어의 활용형 ㄹㄴ, ㄹㅇ, ㄹㄹ형에 대한 변화를 중심으로―', 『한글』 316, 한글학회, 5-36쪽.

김윤경(1932ㄱ), 『조선말본』, 배화 제4호, 『歷代』 ①-53, 탑출판사.

김윤경(1932ㄴ), '사이ㅅ 소리의 예와 이제(中間音의 過去와 現在)', 『한글』 3, 조선어학회, 137-45쪽.

김윤경(1932ㄷ), '한글 적기의 바뀜 -朝鮮文 表記法의 變遷-', 『한글』 3, 조선어학회, 98-111쪽.

김윤경(1934), '3강 된소리', 『한글』 15, 조선어학회, 4-5쪽.

김윤경(1938), 『조선문자급어학사』, 진학출판협회.

김윤경(1960), '성서가 국어에 미친 영향', 『성서와 한국 근대문화』, 대한성서공회, 5-41쪽.

김윤경(1963), 『새로 지은 국어학사』, 을유문화사.

김인선(1991), '갑오경장(1894-1896) 전후 개화파의 한글사용', 『주시경학보』 8, 탑출판사, 3-32쪽.

김인택(2017), '한글맞춤법 통일에서의 주변부의 역할 -개화기 한국천주교회의 한글철자법과 그 기반-', 『코기토』 81, 부산대 인문학연구소, 673-709쪽.

김인택, 염철호(2017), '한국 교회가 받아들인 맞춤법에 관하여', 『코기토』 81, 부산대 인문과학연구소, 712-726쪽.

김종훈(1971), '한글 맞춤법과 받침 문제', 『어문론집』 6, 중앙어문학회, 45-56쪽.

김주필(1999), '구개음화', 『새국어생활』 9-2, 국립국어원, 181-191쪽.

김주필(2017), "보통학교용 언문철자법(1912)'의 제정 의도와 표기사적 문제점', 『국어사연구』, 국어사학회, 207-253쪽.

김중진(1999), 『국어 표기사 연구』, 태학사.

김창제(1933), '朝鮮語 綴字法 統一案에 對하야', 〈조선일보〉(1933. 11. 19.), 하동호 편(1986ㄱ), 480-481쪽.

김형철(1997), 『개화기의 국어연구』, 경남대 출판부.

나찬연(2020), 『근대 국어 입문 -이론과 강독-』, 경진출판.

나채운(1990), 『우리말 성경 연구』, 기독교문사.

남광우(1983), '국어정서법안 제정', 『국어국문학회 30년사』(국어국문학회 편), 일조각, 126-139쪽.

남광우(1970/1976), 『현대 국어 국자의 제문제』, 일조각.

대한성서공회(1993), 『대한성서공회사 I -조직·성장과 수난-』, 대한성서공회.

대한어문연구회(1954), 〈'한글簡素化方案'에 對한 建議書〉(유인본), 『歷代』③-35, 탑출판사.

도수희(1971), '각자병서 연구', 『한글학회 50돌 기념 논문집』, 한글학회.

동아일보(1932), '한글 토론회 속기록', 〈동아일보〉(1932. 11. 11-29.), 하동호 편 (1986ㄱ), 263-332쪽.

동아일보(1933), ≪新綴字便覽≫, 〈동아일보〉 4416호 부록(1933. 4. 1.), 하동호 편(1986ㄴ), 398-406쪽.

동아일보(1933), ≪新綴字便覽≫, 『문자보급운동교재』(정진석 편, 1999), LG상남 언론재단.

류대영·옥성득·이만열(1994), 『대한성서공회사 II -번역·반포와 권서사업-』, 대한 성서공회.

리의도(1983), '띄어쓰기 방법의 변해 온 발자취', 『한글』182, 한글학회, 195-224쪽.

문교부(1949), ≪한글 띄어쓰기≫, 『국어정책론』(김민수, 1973), 탑출판사.

문교부(1954), ≪한글 簡素化 方案≫(유인본), 『歷代』③-34, 탑출판사.

문교부(1964), ≪교정 편람≫, 『국어정책론』(김민수, 1973), 탑출판사.

문교부(1988), 『국어 어문 규정집』, 대한교과서주식회사.

민현식(1995ㄱ), '국어 띄어쓰기법 개선에 관한 연구', 『한국어학연구』 4, 숙명여 대 한국학연구소, 1-52쪽.

민현식(1995ㄴ), '정서법에서의 발음과 표기의 상관성 연구', 『성곡논총』 26, 성 곡학술문화재단, 757-824쪽.

민현식(1999), 『국어 정서법 연구』, 태학사.

박병채(1977), '1930년대의 국어학 진흥운동', 『민족문화연구』 12, 고려대 민족문 화연구소, 1-47쪽.

박붕배(1985), '일제기의 우리 국어(조선어)과 교재 분석 연구', 『논문집』 18, 서 울교육대학, 43-107쪽.

박승빈(1927-8), 'ㅎ는 무엇인가?', 『현대평론』 8-10, 하동호 편(1986ㄴ), 249-259쪽.

박승빈(1932), 'ㅎ바팀과 激音에 關한 見解', 『동방평론』 1, 하동호 편(1986ㄴ), 439-456쪽.

박승빈(1935-36), 〈한글마춤법통일안〉에 對한 批判, 『정음』 10(25-44쪽), 11(1-22쪽), 12(7-36쪽), 13(7-32쪽), 16(부록), 조선어학연구회.

박승빈(1935ㄱ), '硬音論', 『정음』 8(2-20쪽), 9(2-25쪽), 조선어학연구회.

박승빈(1935ㄴ), 『조선어학』, 조선어학연구회, 『歷代』 ①-50, 탑출판사.

박승빈(1936ㄱ), '語根考', 『정음』 14(19-31쪽), 15(23-31쪽), 조선어학연구회.

박승빈(1936ㄴ), '한글마춤법통일안에 對한 批判', 『正音』 16 (부록), 朝鮮語學研究會. 『歷代』 ③-21, 탑출판사.

박승빈(1938-39), '綴字法講釋', 『정음』 27(2-8쪽), 28(1-6쪽), 29(1-2쪽), 30(1-6쪽), 조선어학연구회.

박승주(1935), '整理된 綴字法에 依한 聖經', 『정음』 7/8/9(연재), 조선어학연구회.

박정규(2011), '국어 띄어쓰기 규정의 검토와 개선안 연구', 『어문연구』 39-3, 한국어문교육연구회, 441-465쪽.

박종화·권병로(2010), '중세국어 사잇소리의 표기와 기능', 『국어국문학』 48, 국어국문학회, 41-62쪽.

박천홍(2011), '가로쓰기의 등장과 텍스트 공간의 변형', 『근대서지』 3, 근대서지학회, 359-374쪽.

백낙준(1973), 『한국개신교사 1832-1910』, 연세대 출판부.

백세명(1930), '한글 講座', 『農民』 1-7/8(1930. 2./3.), 하동호 편(1986ㄴ), 398-406쪽.

서선영(2009), '게일이 개역한글판 성경에 미친 영향', 장로회신학대학교 신학대학원 석사학위논문.

서울대 동아문화연구소 편(1980), 『국어국문학사전』, 신구문화사.

서정웅(2003), '우리말 성경 번역에 대한 역사적 연구 -개신교의 성경 번역을 중심으로-', 목원대 신학대학원 박사학위논문.

서종학(1996), '띄어쓰기의 역사와 규정', 『인문연구』 18-1, 영남대 인문과학연구소, 1-16쪽.

송미영(2019), '어문 규범으로 보는 음운 현상의 표기 반영 양상 ―「普通學校用 諺文綴字法」과 「한글 마춤법 통일안」을 중심으로―', 『어문연구』 47-2, 한국어문교육연구회, 47-72쪽.

송미영(2020), '개화기 「國語讀本」과 일제 강점기 「朝鮮語讀本」의 모음 표기에 대한 고찰', 『어문연구』 103, 어문연구학회, 5-32쪽.

송주성(1934ㄱ), '최근 민간에서의 한글 철자법 문제를 고구함', 『한글』 22, 조선어학회, 2-9쪽.

송주성(1934ㄴ), '마춤법과 三新聞', 『한글』 28, 조선어학회, 7-12쪽.

송주성(1935), '마춤법에 대한 실지적 관찰', 『한글』 20, 조선어학회, 4-7쪽.

시정곤(2015), 『훈민정음을 사랑한 변호사 박승빈』, 박이정.

신명균(1927ㄱ), '한자음에 대하야', 『한글』(동인지) 1-5, 조선어학회, 4-8쪽.

신명균(1927ㄴ), '된시옷이란 무엇이냐', 『한글』(동인지) 1-6/7, 조선어학회, 3-6쪽.

신명균(1928), '조선글 마침법(1-2)', 『한글』(동인지) 2-1/2, 조선어학회, 6-8쪽.

신명균(1929), '한글 整理를 反對하는 曲解者에게', 〈중외일보〉(1929. 9. 5.-23.), 하동호 편(1986ㄱ), 85-101쪽.

신명균(1932), '철자법의 합리화', 『한글』 3, 조선어학회, 112-114쪽.

신명균(1933), '박 승빈씨의 소위 경음이란 역사상, 성음상 아무 근거가 없다', 『한글』 8, 조선어학회.

신복룡 역주(2000), 『조선과 그 이웃나라들』(I.B. 비숍) -한말 외국인 기록 21-, 집문당.

신유식(2000), '개화기 국어표기법 연구', 청주대 대학원 박사학위논문.

신창순(1992), 『국어 정서법 연구』, 집문당.

신창순(2003), 『근대국어 표기법의 전개』, 태학사.

심재기(1979), '관형화의 의미기능', 『어학연구』 15-2, 서울대 어학연구소, 109-121쪽.

안병섭(2000), '현대 국어 띄어쓰기의 형성과 흐름', 『현대 국어의 형성과 변천 3』 (홍종선 외), 박이정, 417-451쪽.

안예리(2019), 『근대 한국어의 변이와 변화』, 소명출판.

양명희(2013), '띄어쓰기 변천을 통해 본 의식 연구', 『국어국문학』 163, 국어국문학회, 197-223쪽.

양순임(2011), '사잇소리 현상과 사이시옷 표기에 대하여', 『한글』 293, 한글학회, 117-167쪽.

양주삼·정태웅 편(1937), 『閔休先生實記』, 대영성서공회.

엄태수(2007), '사이시옷 현상과 한글 맞춤법', 『시학과 언어학』 13, 시학과 언어학회, 239-288쪽.

연규동(1998), 『통일시대의 한글 맞춤법』, 박이정.

연규동(2014), '표기 규범과 문자 -한자어의 표기 원리-', 『한글』 304, 한글학회, 141-176쪽.

오정란(1988), 『경음의 국어사적 연구』, 한신문화사.

오종갑(1987), '국어의 원순모음화 현상', 『한민족어문학』 14, 한민족어문학회, 69-85쪽.

옥성득(1993), '초기 한글 성경 번역에 나타난 주요 논쟁 연구(1877-1939)', 장로회신학대학대학원 석사학위논문.

옥성득·이만열 편역(2006), 『대한성서공회 자료집 제2권, 켄뮤어 서신』, 대한성서
공회.

우민섭(1983), '사이ㅅ 연구', 『새국어교육』 37, 한국국어교육학회, 333-354쪽.

우형식(1993ㄱ), '국어 받침 표기 규정의 변천', 『우암어문론집』 3, 부산외대 국어
국문학과, 5-34쪽.

우형식(1993ㄴ), '사이시옷 표기의 변천', 『외대어문론집』 9, 부산외대 어학연구
소, 131-164쪽.

우형식(1999), '형태 표기의 원리와 적용 범위', 『배달말』 25, 배달말학회, 261-291쪽.

우형식(2014), '국어 된소리 표기법의 변천 양상', 『우리말연구』 39, 우리말학회,
141-179쪽.

우형식(2017ㄱ), 『한글과 정서법』(개정판), 부산외대 출판부.

우형식(2017ㄴ), '한국어 띄어쓰기의 성격과 운용 양상', 『동북아문화연구』 51, 동
북아시아문화학회, 73-94쪽.

우형식(2020), '「國語綴字捷徑」(1908)을 통해 본 개화기의 한글 표기 양상', 『한국
어문화교육』 14-2, 한국어문화교육학회, 84-108쪽.

우형식(2021), '문자의 보수성과 아래아(·) 표기의 변천', 『한국어문화교육』
15-2, 한국어문화교육학회, 48-74.

원형근(1934), '말이 하나인바에 글도 한길로써야 한다', 『한글』 11, 조선어학회,
3-3쪽.

유목상(1988), "'한글 맞춤법' 해설', 『국어생활』 13, 국립국어연구소, 74-99쪽.

유예근(1970), '『국문정리』 연구', 『한국언어문학』 8·9 합병호, 한국언어문학회, 1
79-198쪽.

유창돈(1958), 『諺文志 註解』, 신구문화사.

유창돈(1959), '모음변화 유형고', 『인문과학』 4, 연세대 인문과학연구소, 93-122쪽.

유현경·이종혁(2022), '〈한글 맞춤법〉의 한자어 표기 규정의 역사적 배경에 대한
연구', 『한국어학』 97, 한국어학회, 153-190쪽.

윤석민(2005), '일제시대 어문규범 정리 과정에서 나타난 수용과 변천의 양상
-〈언문철자법〉과 〈한글 맞춤법 통일안〉을 중심으로-', 『한국언어문학』
55, 한국언어문학회, 51-72쪽.

윤세민(2006), '한국 최장수 잡지 ≪경향잡지≫ 연구', 『한국출판학연구』 51, 한
국출판학회, 265-351쪽.

윤치호(1934), '新綴字法에 對하야', 『정음』 2/4(연재), 조선어학연구회, (반도문화
사 영인본, 311-315쪽).

이갑(1932), '철자법의 이론과 실제(상하)', 『한글』 6/7, 한글학회, 225-231/
279-291쪽.

이갑(1933), '綴字法 統一案 頒布까지의 經過', 〈동아일보〉(1933. 10. 29.), 하동호
편(1986ㄱ), 421-423쪽.

이강언(1981), '국어 표기법에 있어서의 형태주의와 표음주의의 갈등', 『어문학교육』 4, 한국어문교육학회, 317-337쪽.

이기문(1963), 『국어 표기법의 역사적 고찰』, 한국연구원.

이기문(1970), 『개화기의 국문 연구』, 일조각.

이기문(1972), 『국어음운사연구』, 탑출판사.

이기문(1978), '15세기 표기법의 일고찰', 『언어학』 3, 한국언어학회, 201-209쪽.

이기문(1983), '한글 맞춤법의 역사', 『한국 어문의 제문제』, 일지사.

이기문(1989), '독립신문과 한글문화', 『주시경학보』 4, 탑출판사, 7-21쪽.

이덕주(1987), '초기 한글성서 번역에 관한 연구', 『한글성서와 겨레문화』, 기독교문사, 409-505쪽.

이동석(2011), '현행 사이시옷 규정과 관련된 몇 문제,' 『민족문화연구』 54, 고려대 민족문화연구소, 185-227쪽.

이만열(1987), 『한국 기독교 문화 운동사』, 대한기독교출판사.

이봉운(1897), 『국國文문졍正리理』, 『歷代』 ③-02, 탑출판사.

이상억(1983), '현대 국어 정서법의 문제점들에 대한 종합 검토: 맞춤법 개정을 앞두고', 『어학연구』 19-2, 서울대 어학연구소, 123-137쪽.

이상혁(2015), '〈한글간소화방안〉과 표음주의, 그 국어학사의 굴절 -〈한글 맞춤법 통일안〉 형태주의와의 대립을 중심으로-', 『한성어문학』 34, 한성대 한성어문학회, 35-58쪽.

이숭녕(1940), 'ㆍ 음고', 『진단학보』 1, 진단학회. 1-106쪽.

이윤재(1929), '한글 강의', 『新生』 9, 하동호 편(1986ㄴ), 344-350쪽.

이윤재(1932), '변격 활용의 예', 『한글』 3, 조선어학회, 133-137쪽.

이윤재(1933ㄱ), '한글 綴字法 -[新綴字便覽]의 해설-', 〈동아일보〉(1933. 4. 1-8회분), 하동호 편(1986ㄱ), 387-399쪽.

이윤재(1933ㄴ), '한글 마춤법 統一案 解說', 〈조선일보〉(1933. 11. 11.-12. 30.), 하동호 편(1986ㄱ), 432-479쪽.

이윤재(1934), '한글 마춤법 통일안 제정의 경과 기략', 『한글』 10, 조선어학회, 383-384쪽.

이은정(1975), '중세국어에서의 병서자의 소리값에 대하여', 『한글』 156, 한글학회, 273-307쪽.

이응호(1975), 『개화기의 한글 운동사』, 성청사.

이익섭(1992), 『국어 표기법 연구』, 서울대 출판부.

이현규(1982), '"사이시옷'의 형태와 기능', 『한글』 176, 한글학회, 179-210쪽.

이현복(1979), '한글 맞춤법 개정 시안의 문제점', 『한글』 165, 한글학회, 71-98쪽.

이희승(1933), 'ㅎ바침 問題', 『한글』 8, 조선어학회, 309-329쪽.

이희승(1938-1940), '"한글 마춤법 통일안" 강의'(1-20), 『한글』 52-76호(연재), 조선어학회.

이희승(1955), '삽요어(음)에 대하여', 『논문집』 2, 서울대, 45-61쪽.

이희승(1959), 『한글 맞춤법 통일안 강의』, 신구문화사.

임경화·고영진 옮김(2013), 『식민지 조선의 언어 지배 구조 -조선어 규범화 문제를 중심으로-』(마쓰이 다카시 지음), 소명출판.

임동현(2014), '1930년대 조선어학회의 철자법 정리·통일운동과 민족어 규범 형성', 『역사와 현실』 94, 한국역사연구회, 429-462쪽.

임홍빈(1981), '사이시옷 문제의 해결을 위하여', 『국어학』 10, 국어학회, 1-35쪽.

임홍빈(1997), '맞춤법 규정의 논리성과 명료성', 『한글 맞춤법, 무엇이 문제인가』, 태학사, 33-84쪽.

자춘수(1986), '국어 표기사 연구', 경희대 대학원 박사학위논문.

장지영(1930ㄱ), '우리말에 섞인 漢語問題', 〈조선일보〉(1930. 11. 19-25.), 하동호 편(1986ㄱ), 155-164쪽.

장지영(1930ㄴ), 『朝鮮語綴字法講座』, 活文社, 『歷代』 ③-18, 탑출판사.

전철웅(1990), '사이시옷', 『국어연구 어디까지 왔나』, 동아출판사, 186-194쪽.

정경해(1953), 『國語講義(綴字法改正原理)』, 한국대학통신교육출판부.

정경해(1954ㄱ), 『綴字法實態調査』(유인본), 『歷代』 ③-32, 탑출판사.

정경해(1954ㄴ), 『한글 맞춤법 개정안』, 한국대학통신교육출판부, 『歷代』 ③-33, 탑출판사.

정경해(1975), 『國文法原理修正論』, 법조 청림각.

정규창(1934ㄱ), '硬音記寫에 對하야', 『정음』 1/2(연재), 조선어학연구회.

정규창(1934ㄴ), '바팀의 本質', 『정음』 3(5-9쪽), 4(65-70쪽), 5(2-8쪽), 조선어학연구회.

정규창(1935), '語尾活用의 語義/眞相', 『정음』 6(2-7쪽), 7(4-18쪽), 10(2-11쪽), 조선어학연구회.

정규창(1938), '朝鮮語 바팀의 本質', 『批判』(1938. 10.), 하동호 편(1986ㄴ), 804-815쪽.

정길남(1992), 『19세기 성서의 우리말 연구』, 서광학술자료사.

정길남(1994), '갑오경장 전후의 문자 사용 양상', 『새국어생활』 4-4, 국립국어연구원, 130-154쪽.

정길남(1997), '개화기 교과서의 모음표기 현상에 관하여', 『한국초등교육』 9-1, 서울교대 초등교육연구원, 33-49쪽.

정동환(1995), "'한글 맞춤법 연구' 분야에 대하여: 초창기 《한글》 지에 실린 글에 대한 검토와 평가 2', 『한글』 230, 한글학회, 87-116쪽.

정렬모(1927), '언어와 문자 (4)', 『한글』(동인지) 1-7, 조선어학회, 2-3쪽.

정수희(2011), '개화기 국어의 표기와 음운체계 -신소설을 중심으로-', 이화여대 대학원 박사학위논문.

정진석 편(1999), 『문자 보급 운동 교재』(〈조선일보〉·〈동아일보〉 1929-1935),

LG상남언론재단.

정현규(1932), '한글의 緊急問題인 持格促音字 硏究', 『東光』 33, 하동호 편(1986ㄴ), 465-471쪽.

조규태(1999), '두음법칙 표기에 대하여', 『배달말』 25-1, 배달말학회, 293-310쪽.

조선문기사정리기성회(1934), '한글式 新綴字法反對聲明書', 朝鮮彰文社, 하동호 편(1986ㄴ), 525-534쪽.

조선문예가 일동(1934), '한글 綴字法 是非에 對한 聲明書', 〈조선일보〉(1934. 7. 10.), 하동호 편(1986ㄱ), 482-484쪽.

조선어학연구회(1934-1941), 『正音』(1-37)(영인본), 반도문화사.

조선어학회(1933), ≪한글 마춤법 통일안≫, 조선어학회, 『歷代』 ③-20, 탑출판사.

조선어학회(1937), ≪한글 마춤법 통일안(고친판)≫, 『歷代』 ③-20, 탑출판사.

조선어학회(1940), ≪개정한 한글 마춤법 통일안≫, 『歷代』 ③-20, 탑출판사.

조선총독부 학무국(1930), '한글綴字法 改正案', 『新民』 56(1930. 2.), 하동호 편(1986ㄴ), 376-382쪽.

조선총독부(1911-1913), 『普通學校學徒用 朝鮮語讀本』(영인본), 『조선어독본』 ①(강진호·허재영 편, 2010), 제이앤씨.

조선총독부(1912), ≪普通學校用諺文綴字法≫, 『歷代』 ③-15, 탑출판사.

조선총독부(1913-1920), 『普通學校 朝鮮語及讀漢文本』(영인본), , 『조선어독본』 ② (강진호·허재영 편, 2010), 제이앤씨.

조선총독부(1921), ≪普通學校用諺文綴字法大要≫, 『歷代』 ③-16, 탑출판사.

조선총독부(1923-1925), 『普通學校 朝鮮語讀本』(영인본), 『조선어독본』 ③(강진호·허재영 편, 2010), 제이앤씨.

조선총독부(1930), ≪諺文綴字法≫, 『歷代』 ③-17, 탑출판사.

조선총독부(1933-1935), 『普通學校 朝鮮語讀本』(영인본), 『조선어독본』 ③(강진호·허재영 편, 2010), 제이앤씨.

조선총독부(1939), 『初等 朝鮮語讀本』(영인본), 『조선어독본』 ②(강진호·허재영 편, 2010), 제이앤씨.

조성식(1990), 「영어학사전」, 신아사.

조윤제(1947), 『國語敎育의 當面한 問題』, 문화당, 『歷代』 ③-31, 탑출판사.

조헌영(1934), '한글 統一案의 批判과 修正', 〈조선중앙일보〉(1934. 10. 17-31.), 하동호 편(1986ㄱ), 553-571쪽.

주시경(1908), 『國語文典音學』, 박문서관, (『歷代』 ①-07』), 탑출판사.

주시경(1914), 『말의 소리』, 신문관, 『歷代』 ①-13』). 탑출판사.

주요한(1933), '綴字法 統一案에 對한 雜感', 『學燈』 1-2, 하동호 편(1986ㄴ), 523-524쪽.

지석영(1905), 「新訂國文」, 〈관보〉 3200호, 의정부관보과, 하동호 편(1985), 42-43쪽.

지석영(1907), 「大韓國文說」, 〈대한자강회회보〉 11호, 하동호 편(1985), 91-100쪽.

지석영(1909), 『言文』, 대한황성광학서포, 『歷代』 ③-12, 탑출판사.

지춘수(1971), '초기 성서에 나타난 정서법에 대하여: 서양 선교사들의 국어 연구의 일단', 『국어국문학』 54, 국어국문학회, 19-41쪽.

채정민(1935), '한글 新綴字의 良點과 缺點', 『한글』 20, 한글학회, 15-17쪽.

최명옥(2019), '국어의 통시음운론 개관', 『국어사 연구 I』(국어사대계간행위원회, 2019), 태학사, 401-424쪽.

최용기(2003), '한글 띄어쓰기의 변천 연구', 『국어학논집』 19, 단국대 국어국문학과, 57-92쪽.

최정복(1934), '가톨릭靑年誌의 한글新綴字法採用을보고서', 『가톨릭 청년』 2-12, 하동호 편(1986ㄴ), 575-576쪽.

최태영(1990ㄱ), '초기 번역성경의 대두법 표기', 『숭실어문』 7, 숭실대 국어국문학과, 5-14쪽.

최태영(1990ㄴ), '초기 번역성경의 띄어쓰기', 『숭실사학』 6, 숭실대 사학과, 149-188쪽.

최태영(1998), '19세기말 국어의 띄어쓰기: 독립신문을 중심으로', 『국어국문학』 121, 국어국문학회, 1-23쪽.

최현배(1927) '한글을 어떻게 整理할까', 〈동아일보〉(1927. 10. 27.), 하동호 편(1986ㄱ), 32-34쪽.

최현배(1928), '한글 整理에 對한 諸家의 意見', 〈동아일보〉(1928. 11. 3-5.), 하동호 편(1986ㄱ), 77-82쪽.

최현배(1929), 『우리말본 -첫재매-』, 연희전문학교출판부, 『歷代 ①-43』). 탑출판사.

최현배(1932), '새받침에 關한 諸問題의 解決과 實例의 總覽', 『한글』 3, 조선어학회, 120-132쪽.

최현배(1933ㄱ), '풀이씨의 끝바꿈 논 (1, 2)', 『한글』 7호(264-274쪽), 8호(330-344쪽), 조선어학회.

최현배(1933ㄴ), '박 승빈 님의 주장은 과연 종래 관용에 가까운 평이한 것인가?', 『한글』 9, 조선어학회, 365-383쪽.

최현배(1938), '한글의 정리와 예수교', 『한글』 55, 조선어학회, 5-7쪽.

최현배(1940), 『한글갈』, 정음사.

최현배(1962), '기독교와 한글', 『신학논단』 7, 연세대 신과대학, 51-80쪽.

최형용(2008), '사잇소리 현상과 표기', 『한중인문학연구』 23, 한중인문학연구회, 151-176쪽.

하동호 편(1985), 『국문론집성』, 『歷代 ③-06, 탑출판사.

하동호(1973), '국어 철ㅈ 첩경 해제', 『한글』 151, 한글학회. 35-56쪽.

하동호(1986ㄱ), 『한글論爭論說集 上』, 『歷代 ③-22, 탑출판사.

하동호(1986ㄴ), 『한글論爭論說集 下』, 『歷代 ③-23, 탑출판사.

학부 편집국(1895ㄱ), 『國民小學讀本』(영인본), 강진호 편역(2012), 도서출판 경진.

학부 편집국(1895ㄴ), 『小學讀本』(영인본), 유임하 편역(2012), 도서출판 경진.

한국교회사문헌연구원 편(2022), 『한국성경대전집』, 한국교회사문헌연구원.

한국어문교육연구회(1979), '현실화되는 우리말과 글 -4개 어문관계 표기법개정 시안 골자-', 『어문연구』 7-1, 한국어문연구회, 163-165쪽.

한글학회(1948), ≪개정한 한글 맞춤법 통일안(한글판)≫, 『歷代』 ③-20, 탑출판사.

한글학회(1971), 『한글학회 50년사』, 한글학회.

한글학회(1989), 『한글 맞춤법 통일안(1933-1980)』(영인본), 한글학회.

한글학회(2009), 『한글학회 100년사』, 한글학회.

한승곤(1908), 『國文綴字捷徑』, 평양광명서관. 『歷代』 ③-08, 탑출판사.

한지형, 김윤슬, 염철호(2018), '일제 강점기 가톨릭교회의 한글 맞춤법 이해 - 『Viribus Units』를 중심으로-', 『가톨릭신학』 33, 한국가톨릭신학학회, 185-217쪽.

허웅(1953), '竝書의 音價에 대한 反省', 『국어국문학』 7, 국어국문학회, 9-17쪽.

허웅(1955), 『龍飛御天歌』, 정음사.

허웅(1965), 『국어음운론』, 정음사.

허웅(1985), 『국어 음운학』, 샘문화사.

허웅(1988), '국어의 변동규칙과 맞춤법', 『한힌샘 주시경연구』 1, 한글학회, 9-28쪽.

허웅·이강로(1962), 『註解 月印千江之曲 上』, 신구문화사.

홍기문(1933), '混亂中의 綴字法, 그 整理의 一案', 〈조선일보〉(1933.1.30.-3. 5.), 하동호 편(1986ㄱ), 333-386쪽.

홍윤표(1986), '근대국어의 語幹末子音群 表記에 관하여', 『국어학』 16, 국어학회, 91-123쪽.

菅野裕臣(1993), '한글과 정서법', 『국어학』 23, 국어학회, 381-411쪽.

Argos(1904), Spelling reform, *The Korea Review* 4, The Methodist Publishing House(Seoul: Korea). pp.539-542.

Baird, W. M.(1895), Romanization of Korean Sounds, *The Korean Reposotory*, pp.161-175.

Coulmas, Florian(2003), *Writing Systems: an Introduction to their Linguistic Analysis*, Cambridge University Press.

Gale, J. S.(1897), *Korean-English Dictionary* (한영ᄌ뎐), Kelly & Walsh Limited, Yokohama.

King, Ross(2004), Western Protestant Missionaries and the Origins of Korean Language Modernization, *Journal of International and Area Studies* 11-3, Special Issue, pp.7-38.

King, Ross(2005), Dialect, Orthography and Regional Identity: P'yŏng'an Christians and Korean Spelling Reform, 1903-1933, *Paper prepared for the workshop The Northern Region, Identity and Culture in*

Korea (Feb. 17-19), Harvard University.

Pae, Hye K.(2018), *Writing systems, reading processes, and cross-linguistic influences reflections from the Chinese, Japanese and Korean languages*, John Benjamins Publishing Company.

Ramstedt, G. J.(1939), *A Koren Grammar*, Helsinki: Suomalais-ugrilainen Seura. (『歷代』 ②-18).

Ross, J.(1877), *Corean Primer, Being Lessons in Corean on All Ordinary Subjects, Trans-literated on the principles of the "Mandarin Primer" by the same Author*, Shanghai: American Presbyterian Mission Press. 『歷代』 ②-02.

Ross, J.(1882), *Korean Speech, with Grammar and Vocabulary*, Shanghai & Hongkong, Yokohama: Kelly & Walsh Kelly & Co. (『歷代』 ②-06).

Roth, P. L.(1936), *Grammatik der Koreanischen Sprache*, Tokwon, Korea: Abtei St. Benedikt. (『歷代』 ②-25).

Sampson, G.(1985), *Writing Systems: A Linguistic Introduction*, Stanford University Press.

Scott, J.(1887), *A Corean Mannual, or Phrase Book with Introductory Grammar* 언문말칙, Shanghai: Statistical Department of the Inspectorate General of Customs. (『歷代』 ②-08).

Silva, David J.(2002), Western Attitudes toward the Korean Language: An Overview of Nineteenth-and Early Twentieth-Century Mission Literature, *Korean Studies* 26-2. University of Hawai'i Press. pp.270-286.

Underwood, H, G.(1890), *An Introduction to the Korean Spoken Language* 韓英文法, Ykohama, Shanghai, Hongkong, Singapore: Kelly & Walsh L'T. (『歷代』 ②-11).

https://www.bskorea.or.kr 대한성서공회
https://www.hangeul.go.kr 국립한글박물관
https://www.korean.go.kr 국립국어연구원

찾아보기

ㄱ

가나 318
가로쓰기 122
가로풀어쓰기 31
각자병서 29, 73, 83, 102
각자병서 표기설 198, 200, 205
개혁 철자 177
거듭소리 214
게일 34, 53
게일 시스템 50, 177
겹받침 38, 67, 74, 89, 163, 236
고유명사 328, 329, 341, 348
교과서 62, 75, 186, 207, 213, 247
구개음화 39, 44, 61, 73, 102, 114, 361, 363, 371
구두점 313
구철자법 52, 133
국문 14, 16, 20, 24, 27, 33
국문 전용 18, 22
국문 표기법 15, 16, 42
국문동식회 15, 79
국문연구소 16, 27, 182
국어 14, 56
국어국문학회 138, 219
국어심의위원회 134
국어연구소 148
국한문 혼용 22, 45

권보상 182, 209, 239, 241
권점 18, 314
규범화 16
기본형 77, 100, 157, 234, 358
김두봉 189
김윤경 84, 98, 117, 134
끝바꿈설 89

ㄴ

'ㄴ'소리 첨가 302
'ㄴㄴ'소리 첨가 302

ㄷ

'ㄷ' 소리 받침 38, 76
'ㄷ'받침 260, 267, 269, 361
단모음화 39, 51, 73, 76, 102, 114, 388, 393
단어별 띄어쓰기 320, 324, 327, 330, 343, 345
단위명사 326, 340, 346
단활용설 85, 89
대두법 24, 43, 314
대표음 254
대한어문연구회 137, 218
된소리 29, 198, 360

된소리되기 현상 221, 229, 303
된시옷 20, 29, 37, 44, 61, 73, 85, 89,
　　　　206, 209, 212, 217
두음법칙 39, 67, 102, 378, 382, 385
띄어쓰기 18, 41, 48, 77, 94, 148,
　　　　154, 313

ㄹ

로스본 번역 성서 43

ㅁ

맞춤법 13, 55, 97
모아쓰기 31
묵음자 50, 177
문자의 보수성 164, 167, 195
문장 부호 69, 94, 103, 123, 154

ㅂ

박승빈 86, 105
받침의 확대 30, 69, 74, 93, 114, 250
받침형 67, 73, 284, 285, 287, 291,
　　　　297, 302
번역 성서 48, 315
변격 활용 93
변이 형태 158, 234
변칙 용언 123
병서형 67, 284, 285, 287
보수성 358

보조용언 324, 338, 347
본음 254, 359, 378, 404
부분 중철 74
분철 18, 40, 46, 73, 114
분포 159
붙여 쓰기 323, 328, 329, 345, 347

ㅅ

ㅅ계 합용병서 76, 86, 201, 308
사문화 143, 194, 363, 401, 402, 405
사이시옷 67, 73, 94, 124, 276
생산성 159, 163
설측음화 372, 374
성경 철자법 16, 42, 49, 55, 78,
　　　　108, 176
성과 이름 328, 330, 348
세로쓰기 122
속음 102, 359, 362, 378
송기용 27, 182, 209, 240, 241
수 표기 326, 349
순국문 17, 18, 21
신명균 70, 83, 85, 89, 98
신철자법 51
심의린 70
'ㅅ'받침 260, 263
쌍서 89, 90, 214
'ㅆ'받침 258

ㅇ

'ㆍ' 폐지 72,92, 95, 182
'ㆍ' 표기 60, 64, 66, 172, 190
'ㅖ'의 단모음화 393
'ㅢ' 단모음화 389
'ㅣㅡ' 합음 181, 183, 189
어문민족주의 15
어문연구위원회 148
어원 136, 160, 225
어윤적 27, 29, 182, 209, 239, 241
어절별 띄어쓰기 319
언문 56, 62
언문 철자법 55, 78
언문일치 15, 42, 44, 171
여음불발 89, 256
역사적 철자법 52, 59
역사적 표기법 50, 154, 161, 178, 260
연철 18, 40, 46
완전 분철 74
원순모음화 39, 102, 401
유성음화 224
유희 206, 235, 286, 365
윤돈구 27, 209, 239, 241
윤치호 174, 175
음소문자 157
음소주의 102, 153, 156
음운 변동 358
음운 변화 358
음절형 73, 284, 285, 287, 289, 296

의존명사 325, 337, 346
이능화 27, 182, 209, 239, 241
이민응 27, 182, 210, 240
이봉운 19, 208, 237
이수정 42, 44
이희승 98, 117, 255

ㅈ

자모의 명칭 32, 75
자음군 204
자음동화 73
장지영 70, 98
재음소화 18, 243
전문용어 342, 348
전설모음화 39, 76, 102, 403
전통적인 표기법 48, 178
절충적 **137, 140, 266, 307, 310**
정경해 134, 137
정규창 105, 255
정서법 103, 142
정음파 254
조선교육령 56, 62
조선어연구회 70, 78, 79, 97, 98
조선어학연구회 86, 105
조선어학회 78, 84, 97, 98
주시경 27, 31, 79, 181, 182, 209, 239, 240
준말 103
중철 18, 46, 61

중화 234, 235
지석영 25, 27, 180, 182, 207, 209,
        237, 241

ㅊ

철자법 13, 42, 80, 83, 91, 98, 158
철자법 논란 50
철자법 논쟁 47, 78, 85, 88
철자법 운동 249
7종성 **62, 80, 235, 238**
최현배 70, 84, 98, 117
치찰음 38, 51, 396, 400, 403

ㅍ

8종성 234, 237
표기법 13, 33, 167
표기법의 보수성 269

표음주의 50, 59, 184
표의성 157, 236

ㅎ

'ㅎ'계 겹받침 251
'ㅎ'받침 85, 86, 90, 251, 254
한국어학연구회 78
한글 파동 132, 138, 217
한글파 254
한승곤 34, 207, 238
한자어 143, 297, 298, 299, 300, 302,
        359, 361, 375
한주국종체 21
합용병서 표기설 198, 200
형태주의 29, 69, 71, 73, 77, 102,
        153, 156, 248
혼용설 201, 205